# 한국전통문화론

# 한국전통문화론

초판1쇄 발행 2006년 9월 15일
초판2쇄 발행 2011년 5월 15일
초판3쇄 발행 2019년 3월 10일

지은이 김기덕 · 박경하 · 송화섭 · 장장식
펴낸이 이찬규
펴낸곳 북코리아
등록번호 제03-01240호
주소 13209 경기도 성남시 중원구 사기막골로 45번길 14
우림라이온스밸리2차 A동 1007호
전화 02-704-7840
팩스 02-704-7848
이메일 sunhaksa@korea.com
홈페이지 www.북코리아.kr
ISBN 89-89316-82-0 93380

값 18,000원

# 한국전통문화론

김기덕 박경하 송화섭 장장식 외 지음

북코리아

# 『한국전통문화론』을 발간하며

너나없이 21세기를 문화의 세기라 한다. 그러나 이런 구호와는 달리 현실적으로 문화를 바라보는 시각에 여러 편견들이 작용하고 있다. 이를테면 문화를 상대적 시각으로 보고 경중(輕重)과 대소(大小)를 따지며 질적인 차이가 있다고 강조하기 일쑤다. 또 자국문화를 우위에 두고 남의 문화를 폄하하는 국수주의적 사고에 물들기도 한다. 반대로 타국문화에 대한 자국문화의 열등성에 빠지기도 한다.



문화를 보는 일반적인 시각 가운데 잘못되고 있는 단계별 사례가 있다. 첫째, 문화에 대한 기본인식의 결여와 타문화에 대한 무지가 앞선다는 점이다. 이는 문화가 무엇인가, 자국문화와 타문화를 어떻게 보아야 하는가 하는 기본적이고 교양적 인식이 없는 상태에서 발생한다. 둘째, 문화에 대한 잘못된 지식 때문에 오류가 심화된다는 점이다. 이는 비록 문화를 안다고 해도 수준 높은 지식과 이해가 결여된 데서 발생하는  문제이다. 셋째, 자국문화 우월주의에 의한 타문화의 폄하가 이루어지거나 타문화에 대한 상대적 열등감에 빠진다는 점이다. 예건대 중국 문화와 한국 문화라는 이분법적 시각을 바탕으로 하면서 중국은 한국보다 대국이며 한국문화가 중국문화에서 비롯되었다는 전파론적 시각이 바로 그것이다. 바꿔 말하면 A문화가 B문화보다 우수하고, 본질적이라는 문화 상대주의에 입각한 결과이다.

그러나 문화는 상대적인 것이 아니라 절대적인 것이다. 각 문화를 향유하는 민족 또는 공동체의 생태환경과 농작물의 작부체계 및 세계 인식 등이 빚어낸 결정체이다. 그렇기에 문화 각자는 나름의 논리와 역사를 배경으로 하면서 인간의 삶에 영향을 끼쳐 왔다.

사정이 이렇기에 우리 문화의 각 분야에서 그 이름을 남기고 있는 필자들이 머리를 맞대었다. 특히 역사학, 종교학, 민속학, 인류학, 전통예술, 문학 등 다양한 분야의 학자들이 학제간의 협력을 이끌어내어 전통문화에 대한 좀 더 적극적이고 심화된 시각을 반영하는 데 힘썼다.

우리 문화의 각 분야를 알기 쉽게 풀어써서 우리의 젊은 학도들에게 우리 문화에 대한 기본 시각을 바로 세우는 데 도움이 되게 하려는 의도에서다. 제목을 "한국전통문화론"이라 한 것도 이런 까닭이다. 우리의 전통문화를 거론할 때 빠뜨릴 수 없는 항목들을 추리고, 각 영역에 일가를 이룬 연구자에게 집필을 의뢰했고, 수합된 원고를 편집진이 검토하여 이 책을 내게 되었다.

특히 아시아를 비롯하여 세계 여러 나라로 확산되고 있는 '한류(Korean wave)'에도 불구하고 한국문화를 제대로 소개하는 전문적인 책이 없다는 현실을 십분 감안하여 이 책을 한·일간에 공동으로 출간하기로 하였다. 이런 작업이 계속되어 구미 각국에도 이 책이 번역, 출간되기를 기대한다.

시간도 부족하고, 필자가 여럿인 까닭에 내용의 드나듦도 없지 않다. 그러나 첫술에 배부를 수는 없는 노릇이다. 우선 이 책을 내어 일반인의 반응을 점검하면서 시간을 갖고 보완하고자 한다.

끝으로 출판 사정이 여의치 않은 데도 이 책의 기획에 적극 찬동하고 기꺼이 책을 내준 북코리아의 이찬규 사장에게 감사의 뜻을 적는다.



2006년 8월

필자 일동 삼가 씀

# 『한국전통문화론』 — 차례

# Ⅰ. 선사문화

## 1. 구석기문화

### 1) 개념과 시기구분

인류역사의 첫 장은 문화진화가 이룩된 구석기시대부터다. 인류가 연모를 사용하기 시작한 것은 지금부터 약 300만 년 전이며, 이 시기부터 빙하가 물러간 약 1만 년 전까지를 구석기시대라고 한다. 그래서 인류가 살아온 전체 역사의 거의 대부분은 구석기시대를 포함한 선사시대에 속한다.

구석기시대라는 용어는 고고학자 러복(Lubbok)이 1865년에 처음으로 정의하였는데, 그 뜻은 인류가 출현하여 돌을 깨뜨리거나 손질하여 연모를 만든 시기를 가리킨다. 구석기시대는 지질학적인 연구와 동·식물상의 연구를 바탕으로 빙하의 변화, 시기마다 사용되어 온 석기의 발전에 따라서 시기를 구

**하문식** | 세종대 역사학과 교수. 문화재청 문화재 전문위원. 경기도 문화재위원. 중국 요령성 문물고고연구소 객좌연구원. 저서 및 논문으로 『고조선지역의 고인돌연구』, 「고인돌 장제에 관한 연구」, 「요령지역 고인돌 출토유물 연구」, 「북한지역 고인돌의 특이구조에 관한 연구」 등이 있다.

분한다.

전기 구석기는 인류가 연모를 처음 사용한 시기부터 약 12만 년 전의 마지막 간빙기가 시작되는 때까지이다. 이 시기에는 연모를 만드는 데 가장 초보적인 수준이었던 남쪽 사람 원숭이(*Australopithecus*)가 찍개를 만들어 썼으며, 그 뒤 약 100만 년 전쯤에 곧선사람(*Homo erectus*)이 출현하면서 보다 발달되고 다양한 연모들을 만들어 쓰게 되었다.

중기 구석기는 마지막 빙기의 중반까지인 약 12만 년 전부터 3만 5000년 전까지이다. 이때는 앞 시기와 비교할 수 없을 정도로 석기의 제작방법에 혁신이 일어난다. 이 시기의 주인공인 슬기사람(*Homo sapiens*)은 매우 빠른 속도로 문화를 발전·진화시켜 왔으며, 당시의 여러 조건에 적응을 잘 하였다. 이들이 만든 연모는 종류가 다양하고 훌륭한 석기를 만들었는데 주로 주먹도끼, 뚜르개, 찍개, 자르개, 긁개, 톱니날 석기, 홈날석기 등이 있다.

연천 전곡리 구석기유적 전경

연천 전곡리 유적 출토 주먹도끼

후기 구석기는 빙하가 물러가는 시기로 약 3만 5000년 전부터 1만 년까지이다. 슬기슬기사람(*Homo sapiens sapiens*)이 나타나 앞 시기의 인류보다 수준이 높은 우수한 문화를 발달시키면서 새기개, 돌날, 돌날몸돌 등의 훌륭한 기술이 필요한 석기를 제작하였다. 아울러 사실적인 예술을 구체적으로 표현하는 기법을 사용하였다.

공주 석장리 유적 1호집터

순천 죽내리유적 발굴조사 모습



## 2) 자연환경

구석기 사람들은 자연환경의 제약을 많이 받으면서 살림을 꾸렸고 당시 사람들의 생활모습은 이런 자연의 적응, 이용, 정복의 여러 모습을 통하여 알 수 있다.

구석기시대의 자연환경 연구는 동물학, 식물학, 지질학 등 주변 학문의 도움으로 이루어진다. 이 시기의 자연환경은 빙하의 영향을 강하게 받았기 때문에 흔히 빙하시대라고도 한다. 빙하의 영향으로 지구의 온도는 앞 시기에 비하여 10℃정도 내려갔으며 북반구의 1/3 정도는 얼음으로 덮여 있었다. 이런 빙하의 출현은 자연환경에 큰 변화를 초래하였는데 특히 동·식물군의 생태계에 많은 변화가 일어났다.

빙하는 또한 바닷물에 직접적인 영향을 미쳐 지형에도 변화를 일으켰다. 바닷물이 얼음으로 바뀌면서 바닷물의 높이는 매우 낮아져 지금보다 130~160m쯤 내려가 물속이었던 지역이 육지로 변하게 되었다. 이 시기에 우리 나라의 서해안은 중국대륙과 연결되었으며 동해에도 커다란 호수가 생겼다.

구석기 유적에서 발굴된 동물상을 보면 사슴과(科)가 가장 많고 쌍코뿔이, 짧은턱하이에나, 옛코끼리, 짧은꼬리원숭이, 동굴곰, 큰원숭이 등 종류가 상당히 다양하다. 그리고 유적별 종적 구성을 보면 청원 두루봉이 46종, 단양 금굴 40종, 상원 검은모루 29종, 평양 만달리 24종으로 밝혀졌다.





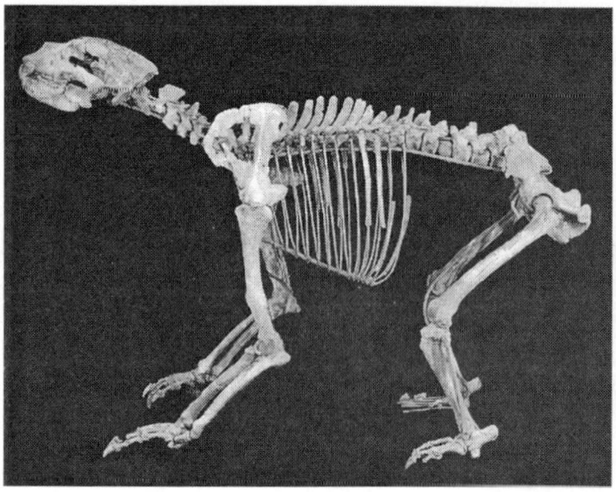

청원 두루봉동굴 출토 동굴곰(복원)

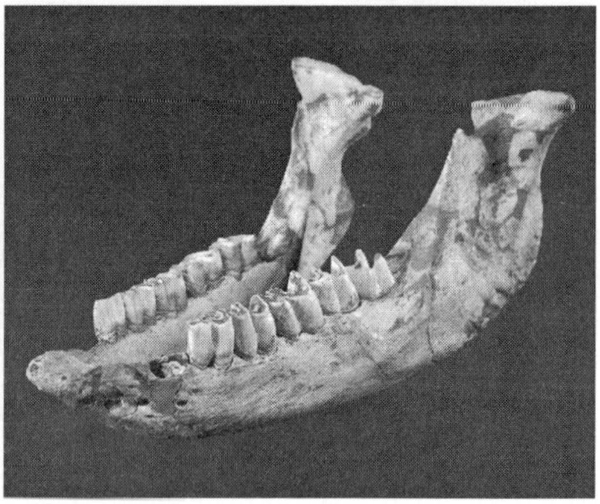

청원 두루봉 동굴 출토 쌍코뿔소 아래턱

식물상은 대부분 꽃가루 분석을 통하여 알 수 있으며, 유적에서 조사된 숯, 나뭇잎, 씨앗 등으로 당시의 식생 및 수종과 성장상태를 판별하여 기후조건을 파악한다.

### 3) 살 림

인류역사의 대부분을 차지하는 구석기시대가 한반도에서 언제부터 시작되었는가? 하는 문제는 많은 사람의 관심을 끌고 있다. 지금까지의 연구결과 한반도와 가까운 지역인 중국 하북(河北)지역에서 약 100만 년 전의 유적이 찾아지고 있으므로 이보다 약간 늦은 시기에 한반도 지역에도 고인류(古人類)가 옮겨와 살림살이를 꾸렸을 가능성이 높다.

구석기문화를 이룩한 사람들은 한 곳에서 정착생활을 하지 않고 짐승을 사냥하고 열매를 채집하면서 먹거리를 마련하기 위하여 일정한 범위 안에서 옮겨 다니는 생활을 하였다. 그리고 이들은 작은 무리를 지어서 다녔는데 일시적으로 머물던 곳은 물줄기 옆이나 동굴 같은 비교적 조망이 좋은 곳이다.

단양수양개 구석기 유적 전경

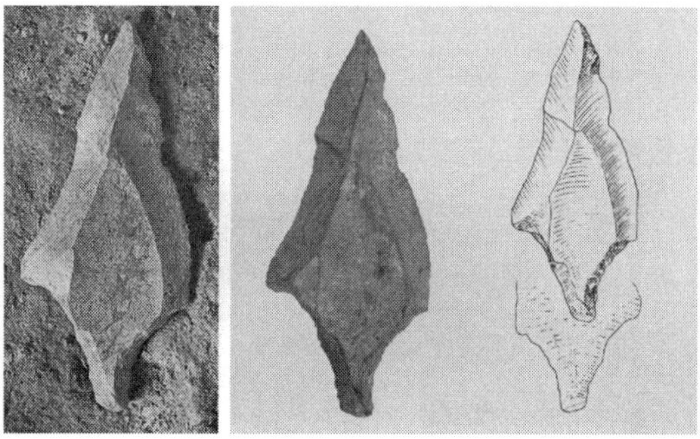
단양 수양개 유적 출토 슴베찌르개



구석기시대의 연모에는 돌을 떼어서 만든 뗀석기(打製石器), 짐승뼈나 뿔로 만든 뼈연모, 뿔연모, 나무로 만든 나무연모 등이 있다. 그러나 뿔과 나무는 유기물질이기 때문에 거의 썩어 없어져 유적에서 발견되는 경우는 많지 않아 지금 남아 있는 것은 대부분 뗀석기이다. 뗀석기를 만든 구석기시대 사람들은 석기를 만들기 좋은 돌감을 미리 골라 쓰임새에 알맞은 형태의 석기를

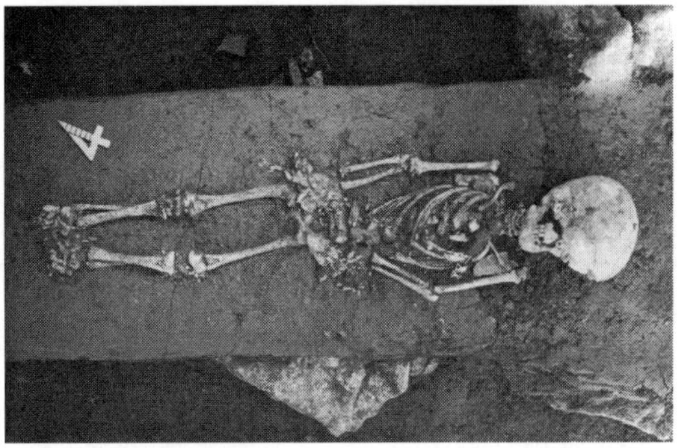

청원 두루봉 출토 홍수아이

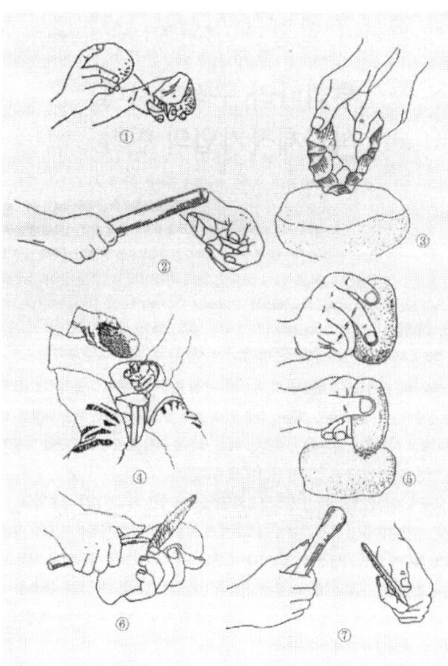


뗀석기 제작수법. 1~3,5=직접떼기, 4=간접떼기, 6=눌러떼기

만들었으며, 이것은 인류의 진화와 깊은 관계가 있는 것으로 밝혀졌다.

구석기시대에 돌을 가지고 연모를 만드는 목적은 무엇보다 날카로운 날을 얻기 위한 것이다. 그리고 그 방법은 상당히 다양한 편으로 돌을 깨뜨리거나 압력을 가하여 뜯어내는 수법이 있다. 뗀석기는 그 제작방법에 따라 던져떼기, 모루떼기, 눌러떼기, 직접떼기, 간접떼기 등으로 나눌 수 있다.

직접떼기나 던져떼기는 가장 초보적인 수준의 석기제작방법으로 돌을 직접 부딪치거나 던져서 석기를 만드는 수법이다. 간접떼기는 석기를 만들려고 하는 돌을 직접 깨뜨리지 않고 뿔이나 나무 등을 이용하여 만들고자 하는 의도를 최대한 반영하여 비교적 정교하게 제작하는 것이다. 이렇게 만들어진 뗀석기는 나무를 자르고 베는 데 사용하였으며, 짐승을 사냥하고 가죽을 벗기거나 고기를 바르고, 뼛 속의 골수를 빼먹는 데도 쓰였다.

최근까지 한반도에서 구석기 전통의 유물이 발견된 곳은 200여 곳이며, 이 가운데 70여 곳이 발굴·조사되었다.

## 2. 신석기문화

### 1) 자연환경

지금부터 약 1만 년 전(지역에 따라 1만 2000년) 마지막 빙하가 양극으로 물러가고 새로운 후빙기가 시작되면서 인류의 생활에 조금씩 변화가 찾아왔다. 이러한 변화 가운데 사람들이 사냥꾼의 생활에서 농사를 지으면서 움집을 짓고 강가나 바닷가 옆에 살았다는 것은 혁명에 가까운 현상이었다. 그런데 이런 변화는 당시의 자연환경과 밀접한 관계가 있으며 살림을 꾸리면서 사람들은 점차 주변환경에 적응하게 되었다.

최근 발굴조사가 활발하게 이루어지면서 고환경(古環境)의 관심이 높아서 꽃가루 분석, 바닷물의 높이변화, 동·식물상의 연구, 지구과학적 연구 같은 다양한 방법으로 당시의 환경복원이 이루어지고 있다.

빙하가 물러가고 충적세(沖積世)가 시작되면서 지구를 덮고 있던 거대한 얼음 덩어리가 녹아 바다로 흘러 들어가자 바닷물의 높이가 조금씩 올라가게 되었다. 이 때에 서해와 대한해협이 형성되어 지금과 같은 한반도의 모습이 만들어졌다.

또한 지금부터 7500~6200년 전쯤의 기후극상기(climatic optimum) 때에는 바닷물의 높이가 급속히 상승하여 현재보다 높았던 때도 있었다. 바닷물의 높이변화증거는 바닷가 근처의 지형에서 찾을 수 있다. 그 가운데 밀물과 썰물에 의한 모래톱, 해식애, 해안단구, 늪지 등이 있다. 남서해안의 여러 곳에서는 현재의 고조면보다 2~3m 높은 곳에 옛모래톱이 있으며, 동해안에는 3~7m 높이의 해안단구가 나타나는데 이것은 후빙기에 바닷물이 높았을 때 이루어진 것이다.

바닷물 높이의 변화과정은 서해안의 일산지역을 발굴조사하면서 보다 뚜렷하게 알게 되었다. 한강의 하류지역에 자리한 일산유적은 해발 6m까지 대화리층(옛 조간대 지층)이 쌓여 있었던 것으로 밝혀졌는데 이것은 현재의 바닷물 높이보다 3~4m쯤 높았던 시기에 해당하는 것으로 해석된다.

한편 신석기시대 식생환경은 일산지역의 토탄층 조사에서 비교적 자세히 연구되었다. 이곳의 토탄층 연구결과 당시의 주변지역과 큰 차이는 없는 것으로 밝혀졌다.

지금부터 약 7000년 전에는 오리나무, 물푸레나무, 참나무가 많으면서 오리나무가 주종을 이룬다. 그리고 소나무는 아주 적은 비율을 차지한다. 이런 점에서 당시의 기후는 대체로 습기가 많은 환경이었던 것 같다. 5000년 전에는 해수면의 상승작용으로 대화리층이 퇴적된 다음 토탄층이 형성되던 시기이다. 이 시기에는 오리나무가 점차 줄어들고 소나무가 많아진다. 3200년 전에는 소나무가 적고 참나무가 많아지며 또한 포자식물이 번성한다. 풀 종류에는 쑥속이 많다. 그리고 2300년까지는 바닷물의 높이가 점차 내려가며 조금씩 추워진다. 이 때 소나무와 자작나무가 늘어나고 벼과식물, 명아주속, 쑥속 등이 많아진다.



## 2) 살 림

### (1) 생 업

신석기시대 사람들은 사냥이나 채집 그리고 물고기잡이 등을 하면서도 새로운 환경에 적응하면서 앞 시기와 다르게 농경과 짐승 기르기를 하게 되었다.

농경은 신석기시대에 이르러 인구가 늘어남에 따라 먹거리가 부족하게 되자 생산량을 늘리는 측면에서 이루어진 것으로 여겨진다. 발굴된 농기구를 가지고 농경의 발전단계를 뒤지개농사 → 괭이농사 → 보습농사 단계로 설정한 견해가 있다. 지금까지 신석기시대의 곡식은 일산 신도시지역에서 발굴된 볍씨를 비롯하여 봉산 지탑리유적의 피, 평양 남경유적의 조, 그리고 옥천 대천유적의 오곡 등이 있다.

사냥은 신석기시대에 중요한 식량획득의 한 수단이었으며, 주로 활과 화살을 이용하여 먼 거리에서 짐승을 잡을 수 있었다. 구석기시대와는 다른 이 시기의 사냥법은 웅기 서포항, 양양 오산리유적에서 발굴된 돌화살촉을 통하여 알 수 있다. 사냥된 짐승은 유적에서 출토된 짐승뼈를 보면 알 수 있는데 대부분 사슴, 멧돼지, 개, 노루 등 상당히 다양한 편이다. 특히 사슴과 멧돼지 뼈가 가장 많아 신석기시대 사람들이 즐겨 사냥을 하던 대상이었던 것 같다.

한편 온천 궁산유적에서는 영양의 뼈가 100개체 이상 찾아져 사냥보다 가축의 가능성을 시사하고 있다. 또한 개뼈도 북한지역의 궁산, 서포항, 농포동유적 등 여러 곳에서 발굴되어 제법 일찍부터 가축화되었을 가능성이 높다.

물고기잡이는 신석기시대의 환경변화와 밀접한 관련이 있을 것으로 짐작되며, 여러 자료들로 보아 널리 이용되었던 것 같다. 물고기잡이는 작살, 낚시질, 그물치기 등 여러 방법이 있는데 기술의 터득으로 상당히 발전하였다.

작살 사용은 뼈를 깎아 만든 작살이나 돌창을 이용하여 물고기를 잡는 것인데 부산 동삼동유적에서는 옆면에 미늘이 3개씩 달린 사슴뼈로 만든 작살이, 통영 상노대도유적에서는 톱날처럼 이가 여러 개 달린 깎아 만든 작살이 여러 점 찾아졌다.

낚시질은 오산리, 서포항, 동삼동유적 등 여러 곳에서 낚시가 찾아지고 있어 이른 시기부터 이 방법으로 고기잡이를 하였음을 알 수 있다. 신석기시대의 낚시는 낚시바늘과 낚시축이 하나로 된 단식낚시와 서로 분리된 결합식 낚시로 구분된다. 오산리유적과 남해안유적에서 출토된 낚시는 대부분 결합식으로 당시에 이 방법이 보편화되었던 것 같다.

그물치기는 유기물질인 그물이 남아 있지 않아 정확한 것을 알 수 없지만, 동삼동유적에서 그물이 찍힌 토기가 찾아졌고 그물에 매단 그물추가 출토되어 그 쓰임새를 짐작할 수 있다. 그물추는 납작하고 작은 강자갈돌의 양끝을 쪼아내어 끈을 묶어 그물에 매달 수 있게 하였다. 평양 금탄리나 청호리유적에서는 수백 개의 그물추가 발견되어 당시의 발달된 고기잡이 기술을 엿보게 한다.

양양 오산리 유적 출토 이음낚시 바늘

하남 미사리유적 출토 그물추





한편 조개더미유적인 동삼동에서는 상어, 참돔, 방어, 다랑어, 대구, 숭어 뼈가 발굴되었는데 층위에 따라서 조금씩 차이가 있는 점으로 보아 시기별로 잡히는 물고기의 종류가 변화하였음을 알 수 있다. 또한 조개류가 많이 채취되었는데 남해안의 경우 동삼동 조개더미에서는 42종, 상노대도에서는 43종, 구평리에서는 32종 등 유적마다 상당히 많이 잡혔던 것 같다. 이러한 조개는 유적의 입지조건에 따라 큰 차이가 있다. 간조 때 드러나는 조간대의 조개는 주로 굴, 백합, 바지락, 갯고둥, 꼬막, 소라 등이고, 비교적 깊은 곳에서 서식하는 홍합, 피뿔 고둥이, 전복, 키조개, 투박조개 등도 조사되고 있다. 그런데 홍합 등은 잠수에 의해서만 채집이 가능하여 당시 사회의 생업을 이해하는 데 도움이 된다.

신석기시대 사람들은 농경이나 사냥, 물고기잡이로 생업을 이어가면서 한편으로는 식물 채집도 하였던 것 같다. 유적의 발굴에서 찾아지는 도토리가 대표적인 예이다. 야생식물의 열매인 도토리는 하남 미사동, 서울 암사동, 합천 봉계리, 평양 남경, 오산리유적 등에서 발견되어 당시 사람들의 중요한 식량자원이었다. 또한 갈판과 갈돌이 찾아지고 있어 도토리의 가공에 여러 가능성이 제기되고 있다.

신석기 유적 출토 도토리(지경리, 상촌리 유적)

⑵ 집 터

신석기시대의 집터는 한반도 전지역에서 조사되고 있다.

신석기시대의 사람들은 구석기시대와 달리 주로 움집생활을 하였다. 신석기시대의 움집은 사람들이 한 곳에 오랫동안 터전을 잡고 살아야 했기 때문에 추위나 비바람에 견딜 수 있도록 매우 튼튼하게 만들어졌다. 지금까지 발굴조사된 움집은 주로 바닷가나 큰 강의 언저리인 낮은 습지 또는 넓은 평지에 자리하고 있으며, 가끔 언덕비탈에 있는 경우도 있다. 그리고 집의 바닥면은 항상 건조해야 하기 때문에 다짐을 하였으며 안산 오이도유적처럼 바닷가에 있거나 봉산 지탑리유적과 같이 낮은 언덕이 좋은 입지 조건이 되기도 한다.

집모양은 원뿔 모양이 대부분이며, 크기는 20~30㎡가 많다. 실제로 암사동이나 궁산유적의 움집들은 50~100㎝ 깊이로 땅을 판 다음, 지름 6m 크기의 둥근꼴이나 한 변의 길이가 5m 되는 네모꼴의 집을 만들었다. 그리고 긴 나무나 억새풀을 이용하여 그 위에 고깔 모양으로 덮어 씌워 지붕을 만들고 한 쪽에 출입시설을 마련하였다. 또 집 안 가장자리에는 식량이나 연모를 넣어두는 저장구덩이가 있으며, 집 안의 온도를 적당히 하고 음식을 만들기 위해 집 가운데에 불을 피우는 시설을 만들어 놓기도 하였다.

진주 상촌리 17호집터

양양 오산리 유적 야외화덕자리

한편 춘천 교동, 의주 미송리, 단양 상시, 부산 율리, 청도 오진리유적에서는 동굴집터나 바위그늘집터가 조사되었다. 이러한 집터는 움집에 비하여 상당히 독특한 특수형식의 주거시설이며 구석기시대의 전통을 이어왔던 것 같다. 또한 춘천 내평리, 강화 삼거리, 평양 청호리에서는 일정한 범위에 돌을 깔아 만들었던 돌깐집터가 발견되기도 하였다.

### 3) 토기와 연모

신석기시대에 만들어진 토기는 간석기와 함께 이 시기의 대표적인 표지유물로 알려져 있다. 신석기시대의 대표적인 토기는 빗살무늬토기이며, 이 토기를 통하여 신석기문화를 '빗살무늬토기문화'라고도 한다. 한편 남해안과 동북해안의 여러 유적에서는 빗살무늬토기가 출토되는 아래층에서 민무늬, 덧무늬토기가 나오고 있어 주목된다.

여러 빗살무늬토기

토기는 음식물을 조리하고 담아두거나 곡식열매를 저장하는 데 사용하였다. 토기는 찰흙에다 운모·석면·석영 등을 섞어서 만드는데, 주로 700~800℃의 온도에서 구웠던 것 같다. 토기를 자세히 보면 생김새는 바닥이 대부분 둥글거나 뾰족하며, 점과 선을 새기거나 찍은 무늬가 있다. 이러한 무늬가 새겨진 토기를 빗살무늬토기라고 하며 신석기문화가 점차 발달함에 따라 변화하였다. 처음에는 토기의 입술부분에 띠를 덧붙인 덧띠무늬를 새기다가 지역과 시기에 따라 빗금무늬·점줄무늬·물고기 등뼈무늬 등을 새기게 되었다.

지금까지 한반도에서 신석기시대의 유물(주로 빗살무늬토기)이 찾아진 곳은 약 200여 곳 되는 것으로 알려지고 있다. 이 지역은 대부분 대동강·한강유역 및 그 주변의 섬을 포함한 서해안지역, 두만강을 비롯한 동해안해변 옆의 동해안지역, 낙동강유역과 남해안 섬지역의 남해안지역이다. 그리고 최근 활발한 조사가 이루어지면서 중부와 남부 내륙지역에서도 신석기 관련 유적이 계속 보고되고 있어 앞으로 자료가 정리되면 그 분포관계는 상당히 늘어날 것으로 예상된다.

한편 우리 나라의 신석기시대는 지역에 따라서 약간의 차이는 있지만 대체적으로 세차례의 변화가 있었던 것으로 판단된다. 이러한 변화의 양상은 토

양양 오산리 유적 출토 납작밑 바리

기의 변천과정을 통하여 알 수 있다. 처음으로 토기를 만들어 쓰기 시작하면서부터 편평밑토기와 덧띠무늬토기를 사용하던 전기, 빗살무늬토기가 주로 사용되던 중기, 다양한 종류의 토기가 만들어지고 바탕흙에 변화가 있던 후기로 구분된다.

신석기시대의 석기는 앞 시기의 뗀석기를 그대로 사용하기도 했다. 그러나 붙박이생활과 다양한 생산활동을 하면서 기술이 보다 발전됨에 따라 차츰 돌을 갈아서 석기를 만들기도 하였다. 이렇게 만들어진 간석기는 뗀석기보다 날카로운 날을 얻을 수 있는 장점이 있으며, 주로 나무를 자르고 다듬을 때 사용하였던 도끼를 비롯하여 화살촉·끌 등을 만들었다.

그리고 쓰임새에 따라 구분하여 보면 농경용과 공구용, 사냥·고기잡이용으로 나뉜다. 농경용에는 돌괭이, 보습, 곰배괭이, 낫, 반달돌칼 등이 있고 공구용에는 돌도끼, 돌칼, 돌끌이 있다.

한편 신석기시대에는 석기와 함께 뼈, 나무로 만든 연모도 이용되었다. 서포항이나 궁산유적에서 찾아진 뿔괭이, 뒤지개가 있고 늦은 시기가 되면 작살, 뼈바늘, 뼈송곳, 뼈낚시 등 뼈로 만든 다양한 연모가 나타난다.

## 3. 청동기시대

### 1) 시대개념과 기원

청동기시대는 사람들이 청동기를 이용하여 연모를 만들어 사용하면서 살림을 꾸리던 시기를 가리킨다. 맨 처음에는 구리에 다른 광물을 섞지 않은 순동을 그대로 두드려서 연모나 치레걸이를 만들다가, 차츰 아연이나 주석·납 등을 섞어서 단단한 청동을 만드는 방법을 터득하게 되었다.

청동기문화가 우리 나라에도 있었다는 사실이 밝혀지게 된 것은 광복 이후 우리 선사문화의 연구에서 얻은 값진 성과 가운데 하나이다. 일제 강점기에는 식민사관에 의하여 우리 나라에 청동기시대가 없었고, 석기와 금속으로 만든 연모가 함께 쓰였다는 금석병용기(金石倂用期) 또는 동석기시대(銅石器時代, Eneolithic Age)의 문화단계가 있었다고 주장되어 왔다.

한편 청동기시대에 널리 쓰이던 민무늬토기와 간석기·청동기를 중심으로 이룩된 문화를 민무늬토기문화〔無文土器文化〕라고 하며, 앞 시기의 신석기문화를 가리키는 빗살무늬토기문화와 구분된다.

우리 나라에서 청동기시대를 설명할 때에는 청동기문화의 분포지역을 어디까지로 볼 것이냐 하는 것과 다른 곳에서 만들어진 청동기라도 그것이 사용된 때부터를 청동기시대로 볼 것인가, 아니면 청동기의 주조기술이 들어와 청동기를 독자적으로 만든 시기부터를 청동기시대로 할 것인가 하는 시대의 개념문제에 따라서, 청동기시대의 시기와 범위가 달라질 수 있다.

청동기 분포지역의 구분은 대체로 청동기의 지시유물인 동검(銅劍)을 중심으로 하고 있다. 여기에 따르면, 동검의 전체적인 모습이 중국 옛 악기인 비파를 닮은 비파형(요령식) 동검이 많이 출토되는 고조선의 영역인 요령지역을 포함하여, 중국 동북지방과 우리 나라 전역을 그 범위로 정하고 있는 것이 일반적이다.

우리 나라 청동기문화의 상한연대는 지금까지 여러 견해들이 있어, 하나로 정리되지 못하고 있다. 특히 청동기문화의 시작연대에는 빗살무늬토기와 민무늬토기의 관계, 청동기가 무기나 생산을 위한 연모로서 어떠한 기능을 가졌는가 하는 문제 등이 밝혀지지 않아 어려움이 많으나 대체적인 분위기는 B.C. 13세기 이전으로 보고 있다.

우리 나라 청동기문화의 기원에는 여러 가지 의견들이 있지만, 동검을 비롯한 무기나 연모에 앞서 만들어진 청동손칼・청동단추 등이 언제, 어떻게 생산되었는가 하는 문제를 해석하는 것이 더 합리적일 것이다. 청동기문화는 크게 보아 중국 은(殷)나라 청동기문화의 영향을 받았다는 의견과 시베리아지역의 미누신스크(Minussinsk), 스키트(Scyth) 청동기문화에 북방 오르도스(Ordos)지역 청동기가 섞인 시베리아 청동기의 영향이 미쳤다는 두 가지의 견해가 있지만, 대체적으로는 후자의 영향이 더 많았던 것으로 보인다. 다시 말하여 한국 청동기문화는 황하유역의 중원 청동기문화와는 다르고 북방 청동기의 영향으로 형성되었던 것 같다.

미누신스크 청동기문화는 크게 안드로노브기, 카라스크기, 타가르기 등으로 구분된다. 이 가운데 카라스크 문화는 남부 시베리아지역의 예니세이강 상류에서 형성되어 외몽골지역으로 전파한 다음 은문화와도 교류한다. 그리고 이 문화는 점차 동쪽으로 옮겨와 우리 청동기문화의 뿌리를 이루게 된다. 농경생활을 바탕으로 이루어진 카라스크 문화는 넓은 판석으로 만든 돌널무덤이 특징이며, 청동기에는 자루에 동물이 장식된 안으로 굽은 손칼, 자루가 달린 동검, 뒤쪽에 꼭지가 달린 청동단추 그리고 여러 개의 단추를 이어 붙인 연주(連珠)모양 장식품 등이 있다. 한편 강계 풍룡동의 돌널무덤에서는 시베리아지역에서 발견되는 것과 아주 비슷한 청동단추가 출토되어 한국의 청동기문화가 카라스크 문화의 영향을 받았다는 사실을 뚜렷이 보여 주고 있다.

## 2) 살림과 문화

청동기문화와 사회는 앞 시대와 비교할 수 없을 만큼 삶의 방식이 다원화되면서 복합적으로 발달하게 된다. 삶의 방식에서도 농경생활이 사냥이나 채집보다는 더 큰 역할을 하게 되었고, 집도 신석기시대의 강가나 바닷가보다 낮은 구릉지대에 위치하며, 꽤 넓은 지상가옥의 형태로 발전한다.

그리고 연모도 살림의 쓰임새에 따라 다양하게 나타났으며, 날이 날카로운 간석기가 널리 발달되었다. 토기는 찰흙의 바탕흙에 굵은 모래나 활석을 섞어서 구운 민무늬토기가 중심을 이루며, 생김새는 쓰임의 목적에 따라 여러 가지가 있다. 무덤은 많은 노동력과 기술이 필요한 큰 돌을 가지고 만든 것이 보편화되었다.

### (1) 농 경

청동기시대의 경작지는 이 때의 집터가 대부분 낮은 구릉지대에 있었던 점에서 논농사와 밭농사가 함께 이루어졌던 것으로 추정된다. 이러한 점은 볍씨와 조・수수・기장 등의 잡곡이 한꺼번에 출토되는 사실로도 짐작된다.

농경의 직접적인 자료가 되는 곡식은 벼농사와 잡곡으로 크게 나누어 볼 수 있다. 탄화된 쌀은 가장 북쪽인 평양의 남경유적을 비롯하여 여주 흔암리・송국리 등의 유적에서 출토되었다. 그리고 논농사의 흔적은 울산 야음동과 무거동을 비롯하여 밀양 금천리, 논산 마전리, 부여 구봉리, 춘천 천전리유적에서 발견되었다. 청동기시대 논의 모습을 보면 구릉 기슭의 끝부분을 이용한 것과 비탈면을 개간하여 계단식으로 만든 것이 있다. 밭 유적은 진주 대평리, 대구 동천동, 진안 여의곡유적에서 조사되었다. 특히 대평리유적에서는 남강 옆의 충적대지에서 당시의 집터와 밭터가 함께 발견되었는데 이랑과 고랑이 뚜렷하고, 옥현유적의 논터는 규모가 상당히 작으며 물길의 흔적도 조사되었다. 또한 부안 소사리유적에서는 토기에 볍씨 자국이 찍혀 있어서 이 시기의 농경에 관한 사실을 알려 준다.

낮은 구릉의 기슭에 있는 여주 흔암리유적의 12호와 14호 집터에서는 화덕자리 옆과 토기 안에서 탄화된 쌀을 비롯하여 조·수수·보리·콩 등이 함께 출토되었는데, 이것은 남경유적에서와 같이 여러 종류의 잡곡이 재배되고 있었음을 보여 준다. 또한 곡물과 함께 반달돌칼·갈판·괭이·보습 등이 발견되어, 그 때의 농경기술을 더욱 자세히 알 수 있게 되었다.





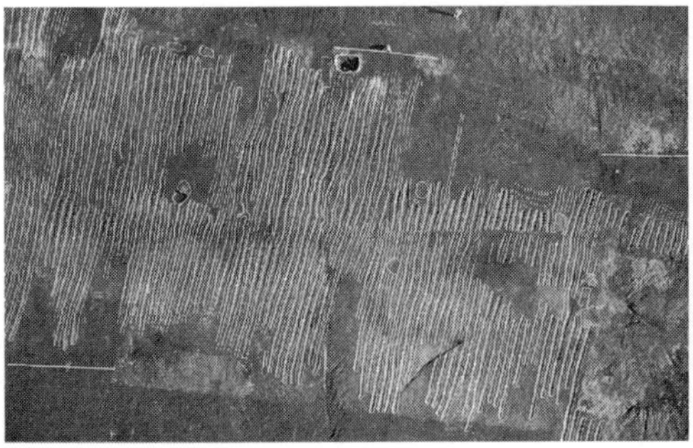

진주 옥방유적 밭터

울산 옥현유적 논터

여주 흔암리 유적 출토 벼(위), 보리

이 시기의 농경연모를 대표하는 반달돌칼은 곡식의 이삭을 따는데 쓰인 것으로 전국에서 출토되며, 곡식의 생태적인 면을 고려하여 만든 훌륭한 농기구로 생각된다. 그것은 벼나 조·피는 낟알이 잘 흩어지지 않고, 익는 과정도 불규칙하여 한꺼번에 딸 수 없으므로, 줄기를 자르는 낫보다는 이삭을 따는 칼이 훨씬 효율적이어서 넓게 이용된 것으로 보인다. 그리고 석기와 함께 나무로 만든 농기구도 찾아졌는데, 김천 송죽리에서는 타원형의 자루구멍에 자루가 달린 나무괭이가 출토되기도 하였고, 의주 주의리의 늪지에서는 나무로 만든 후치가 발굴되었다.

청동기시대의 또 다른 농경자료는 대전에서 나온 것으로 알려진 농경문청동기(農耕文青銅器)가 있다. 따비를 가지고 밭의 이랑을 일고 있는 사람의 모습이 아주 사실적으로 묘사되어 있는 이 청동기는 아래부분이 떨어져 나갔다.

여러 유적에서 발견된 짐승뼈로는 돼지뼈가 가장 많은데, 범의구석의 2문화층 집터에서는 무려 20마리분의 돼지뼈가 나와 가축화의 정도를 이해하는 데 도움이 된다. 또한 초도유적에서도 사냥된 토끼·족제비 등과 함께 많은 돼지뼈가 나왔으며, 범의구석에서는 흙으로 빚어 만든 돼지 조소품이 나와, 이 시기에 돼지 기르기가 널리 퍼져 있었다는 사실을 시사해 준다. 소뼈는 범의구석과 오동유적에서 찾아졌다.

### ⑵ 집 터

청동기시대의 집터는 거의 대부분 강 언저리나 계곡이 내려다보이는 낮은 구릉지대에 있으며, 드물게는 보령 교성리나 창원 남산유적처럼 산꼭대기에 있는 경우도 있다. 앞 시기보다는 크고 10여 채 정도의 집이 한 곳에 모여 작은 마을을 이루고 있다. 이러한 마을은 바람을 막아 주는 작은 산을 뒤에 두고 앞으로는 내가 있어 살림에 필요한 물을 쉽게 구할 수 있는, 오늘날의 자연적인 마을과 아주 비슷하다.

특히 진주 대평리나 대구 동천동유적의 경우, 집터-무덤-농경지가 일정한 정형성을 갖추고 공간배치되어 있는 것으로 밝혀져 당시 사회의 주거환경을 이해하는 데 도움이 된다. 그리고 가끔씩은 금굴이나 상시유적처럼 동굴이나 바위그늘을 이용하여 살림을 꾸리기도 하였다.

이 시대의 집은 주로 움집이었던 것으로 보이는데, 움의 깊이는 신석기시대보다 훨씬 얕고 일부에서는 반지상가옥으로 발전하였다. 집터의 평면 생김새는 크게 네모꼴과 둥근꼴로 나뉘어지며, 서울 역삼동, 하남 미사리, 화성

천천리, 보령 관산리유적에서는 세장방형(細長方形)도 발굴되었다. 또한 서산 휴암리, 청원 내수리, 부여 송국리 등 금강유역과 광주 송암동, 영암 장천리, 거창 대야리유적에서는 둥근꼴의 움집이 발견되어 주목된다. 이런 둥근꼴의 움집은 집 안 가운데 쪽을 긴 타원형으로 조금 판 다음 2개의 기둥을 세웠으며, 화덕자리는 없고 저장 구덩이가 있는 것이 보편적이다.

진주 상촌리 집터

충주 조동리 7호집터



한편 집터 안의 화덕자리는 강자갈로 만들거나, 흙으로 둑을 쌓거나, 맨땅을 조금 움푹 파서 만들기도 하였다. 그리고 둥근꼴의 집터에서와 같이 화덕자리가 없는 경우도 있다. 집터 안에서는 저장 구덩이가 있는 것이 가끔 조사된다. 집의 바닥은 맨땅을 그대로 다지기도 하고, 찰흙을 4~5㎝ 두께로 깐 다음 불에 구워 단단하게 만든 것도 있는데, 바닥에는 짚이나 풀을 엮어서 깔았을 것으로 짐작된다. 실제로 평양 남경유적에서는 갈대를 엮어서 깔았던 흔적이 발견되기도 하였다.

청동기시대의 움집은 벽체와 지붕이 나뉘어, 벽체가 밖에서 보이도록 되어 있다. 이렇게 되자 용마루와 도리 등 서까래를 걸 수 있는 천장시설이 필요하며, 천장과 벽이 높아져 집의 구조가 복잡하게 되었다. 이러한 점으로 보아 그 때의 사람들은 신석기시대의 집보다 집 안을 밝게 하였으며, 활용할 수 있는 면적도 훨씬 넓어졌음을 알 수 있다.

또한 굴립주 건물터〔掘立柱建物址〕가 하남 미사리, 춘천 천전리, 사천 이금동유적 등에서 발굴되었으며, 그 쓰임새는 대부분 농산물을 저장하는 창고로 해석하고 있어 청동기시대의 살림살이를 이해하는 데 참고가 된다.

청동기시대 집의 또 다른 특징은 한 곳에 10~100여 채 이상의 집들이 모여 취락을 이루는 것인데, 동학산・반제리・죽전・송국리・흔암리・휴암리・대평리・천전리・금탄리・석탄리・범의구석유적 등을 대표로 들 수 있다.

한편 마을이 형성되고 생산이 활발하여 잉여생산물이 있게 되자 서로간에 갈등이 나타나게 되었고, 이에 따라 마을을 방어하기 위한 시설로 환호와 목책 등이 설치되었다. 환호시설은 부여 송국리, 대구 동천동, 수원 율전동, 화성 동학산, 안성 반제리, 진주 대평리, 울산 검단리 등 선국석으로 발견되었다. 또 부여 송국리에서는 지름 20㎝쯤 되는 굵은 나무를 잇대어 세워 만든 목책시설이 조사되기도 하였다.

진주 옥방유적 1호환호

### (3) 무 덤

청동기시대의 무덤으로는 고인돌〔支石墓〕을 비롯하여 돌널무덤〔石棺墓〕, 움무덤〔土壙墓〕, 독무덤〔甕棺墓〕 등이 있다.

고인돌은 커다란 돌을 가지고 만든 구조물로 우리 나라 선사시대의 여러 유적 가운데서 가장 두드러진 성격을 지니고 있으며, 상당히 일찍부터 조사·연구되기 시작하였다.

은율 관산리 고인돌(탁자식)

순천 곡천 고인돌(바둑판식)

안성 반제리 고인돌(개석식)

유적분포를 보면 주변지역인 중국에서는 주로 요동반도와 길림지역에 있으며, 남부지역인 절강성에서도 가끔 발견되고, 일본은 규슈지역에서만 나타난다. 우리 나라에는 이 지역들과는 비교가 되지 않을 만큼 현재 4만 기(基)에 이르는 많은 고인돌이 내륙은 물론 제주도를 비롯한 섬지역에까지 퍼져 있다. 고인돌은 주로 강을 낀 낮은 구릉지대나 주변의 자연 지세에 알맞은 골짜기 방향이나 강·해안선을 따라 있다. 수적으로 많이 분포하는 평안도·황해도·전라도지역은 서해안에 인접한 지역이라는 점에서 바다와 고인돌 사이의 연관성이 있을 것으로 생각된다.

탁자식(북방식; 전형; 오덕형) 고인돌은 판판한 굄돌을 세워서 지표 위에 네모꼴의 무덤방을 만들고, 그 위에 덮개돌을 올려 놓은 형식이다. 바둑판식(남방식; 기반식; 변형) 고인돌은 땅 위에 놓인 3~4개 또는 그 이상의 받침돌이 덮개돌을 받치고 있는 것으로, 땅 속에 있는 무덤방은 구덩·돌널·돌덧널 등 여러 가지가 있다. 개석식(침촌형) 고인돌은 땅 위에 커다란 덮개돌만 드러나 있는 것으로, 우리 나라에서 가장 많이 분포되고 있어 고인돌의 기원 문제를 밝히는 데 중요하다.

고인돌의 발굴조사 결과 제천 황석리와 양평리, 달성 진천동, 춘천 중도 등의 유적에서는 사람뼈가 나왔다. 그리고 껴묻거리로는 민무늬토기를 비롯한 여러 가지의 토기와 간돌검·화살촉 등의 석기, 드물게 청동유물이 출토되고 있다.

황석리나 연천 통현리 유적에서처럼 사슴이나 소과(科), 돼지 등의 짐승뼈가 발견되는 경우도 있는데, 이것은 고인돌을 만들 때 있었던 제의(祭儀)나 묻힌 사람의 영생을 바라는 내세의 믿음자료를 보여 주는 것으로 여겨진다. 또한 고인돌사회의 사람들이 무덤을 만들 때 가지고 있던 정신세계를 이해할 수 있는 'x'자를 새긴 자갈돌이 옥천 안터와 화순 대전유적에서 발견되었다.

제천 황석리 충7호고인돌 무덤방

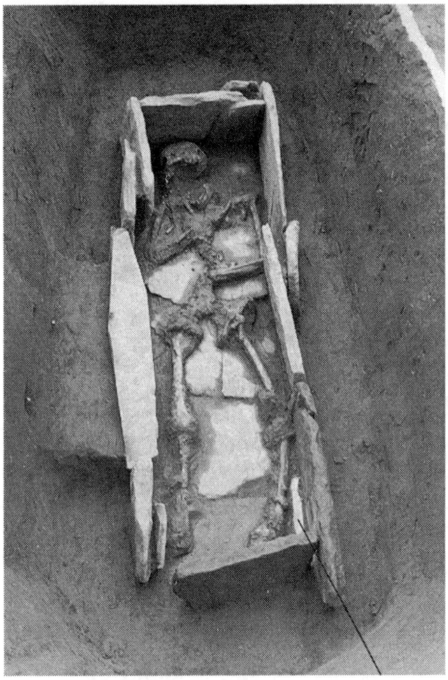

진주 옥방 돌널무덤

돌널무덤은 무덤방의 벽·바닥·천장을 각기 1장의 판석으로 한 상자모양의 짜임새를 가리키지만 경우에 따라서는 풍화암반층을 판 다음 한 벽에 여러 장의 판석을 잇대어 짠 것도 있고, 또 네 벽에 판석·모난돌·강돌을 섞어 쌓아 벽을 만든 것도 있다.

우리 나라 돌널무덤의 기원은 시베리아 계통의 청동기문화권에서 찾아볼 수 있다. 시베리아지역에서는 이른 청동기시대인 안드로노보기 때 돌널무덤이 나타나 다음 단계의 카라스크-타가르기에 널리 퍼지는데, 우리 나라 청동기시대의 돌널무덤과 단추모양 장식, 동물장식 유물이 출토되어 이들과 관련이 있는 것으로 여겨진다.

독무덤은 주검이나 뼈를 독이나 항아리에 넣어 땅을 파고 묻는 무덤양식이다. 이 시기의 독무덤은 독을 1개 이용하여 만들고, 위쪽에는 넙적한 돌 같은 것으로 뚜껑을 덮은 외독이 유행하였다. 그리고 독의 밑부분에는 작은 구멍이 뚫려 있다.

### (4) 믿음과 예술

청동기시대 사람들은 자연적인 여러 현상을 극복해 가면서 살림을 꾸렸기 때문에 풍요와 관련이 있는 자연대상물에 믿음을 가졌을 것이다. 특히 이러한 믿음은 당시 사람들의 사유 형태의 한 표시인 예술행위로 표출되었던 것 같다.

청동기시대의 예술은 바위그림, 조소품, 토기나 청동기에 새겨진 무늬 등으로 구분된다.

바위그림은 울주 반구대·천전리, 고령 알터유적 등이 있다. 반구대 바위그림은 크게 평면그림과 선그림으로 구분되는데 평면그림에는 고래, 거북과 같은 물짐승, 멧돼지, 사슴, 순록 등의 뭍짐승 그리고 성기가 달린 남자모습이 있다. 선 그림에는 교미하는 멧돼지, 고래고기를 분배하는 그림, 그물과 울 안에 갇힌 짐승모습이 있다. 그런데 반구대 바위그림은 처음 새긴 다음 다시 그 위에 덧그려 넣은 점이 특이하며 의식을 집행하거나 당시의 살림방식을 가르치는 교육장소로 여겨진다. 천전리 바위그림은 사람, 동심원 등의 기하학 무늬와 짐승이 새겨져 있다. 고령 알터유적은 동심원, 네모, 십자 모양의 기하학 무늬가 있는데 이것은 가면과 태양을 상징하는 것 같으며 당시 사회의 풍요를 기원하는 행위와 관련이 있는 것으로 해석된다. 한편 영일, 함안, 합천 등지의 고인돌 덮개돌에도 간돌검, 화살촉, 동심원 등의 그림이 새겨져 있는 것이 조사되었다.

흙을 빚어서 형상을 나타내려고 한 조소품으로는 돼지와 남자를 대상으로 하였다. 무산 범의구석유적에서는 돼지를 표현한 조소품이 여러 점 나왔으며, 웅기 서포항유적에서는 사람 형상이, 연길 소영자유적에서는 뼈와 흙으로 만든 인형이 출토되었다.

토기나 청동기에 새겨진 무늬를 통하여 당시의 예술적인 측면을 이해할 수도 있다. 토기에 있는 무늬는 번개무늬와 선무늬로 나눌 수 있는데 두만강 유역의 여러 유적에서는 주로 번개무늬가 찾아지고 있다. 청동기에 새겨진 무늬는 대부분 의식에 쓰이는 의기와 같은 특수연모의 성격을 지닌 것에 있어 상징성이 강하다. 특히 대쪽모양 동기, 방패모양 동기, 가지방울 동기 등에 동심원, 세모, 점줄의 기하학 무늬와 새, 사슴, 사람의 상징무늬로 구분된다.

## 3) 유 물

청동기시대의 유물은 토기와 석기 그리고 청동기와 뼈유물 등이 있다. 이 시기의 유물은 대체적으로 살림의 쓰임새에 따라 다양하게 나타났으며, 날이 날카로운 간석기가 널리 발달하였다. 토기는 찰흙의 바탕흙에 굵은 모래나 활석을 섞어서 구운 민무늬토기가 중심을 이루며, 생김새는 쓰임의 목적에 따라 여러 가지가 있다.





### (1) 토 기

청동기시대에 일반적으로 쓰인 민무늬토기는 신석기시대의 빗살무늬토기와는 다르게 무늬가 없고, 대부분 적갈색이나 황갈색을 띠며, 낮은 온도에서 구워 흡수성이 강한 편이다. 비짐으로 굵은 모래알이나 활석이 많이 섞여 거친 느낌을 주며, 바닥은 거의가 편평밑이다.

민무늬토기는 음식을 끓이고 저장하며 담는 등 크게 세 가지 기능으로 쓰였다. 토기의 생김새나 밖으로 드러난 특징이 다른 민무늬토기와 뚜렷이 구분되며, 출토된 지역의 문화 특징을 잘 보여 주는 새김덧띠무늬토기, 팽이토기, 화분토기, 구멍무늬토기, 덧띠토기, 미송리식 토기, 가락리식 토기, 송국리식 토기 등이 있다.

새김 덧띠무늬토기(진주 어은유적)

덧띠새김무늬 토기는 입술 쪽에 덧띠를 붙이고 그 위에 빗금무늬나 자돌무늬를 새긴 독특한 모양이다. 남쪽에서는 바리모양 토기에, 북쪽에서는 단지모양 토기에 이러한 무늬가 많다.

팽이토기는 모래·활석·석면가루를 비짐으로 썼는데, 주로 적갈색이나 흑회색을 띠고 있다. 생김새는 말 그대로 팽이모양에 매우 좁은 밑바닥을 붙인 것 같아 그릇의 배가 부르고, 밑으로 내려갈수록 뾰족하다. 아가리는 겹으로 되어 있으며, 바깥쪽에는 빗금이 평행되게 그어져 있다. 청천강 이남의 평안·황해도에서 많이 출토되고 있으며, 한강유역의 경기지역과 충청 일부 지역에서도 발견되고 있다.

민무늬토기 바리(여주 흔암리 유적)

화분토기는 생김새가 화분같고 주로 함경도 지역에서 많이 발견되고 있어, 팽이모양 토기의 출토지역과 서로 비교된다. 생김새의 특징으로는 아가리의 위쪽에 골이 패여 있고, 아래에는 구멍이 돌려져 있다.

구멍무늬토기는 생김새가 깊은 바리모양인데, 아가리 바로 밑에 1줄로 드문드문 구멍을 뚫었거나, 반쯤 뚫은 굼이 특징이다. 그런데 이러한 구멍이나 굼의 쓰임새는 아직까지 뚜렷하게 밝혀진 것이 없고, 꾸밈을 위한 것으로 해석하는 의견이 많다. 그리고 이 토기에는 입술에 톱니처럼 금을 새긴

구멍무늬토기(하남 미사리유적)

골아가리토기도 있어, 만든 방법이 여러 가지임을 알 수 있다.

덧띠토기는 입술 바깥쪽의 단면에 둥근꼴이나 세모꼴의 찰흙띠를 붙여서 입술을 두텁게 만든 것으로, 밑바닥에는 굽의 높낮이가 있다. 이 토기는 청동기시대의 후기나 초기 철기시대에 한강유역을 중심으로 경기·충청도지역에 널리 발달한 것으로 밝혀졌으나, 최근 발굴된 고양 일산지역의 조사결과 적어도 청동기시대 중기 이전부터 일산을 중심으로 한 한강유역에서는 굽잔토기와 같이 살림에 널리 쓰였던 것으로 확인되었다.

가락리식 토기는 서울 가락동 집터에서 출토된 토기형식에서 이름을 붙인 것으로, 생김새는 팽이모양 토기의 변형으로 겹아가리의 화분모양이며, 아가리 아래쪽에 손톱자국 같은 것이 돌려져 있다. 한강유역의 여러 유적에서 출토되고 있다.

송국리식 토기는 부여 송국리의 집터에서 처음 발견된 토기이며, 금강 이남의 여러 곳에서 조사되었다. 토기의 생김새는 아가리가 조금 바라지고 배부분이 약간 부른 긴 몸통과, 축약되고 좁은 편평밑을 가지고 있다.

### ⑵ 석 기

청동기시대에는 청동기가 나타나고 있지만, 제작의 어려움, 재료의 희귀성 때문에 일반적으로 널리 사용되지 못하고, 살림에는 간석기가 오히려 큰 비중을 차지하였던 것으로 보인다. 이 시대에 쓰인 석기는 앞 시기에 비하여 종류도 여러 가지이고 만든 기술도 매우 뛰어났음을 알 수 있다.

간석기는 크게 쓰임새에 따라 농사를 짓는 데 이용된 돌낫·반달돌칼·돌괭이와 나무를 자르고 다듬는 데 쓴 돌도끼·돌자귀·돌대패날·돌끌이 있으며, 음식을 조리하는 데에는 갈돌·갈판이, 사냥이나 무기로는 간돌검·돌화살촉 등이 쓰였다. 그 밖에 석기를 다듬는 데에는 숫돌이, 실을 꼬는 데에는 가락바퀴가 쓰였고, 특수한 목적에 이용된 것으로 보이는 바퀴날도끼와 톱니날도끼가 있다.

반달돌칼은 곡식의 이삭을 따는 데 사용된 것으로, 전국의 곳곳에서 가장 널리 오랜 기간에 쓰여 지역에 따라 생김새가 조금씩 다르기도 하다. 이 연모는 중국의 화북지역에서 처음 발달하여 우리 나라 쪽으로 전해진 것 같으며, 손에 거는 끈을 꿰어 묶기 위한 구멍이 뚫려 있는 공통된 특징을 가지고 있다. 대부분 반달모양에 곧은 외날이나, 함경도 지방에는 네모날에 인팎날이 많으며, 충청·전라지역에서는 세모꼴도 있다.

반달돌칼

돌도끼는 나무를 자르는 데 쓰인 것으로, 묵직하며 날 양쪽을 갈아 조개모양의 날을 만들고 도끼몸은 네모꼴이나 볼록렌즈 모양이다.

홈자귀[有溝石斧]는 'ㄱ'자 모양의 자루에 묶어서 쓴 연모로 나무 같은 것을 내리쳐서 도려내거나 구멍을 뚫는 데 사용되기도 하지만, 농사를 지을 때 땅을 파는 연모로도 이용되었다.

여러 돌도끼

간돌검은 청동기시대 간석기의 가장 대표적인 유물로, 집터나 무덤 등의 여러 유적에서 발견되고 있다. 주로 점판암 계통을 재질로 하여 만든 간돌검은 생김새나 크기로 보아 사람이 지니고 다녔던 무기로 여겨지며, 자루에 장식이 없는 것〔一段柄式, 통자루〕과 자루 가운데 홈이 돌려진 것〔二段柄式, 홈자루〕으로 나뉜다. 검날은 몸의 양쪽에 세워져 있고 몸 한가운데에 세로로 모가 나 있다. 이른 시기의 돌검은 날에 실제로 쓴 흔적이 발견되며, 시기가 늦을수록 무덤에 묻기 위한 의기(儀器)적 성격이 강하여, 지나칠 정도로 크게 만들어졌다. 이러한 간돌검은 우리 나라를 중심으로 연해주나 일본 규슈지역에서만 출토되고 있어 뚜렷한 하나의 지역적인 특색을 보여 주고 있다.

간화살촉은 앞 시기의 뗀화살촉보다 널리 쓰였다. 생김새에 따라 슴베가 있는 것과 없는 것으로 나뉘며, 몸체의 단면에 따라서도 버들잎 모양, 세모꼴 등 여러 가지로 나누고 있다.

이 밖에 평안도나 황해도지역에서 많이 발견되는 바퀴날도끼와 톱니날도끼가 있다. 바퀴날도끼는 지름 10~15cm 되는 크기의 둥그스름한 돌 가운데 구멍이 뚫려 있고, 둘레의 가장자리에는 돌아가면서 날이 세워져 있다. 톱니날도끼는 가운데 구멍이 뚫려 있으며, 톱니처럼 날카로운 날들이 일정한 간격에 따라 가장자리로 뻗쳐 있다. 한편 이 도끼의 쓰임새는 실용보다 특수한 목

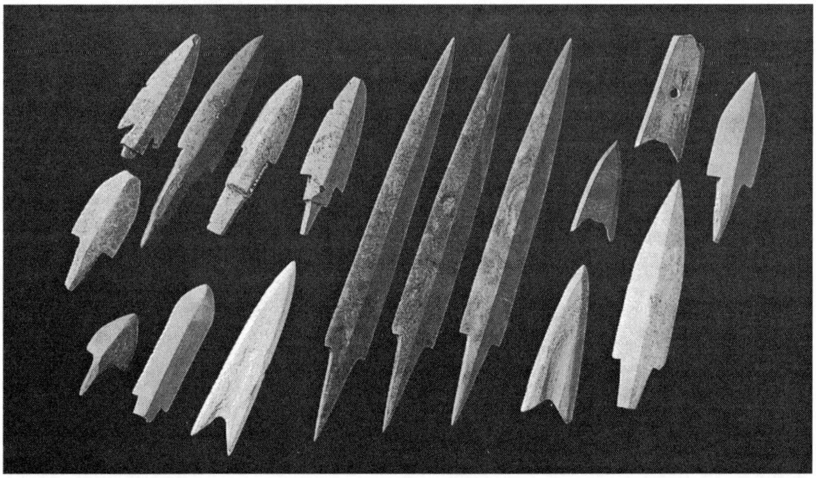

여러 돌화살촉

적에 쓰인 것으로 이해된다.

### ⑶ 청동기

청동기는 출토되는 수가 매우 적고 살림에 넓게 쓰이지 못해서, 일부 사람들만 가졌던 특수품으로 여겨진다. 그리고 우리 나라에서 발견되는 대부분의 청동기는 청동기시대의 후기나 초기 철기시대와 밀접한 관계가 있으므로, Ⅰ기 유물, Ⅱ기 유물로 나누는 경우가 많다. 여기에서는 대표되는 중요한 청동기의 유물들을 설명하고자 한다.

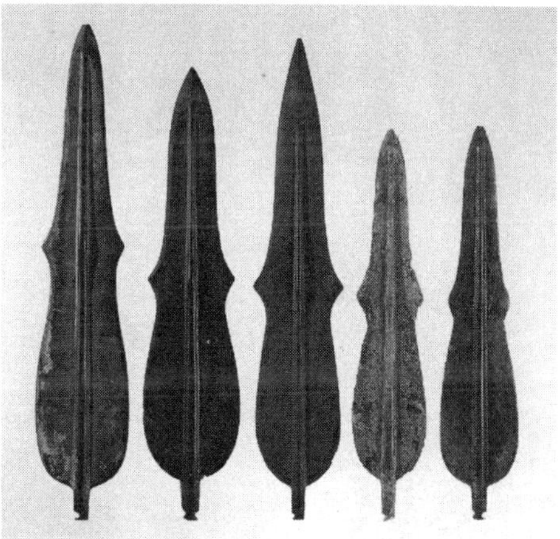

여러 비파형 동검

동검에는 이른 시기의 비파형 동검과 이를 조형(祖型)으로 한 늦은 시기의 한국식 동검이 있다. 비파형 동검은 날 가운데에 튀어나온 부분이 있고, 동검의 손잡이 쪽으로 내려갈수록 배가 팽창되면서 곡선을 이루어, 마치 중국의 고대 악기인 비파를 닮았다고 하여 붙은 이름으로 길이는 거의가 30~40cm이다. 출토지역과 생김새에 따라, '요령식 동검', '만주식 동검', '부여식 동검', '곡인검', '고조선식 동검' 등 여러 가지로 불린다.

한국식 동검은 비파형 동검의 전통을 이어받아 만들어진 것으로, '세형동검', '좁은 놋단검', '청동단검'이라고도 한다. 형태는 비파형 동검의 돌기가 없어지고 몸통 아래쪽의 배가 부른 곡선이 줄어들어 직선에 가까우며 가늘고, 등날 양쪽으로 피홈〔血溝〕과 마디가 있다. 이 동검은 주로 청천강 이남의 여러 유적에서 출토되며, 연해주와 일본 규슈 지역에서도 나오고 있다. 그리고 한국식 동검을 만든 거푸집이 용인·영암·개천 등지에서 출토됨으로써 우리 나라에서 직접 동검을 만들었다는 사실이 입증되었다.

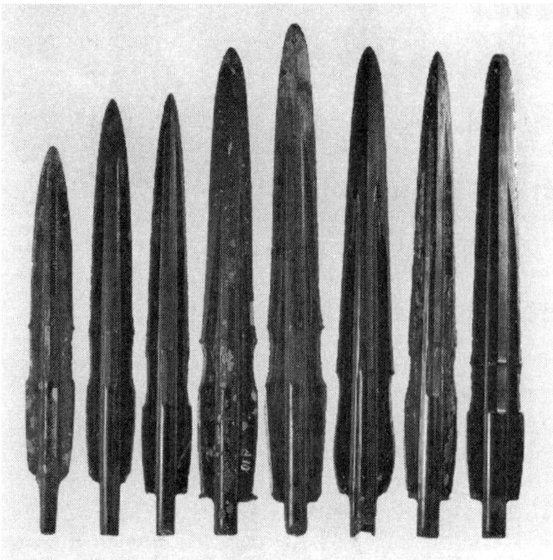

여러 한국식 동검

청동도끼는 시기에 따라 생김새에 큰 차이가 있는데 이른 시기의 것은 부채꼴도끼〔扁形式銅斧〕이고, 늦은 것은 어깨가 있는 도끼〔有肩式銅斧〕이다. 날이 부채모양을 하고 있는 부채꼴 청동도끼는 몸통이 긴 네모꼴이며, 뒤 끝이 비어 있고 도끼자루는 오늘날 도끼처럼 수직으로 끼워 넣는 것이 아니라, 수평으로 끼우는 자루투겁도끼이다. 이것은 주로 요령지역과 북청 토성리, 의주 미송리, 속초 조양동 등지에서 찾아졌으며, 영흥 어랑에서는 거푸집이 발견되었다. 어깨가 있는 청동도끼는 자루를 끼우는 방식이 부채꼴 청동도끼와 같지만 날 부분의 너비가 좁아지고 몸통에 어깨가 있는 점이 다르다.

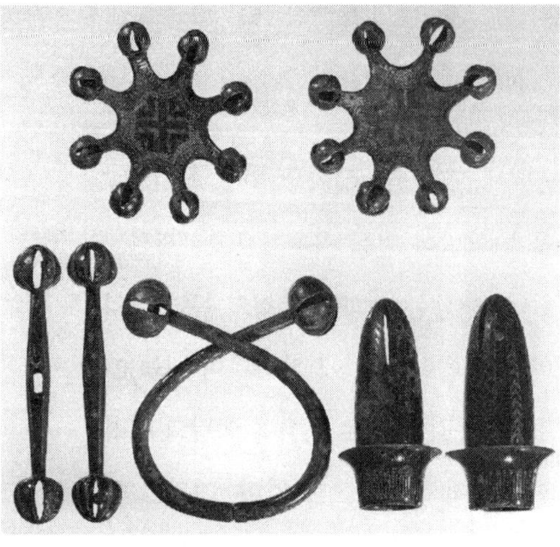

예산 덕산출토 청동기

청동화살촉은 길이가 짧으면서 몸통부분에 홈이 패어진 것으로, 날개모양의 슴베가 달린 것이 대부분이다. 사리원·김해·보성 등지에서 발견되었는데, 생김새로 보아 실용적이었던 것으로 여겨진다.

청동단추〔銅鉋〕는 뒷면이 움푹 들어가 둥근꼴을 이루고 있으며,

화순 대곡리 유적 출토 잔무늬 청동거울

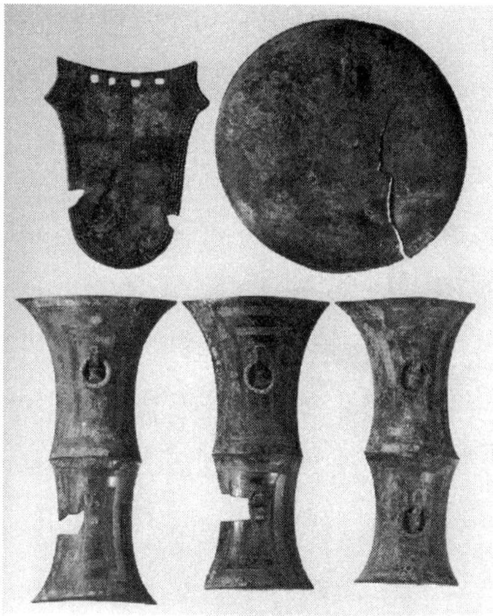

대전 괴정동 유적 출토 청동기



큰 것은 지름이 5cm쯤 된다. 당시 사람들의 옷이나 장화에 붙였던 것으로 여겨지는데, 실제로 요령지역의 정가와자유적에서는 묻힌 사람의 가죽장화에 가득 붙어 있었다.

청동거울은 거친무늬 거울〔粗文鏡〕과 잔무늬 거울〔細文鏡〕로 나뉜다. 크기가 비교적 작은 거친무늬 거울은 기하학적 무늬구성이 정밀하지 못하여 줄무늬가 굵고 거칠며, 만든 수법이 조잡하다. 요령지역의 정가자와 유적에서 지그재그 무늬의 거친무늬 거울이 나온 것을 비롯하여 부여 연화리, 익산 오금산, 대전 괴정동의 유적에서 발견되었다.

잔무늬 거울은 거친무늬 거울을 따라서 만든 것으로 우리 나라 청동기문화에서 한국식 동검과 더불어 특징 있는 청동기유물이라고 하겠다. 거울면은 오목하게 되어 있어 햇빛을 한 곳에 모아 반사시킬 수 있으며, 물체를 거꾸로 비치게 하는 거울의 쓰임새로 보아 종교나 주술적인 의식에 쓰였을 가능성을 짐작하게 한다. 이 거울은 복잡하면서 정교한 가는 줄무늬로 보아 놀라운 주조기술수준을 알 수 있으며, 밀랍이나 단단한 나무판에 무늬를 새기고 물에 탄 고운 진흙을 두텁게 발라서 특수하게 만든 것으로 보인다.

(4) 뼈연모

청동기시대의 뼈연모는 거의가 사슴과 짐승의 팔·다리뼈를 이용하여 만들었다. 대체적으로 잘 갈아서 만든 것과 깨뜨려서 날카롭고 뾰족한 한 쪽 끝을 그대로 이용한 것이 있다. 쓰임새에 따라 구분하여 보면 무기류에는 뼈화살촉·뼈창끝·뼈단검·뼈찰갑 등이 있다. 그리고 농공구류에는 뼈송곳을 비롯하여 뼈끌·뼈칼이 있다. 한편 초도나 서포항유적에서 뼈바늘통과 함께 뼈바늘이 한꺼번에 찾아졌으며 숟가락을 만든 예도 있다.

## 참고문헌

국사편찬위원회 엮음, 「구석기문화와 신석기문화」『한국사 2』, 1997.

국사편찬위원회 엮음, 「청동기문화와 철기문화」『한국사 3』, 1997.

김재원 · 윤무병, 『한국지석묘연구』, 국립박물관, 1967.

신숙정, 『우리 나라 남해안지방의 신석기문화 연구』, 학연문화사, 1994.

심봉근, 『한국 청동기시대 문화의 이해』, 동아대 출판부, 1990.

윤무병, 『한국 청동기문화 연구』, 예경산업사, 1987.

이영문, 『한국 지석묘사회 연구』, 학연문화사, 2002.

이융조 · 우종윤 · 길경택 · 하문식 · 윤용현, 『우리의 선사문화(Ⅰ)』, 지식산업사, 1994.

이청규, 「청동기·철기시대의 사회와 문화」『한국사 1』, 한길사, 1994.

임병태, 『한국 청동기문화의 연구』, 학연문화사, 1996.

하문식, 『고조선지역의 고인돌 연구』, 백산자료원, 1999.

한영희, 「신석기시대의 사회와 문화」『한국사 1』, 한길사, 1994.

한창균, 「구석기시대의 사회와 문화」『한국사 1』, 한길사, 1994.

## 사진자료

경상남도 · 동아대박물관 엮음, 『남강유역 문화유적 발굴도록』, 1999.

국립광주박물관 엮음, 『영산강의 고대문화』, 1998.

국립중앙박물관 엮음, 『한국의 청동기문화』, 1992.

복천박물관 엮음, 『기술의 발견』, 2003.

복천박물관 엮음, 『선사 · 고대의 요리』, 2005.

서울대 박물관 엮음, 『발굴유물도록』, 1997.

연세대 박물관 엮음, 『우리 나라의 구석기 문화』, 2002.

연세대 박물관 엮음, 『한국의 구석기』, 2001.

충북대 박물관 엮음, 『선사유적 발굴도록』, 1998.

# Ⅱ. 제의와 신화

## 1. 건국신화의 배경



한국 건국신화와 고대 제천의식의 사회·문화·경제적 배경은 고인돌문화로 대표된다. 고인돌문화를 배경으로 한반도의 원주민들은 집단 촌락을 형성하기 시작하였고 벼농사와 밭농사를 병행하는 정착생활을 해왔다.

고인돌이란 지석묘(支石墓)를 말한다. 고인돌사회의 주민들은 넓은 평야지대보다는 낮은 구릉지대에서 소규모 농경생활을 했는데, 고인돌에서 출토되는 부장품들을 살펴보면, 마제석검, 마제석촉 등의 무기류와 반월형석도, 돌괭이, 돌낫 등의 석제 농기구와 토기, 방수차, 어망추 등의 생활용구는 고인돌시대의 발전단계를 가늠할 수 있게 한다. 이러한 석제 농기구는 당시 사회가 원시농경사회였고 농업생산력이 낮은 수준이었음을 말해 주는 근거가 된다. 반월형석도는 벼줄기의 목부분을 자르는 돌칼이며, 돌낫은 겨우 한두

**송화섭** | 전주대학교 문화관광학부 교수. 한국고대사 전공. 논저로 「마한의 소도 연구」, 「고인돌암각화의 생성배경과 상징성 연구」, 「서해안 해신신앙 연구」, 「한국고대사회의 성모와 노구」, 『백제의 민속』, 『한국문화와 역사민속』, 『전라문화바로보기』 등이 있다.

포기만 자를 수 있는 원시적 농경도구이다. 이러한 농기구로 본다면, 고인돌 사회의 농업생산력은 단순한 노동력에 의존했음을 알 수있다.

촌락사회의 정착생활은 인구의 증가율을 기하급수적으로 늘리고, 집단적 거주생활은 자연스럽게 혈연중심의 씨족사회를 발전시켰다. 결국 인구 증가로 인해 혈연공동체의 촌락분화가 거듭하였으며, 노동력을 대규모로 동원할 수 있는 씨족사회의 기반이 조성되어 갔다고 본다. 고인돌은 크기와 규모에 따라 수십 명에서 수백 명씩의 노동력이 동원되어야 만들 수 있는 무덤이다. 이러한 노동력 동원은 집단적 정착생활과 혈연중심의 씨족사회였기에 가능했을 것이다. 고인돌사회의 씨족집단이 벼농사 중심의 농경생활을 하였음은 청동기시대 주거유적에서 발견되는 탄화미가 말해준다.

한반도에서 탄화미는 대체로 서남부의 해안 및 하천유역과 가까운 구릉지에서 출토되고 있다. 대표적인 탄화미 출토지는 부여 송국리, 여주 흔암리, 평양 남경, 광주 신창동, 김해 봉명동 유적인데, 특히 진주 대평리 유적에서는 주거지 외에 대규모의 밭 유적이 발굴되었다. 이러한 벼농사 생활권역에 고인돌이 많이 분포하고 있다. 고인돌무덤이 해안 인근과 하천 주변에 분포하거나, 하천따라 내륙으로 들어간 넓은 분지에 떼지어 분포하는 것은 혈연공동체들이 떼지어 정착생활을 하였음을 의미한다. 이들은 경작지를 개간하여 벼농사를 짓고, 조상숭배의 관행에 따라 고인돌무덤을 축조하였다고 본다. 고인돌 축조는 정착생활과 혈연공동체와 벼농사생활을 하는 촌락집단들이 씨족사회의 협력과 연대를 강화하는 수단으로 거족적으로 거행한 장례행위였다고 본다.

그리하여 벼농사 생활권과 고인돌 분포권과 난생신화권이 겹치는 현상이 나타난다. 고인돌 축조는 단순한 조상의 무덤이 아니라 씨족사회의 구성원들을 결속시키는 데 원동력을 제공하는 수단이었다. 고인돌 축조집단이 대규모 노동력을 동원하여 공동체사회를 유지하는 방식은 크게 두 가지로 볼 수 있는

데, 경작지 개간과 벼농사 짓는 농경생산활동과 자기조상을 숭배하는 관행으로 고인돌무덤을 만드는 일이었다. 이러한 생활문화가 난생신화에 농축되어 있다고 본다. 난생신화는 벼농사의 풍요를 가져오는 재생과 번식의 곡령신앙(穀靈信仰)에서 기원하였다고 본다. 벼농사문화권에서 곡령신앙의 전통은 추수 후에 볍씨를 조상단지에 갈아넣는 세시풍속과 민간신앙에서도 확인되고 있다. 조령신앙이란 조상단지에 곡물을 넣어두는 조상모시기의 관습이다. 매년 볍씨를 뿌리고 수확을 반복하는 벼농사집단들은 볍씨를 조상령(祖上靈)이라고 믿었고, 볍씨를 잘 관리하는 것이 조상을 잘 모시는 일이라고 믿었던 것이다. 조상을 잘 모시면 후손이 잘산다는 등식이다. 오늘날 민속신앙에서 조상단지의 풍습은 고인돌사회의 전통으로 본다.

조상단지에 볍씨를 담아 부장품으로 묻는 관행은 고인돌사회부터 시작되었다.

고인돌무덤에 부장하는 붉은간그릇(紅陶)은 고인돌사회에서 조상과 단지의 관계가 형성되었음을 말해준다. 붉은간그릇은 조상의 영혼을 넣어두는 그릇이었고, 볍씨를 담는 토기는 평저장경호, 항아리, 대구호 같은 큰 토기였다. 이러한 고인돌 사회의 곡령숭배는 조상숭배와 동일시했고, 단지에 든 볍씨를 조상의 영적(靈的) 존재로 인식하고 해가 바뀌면 새롭게 갈아넣는 풍속이 지속적으로 민간전승되어 왔다고 본다. 볍씨를 담아두는 항아리를 난형(卵形)이라고 부르기도 하지만, 조상의 영혼을 볍씨로 신앙하는 도작농경문화권에서 난생신앙이 존재하였으며, 고인돌문화와 함께 한반도에 전파해온 것으로 본다. 벼농사집단과 고인돌과 난생신화가 한 세트로 등장하는 곳이 구지봉의 고인돌과 가락국의 건국신화이다. 구지봉은 난생신화가 깃든 성소인데, 그곳에 1기의 남방식 고인돌이 있고, 김해평야는 기원전에 볍씨가 출토된 도작농경지대이다.

구지봉의 고인돌은 고인돌사회부터 제천의식과 농사의 풍요를 기원하는 태양숭배의 관행이 있었음을 보여준다. 이러한 태양숭배와 난생신앙이 건국신화에 그대로 반영되어 태양의 빛이 알을 비치고 그곳에서 시조가 출현하는 방식으로 묘사된 것이다. 태양숭배와 난생신앙은 모두 도작농경신앙에 바탕을 두고 있다. 조상을 숭배하는 영혼불멸의식이 난생신앙을 생성시켰고, 풍농기원의 농경의례를 관습적으로 거행해오면서 토착신앙으로 정착했다고 본다. 벼 자체는 열대식물이다. 벼는 작렬하는 태양의 기운을 받고 땅에 고인 물을 자양분으로 성장하는 1년생 작물이다. 하지만 벼는 천재지변에 매우 취약한 작물이라서 인간이 소중하게 관리하지 않으면 안 되었기에 농경활동과 풍농기원의례가 싹텄으며 이러한 관행은 고인돌사회에서 비롯하였다고 본다.





고인돌사회에서는 풍농기원의례를 하늘에 제사를 올리는 제천의식의 형식을 취했다고 본다. 벼농사 생활권에서 자연재해를 극복하고 1년 농사의 풍년을 성취하는 일은 씨족의 운명을 좌우할 정도로 중대한 사안이었을 것이며, 제천의식을 주관하는 자가 씨족의 가장 우두머리였을 것이다.

우두머리가 농사를 짓고 관리하는 일은 매우 중요한 책임이었다. 단군신화에서 환웅이 주관하는 책무 가운데 하나가 주곡(主穀)이다. 부여의 왕은 곡식이 제대로 숙성되지 못하면 왕에서 물러나거나 죽임을 당하기도 하였다. 그만큼 농업생산력 증대와 잉여농산물을 확보하는 일은 지배자가 절대적으로 해결해야 할 덕목 가운데 하나였다. 단군신화에서 환웅이 거느린 풍백, 운사, 우사는 농경신이며, 이들을 거느리는 환웅은 고조선을 건국한 시조이자 동시에 제정일치의 지배자였다. 건국의 주체세력들은 권력의 정당성을 얻고자 생업의 안정과 풍요로운 사회를 구현하는 수단으로 제천의식을 연중행사로 거행한 것이다. 오늘날 정치인들이 걸핏하면 민생안정을 내세우는 것과 같은 이치이다.

건국신화는 고인돌사회의 전통적인 생활관습에 토대를 두고 있다. 고인돌사회가 촌락사회를 정착시켰으며, 이러한 촌락사회를 통합하는 군장의 출현

과정에서 건국신화가 태동한 것이다. 건국신화는 촌락사회에서 소국사회로 발전하면서 지배권력의 출현을 기술한 신이(神異)한 이야기이다. 건국신화에 하늘에서 내려오는 붉은 기운, 바다에서 건져온 궤, 길에 버려진 알, 나무와 숲, 상자, 포구의 배, 우물, 하천 등 다양한 구성 요소가 얽혀있는 것은 당시 사람들의 생활관습과 민간신앙과 사유세계가 신이하게 엮어진 것으로 본다.

기원전 3~2세기경 철기문화가 들어오는 과정에서 고인돌문화가 자연스레 소멸되었지만, 건국신화를 통해서 고인돌사회의 제의형태를 유추해 보고, 이러한 고인돌문화의 전통을 기반으로 고구려, 신라, 백제, 가야의 건국신화가 성립되었다고 본다.

## 2. 동이족의 제천의식



### 1) 제정일치시대의 문화

고대 건국신화의 주체는 청동기문화를 소유하였다. 기원전 3세기 전후에 한반도 서남부의 고인돌집단은 요녕지방의 비파형 동검문화를 받아들여 화려한 세형동검문화를 꽃피웠다. 세형동검문화는 고인돌 기반위에 형성된 석관묘문화이다. 석관묘세력은 고인돌사회의 기반위에 지배권력자로 등장하기 시작한다. 세형동검문화의 주체는 한반도에서 새로운 사회질서를 형성하는 지배세력으로 성장한 것이다.

고인돌 축조집단이 사회발전의 한계를 극복하지 못하고 해체되어 가던 시기에 세형동검문화의 소유집단이 정치적 주체로 등장하기 시작한다. 당시 사회발전단계는 촌락사회가 소국사회로 전환하는 과정이었으며 촌락사회는 수평적 관계의 사회운영을 하면서 신분과 계층이 형성되지 않은 혈연공동체사

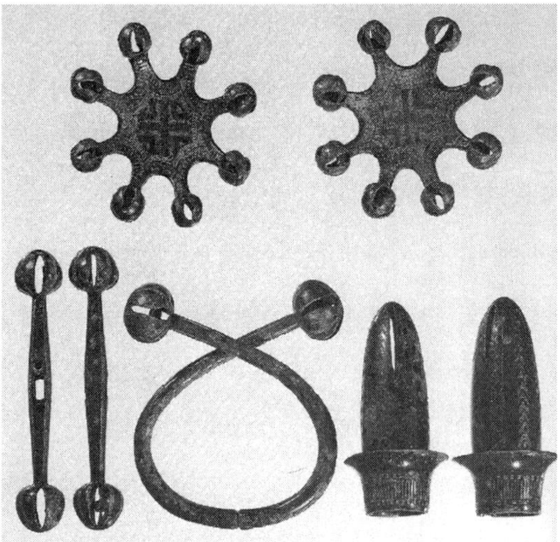

충남 예산 덕산 출토의 청동의기

회의 수준을 유지하였다. 각 씨족단위로 자급자족적인 농경생산 활동을 하던 촌락사회가 청동기문화를 수용하면서 수직적인 신분 지배구조의 사회로 변모하기 시작한 것이다. 촌락사회에서 연장자 중심의 리더가 운영하는 사회는 지배자가 정치적 권력을 행사하는 사회형태로 발전하였다.

이러한 사회발전의 변모는 청동의기(青銅儀器)가 입증해준다. 청동기의 등장은 평등사회를 딛고 신분과 계층의 형성을 의미한다. 청동기는 백성들이 갖는 소유물이 아니라 지배자의 권위를 강화하는 의식용구로 활용되었다. 지배자의 출현은 지배자와 피지배의 사회계층의 형성을 전제로 하며, 지배자를 중심으로 사회운영의 중심축이 형성되었음을 말해 준다. 읍락사회는 국읍을 중심으로 촌락들이 연합한 소국사회로 발전해갔다. 소국사회의 지배자는 촌락사회의 사회통합을 강화하는 수단으로 사회운영의 주도권을 장악하는게 최우선 과제였다. 그러한 사회운영의 지배권을 장악하는데 필요했던 것이 청동의기였다. 세형동검문화기의 세형동검과 다뉴세문경과 청동의기가 그것이다. 청동의기는 검파형동기, 방패형동기, 나팔형동기와 다양한 동령류(銅鈴類)의 청동기가 주류를 이루고, 대체로 충청과 전라지역의 석관묘에서 출토되고 있다.

충청 전라지역은 마한의 소국의 지역적 기반이다. 이 지역의 석관묘에서 출토하는 세형동검문화의 주체는 마한 소국의 군장들이었다. 군장들은 촌락중심의 씨족협의체를 운영하는 정치적 주체였다. 그들은 혈연공동체사회의

족적 기반으로 가계 혈통의 권위를 강화시켜 정치적 세습의 지배체제를 갖추어 갔다. 군장은 소국 단위의 지역적 정치집단으로 유지하였으며, 소국사회를 운영하는 정치적, 경제적, 종교적인 권위와 역량을 가졌다. 마한 소국사회의 국읍에 거주하는 천군이 청동의기를 소유하고 제천의식을 주관하는 제정일치의 지배자였다.

『삼국지』 위서 동이전 한전에 "국읍 각각에 천신에게 제사를 주관하는 한 사람의 제사장이 있는데, 그 이름을 천군이라 한다. 國邑各一人 主祭天神 名之天君"고 천군을 기술하고 있다. 마한 소국의 국읍은 읍락사회의 도읍 기능을 하는 대읍락이다. 이 대읍락에는 소국의 국정을 책임지는 천군이 거주하고 있었다. 국읍에서 권력을 가진 천군은 천신에게 제사를 지내는 제천의식을 주관하는 일이 중요한 임무 가운데 하나였다. 다시 『삼국지』 위서 동이전 한전에는 천군이 주관하는 제천의식을 좀더 구체적으로 묘사해놓고 있다. "또한 여러 소국에 각각 별읍이 있는데, 그 이름을 소도라 칭하고 그 가운데에는 방울과 북이 걸린 큰 나무가 신목으로 세워져 있었다. 又諸國各有別邑 名之爲蘇塗 立大木縣鈴鼓"는 내용이다. 이처럼 마한의 소국에는 '별읍'이라는 제의공간이 있었다.

천군은 그곳에 입대목현령고의 신목을 세우고 제천의식을 거행하였다. 마한 소국에서는 별읍에서 신간을 세워놓고 제천의식을 거행하였는데, 이러한 제천의식을 소도라하였던 것이다. 소도는 별읍의 공간을 가리키는 뜻도 있지만, 그곳에서 행해지는 제천의식을 소도(蘇塗)라고 부르기도 한다. 별읍은 소국의 도읍인 대읍락에 위치하는 제장(祭場)으로 본다. 천군은 이곳에서 정례적으로 제천의식을 주관하였으며, 국중대회의 소도의식을 거행하는 곳이었다.

따라서 별읍은 군중집회가 열릴 수 있는 넓은 광장이었으며, 제천의식을 거행할 때에는 그 광장 가운데에 신간목을 세워 제장의 중심을 삼았던 것이

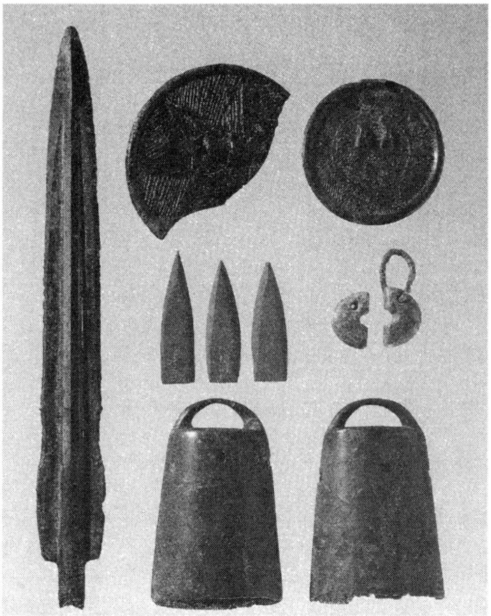

대전 괴정동 석관묘 출토 검, 경, 옥

다. 이 제천의식의 주재자는 천군이었으며, 신간에 걸린 북과 방울은 제천의식을 거행할때 사용한 의식용구였다. 특히 신목에 걸어놓은 청동방울은 전라 충청지역에서 출토되는 간두령(竿頭鈴)이었을 가능성이 크다. 간두령 외에 천군의 복장에는 팔주령이 걸려 있고 손에는 쌍주령을 든 채로 제사장의 역할을 수행하였다고 본다.

마한의 소도와 흡사한 제천의식은 고조선에서도 찾아볼 수 있다. 단군신화에서 마한의 별읍과 같은 공간은 신시(神市)이다. 별읍과 신시의 차이점이라면, 별읍은 대읍락의 공간에 인위적으로 군중집회를 열 수 있는 광장을 조성하고 그곳에 신목을 세워서 제사를 지내는 방식이라면, 신시는 태백산 신단수 근처 자연적으로 조성된 넓은 공간의 고정된 제장이라는 차이섬이 있나. 단군신화에서 환웅은 천부인 세 개를 소유한 군장으로 등장하고 있다. 천부인 세 개는 청동기시대의 대표적 유물인 검(劍)・경(鏡)・령(鈴) 또는 옥(玉)으로 해석하는 경향이다. 검은 세형동검, 경은 다뉴세문경, 령은 청동방울, 옥은 벽옥을 가리킨다. 이 천부인 세 개는 권력의 징표였다고 본다. 현재 일본 왕실에서는 왕위를 세습할 때에 천왕이 왕세자에게 세 가지의 신기(神器), 즉 검, 경, 령을 인계함으로써 왕권을 이양하는 관행을 지속해오고 있다.

고조선과 마한은 청동기문화를 배경으로 청동의기를 사용하였다는 점에서 동일하다. 단군신화에서 검・경・옥을 소유한 환웅은 신단수 아래 신시에 무리 3천명을 모아놓고 제천의식을 거행하고 있다. 이 제천의식은 환웅이 환인에게 천부인 3개를 받고서 환웅천왕의 지위에 오른다. 고조선사회에서 제천의식은 정치적 권력을 승계하는 즉위식(卽位式)을 거행하고 권력승계를 천신에게 고하는 국중대회 형식이었다. 환웅은 국중대회를 통하여 신성권력을 장악하고 신정정치를 펼치는 전제군주였다. 환웅이 주형, 주선악, 주곡, 주명, 주병 등 인간사 360여 가지를 관장한다는 정치적인 행위에서 그 신분을 알 수 있다. 고조선의 제천의식은 신시에서 정례적으로 베풀어진 국중대회였다. 신시는 제천의식을 거행하는 큰 규모의 제장이자, 군중집회를 열 수 있는 아크로폴리스같은 시민광장이었다고 본다.

환웅은 제천의식을 주관하는 제사장이었으며, 정치적인 지배자의 신분을 가졌을 것이다. 이 점에서 환웅과 천군은 제천의식을 주관하는 제정일치의 지배자라 할 수 있다. 환웅과 천군은 제천의식을 주관하면서 의례복을 입고, 청동검을 허리에 차고 청동의기를 복장에 부착하고, 동령을 손에 든채 곡옥으로 장식한 위엄있는 지배자의 모습이었다고 본다. 제천의식에서 군장과 지배층이 의례복을 착용한 것은 고구려 국중대회 기록에 나온다. 환웅과 천군은 제천의식을 통하여 천신에게서 절대적인 권능을 부여받고, 백성들의 소원과 의지를 모아서 천신에게 기원하는 제사장의 역할을 수행하면서 정치적 권력을 강화해 나갔다. 단군과 천군은 제천의식을 거행하면서 천신의 대리인 역할을 수행하였으며 사회 통합력과 조정 능력을 발휘하면서 정치적 역량을 쌓아갔다고 본다.

단군왕검의 호칭이 단군(檀君)과 왕검(王儉)의 합성어라는 해석에서 단군을 제사장으로, 왕검을 정치적 지배자로 해석하는 것 자체가 당시 사회질서가 제정일치의 사회형태임을 말해주는 것이기도 하다. 단군을 제사장이라 하여 신들린 무당으로 해석하는 것은 경계해야 한다. 정치적 지배자를 신들린 무당과 동일시할 수는 없는 것이다. 신라의 2대왕인 남해왕을 자충(慈充)이라 하고 무(巫)라고 해석한 것은 오늘날과 같은 무당이 아니라 제사장과 정치적 지배력을 가진 군장에 대한 종교적 표현이다. 따라서 고대사회에서 제정일치의 지배자는 가계를 이어가면서 세습하는 제사장(priest)이지 신통력을 가진 샤먼(shaman)은 아니라고 본다. 천군과 단군은 왕권 이전의 군장과 같은 신분이어서 무력에 의한 강력한 통치권을 행사하는 정치적 지배자라기보다는 제사장의 신분을 이용하여 정치적 권력을 강화해가는 제정일치의 지배자라고 볼 수 있다.

고조선이 위치하였던 요녕지방과 마한이 위치하였던 충청 전라지역은 고인돌문화를 토대로 석관묘문화를 수용하여 사회발전을 추구한 대・소국의 정치세력이 성장한 곳이다. 이와같은 청동기문화의 기반에서 동일한 유형의 제천의식은 동이족 사회에서 보편적으로 행해진 것으로 보이며, 국중대회의 기능을 사회발전의 원동력으로 활용했다고 본다. 고조선 사회의 제천의식이 정례적으로 행해지는 과정에서 단군신화가 자연스럽게 형성된 것이라면, 다른 지역의 건국신화도 혈연집단에 기반을 둔 정치집단이 제천의식을 관행화하면서 시조신화를 생성시킨 것으로 본다. 제천의식의 내재적인 원동력은 토착세력이 정치집단으로 성장하는데 주효한 것으로 보이며, 농경생활을 해온 토착집단가운데 정치적으로 우세집단이 제천의식을 주관하였다고 본다. 이러한 제천의식은 풍농기원의 농경의례와 국가 운영의 관습적 장치인 국중대회 형식을 조합시킨 국가행사로 치렀다고 본다.

### 2) 제천의식과 국중대회

#### (1) 부여의 영고

은력 정월에 하늘에 제사를 지내는데 국중대회라 하였다. 수일동안 음식과 술과 노래와 춤을 즐겼는데 이름하여 영고라 하였다. 이때에 형벌과 감옥살이를 중단하고 죄지은 자들을 풀어주었다. 형벌이 매우 엄격하여 살인한자는 죽이고, 그 집의 가족은 노비로 몰입시켰다. 절도한 자는 일책십이법으로 다스렸으며, 남녀가 간음을 하거나 부인이 시기 질투를 하여도 모두 죽였다. 殷正月祭天 國中大會 連日飮酒歌舞名曰迎鼓 於時是斷刑獄 解囚徒 刑嚴急 殺人者死 沒其家人爲奴婢 竊盜一責十二 男女淫 婦人猜 皆殺之

⑵ 고구려의 동맹

그 나랏사람들은 노래와 춤을 즐겼는데, 나라의 읍락에서는 초저녁부터 남녀가 무리를 지어 서로 노래와 놀이를 즐겼다. 이것이 시월에 하늘에 제사를 지내는 나라의 큰 군중집회였는데, 이름하여 동맹이라 하였다. 나라 동쪽에는 수혈이라는 큰 굴이 있었는데, 시월의 국중내회에서 나라 동쪽 눌가 위에서 돌아와 제사를 지냈다. 이때에 수혈에서 가져온 목수를 신의 자리에 안치해 놓았다. 소우리같은 감옥은 없었지만 죄가 있는 자는 제가평의에서 다스렸는데, 살인을 하였을 경우 그 처자는 노비로 몰락시켰다. 其民喜歌舞 國中邑落 暮夜男女群聚相就歌戲 以十月祭天 國中大會 名曰東盟 東有大穴 名隧穴 十月國中大會 還於國東上祭之 置木隧於神坐 無牢獄 有罪諸加評議 便殺之 沒入妻子爲奴婢

⑶ 동예의 무천

동예에서는 항상 시월에 하늘에 제사를 지냈는데, 밤낮 가리지 않고 음식과 술과 노래와 춤을 추고 놀았다. 이러한 행사를 무천(舞天)이라 하였다. 또한 여러 호랑이를 신으로 섬겼다. 각 읍락에서는 서로 침범을 하지 못하였으며, 이를 어기는 자는 소나 말로 물어 주었는데 이를 책화(責禍)라 하였다. 법속에도 살인한자는 모두 죽였는데, 떼도둑들은 거의없었다. 常用十月祭天晝夜飮酒歌舞 名之爲舞天 又諸虎以爲神 其邑落相侵犯 輒償罰責禍 殺人者死 少寇盜

이러한 제천의식은 동이족 가운데 입방설도(立邦設都)하는 초기국가 단계에서 행해진 국중대회라 할 수 있다. 제천의식과 국중대회라는 표현은 국내 사료에는 등장하지 않고 중국 사료인 『삼국지』 위지 동이전에 등장하는 내용이다. 동이족가운데 제천의식과 국중대회를 취한 나라는 부여, 고구려, 예이다. 따라서 부여의 영고, 고구려의 동맹, 예의 무천도 중국적 표현이지만, 제천의식과 국중대회의 상징적 명칭으로 적정하다고 본다. 그러나 같은 동이족 제천기록인 한전 기록에서 마한의 천군이 천신에게 제사를 올리는 제천행위에 대해서도 국중대회라는 표현을 사용하지 않고 있다.

먼저 중국측 기록에 등장하는 동이족의 제천의식을 살펴보면 다음과 같다.

첫째, 제천의식은 매년 정례적으로 개최되는 국중대회였다. 부여, 고구려, 예의 초기국가 단계에서 제천의식은 연중행사였고 국중대회 방식이었다. 제천의식은 농경의례의 성격이 강하다면, 국중대회는 정치적인 성격이 강한 군중집회였다고 할 수 있다. 제천의식을 국중대회로 치러졌음은 초기국가의 기반을 닦는데 매우 중요하였다. 국읍세력이 강력한 중앙집권적인 국가체제를 갖추는데 제천의식은 매우 적절한 수단이었다. 지배집단은 제천의식과 국중대회로서 권력을 집중화시켰으며, 매년 정례적인 국중대회를 치르면서 중앙집권화를 성취시켜 갔다.

둘째, 제천의식은 세시적인 성격이 강하다. 부여는 정월, 고구려는 10월, 동예는 10월,마한은 5월과 10월에 제천의식을 거행하였다. 정월은 새해를 맞이하는 신년제(新年祭)라 한다면, 5월은 기풍제, 10월은 풍년제의 성격이 강하다. 초기국가 단계부터 춘추절기에 농경의 풍년 기원과 감사의례가 사회풍속으로 정착화되어 있었다. 동이족의 제사체계는 단군신화에서 보이듯이 농업신에 대한 제천의식이 주류를 이루었다.

셋째, 제천의식은 하늘에 제사를 올리는 천제 또는 천신제라 할 수 있다. 천제 외에 고구려는 나라 동쪽에 위치한 큰굴(大穴)에 위치한 수신을 모셔다가 국중대회에서 제사를 지내고 있다. 국동대혈의 나무로 만든 신체, 즉 목수(木隧)가 봉안되어 있는데 이 목수신은 여신(女神)으로 추정된다. 이 목수신의 신체를 압록강가에 옮겨서 수상제지(水上祭之)하였다는 것은 국중대회 기간에 이 여신에게도 제사를 올렸다는 뜻이다. 큰굴에 위치하는 목수신을 단군신화의 굴속에 있는 곰과 비유해 본다면, 목수신의 신격은 웅녀와 같은 존재로서 고구려의 국모을 신격화한 것으로 볼 수 있다. 그렇다면 목수신은 시조모인 유화를 가리키는 것으로 해석된다. 단군신화와 고구려의 제천의식을 예로 든다면, 초기국가 단계부터 신화의 주체인 천부신(天父神)과 지모신(地母神) 신앙이 싹터 있었다고 본다. 건국신화가 생성될 수 있는 음양관의 신앙체계가 성립되어 있었음을 의미한다.

이렇듯이 국중대회에서는 빈드시 천신과 지신에 대한 제사를 병행하였으며, 다른 목신, 수신, 농경신 등 잡신(雜神)도 제사의 대상에 포함시켰다고 본다. 예(濊)에서는 하늘님을 섬기는 무천 외에 호랑이를 신으로 섬겨 제사를 지내는 관행도 있었다. 호랑이를 산신으로 섬기는 풍속은 단군신화에서도 등장하는 것으로 동이족의 보편화된 토착신앙이었다. 또한 마한 풍속에서 제귀신(祭鬼神)하였듯이 동이족의 제천의식에서는 다양한 잡신들이 제사의 대상이었다고 본다.

이처럼 제천의식은 천신과 지신 또는 잡신에게도 제사를 지내는 방식이라는 점에서 다신(多神)에서 유일신(唯一神)으로 변모하는 신앙체계를 가졌다고 본다. 다신신앙은 자연신을 숭배하는 애니미즘의 신앙체계라 한다면, 유일신 신앙은 제사장이 천신을 대상으로 제천의식을 주관하면서 샤머니즘의 신앙체계로 정착한 종교현상이라 할 수 있다.

넷째, 제천의식은 백성들이 신의 광장에 모여서 풍농기원의 제의를 축제 형태로 활용하였다. 남녀노소의 백성들은 연일 음주가무를 즐기고 밤낮을 가리지 않고 놀고 즐겼다. 가무음주는 제의와 병행되는 축제의 본질을 보여주는 내용이다. 고구려의 경우, 축제일에는 남녀노소가 초저녁부터 축제의 광장에 음주가무를 즐기면서 놀았음을 알 수 있다. 이러한 전통은 오늘날 마을굿의 현장에서도 볼 수 있는 풍속이다.

다섯째, 사회기강과 법속을 바로잡는 차원에서 국중대회는 정치적인 군중 집회였다. 지배세력은 제천의식을 사회풍속의 교정과 주민통제의 기회로 활용하였다. 부여에서 살인자는 죽였으며, 그 집의 가족들은 노비로 삼았다. 절도한 자는 1책12법으로 다스렸고, 남녀가 간음행위를 하거나 부인들이 시기 질투를 해도 살인에 처할 정도로 형이 엄격하였다. 고구려에서는 이처럼 죄를 다스려 형을 집행하는데 제가평의에서 심판하는 관행도 있었다. 이러한 법속은 초기국가의 형태를 만들어 가면서 권력의 집중화와 공권력을 형성하는 과정에서 불가피하게 적용될 수밖에 없었을 것이다.

공권력의 집행은 형벌을 심판하는 일 외에 죄를 지어 감옥생활을 하는 죄수들을 석방하는데에서도 알 수 있다. 이러한 죄수들의 석방은 권력집단이 주도하는 사회통합력을 성취하는 방안으로 국중대회에서 시행되었다고 본다. 오늘날도 국경일에 죄지은 사람을 석방하거나 사면을 단행하는 것도 거슬러 올라가면 초기국가 단계의 국중대회의 관습에 그 기원을 두고 있다 할 수 있다.

여섯째, 국중대회는 경제적인 물류를 유통시키는 장시(場市) 기능을 했다고 본다. 국중대회서는 생산물의 물물교환과 유통 및 경제적 구매 행위가 이루어지는 장시가 동시에 열렸다고 본다. 지배세력은 국중대회를 통하여 시장경제의 질서를 유지하고, 잉여생산물을 확보하는 기회였으며, 경제적 재분배를 성취하는 기회로 활용하였을 것이다. 고구려와 부여가 10월에 제천의식을 거행하였던 것도 농경수확물의 유통과도 무관하지 않을 것이다. 요즘에도 가을에 추곡수매하는 것처럼 국가 주도의 곡물매입도 국중대회에서 이뤄졌다고 본다. 우리 나라에서 중국화폐인 화천, 명도전이 발견되는 것도 초기국가에서도 시장경제가 성행하였음을 알 수 있다.

국중대회는 혈연공동체에 기초한 촌락사회가 소국사회로 사회발전하는 과정에서 국읍세력을 중심으로 정치적, 경제적, 사회적인 사회통합력을 강화해가는 관습적인 국가행사라 할 수 있다. 지역단위 별로 형성된 읍락사회에서 대읍락이 중심축 기능을 하면서 중앙집권화와 국가운영의 기초를 쌓는데 국중대회를 활용하였던 것이다. 이러한 단계의 사회형태는 왕이 아니라 군장이 사회발전을 주도하는 역할을 수행하였으며, 국중대회를 연중행사로 개최하면서 건국하는 단계까지 발전해갔다고 본다.

따라서 제천의식과 국중대회를 병행하여 개최하는 시기는 건국 이전의 단계로 본다. 이 시기에 사회운영을 주도하는 혈족집단은 제천의식을 통해서 정통성과 신성성을 확보하여 우월집단으로 인정받고자 하였으며, 국중대회를 통해서는 강력한 국가통치를 주도하는 면모를 보여주어 권력의 정당성을 획득하였을 것이다. 따라서 국중대회는 농업사회가 갖는 관습적인 절기에 풍요다산을 기원하는 농경의례를 개최하여 지배층과 피지배층이 벌인 국가행사였다. 이를 계기로 사회통합력을 성취하고, 사회기강과 국가의 법속을 바로 세우는 기회로 활용하였다.

이러한 국중대회를 통하여 군장은 제정일치의 통치방식으로 권력을 강화하여 정치력을 향상시켰으며, 백성들은 제천의식에 참여하면서 풍요로운 이상사회를 꿈꾸며 특정집단이 주도하는 국가형성에 동참하였다고 본다. 특정집단은 시조신을 내세우는 혈족기반을 가진 강력한 국읍세력을 말한다. 이러한 국읍세력들이 국중대회와 제천의식을 통하여 시조신화를 창출시키고 건국신화를 주도하였다고 본다.

따라서 제천의식과 국중대회를 겸하는 국가행사는 농업세시절기에 따라 봄 또는 가을에 연중행사로 개최되었다. 건국신화는 제천의식과 국중대회를 주도한 강력한 권력집단의 스토리텔링이라 할수 있다. 왜냐하면 제천의식에 신화 형성의 기본적인 원리와 신앙 및 제사체계가 내재되어 있으며, 역으로 건국신화는 제천의식과 국중대회를 배경으로 성립되었기 때문이다.

동이족의 국중대회는 비단 고구려, 부여, 예에만 한정되지는 않았을 것이다. 건국신화가 등장하는 초기국가 단계에서는 제정일치의 신정정치(神政政治)가 시행되었고, 통치형태가 건국신화로 기술된 것으로 본다. 고조선과 신라, 가야 등에서도 건국신화가 등장하고, 그 신화는 국가 단위의 제천의식을 신이하게 엮은 이야기라 할 수 있다. 국내 사료에 등장하는 건국신화를 통해서 초기국가 단계의 국가제의와 신앙형태 및 생활관습을 엿볼 수 있을 것이다.



## 3. 삼국시대 제의와 신화



### 1) 고구려의 제의와 신화

『삼국지』 위지 동이전에는 고구려의 제천의식과 국중대회에 관한 기록이 등장하고, 『삼국사기』, 『삼국유사』에는 고구려 시조 주몽의 출자, 계보, 건국과정에 관한 이야기가 나온다. 또한 주몽신화에 관한 고구려 당대 기록으로 「광개토왕릉비」가 있다. 이 기록은 고구려인이 기술한 것으로 역사적 가치가 있다. 비문 내용에 "주몽은 북부여에서 출자한 천제의 아들이며, 어머니는 하백의 딸인데 알을 깨고 나왔다."고 밝히고 있다. 『삼국사기』에는 북부여의 천제의 아들은 해모수요, 하백의 딸은 유화라고 기술해 놓고 나서 주몽을 동명성왕이라고 쓴 것은 잘못된 것이다. 부여의 건국신화에는 해부루신화와 해모수신화가 있는데, 주몽이 북부여의 천제자(天帝子)로 등장하는 것은 해모수신화에 나타난다. 해모수신화는 부여의 시조신화이다. 해모수가 동명왕(東明王)

이며, 주몽은 해모수 가계의 혈통을 이어받은 천제의 아들로 보아야 한다.

『삼국사기』의 고구려 건국신화에 등장하는 주몽의 탄생설화이다.

> 그 옛 도읍에는 어디에서 왔는지 알 수 없는 사람이 자칭 천제의 아들 해모수라 하고 도읍을 하였다. 해부루가 돌아가자 금와가 왕위를 이었다. 그때 태백산 우발수에서 한 여자를 만나 신상을 물어보니 "나는 하백의 이름은 유화라 합니다. 여러 아우들과 나와서 놀고 있는데, 한 남자가 나타나 천제의 아들 해모수라 하고 나를 웅심산 아래 압록강의 집으로 유인하여 정을 통하고 간 뒤에 돌아오지 않았습니다. 부모는 중매없이 남에게 정을 통했다고 꾸짖었습니다. 곧이어 우발수에 귀양을 보내 살게 하였습니다." 금와는 그녀를 이상하게 여겨 방안에 가두었는데, 일광이 그녀에게 비치기 시작하였다. 몸을 피하자 일광이 따라 비추었다. 그로 인하여 태기가 있더니 닷되들이 만한 큰 알을 낳았다. 금와왕이 그 알을 버려 개와 돼지에게 주었으나 먹지 않았고, 길에다 버렸으나 소, 말들도 피해 다니는지라 들판에 버렸더니 새들이 날개의 깃털로 감싸주었다. 왕이 깨뜨리려고 하자 깨뜨릴 수 없어서 결국 그 어미에게 돌려주었다. 그 어머니가 물건으로 싸서 따뜻한 곳에 두었더니 한 사내아이가 껍질을 깨고 나왔다. 사내아이의 용모가 영특하고 기이하였다. 나이 일곱살에 기골이 준수하고 보통사람과 달랐다. 활과 화살을 스스로 만들어 쏘았는데 백발백중이었다. 부여 풍속에 활을 잘 쏘는 사람을 주몽이라 하여 그 이름을 지었다.

천제의 아들인 해모수와 하백의 딸 유화가 만나는 곳은 압록강가이다. 압록강가는 주몽이 고구려를 건국한 졸본 부여의 땅을 가리킨다. 주몽은 북부여에서 졸본땅에 내려와 도읍을 정한 이주민 세력이라면, 유화는 압록강가에서 토착세력으로 성장한 하백의 딸이다. 졸본천에 당도한 주몽은 환인에 도읍을 정하고 고구려를 건국하였다. 주몽이 환인에 도읍을 정한 것은 주변의 토양이

기름지고 비옥한 곳이며 산천이 험하고 견고하여 군사적 요새로서 아주 좋은 곳이라는 이유 때문이다. 환인에는 난공불락의 오녀산성이 있고, 일찍부터 비옥한 땅을 일구며 농경생산활동이 활발했었다고 본다. 하백과 그의 딸을 유화를 수신(水神)으로 숭배하고 제사지내는 관행이 고구려 토착사회에서 농경문화가 발달했음을 의미한다. 길림지방에 고인돌이 분포하고 있다는 점도 고구려가 토착농경사회의 전통을 토대로 국가형성이 이뤄졌음을 말해준다.

고구려는 졸본에서 초기국가의 기틀을 마련한다. 고구려의 시조묘인 동명묘도 세우고, 제천의식과 국중대회를 연 곳도 졸본땅이다. 고구려 국왕들은 유리왕 22년(A.D. 3)에 도읍을 집안의 국내성으로 천도한 뒤에도 졸본의 시조묘를 찾아와 참배하였다. 고구려와 백제는 동명왕묘를 시조묘로 하고 있다. 왜냐하면 이들의 출자가 북부여의 해모수 혈통을 잇고 있기 때문이다. 졸본부여로 내려온 주몽은 천제의 아들이라고 강조하여 권력의 정통성을 확보하고자 했다. 왕권의 세습이 가계와 혈통으로 이뤄지기 때문에 주몽은 해모수의 아들을 자처했을 것이다. 그런 점에서 동명왕은 주몽이 아닌 해모수로 보아야 한다. 주몽은 해모수의 혈통을 잇고자 졸본에 동명왕묘를 건립하였으며, 고구려의 건국신화가 부여의 해모수신화와 흡사한 것도 왕권의 승계와 권력의 정통성을 인정받으려는 의지의 반영으로 본다.

한편 주몽은 졸본땅에 도읍을 정하고 나라를 세운 뒤 제천의식과 국중대회를 주도하였다. 고구려 제천의식은 동맹이다. 동맹제는 제천의식과 수신제의 이중구조였다. 제천의식은 부여의 동명신에 대한 제사라면, 수신제(隧神祭)는 토착세력인 하백에 대한 제사였다고 본다. 수신제는 나라 동쪽에 큰 동굴〔隧穴〕이 있는데, 그곳에  안치된 목수신을 모셔다가 압록강변에 신좌를 설치하고 제사지낸 것을 말한다. 따라서 고구려의 제장은 압록강변이며, 그곳에서 제천의식과 국중대회를 개최한 것이다. 이러한 제의형태는 마치 강릉 단오별신굿과 흡사하다. 강릉단오제는 5월에 대관령 산신을 남대천변으로 옮겨와 큰 굿당에 안치하고 제사지내는 의식이다.

단군신화에서 곰이 굴속에서 기도한 끝에 웅녀로 변신했던 것처럼, 고구려의 동쪽 웅심산에 위치한 굴혈도 유화를 신으로 모시는 신당이었다고 본다. 고구려의 국모는 하백의 딸 유화이며, 그를 굴혈의 수신으로 숭배한 것이다. 수신은 토착세력의 수호신이며, 풍요다산의 농업신 또는 지모신으로 숭배되었다고 본다. 그런점에서 고구려의 유화와 고조선의 웅녀는 동일한 신격을 가진 시조모(始祖母)이었음을 알 수 있다.

『삼국사기』 제사지에는 고구려의 시조묘 이야기가 나온다.

> 고구려에는 두 곳에 신묘가 있는데, 하나는 부여신이라 하여 목각상의 부인상을 만들어 신묘에 봉안하고, 다른 하나는 고등신이라 하여 부여신의 아들을 시조로 신묘에 봉안했다. 두곳에 관서를 설치하고 사람을 보내어 지키게 하였으니 사람들이 말하기를 하백녀와 주몽이라고 한다.

이 내용으로 보면, 고구려의 동맹제는 주몽과 하백의 딸 유화로 보아야 한다. 주몽과 유화에 대한 제사라면 모자시조묘(母子始祖廟)의 제사가 된다. 부부신묘는 있는 일이지만 모자신묘는 드문 일이다. 고구려의 시조묘가 두 곳에 별도로 있었다고 해도 부부시조묘를 설치한 것으로 보아야 한다. 유화를 부여신으로 모신 묘당과 동명왕을 고등신으로 모신 묘당이 설치되어 있었다고 본다. 유화시조묘는 토착세력이 시조모로 모시는 묘당이라면, 동명시조묘는 부여에서 이주해온 건국세력이 모시는 시조묘였다고 본다. 고구려인들은 동명왕과 주몽을 동일시하는 경향이 있어 주몽을 시조묘에 배향한 것으로 기술한 것 같은데, 그것은 수도를 국내성으로 천도한 이후였을 것이다. 고구려에 주몽묘가 세워진 것도 후대였다고 본다.

부부시조묘는 고조선의 단군신화에서 곰과 호랑이가 각각 굴혈에 웅거하였다는 표현으로 엿볼 수 있다. 고조선에서 남신과 여신을 시조묘에 배향하는 관습이 있었으며, 이러한 제사체계가 고구려에도 전승되었다고 본다. 고조선의 시조묘에 천제 환웅과 국모 웅녀가 배향되었듯이 고구려의 시조묘에도 천제 동명왕과 국모인 유화가 배향되었다고 본다.

주몽은 졸본땅에 고구려의 시조묘를 건립하고 제천의식을 거행하면서 건국신화의 기틀을 마련했을 것이다. 고구려의 주몽집단이 처음 졸본땅에 내려왔을때, 그 지역에는 5부족이 소국사회를 형성하고 있었고, 각각 소국의 족장으로서 지배권력을 행사하고 있었다. 졸본땅에 고구려를 건국한 주몽은 토착세력인 계루부와 결합하여 고구려를 이끌었으며, 5부족을 병합하는 방식으로 제천의식과 국중대회를 주도해 갔다. 주몽집단은 다른 소국들과 정치적 연합을 추구하면서 동맹제의 국중대회를 통해서 권력의 우월성과 중앙집권적인 통치체제를 공고히 구축해갔다.



고구려의 건국신화에는 당시 고구려의 사회풍속과 토착신앙을 파악할 수 있는 몇 가지 문화현상이 나타난다.

첫째, 고구려 건국신화의 핵심은 난생신화이다. 난생신화의 본질은 하늘의 붉은 기운이 알에 비치어 그 알(또는 금궤)에서 사내아이가 나오는 것이다. 또는 일광이 여자에게 비치어 임신하여 큰 알을 낳는데 그 알에서 사내아이가 껍질을 깨뜨리고 태어난다. 고구려와 부여 북쪽지역에서는 일광이 비친 여자의 몸에서 알을 낳는 방식이라면, 신라에서는 햇빛이 알에 비치고 그 알에서 사내아이가 태어나는 방식의 차이는 있다. 동이족의 신화에는 난생신화가 핵심적 요소로 등장한다. 이 난생신화는 만주·몽골 지방의 건국신화에는 등장하지 않고, 중국 남부 및 동남아시아 지역의 도작농경문화권을 분포대로 형성하고 있다. 고구려와 부여도 난생신화의 분포권에 속하는 것으로 보인다. 하백의 딸 유화는 알을 낳은 농경신이요, 지모신이라 할 수 있다. 이러한 사실은 주몽이 부여에서 떠날 때 유화가 오곡종자를 싸 주었던 것에서 알 수 있다. 부여와 고구려의 난생신화는 고인돌문화가 건국신화의 배경이었음을 입증해 준다. 고구려는 현재 길림지역을 중심으로 건국한 나라인데, 그곳에는 고인돌이 분포하고 있다. 고인돌은 북방유목문화가 아니라 남방농경문화에 계통이다. 길림지역의 고인돌에서 곡식을 담은 대형 토기들이 부장품으로 출토하므로서 고인돌문화와 난생신화과 곡령신앙(穀靈信仰)이 고구려의 토착신앙으로 존재했었다고 본다.

둘째, 압록강가에서 수변제의의 국중대회가 열렸다.

고구려는 나라 동쪽에 위치한 대혈에서 수신을 모셔다가 동쪽에 위치한 압록강에 제장을 마련하고 제천의식을 거행하였다. 고대사회에서 물이 갖는 생명력과 번식력을 증대시키고자 수신(水神)을 숭배하는 관행이 있었다. 고구려의 수신(隧神)은 농경생활을 하는 토착세력의 수호신이면서 지모신이요, 수신이었다. 하백의 딸 유화는 수신이었다. 압록강가의 토착세력은 하천변에 제장을 마련하고 농경의 풍요여신에게 제사를 거행하였다고 본다. 이러한 신앙형태는 오늘날 민속신앙에서 바닷가와 하천, 연못에서 거행하는 용왕제와 흡사했을 것이다.

셋째, 시조탄생은 기아습속과 관련이 있다. 주몽의 탄생신화에서 금와왕은 유화가 낳은 닷되들이 알을 동물먹이로 버리기도 하고, 길거리에 버리고, 심지어는 들에다가 버려지는 풍속이 기아(棄兒)습속이다. 기아의식은 범인(凡人)이 탄생 직후에 거듭 태어나는 재생의례를 거쳐 성인(聖人)으로 전환하는 통과의례를 말한다. 이러한 변신의례는 출생한 직후에 더럽고 지저분한 곳에서 거듭난다는 풍속에서 기인한 것이다. 오늘날 풍속에는 아이들은 천하게 키워야 한다는 속담도 고대의 기아습속에서 유래한 것으로 파악된다.

## 2) 신라의 제의와 신화

신라의 건국신화는 촌락사회에서 소국사회로 전환하는 과정에서 형성되었다.

『삼국유사』 신라시조 혁거세왕조에 건국신화의 내용이 등장한다. 처음 진한의 땅에는 6촌이 있었다. 6촌의 촌락에는 고을마다 주산이 있었고, 그 주산에는 하늘에서 내려온 고을의 시조신 이야기가 전해오고, 그 고을에는 혈연공동체의 우두머리인 촌장이 있었다. 오늘날 경주 주변에 산재해 있는 어느 집성촌(集姓村)을 연상케 한다. 6촌의 촌장들은 모두 하늘에서 탄강한 시조신화를 갖고 있었으며, 촌락에 모여 사는 씨족집단에게는 각각의 성씨(姓氏)를 부여하였다. 이씨, 설씨, 정씨, 손씨, 최씨, 배씨 등의 씨족이 사로6촌의 토성집단을 이루었다.





그들은 혈족을 기반으로 고을신화를 가진 씨족집단이었고, 촌장들은 마을을 다스리는 촌락 단위의 통치력도 갖고 있었다. 여기에서 6촌은 경주 중심이 아니라 진한지역에 흩어져 있는 씨족집단의 6촌이다. 이 진한의 6촌의 규모가 점점 커지자 6촌의 촌장들이 알천안상에 모여 씨족협의회를 한 결과 새로운 군주를 추대하여 의견을 모은다. 사로국의 형성은 이렇게 시작되었다.

> 전한지절원년 임자년에 3월 1일에 각 부의 조들이 자제들을 거느리고 알천안상에 모여서 의논하되, 우리 무리들은 위로 군주가 없어서 백성을 이치에 맞게 다스리지 못하여 기강이 서지 않으니 어찌 덕이 있는 사람을 찾아서 군주로 삼고 입방설도하고 싶지 않겠는가 하며 의논하였다. 이때에 높은 곳에 올라 남쪽을 바로보니 양산 밑 나정곁에 이상한 기운같은 번개빛이 땅에 내리 비치더니 백마 한 마리가 무릎꿇고 절하는 모습이었다. 그곳을 찾아 살펴보니 하나의 붉은알이 있었다. 백마는 사람을 보자 길게 울며 하늘로 올라갔다. 쪼개어 보니 그 알에서

어린 사내아이가 나왔는데 그 형상과 모습이 단아하고 아름다웠다. 경이로웠다. 동쪽 샘에 가서 목욕을 시키니 몸에서 살아있는 광채가 나아고 새와 동물들이 따라와 춤을 추고 천지가 진동하고 일월이 청명하다. 이로 이로서 혁거세왕이라 하였다. 왕의 호칭을 거슬감 혹은 거서간(居西干)이라 하였다. 그때에 사람들이 다투어 경하하기를 "천자가 하늘에서 내려왔는데 어찌 덕이 있는 여군을 배필로 맞이하지 않겠는가."하여 이날 사량리 알영정 가에서 계룡(鷄龍)이 나타났는데, 그 왼쪽 옆구리에서 어린 여자아이가 태어났다. 자태와 용모가 매우 수려하였다. 그러나 그 입술이 닭의 부리와 같았다. 월성북천에 가서 목욕을 시키니 부리가 빠졌다.

이러한 신이한 이야기는 혁거세와 알영의 신성성을 강조하여 왕과 왕후로 즉위하는데 정당성과 신성성을 부여하려는 의도가 내포되어 있다.

이 건국신화는 계림에 세력의 근거를 둔 혁거세와 알영이 태어난지 13년 만에 왕위에 오르는 즉위식의 이야기이다. 그때가 기원전 57년이다. 진한 6촌의 촌장과 백성들이 알천안상에 모여서 입방설도(立邦設都)를 서원하였고, 마침내 혁거세와 알영이 사로국을 건국하는 주도세력으로 공인받는 즉위식을 거행한 것이다. 즉위식을 거행한 장소는 알천안상이며, 그날이 3월 초하루였다. 6촌의 촌락사회가 사로국의 소국사회로 발전하였고, 진한에서 신라로 발전하였다. 혁거세왕이 세운 나라는 서라벌(徐羅伐) 또는 사로(斯盧)라 하였으며, 계림이 있는 마을에서 출생하였으므로 계림국(鷄林國)이라 부르기도 하였다. 지금도 경주 계림에는 나정(蘿井)이 있다. 나정 중심의 씨족이라면 양산촌의 급량부 세력일 수 있다. 그러나 혁거세집단은 이주세력으로 계림에 들어와 급량부와 연합하여 세력을 키운 후에 현재 경주 시내 월성 일대에 사로국의 도읍을 정한 것으로 볼 수 있다.

신라의 건국신화에는 혁거세・알영의 정체와 사로국 단계의 제의와 신앙형태가 나타난다.

첫째, 혁거세와 알영 집단은 난생신앙의 전통을 갖고 있다. 혁거세는 알에서 태어나고 알영은 계룡의 옆구리에서 태어난다. 신화의 구조상 태양숭배와 계룡숭배가 조합된 신앙형태을 보여준다. 혁거세가 천신의 권위를 얻는 천자로 등장하기 위하여 큰 알에 하늘의 기운이 비치고, 왕권의 상징인 백마가 큰 알 앞에서 무릎꿇고 절을 하고, 계룡의 옆구리에서 알영이 탄생하고 있다. 이러한 신화 속에는 혁거세와 알영 집단은 난생신앙과 닭과 말을 신성시하고 숭배하는 전통문화를 소유하고 있었다고 본다.

따라서 혁거세와 알영 집단은 한반도 남동해안을 통해서 경주 계림으로 들어와 둥지를 틀고 살면서 성장한 해양계 도래집단이라고 본다.

둘째, 이들의 문화기반은 진한 6촌의 촌락사회가 가진 전통문화와는 다른 계통이다. 6촌 세력은 각 주산 아래에 혈연공동체의 집성촌을 조성하고 촌장을 제사장으로 산신을 숭배하며 살아온 토착세력이다. 이들은 산신숭배를 토착신앙으로 하고 있는 반면, 혁거세와 알영의 씨족은 난생신앙과 닭 숭배, 말 숭배의 전통신앙을 가져 진한 6촌과는 문화계통이 다른 집단이다. 또한 6촌 세력에게 부여된 토성이 주어지지 않고, 알〔卵〕이 호(瓠)의 모양새와 같다 하여 향인들이 박씨성(朴氏姓)을 붙여주었다. 호는 해녀들이 사용하는 해양계 부유물로서, 혁거세와 알영은 진한의 토착세력이 아닌 해양계 이주세력이라는 근거가 된다.

이러한 사실은 석탈해신화를 통해서 더욱 뚜렷해진다. 탈해신화는 "탈해를 실은 배는 계림 동쪽 하서지촌의 아진포에 도착한다. 배 안에 궤가 있었고, 그 안에서 동자가 나왔는데 탈해다. 그는 본디 용성국 사람으로 왕족의 후예라고 밝히고, 부왕은 함달파가 적녀국의 왕녀를 맞아 자식이 없었으나 7년만에 큰 알〔大卵〕을 낳게 되었다. 대왕은 군신회의에서 알에서 사람이 나온 것은 고금에 없었던 것으로 상서로운 일이 아닐 수 없다 하여 궤에 대란을 넣고 배에 칠보와 노비를 실고서 인연이 닿는 땅으로 가서 나라를 세우고 가문을 일으키라 하였다."는 내용이 핵심이다. 탈해가 왕이 되기 위하여 버려지는 곳은 바다이다. 동자가 든 궤(알)가 버려지는 장소가 부여, 고구려와는 달리 바다에 버려졌다. 더욱 『삼국유사』에는 탈해와 혁거세가 해척지간(海尺之間)이라고 밝혀 두 집단은 동일한 해양세력임을 입증해 주고 있다.

김알지신화에서도 "호공이 월성으로 가는 도중에 시림에 광명이 나타난 뒤 자색 구름이 하늘에서 땅에 뻗치었는데, 숲의 나뭇가지에 황금의 궤가 걸려있고 그 궤에서 빛이 새어나오고 흰닭이 우는 것을 왕에게 아뢰고 왕이 숲에 가서 그 궤를 열어보니 사내아이가 누워있었다. 혁거세의 고사와 같으므로 알지라 이름하고 사내아이를 안고 대궐로 돌아오니 새와 짐승이 서로 기뻐하여 모두가 뛰고 놀았다. 왕이 길일을 택하여 태자로 책봉하였다."는 신이한 이야기가 전개된다.

김알지신화에서도 석탈해의 탄생 방식처럼 같은 금궤에 사내아이가 출현하는 방식과 혁거세신화에서 대란 앞에 흰말이 무릎꿇고 절하는 것처럼 흰닭이 금궤 밑에서 울고 있는 모습이 동일하다. 하늘의 자색 기운이 땅에 비치고, 대란 또는 금궤에서 사내아이가 출현하고, 상서로운 권력의 상징인 흰말과 흰닭이 국왕 탄생을 미리 알려주는 역할도 동일하다.

이를 종합해 보면, 석탈해와 박혁거세와 김알지는 난생신화를 가진 남쪽 지방의 해양세력이며, 기원전에 바다를 통하여 진한의 해안에 당도한 후에 경주 분지로 들어와 세력을 키운 이주민 집단이다. 이들은 해양계 문화를 가졌지만 쌀농사를 짓는 농경문화를 갖고 있었다. 또한 시조신화에 권력을 상징하는 백마(白馬)와 백계(白鷄)를 등장시키고 있는데, 이들은 말과 닭을 신성시하거나 숭배하는 집단이었음을 알 수 있다.

셋째, 이 세 집단은 기아습속과 세례의식의 문화적 특성을 갖고 있다. 혁거세는 우물가에, 탈해는 바닷가에, 알지는 숲속의 나뭇가지에 버려진 신분이었다. 사내아이가 궤나 알에 든 채 한데에 버려지고 그것을 줏어다가 깨뜨리고 나오는 사람이 왕으로 등극하는 것은 성인(聖人)의 출현방식과 흡사하다. 또한 혁거세는 동천에서 목욕을 한 후에 몸에서 광채가 나고, 알영의 닭부리형 입술은 월성 북천에서 목욕을 한 후에 부리가 빠지고 있다. 이는 사로국 단계에서 성인으로 거듭나려고 물속에 들어가 몸을 씻는 세례의식이 행해졌음을 보여준다. 이러한 세례는 가야의 계욕의식과 동일한 것이다.

이와 같이 신라 건국신화의 주체인 혁거세, 탈해, 알지는 근본적으로 진한 6촌세력과 문화와 혈통이 다른 계통의 집단이다. 기원전에 태양숭배와 천신신앙, 벼농사와 난생신화, 말과 닭을 신성시하는 관행, 기아풍습과 목욕의식의 관습을 가진 남방지역의 해양계 유이민집단이 경주에 들어와 왕권을 장악한 것으로 본다. 이들의 문화와 관습을 보면, 북방에서 내려온 세력이라기보다는 남방에서 올라온 세력으로 보는 것이 타당하다.





### 3) 백제의 제의와 신화

백제를 건국한 주체는 비류와 온조이다. 그러나 이들은 하늘에서 붉은 기운이 비치거나 알을 깨뜨리고 나오거나 금궤에서 출현하였다는 신이한 이야기가 전해지지 않는다. 따라서 백제는 건국신화가 존재했다고 보기 어렵다. 백제는 고구려와 신라의 건국설화같은 신화가 없다. 백제의 건국 주체는 부여계 고구려 유이민들이 한강유역으로 내려와 나라를 세웠는데도 신라처럼 마한 세력들이 모여서 입방설도할 수 있는 군주를 모신다는 이야기도 없다. 또한 백제는 제천의식과 국중대회같은 국가행사를 주도해 온 혈족기반도 갖고 있지 못하다. 마한 54소국 가운데 백제국을 백제의 혈연적 토대로 볼 수 있으나, 건국신화의 주체라고 보기에는 약하다. 따라서 부여계 왕족과 10신들이 한강유역에 내려와 백제를 건국한 것으로 본다.

이러한 백제 건국의 정통성은 온조왕 원년에 세운 동명묘에서 찾을 수 있다. 백제를 건국한 온조왕이 동명왕을 시조묘에 배향한 것은 혈통의 뿌리가 부여의 동명왕임을 스스로 자처한 것이라 하겠다. 그러나 『삼국사기』 백제본기에 따르면, 온조의 아버지는 주몽이다. 주몽이 졸본부여에 고구려를 건국한 후, 두 아들을 두었는데 큰아들이 비류이고 둘째아들이 온조이다. 그런데 주몽이 북부여에서 낳은 아들이 태자에 오르자 비류와 온조가 십신(十臣)을 데리고 남하하여 비류는 바닷가에 살기를 원하여 미추홀에 거처하였고, 온조는 하남위례성에 도읍하여 백제를 세웠다는 것이 백제 건국의 핵심 줄거리이다.

온조와 비류는 출자를 주몽과 연결시키고 있지만, 고구려와 백제의 세계는 부여에서 나왔음을 명백하게 밝히고, 성씨도 부여씨를 따르고 있다. 온조는 백제의 시조 전승을 부여에 두고 왕권의 정통성을 강소하고자 즉위년에 동명묘(東明廟)를 건립하고 있다. 온조왕의 동명묘 건립은 백제의 건국신화를 부여의 동명신화와 동일시하려는 의지이다. 온조가 주몽묘(朱蒙廟)나 우태묘(優台廟)가 아닌 동명묘를 건립한 것은 권력의 정통성과 가계의 혈통의식이 매우 중시하였음을 알 수 있다. 동명묘 건립은 부여계의 세력 통합과 왕권의 신성성을 확보하는 것이 가장 큰 목표였을 것이다.

국내 사료에는 백제의 신화를 살펴볼 자료가 없으나, 중국의 『북사』와 『수서』의 동이열전 백제전에는 부여계의 동명왕신화가 등장한다. 『북사』에는 "백제는 대개 마한에 족속으로 색리국에서 출자하였다. 그 왕이 출행을 하였는데, 그 시녀가 임신한 후에 왕이 돌아왔다. 왕이 그를 죽이려 하자 시녀가 "앞서 하늘에서 큰 달걀 만한 기운이 내려오는 것을 보았는데 거기에 감응하여 임신을 하였습니다."라고 말하였다. 왕이 그를 버렸는데 후에 아들을 낳았다. 왕이 이를 돼지우리에 두었는데, 돼지가 입김을 불어 죽지 않았다. 후에 마구간에 버렸는데 역시 그와 같이 하였다. 왕이 신이하다고 여겨 기르도록 명하였으며, 이름을 동명(東明)이라 하였다."라고 기술되어 있다.

부여신화에서는 알 또는 금궤에서 사내아이가 나오는 것이 아니라 큰 달걀의 기운을 받은 여자가 임신을 하고 출산하는 방식이다. 부여신화에서도 난생신화와 기아풍속이 나타난다. 시조탄생에서 기아는 왕권의 신성성을 강조하려는 재생의례라 할 수 있는데, 신라 왕족이 목욕한 후에 왕위에 오르는 것과 같은 이치이다. 이러한 목욕의식과 기아습속은 남방계 난생문화와 관련된 통과의례로서 부여에도 영향을 미친 것으로 본다.

그렇다면 온조왕은 건국신화를 내세우지 않고 즉위년에 시조묘를 동명묘로 세운 것일까.

부여의 동명신화를 보면, 백제의 시조는 처음 색리국에서 동명왕이 건국한 부여가 나오고, 부여에서 주몽이 건국한 고구려가 나오고, 고구려에서 온조가 건국한 백제가 나오는 계보로 도식화할 수 있다. 따라서 중국 『북사』『수서』에서는 백제의 계보를 동명신화와 주몽신화를 혼동하여 기술해 놓고 있다. 동명왕의 부여와 주몽의 고구려를 동일시하는 경향이 있으나, 온조왕의 혈통과 가계는 부여계 고구려 이주민으로 본다. 따라서 백제 왕실의 성씨도 부여씨가 주축을 이루고 있다. 온조와 비류가 고주몽의 아들임에도 고씨 성을 사용하지 않고 부여씨를 칭한 것은 동명왕의 혈통을 잇고 부여씨의 세계(世系)를 계승한다는 왕권의 정통성에 더 큰 의미를 두었기 때문일 것이다.

그렇다면 백제가 왕권의 정통성을 계승하려 했던 왕실제사와 국가제사는 무엇이었을까.

백제에는 온조왕 원년에 동명묘를 시조묘로 세우고 왕이 즉위한 후에는 시조묘를 참배하고 천지신(天地神)에게 제사를 지내는 관행이 있었다. 백제는 건국의 주체가 고구려에서 남하해 온 유이민이었던 만큼 소국사회에서 행해졌던 제천의식과 국중대회는 없었지만, 건국 이후에 왕실의 정통성을 유지하는 수단으로 시조묘 제사와 제장에 단을 쌓아 만들고 천지신에게 제사를 거행하는 관행이 있었다. 왕이 세습하여 왕위에 오르게 되면 춘정월(春正月)에 시조묘와 천지신에게 제사를 지냈다. 백제시대에 새로운 왕이 즉위를 하면 친히 시조묘에 찾아가 참배하고, 왕실의 남쪽 교외에 단을 쌓거나 제장을 만들어 천지신에게 제사를 지냈다. 이러한 절차는 먼저 조상신에게 왕위계승을 고하고, 다음에 천지신에게 고하여 왕권의 신성성과 정당성을 부여받고자 했을 것이다. 천지신의 제사에서는 북과 피리를 사용하여 장엄한 제사를 지내고 있지만 군중을 동원하는 제천의식과는 다른 방식이다.

따라서 백제 국왕의 즉위식은 시조묘 참배와 천지제사가 행해졌다고 본다. 왕제에 따르면, "천자는 天(神)·地(祇)와 천하의 명산대천을 제사하고, 제후(諸侯)는 사직(社稷)과 자기 영역내에 있는 명산대천에 제사를 지낸다."고 하였다. 이러한 기준에 따르면, 춘정월 제사는 국왕이 친히 태양신과 토지신·곡물신에게 제사를 주관하였으며, 새해를 맞이하여 풍농을 기원하는 농경의례였다고 본다. 이러한 농경의례는 궁궐이 아닌 도성의 남쪽 교외에 임시로 큰 제단을 설치하고 행해졌다.

온조왕 20년(2) 2월에 큰 단을 만들어 처음으로 천지신에게 제사를 지냈다는 기록이 있다. 춘정월과 춘이월에 행해진 천지신에 대한 제사는 신년제의 및 농경의례적인 성격이 강하다. 신라에서 시조묘 제사를 정월 2일과 5일에 지내고 있는데, 백제에서도 정월 2일에 거행하고 있다. 국왕이 시조묘에 참배를 하고 난 뒤 야외의 제장에 나아가 천지신에게 제사를 지낸 것이다. 아신왕 2년(393)과 전지왕 2년(406)에도 춘정월에 동명묘 참배와 천지신에 대한 제사를 지내고 있다. 시조묘 참배는 백제 왕실의 정통성을 잇고자 함이요, 천지신 제사는 천신과 지신, 산천신 등 모든 잡신을 대상으로 하는 제천의식과 흡사하다.

백제의 왕들이 동명왕을 건국시조로 받들며 시조묘에 참배하는 관행은 왕실의 정통성을 계승하고, 왕권의 존엄성을 유지하려는 목적이었을 것이며, 천지신에 대한 제사는 국왕이 백성들의 생활안정에 책무를 다한다는 국가제사였다고 본다.

### 4) 가야의 제의와 신화

가야의 건국신화는 가락국의 수로신화와 대가야의 정견모주 신화가 있다. 수로신화가 정견모주신화보다는 선행양식이다. 보편적으로 동이족의 건국신화에 등장하는 난생신화는 가락국의 수로신화에 등장한다. 『삼국유사』 권2 가락국기에 기술된 가락국의 시조신화는 다음과 같다.





> 산야에 도읍하여 우물을 파 마시고 밭을 갈아 먹더니 後漢 世祖光武帝 建武十八年壬寅三月 禊浴日에 그곳 북쪽 구지에서 무엇을 부르는 수상한 소리가 났다. 마을사람 200~300여 명이 이곳에 모이더니 사람의 소리가 나는 듯 하되 그 형상은 보이지 않고 소리만 내어 말하기를 여기 사람 있느냐 九干들이 이르기를 우리들이 여기에 있다 하였다. 또 말하기를 여기가 어디냐 대답하되 龜旨라 하였다. 또 말하기를 皇天이 나에게 명하기를 이곳에 御居하여 나라를 새롭게 하여 임금이 되라고 하여 이곳에 일부러 내려왔다. 너희들은 마땅히 산봉우리에서 한줌 흙을 파면서 노래하기를 "거북아 거북아 머리를 내놓지 않으면 구워먹으리라"하고 춤을 추면, 이에 대왕이 맞이하여 환희에 차 뛸 것이다 하였다. 구간 등이 그 말처럼 모두 기뻐하여 노래를 부르고 춤을 추다가 얼마 아니하여 쳐다보니 자색줄이 하늘에서 내려와 땅에 닿는지라 줄의 끝을 찾아보니 붉은 보자기에 金合이 싸여 있는 것이 보였다. 열어 보니 해와 같이 둥근 6개의 황금알이 있었다. 모두 놀래면서 조금 있다가 다시 싸 가지고 아도의 집으로 돌아와 의자에 두고 그 무리들은 각기 흩어졌다. 다음날 새벽에 무리들이 다시 모여 합을 여니 6개의 알이 사내아이로 되었다. 용모가 모두 훌륭하였다. 이내 왕의 의자에 앉으니 무리들이 축하해 주며 절하고 극진히 공경하였다.

이 『삼국유사』 가락국기에 실린 가야의 건국신화는 『고려사』 지리지 경상도 금주조, 『세종실록』 지리지 경상도 김해도호부조, 『경상도지리지』 진주 김해도호부 영이이적조에 다시 등재되고 있다. 이러한 사실은 가야의 건국신화가 당대의 신화로 머무르고 있는 것이 아니라 후대까지 민간전설로 전해오고 있음을 뜻한다. 가야의 건국신화에 당시 제의와 신앙형태가 스며있다.

첫째, 구지봉에 사람들이 모여들었는데 그들은 구간(九干)이었다. 가야의 건국신화는 구간사회에 형성된 것으로 본다. 구간사회는 간(干)이 촌락을 다스리는 사회라 할 수 있다. 간은 촌장과 같은 신분이었다. 몇 개의 동성촌락이 한 지역에서 씨족을 형성하여 촌장을 중심으로 웅거하고 있었다.

사로 6촌이 있듯이 가야에도 9간이 다스리는 촌락사회가 있었다. 이 구간들이 백성과 더불어 계욕일(禊浴日)에 구지봉에 올라가 거행한 제천의식을 기술한 내용이 가야의 건국신화라고 본다. 계욕일은 하천 또는 우물에서 몸을 씻는 의례(儀禮)를 지내는 날이다. 이 날에 구간이 백성들과 함께 구지봉에 올랐고, 그곳에서 새로운 임금을 맞아들이고 있다. 이러한 내용은 가야에서는 3월의 계욕일에 9간과 백성들이 구지봉에 모여서 가야 시조의 추대식을 거행하였다는 뜻으로 해석된다.

신라의 혁거세는 동천에서 몸을 씻고 난후 몸에서 광채가 나 왕위로 올랐고, 알영은 북천에서 목욕을 한 후 닭부리 입술이 빠지고 나서 왕비의 자리에 올랐다. 이러한 사실은 신라와 가야에 계욕일을 매우 중시했다는 뜻이다. 계욕은 범인이 성인으로 거듭나는 재생의례로서 고구려, 부여에서 큰 알을 길과 들에 버리는 기아습속과 같은 의식이다. 계림국 형성 이후에 가락국이 경영되었다는 점에서 사로 6촌장들이 알천안상에 모여서 혁거세를 시조로 추대한 것과 가야에서 계욕일에 시조를 추대한 것이 흡사하다. 신라와 가야에서 계욕의식 후에 국왕으로 추대하였음은 계욕일에 즉위식이 거행되었다는 뜻이다.

둘째, 구지봉은 가야에서 제천의식을 거행하는 제장이었다. 구간사회 이

구지봉 고인돌

전부터 가야지역에 살았던 주민들은 구지봉에 올라 농경의례를 거행하는 관행이 있었다고 본다. 이러한 관행은 구지봉의 고인돌이 입증해 주고 있다. 구간사회는 김해평야와 낙동강에서 농경과 어로생활을 해온 집단이었다. 구지봉은 높지 않지만 한눈에 주변을 내려다 볼 수 있을 정도로 전망이 탁 트인 구릉이다. 이곳 정상에 남방식 고인돌 1기가 놓였는데, 이 고인돌은 고인돌사회부터 가야지역에서 제천의식을 거행하였다는 근거로 제시되고 있다.

구지봉의 지명도 고인돌과 관련이 깊다고 본다. 이처럼 낮은 구릉에 고인돌이 1기가 위치하는 곳이 드물기는 하지만 서해안과 요녕지방에서 나타나는 형식과 흡사하다. 구지봉의 지형이 거북머리 형상이어서 구수봉(龜首峰)이라는 이야기도 있지만, 고인돌을 돌거북으로 인식하는 사유의식이 고인돌사회부터 있었고, 당시부터 거북은 풍요다산의 상징적 동물로 신앙의 대상이었다고 본다. 지금도 거북은 재부(財富)의 상징으로 신앙되고 있다. 가야에서도 계욕일에 구지봉에 올라가 천신에게 농경의례를 거행하면서 "거북아 거북아 머리를 내놓치 않으면 구워먹으리라"는 풍년기원의 주문을 외친 것으로 본다.

셋째, 이처럼 제천의식을 거행하자 하늘에서 응답해 오고, 하늘의 붉은 빛이 땅에 있는 붉은 보자기에 싸인 금합에 드리우고, 그 금합을 열어보니 6개의 황금알이 있었다. 그 여섯 알이 부화하여 알에서 사내아이가 태어났는데, 그 용모가 훌륭하고 아름다웠다. 가야의 난생신화는 금합에 알이 들어 있다는 점에서 난생신화의 완성품으로 보인다. 다른 난생신화는 알이 천한 곳에 버려지는데 가야에서는 신성한 구지봉에 모셔지는 것이 다르다. 신라의 혁거세는 알〔卵〕에서 나오고, 탈해와 알지는 궤(櫃)에서 나왔는데, 가야에서는 금합(金合)에 든 알에서 사내아이가 탄생하는 것도 난생신화의 정통성을 보여주는 듯하다.

쌀농사와 고인돌과 난생신화는 대표적인 남방계 농경문화의 한 세트라 할 수 있는데, 가야신화에는 다른 신화에서 보이지 않는 계욕의식이 명시되어 있다. 이러한 사실은 가야신화가 남방문화의 직접적인 영향을 받았다는 걸 입증해주는 근거가 되고 있다. 왜냐하면 왕족들이 목욕의식을 거행하는 문화는 북방계 문화에서 찾아보기 어렵기 때문이다. 가야의 시조모인 허황옥이 남방계 인물로서 왕비의 자리에 올랐다는 사실도 이러한 사실을 뒷받침하고 있다.

넷째, 가야의 시조는 황천(皇天)에게 가야지역에 가서 새롭게 나라를 세우고 임금이 되라는 게시를 받는다. 이와 같은 방식으로 가야의 시조가 탄생하고 대가야를 세우게 된다. 구지봉에서 구간과 백성들이 시조를 추대하고 탄생을 축하하는 제천의식은 국중대회의 성격이 강하다. 구간이 백성들을 이끌고 구지봉에서 거행한 제천의식은 수로왕의 즉위식을 거행한 것으로 본다. 그가 계욕일 직후 3월 보름에 즉위하고 있는 데서 알 수 있다. 계욕일의 제천의식은 국왕 즉위식을 거행한 국중대회였다.

가야의 건국신화에는 고인돌사회에서 행해진 농경의례형 제천의식의 관행이 바닥에 짙게 깔려있다. 이러한 농경의례는 촌락사회에서 소국사회로 발전하는 과정에서 생성된 것으로 본다. 가야에서 9간사회가 존속된 것은 기원전 7세기경부터 2세기경까지 지속되었으며 철기문화가 들어오기 전에는 고인돌사회의 전통을 유지하였다.

## 참고문헌


금장태, 「한국 고대의 신앙과 제의」『동대논촌』 8집, 1978.

김두진, 『한국 고대의 건국신화와 제의』, 일조각, 1999.

김병모, 「한국 거석문화원류에 관한 연구(Ⅰ)」『한국고고학보』 10.11호, 1981.

나희라, 「신라의 건국신화와 의례」『한국 고대의 건국신화와 제의』, 2005.

서영대, 「고구려의 국가제사-동맹을 중심으로-」『한국사연구』 120호, 2003.

유태용, 『한국 지석묘 연구』, 주류성, 2003.

이영문, 『한국 청동기시대 연구』, 주류성, 2003.

이영식, 「대가락과 대가야의 건국신화」, 김해시가야사학술발표문, 2002.

이종욱, 『한국사 1막1장 건국신화』, 휴머니스트, 2004.

최광식, 『고대 한국의 국가와 제사』, 한길사, 1994.

# Ⅲ. 고분문화

우리는 주변 사람들이 유명을 달리하면 나무로 만든 관에 시신을 담아 양지바른 땅을 파서 묻은 다음 흙을 덮고 잔디를 심는 것을 당연하게 생각하고 있다. 물론 그 지역의 풍습에 따라, 혹은 그 집안의 전통에 따라 장례절차에 있어서나 무덤의 구조에 있어 얼마간의 차이는 나겠지만 그 차이는 문제로 삼을 만한 것이 아니다.

그러나 삼국시대에는 국가별 또는 계층별로 서로 뚜렷하게 구분되는 무덤을 썼으며 삼국시대의 다양한 무덤들 또한 그 이전 시대뿐만 아니라 그 이후 시대와도 차이가 있다. 장구한 세월의 우리 역사에서 무덤은 시대에 따라 또는 지역에 따라 끊임없이 변화해 왔는데, 각 시대의 다양한 무덤들은 각기 그 시대의 특성과 밀접한 관련을 맺고 있기 때문에 당시의 복잡했던 시대상을 여러 가지 각도에서 반영해 주는 자료로서 매우 중요하다. 특히 문헌기록이 부족하거나 정확하지 않은 삼국시대 초기 무덤의 경우에는 더욱 그러하다고 할

**임영진** | 전남대학교 박물관장. 문화재청 문화재전문위원. 중국 사회과학원 고고연구소 객좌연구원. 호남고고학회 회장역임. 주요 논저로 「백제 한성시대 고분연구」, 「마한의 형성과 변천에 대한 고고학적 고찰」, 「한국 분주토기의 기원과 변천」, 「한국 장고분의 피장자와 축조배경」(일문), 『백제의 영역 변천』, 『백제의 곰말 몽촌토성』, 『고대 일본과 백제』(일문, 공저) 등이 있다.

수 있다.

고분은 넓은 의미에서는 근현대의 민묘에 대비되어 역사적 자료가 될 수 있는 모든 종류의 옛무덤을 가리키는 용어라고 할 수 있지만 일반적으로는 고대국가 단계에서 성행하였던 거대한 무덤을 가리키는 것으로 인식되고 있다. 총(塚)은 고분 가운데 규모가 큰 것을 가리키며, 능(陵)은 규모에 관계없이 그 주인공이 왕이나 왕에 버금가는 사람임이 밝혀진 무덤을 가리킨다.

우리 나라에서는 기원전 3세기 초부터 철기가 사용되기 시작하면서 생산력이 크게 향상되고 철제 무기가 발달함에 따라 단위 정치체의 규모가 점점 커지고 그에 걸맞는 조직과 권력을 가진 지배자가 등장하였다. 기원전 1세기부터는 고구려를 필두로 고대국가가 성립하면서 이전 시기와는 비교가 되지 않을 정도로 거대한 무덤들이 축조되었다. 최고지배세력의 거대한 무덤들은 국가에 따라 독특한 구조를 보여주면서 다양하고 화려한 유물을 부장할 뿐만 아니라 경우에 따라서는 사람까지도 순장하는 등 국가별로 그 특징을 잘 보여주고 있기 때문에 문헌기록에 반영되지 않은 새로운 사실들을 알 수 있게 해주기도 한다.

삼국시대에 국가별로 유행하였던 다양한 종류의 고분들은 고대국가의 기틀이 확립되면서 점차 규모가 작아지고 부장품의 양도 감소하는 경향을 보여 준다. 이러한 현상은 우리 나라뿐만 아니라 전세계적으로 고대국가의 체제가 확고히 자리잡으면서 나타났던 공통적인 현상이기 때문에 세계 어느 지역에 있어서나 고대국가 단계의 고분이 갖는 역사적 의미는 매우 크다고 할 수 있다.

## 1. 고구려의 고분문화

고구려는 압록강 지류인 혼강 유역의 환인에서 건국된 이후 집안을 거쳐 평양으로 도읍을 옮겨가면서 발전하였다. 고구려의 고분들은 도읍지를 중심으로 구릉 사면이나 강변 충적대지에 군집해 있는데, 집안을 중심으로 한 중국 길림성 일대에서만 1만 2800여 기가 발견된 바 있다.

고구려의 고분은 분구의 축조재료에 따라 크게 돌을 이용한 적석묘(積石墓)와 흙을 이용한 봉토묘(封土墓)로 나눌 수 있다. 고구려의 적석묘는 흔히 적석총이라 하는데, B.C. 2세기경부터 강돌을 이용한 간단한 구조에서 출발하여 할석을 이용한 기단식과 계단식으로 발전하여 400년 전후에는 '동방의 금자탑'이라 불리는 장군총이 축조되기에 이르렀다. 봉토묘는 판석과 할석을 이용하여 지하 또는 반지하에 횡혈식 석실을 만들고 그 위를 흙으로 덮어 만든 것이다. 봉토묘는 대동강유역에서 4세기 중엽경에 축조되기 시작하였고 4세기 중후엽이 되면 당시의 도읍지인 집안에서도 사용되었다.

고구려의 적석묘는 중국 요녕지방의 청동기시대 적석묘에서 발전된 것으로 보이는데 초기에는 강돌을 이용하여 곽을 짜고 그 안에 관을 안치한 다음 강돌을 덮어 만든 무기단식이 사용되다가 점차 할석으로 축조한 기단식과 계단식으로 발전하였다.

분구의 규모는 한변의 길이가 2~3m인 것에서부터 80m에 달하는 것까지 있으며 대형묘는 계단식에 해당한다. 계단식은 보통 3~5단을 이루지만 장군총과 같이 7단을 이룬 것도 있다. 매장시설은 수혈식 석곽과 횡혈식 석실로 나누어지는데, 초기에는 지면에 위치하다가 기단

장군총 석실 내부

식이나 계단식으로 발전하면서 분구 중간에 축조되었다.

적석묘에 부가된 시설로는 분구 인근에 설치된 부석(敷石) 시설과 분구 옆이나 분구 위에 마련된 건축물을 들 수 있다. 부석시설은 분구의 한 변에 잇대거나 약간 떨어진 지점에 장방형이나 반원형으로 돌을 깐 것으로서 제단으로 추정된다. 4~5세기대의 대표적인 계단식 적석묘에 해당하는 장군총, 태왕릉 등에서는 기와나 벽돌이 출토되고 있어 분구 위나 주변에 목조건축물이 있었던 것으로 보이는데 비석을 보호하거나 묘를 관리하는 시설이었을 것으로 추정된다.

장군총은 7단의 계단식으로 분구 한 변의 길이가 31m, 높이가 14m 내외이며 석실이 4~6단에 걸쳐 마련되어 있다. 분구 위에는 연꽃무늬 와당으로 장식한 건물이 있었던 것으로 추정된다. 태왕릉은 많이 무너졌지만 한 변의 길이가 60m가 넘는 거대한 고분이다. 무덤에서 '호태왕(好太王)'이라고 새겨진 청동방울과 '원태왕릉안여산고여악(願太王陵安如山固如岳)'이라는 명문이

장군총 전경

안악 3호분 주인공의 초상화

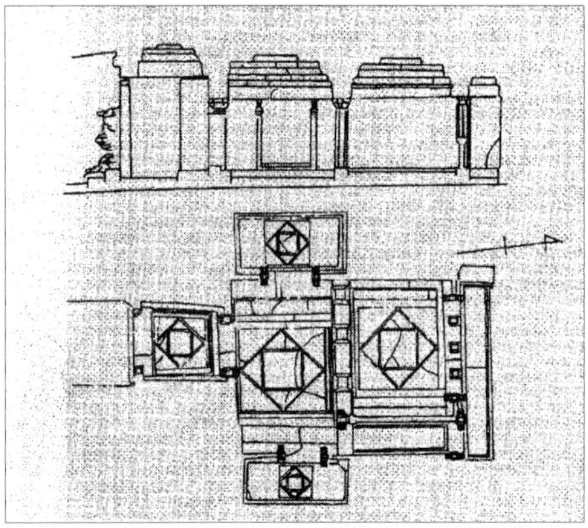
안악3호분 평단면도

있는 벽돌이 발견되었고, 광개토대왕비에 가까이 있기 때문에 광개토대왕의 무덤으로 추정되고 있다. 분구 정상부 쪽에서 석실이 확인되었는데 그 안에는 2개의 목관이 나란히 안치되어 있었던 것으로 추정된다.

고구려는 427년 집안에서 평양으로 천도하였는데 4세기 중후엽부터 적석묘와 함께 봉토묘를 쓰기 시작하였다. 봉토묘의 석실은 현실(玄室)과 연도(羨道)를 기본 구조로 하며 전실, 측실, 벽감(壁龕) 등이 달려 있고 회랑같은 시설도 있다. 천정은 평천정, 궁륭천정, 말각조정천정 등 다양한 구조를 보이고 있다. 단실묘가 주류를 차지하지만 전실, 측실 등을 갖춘 복잡한 구조의 다실묘도 있다.

봉토묘는 석실 내부 벽면에 벽화를 가진 것이 많이 있는데 집안지역에서 20여 기, 평양과 안악지역에서 60여 기가 조사되었다. 통구 41호분과 같은 소수의 적석묘에도 벽화가 있었지만 이는 예외적인 것이다. 벽화는 석실 벽에 회를 칠하고 회가 마르기 전에 여러 가지 물감을 써서 그림을 그리는 소위 프레스코 기법의 벽화로서 주로 현실이나 연도의 벽면에 그려지며 천정과 기둥에 그려지기도 한다.

벽화의 내용을 보면 전기(4세기중엽경~5세기초)에는 묘 주인공 부부의 초상과 생존시의 생활풍속이 그려지고 천정에는 구름무늬와 불꽃무늬 등이 그려진다. 전기 고분으로는 안악 3호분과 덕흥리고분 등이 있다. 안악 3호분은 고구려 벽화고분 가운데 가장 크고 화려한 무덤으로서 묵서(墨書)가 함께 발견되었다. 이 무덤의 주인공에 대해서는 논란이 계속되어 왔는데 묵서 내용에 따라 4세기 중엽경에 망명한 전연(前燕)의 장수 동수(冬壽)의 무덤으로 보는 것이 합리적이다.

중기(5세기전반~6세기전반)에는 생활풍속도와 함께 도교적인 색채가 농후한 그림들이 유행한다. 고구려적인 특징이 발전해 나가는 단계이며 무용총, 각저총, 쌍영총 등이 이 시기에 해당한다.

후기(6세기중엽~7세기중엽)에는 평양지역에서는 원숙한 경지에 이른 사신도가 유행하고, 집안지역에서는 사신도와 함께 다양한 신상(神像)이 인물로 표현되고 있다. 사신총, 강서대묘, 진파리 1·4호분 등이 대표적이다.

고구려의 고분에서는 같은 시기 다른 나라의 고분에 비해 부장품이 거의 출토되지 않는데 그 이유는 출입이 가능한 석실의 취약한 구조 때문에 도굴의 피해를 많이 입었기 때문이며, 다른 한편으로는 『수서(隋書)』「고구려전」에서 보듯이 '장례가 끝나면 죽은 사람이 생전에 쓰던 거마(車馬)와 일체의 소지품

강서대묘 현무도

무용총 수렵도

을 무덤 옆에 쌓아두고 사람들이 서로 앞을 다투어 가져갔다'는 당시의 풍습에 기인하기도 하였을 것이다.

4~5세기대의 적석묘와 봉토묘에서는 관장식이나 허리띠 장식, 귀걸이를 비롯한 금동제 장신구, 금동신발, 마구, 무기, 금속용기, 황유도기 등이 출토되었다. 허리띠장식이나 마구 등의 유물로 보아 당시 중국의 진(晋) 뿐만 아니라 선비족인 북연(北燕)이나 후연(後燕)의 금속문화와도 관련이 있는 것으로 추정된다.

석실을 가진 고구려의 봉토묘는 4세기말부터 백제를 거쳐 가야와 신라로 확산되어 고대 우리 나라의 대표적인 고분이 되었고, 멸망시까지 벽화의 내용이나 기법이 발전하면서 동북아시아 회화사 연구에 있어 독보적인 자료가 되고 있다.

## 2. 백제의 고분문화

백제는 온조로 대표되는 고구려계 이주민에 의해 서울지역에서 건국된 이후 공주, 부여로 도읍을 옮기면서 발전하였기 때문에 세 도읍지를 중심으로 많은 고분들이 축조되었다. 서울 강남에 도읍하였던 한성기에는 적석묘를 비롯하여 다양한 고분들이 축조되었지만 웅진기 이후에는 석실묘로 통일되어 나가는 경향을 보여준다.

서울 강남지역에 남아있는 거대한 규모의 적석총들은 백제의 건국 시기와 건국 과정을 알려주는 자료로서 중요한데 서울을 포함한 중부지역에는 전형적인 고구려식 적석총 이외에도 백제식, 말갈식 적석총이 분포되어 있다.

고구려식은 분구 내부 기저부에서부터 적석이 이루어진 것으로서 고구려의 적석묘와 동일한 구조이다. 서울 석촌동고분군의 1호분 남분과 3호분이

왼쪽부터 서울 석촌동 3호분(고구려식), 서울 석촌동 2호분(백제식), 제원 양평 1호분(말갈식)

이에 해당하는데 그 주인공은 백제를 건국한 최고 지배세력에 해당한다. 가장 이른 것은 석촌동 1호분 남분으로서 3세기 중엽경으로 추정된다. 석촌동 3호분은 한변의 길이가 50m에 달하는 거대한 적석총으로 그 규모와 중국 동진(東晋) 청자의 연대로 보아 4세기 후반경 근초고왕의 무덤으로 추정되고 있다.

임진강유역에 위치한 연천 삼곶리 적석총은 백제 적석묘의 지방형으로 보거나 말갈계로 보기도 하지만 분구의 기저면에서부터 적석으로 이루어져 있고 제단으로 추정되는 방형의 단이 동분과 서분을 연결하면서 부가되어 있는 점 등에서 석촌동 1호분과 통하는 고구려식이다. 그 시기는 2세기후엽~3세기전엽에 해당하는데, 고구려 이주민이 서울 강남지역으로 남하하는 과정에서 일시적이나마 임진강유역에 머물렀던 사실을 말해 주는 고고학적 증거이다.

백제식은 외부로 노출되는 부분만 적석을 하고 그 내부는 점토로 이루어진 것으로서 매장시설은 목관(목곽)인데 석촌동 1호분 북분과 2호분이 여기에 속한다. 현지 토착묘제에 새로 들어온 고구려식적석총이 결합된 것으로서 그 주인공은 고구려 이주민의 남하 이전부터 자리잡고 있었던 마한계 세력자로 추정된다.

말갈식은 외부는 적석이지만 그 내부는 자연 사구로 구성되었다는 점에서 고구려식이나 백제식과 구별된다. 매장시설은 석곽이며 분구 위쪽에 위치하고 있다. 북한강과 남한강의 상류지역에 분포하고 있는데 2세기부터 4세기초

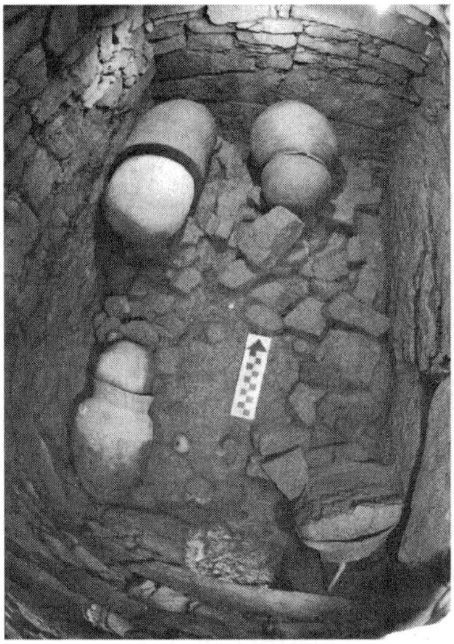
나주 복암리 3호분 96석실묘

부여 능산리 58호 석실묘



에 이르기까지 삼국사기 백제본기에 등장하는 말갈세력에 의해 축조되었다.

서울지역에서 한성 백제가 성립되는 3세기 중엽 당시 서울 강남지역을 포함한 마한권에는 전통적인 목관묘나 옹관묘가 사용되는 한편 분구묘가 성행하였다. 분구묘는 지상에 축조한 분구 중간에 피장자를 안치한 다음 관련된 사람들이 죽으면 분구를 수평, 혹은 수직으로 확장하면서 추가장을 하는 독특한 구조를 가지고 있다. 지금까지 주로 충청·전라지역에서 조사되었는데 서울 가락동 1·2호분 역시 수평적인 추가장이 이루어진 분구묘일 가능성이 높다.

4세기초에는 경기지역에서부터 석곽묘가 시작되었다. 석곽묘는 지하에 묘광을 파고 할석으로 내벽을 축조한 것이다. 초기의 석곽묘는 화성 백곡리와 마하리, 천안 용원리 등지에서 확인되었는데 기존의 목관묘에서 발전한 것으로 인식되고 있다. 용원리 석곽묘는 목관묘와 공존하지만 독립적으로 위치하며 4세기말~5세기초에 해당하는 용봉문환두대도(龍鳳文環頭大刀), 마구, 중국의 천계호(天鷄壺) 등 다양한 유물이 부장되어 있다.

4세기 후엽에는 추가장이 가능한 석실묘가 나타나서 발전해 나갔다. 현실은 방형에서 장방형으로 바뀌어 나갔으며 천정은 궁륭천정에서 터널천정을 거쳐 평사천정, 평천정으로 발전하는 한편 점점 잘 다듬은 판석을 사용하는 경향을 보이고 있다.

초기 석실묘는 화성 마하리, 공주 수촌리, 원주 법천리 등 한성 백제 외곽지역에 분포하고 있다. 한성 백제 외곽지역의 석실묘는 목관묘나 석곽묘와 같은 기존의 고분들과 공존하고 있어 토착세력에 의해 먼저 사용되기 시작하였던 것으로 추정된다. 석실묘는 점차 한성 백제의 적석총을 대신하여 웅진 백제와 사비 백제 최고지배세력의 묘제가 되었다. 공주 송산리 고분군과 부여 능산리 고분군은 백제 왕실의 대표적인 석실 고분군이다.

서울지역에도 가락동과 방이동에 석실묘들이 분포하고 있는데 이 석실묘들이 한성 백제의 중심 세력에 의해 축조된 것이라고 보는 견해도 있지만 석실의 구조에 있어서나 출토 유물에 있어 신라의 한강유역 진출 이후 축조되었던 것일 가능성이 높다.

한성 백제의 외곽지역에서 석실묘가 먼저 출현하게 되는 배경은 고구려의 석실묘나 낙랑지역의 전축묘를 알게 된 지역 수장들 사이에서 추가장이 가능한 새로운 무덤을 쓰는 변화가 생긴 것으로 추정되며 금동제품이나 마구, 중국 도자기 등과 같은 새로운 문물의 수용도 이와같은 맥락에서 이루어진 것으로 보는 것이 합리적이다.

나주 신촌리 9호분 출토 금동관

백제의 중심권에서 멀리 떨어진 전남의 영산강유역은 6세기초까지도 백제 중심지와는 상당히 다른 면모를 보여주고 있어 백제의 병합 시기와 그 과정에 대한 논의가 이어지고 있다. 영산강유역에서는 3~5세기에 거대한 옹관고분이 조영되다가 5세기 후반부터 석실묘가 축조되기 시작하였는데 이와같은 현상에 대해서는 『일본서기(日本書紀)』 신공기(神功紀) 49년조의 관련 기사를 바탕으로 영산강유역의 마한사회가 369년 백제 근초고왕에 의해 병합되었다는 전제 아래, 토착 옹관고분의 발전은 백제의 간접지배 아래 이루어진 지역적 특성이며 석실묘 단계부터 직접지배로 전환되었다고 보는 것이 통설이었다.

공주 송산리고분군

무녕왕릉 내부

그러나 영산강유역의 초기 석실묘는 지하에 석실이 안치되는 백제의 석실묘와는 달리 지상의 분구 중간에 석실이 안치되는 전형적인 분구묘일 뿐만 아니라 석실의 구조에 있어서나 출토유물에 있어 백제의 석실묘와는 큰 차이가 있기 때문에 영산강식 석실묘로 구분되고 있다. 또한 이 지역에서는 5세기 말부터 장고분(전방후원형고분)이라 불리는 고분이 축조되기 시작하였다가 6세기 중엽경이 되면 영산강식 석실묘와 함께 더 이상 축조되지 못하고 새로이 백제식 석실묘로 바뀌기 시작한다는 점에서 6세기 중엽경까지 영산강유역권이 백제에 복속되지 않고 나름대로 독자적인 세력을 유지하였다고 보는 견해가 점점 설득력을 얻어가고 있다.

백제의 고분 중에는 전축묘과 화장묘 등의 특수한 종류도 있다. 전축묘로는 무녕왕릉이 대표적이다. 무녕왕릉 안에서는 묘지석이 발견되어 백제 무녕왕과 왕비의 무덤임이 밝혀졌는데, 나란히 합장된 목관과 함께 금관장식, 금동신발, 용봉문환두대도, 중국 도자기 등 많은 유물들이 출토되었다. 백제의 전축묘는 중국 양(梁)나라 지배층의 무덤을 수용한 것인데 무덤의 구조와 함께 무덤에서 출토된 중국이나 일본의 유물들은 당시 백제 사회의 국제성을 엿볼 수 있게 한다. 화장묘는 화장한 유골을 담은 작은 골호를 땅에 묻은 것으로서 부여지역에서 집중적으로 확인되었는데 7세기 전반에 불교의 영향을 받아 나타난 것이다.





## 3. 신라의 고분문화

신라는 경주를 중심으로 발전하면서 경주 분지 일대에 거대한 고분들을 많이 축조하였다. 신라의 고분은 시기적인 차이와 함께 도읍지인 경주 일대와 그 주변지역이 적지 않은 차이를 보여주는데, 경주 일대에서는 적석목곽묘(積石木槨墓)가 중심을 이루고 있으며 주변지역에서는 석곽묘와 석실묘들이 많이 확인되고 있다.

전형적인 적석목곽묘는 신라가 본격적으로 성장하기 시작한 4세기 이후부터 조영되기 시작하여 6세기 중엽경까지 경주 분지에서 성행하였다. 그 이후에는 석실묘로 교체되었는데 석실묘는 적석목곽묘와는 달리 경주 분지 외곽의 산기슭에 축조되었다.

적석목곽묘는 묘광을 파고 목곽을 짠 후 그 위에 냇돌을 쌓고 다시 흙을 덮어 거대한 봉분을 만든 것이다. 봉분은 원형이 기본이며 가장자리에는 1단이나 여러 단의 호석(護石)을 돌리기도 하였다.

황남대총 전경

적석목곽묘는 단장묘와 다장묘로 나눌 수 있으며 묘곽은 단곽식과 주부곽식(主副槨式)으로 세분된다. 초기에는 지하에 묘광을 파서 목곽을 설치하고 주곽과 부곽을 안치하는 주부곽식이 축조되었으며 주곽의 머리와 발치에도 유물이 부장되었다. 점차 묘곽이 지상화되고 부곽이 축소되면서 단곽식으로 바뀌어 나간다. 전기의 적석목곽묘로는 황남동 109호분 3·4곽이 대표적이며 중기와 후기의 것으로는 각각 천마총과 호우총이 대표적인 예이다.

황남대총 북분 출토 금관

적석목곽묘는 그 구조상 내부 추가장이 불가능하기 때문에 추가장이 필요할 경우에는 규모가 비슷한 적석목곽묘를 덧붙여서 표형묘(瓢形墓)로 만들 수밖에 없었다. 기존의 봉분 옆을 파내고 추가장을 하는 경우도 있지만 작은 묘곽을 덧붙이는 경우에 한한다. 표형묘들은 부부합장묘로 알려져 있는데 황남대총이 대표적이다.

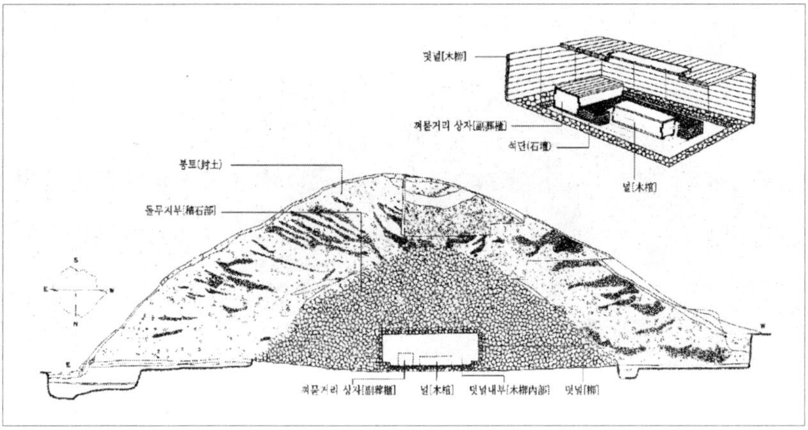


적석목관묘 내부 구조





황남대총은 신라에서 가장 규모가 큰 적석목곽묘로서 남분이 먼저 축조되고 북분이 나중에 축조되었음이 밝혀졌는데 남분은 주부곽식이며 북분은 단곽식이다. 남분에서는 금동관과 금제허리띠, 은관, 금제관식, 금은용기, 칠기, 유리용기, 금장식환두대도, 마구, 철기, 토기 등 3만여 점에 이르는 유물이 출토되었다. 북분에서는 금관을 비롯하여 금제허리띠, 귀금속제 용기 등이 출토되었다. 남분의 피장자는 수습된 유골의 분석 결과 60세 전후의 남자로 밝혀졌으며, 북분의 피장자는 '부인대(夫人帶)'라는 명문이 새겨진 은제허리띠가 출토되어 남분 피장자의 부인으로 추정되고 있다.

황남대총은 신라 적석목곽묘 편년의 기준이 되는 중요한 무덤이지만 그 연대에 대해서는 여러 가지 견해가 제시되고 있다. 남분과 북분을 각각 4세기 중엽경과 4세기말~5세기초경으로 보는 견해가 있는 한편 각각 5세기중후반과 6세기초로 보는 견해도 있으며, 남분의 피장자를 내물왕이나 눌지왕으로 비정하기도 한다.

신라의 고분에서는 화려한 금관이 많이 출토되었다. 황남대총 북분을 비롯하여 금관총, 서봉총, 금령총, 천마총 등지에서 지금까지 6점이 출토되었는데 5세기후반에서 6세기전반에 걸쳐 제작된 것으로 추정되고 있다. 금관은 앞부분은 나뭇가지 형태로, 뒷부분은 사슴뿔 형태로 장식한 것으로서 고구려나 백제의 경우와는 뚜렷이 구분된다.

신라의 고분에서는 많은 금제 유물 뿐만 아니라 호우(壺杅) 명문이 새겨진 고구려의 청동합을 비롯하여 유리용기, 장식보검 등 서역계통의 유물들이 많이 출토되어 신라의 국제적인 교류관계를 엿볼 수 있다.

적석목곽묘는 신라의 최고 지배층이 남긴 무덤이지만 그 기원은 확실하게 밝혀지지 못하고 있다. 구조적으로 시베리아의 스키타이 적석묘와 유사한 점에서 신라의 지배세력이 북방으로부터 이주해 온 것으로 해석하기도 하고, 기존의 목곽묘에 고구려 적석묘가 영향을 끼쳐 적석이 부가되어 만들어진 것으로 보기도 한다.

적석목곽묘의 기원은 신라 지배세력의 출자와도 관련된 중요한 문제인데, 근래에는 3~4세기대의 목곽묘에서 묘광과 목곽 사이를 돌로 채운 무덤들이 확인됨에 따라 기존의 목곽묘에 돌을 쌓아 봉분이 만들어지는 변화과정을 거쳐 발전한 것으로 보는 견해도 제기되고 있다.

경주지역에서는 6세기초·중엽에 횡혈식 석실묘가 나타나는데 구조적인 면에서 기존의 적석목곽묘와 연결되지 않아 고구려 석실묘의 영향을 받아 축조된 것으로 보고 있지만 침향을 비롯한 기본적인 장법에 있어서는 고구려 석실묘와 다소 차이를 보인다. 보문리와 동천리 등 경주 외곽지역에 축조되었다.

경주와 그 인접지역을 제외한 대구, 경산, 성주, 창녕 등지에서는 가야지역과 같이 목곽묘 단계를 거쳐 5세기 전반경부터 수혈식 석곽묘가 축조되었다. 낙동강 이동지역의 석곽묘는 부곽을 가지고 있으며 대개 2개의 석곽을 나란히 배치하고 있다. 5세기후반~6세기전반에는 횡구식 석실묘가 축조되었는데 횡혈식 석실묘와는 달리 연도가 없으며 낙동강 중류지역에서 지배계층의 무덤으로 나타나고 있다. 횡구식 석실묘는 점차 동남쪽으로 확산되며 6세기 전반경에는 경주 일대에서도 채용되었다.

## 4. 가야의 고분문화

가야는 다른 국가들과는 달리 여러 세력으로 나누어져 있었으며 고분에도 그러한 특성이 잘 드러나고 있다. 가야의 고분은 신라 고분과 구별되는 나름대로의 특징을 가지고 있지만 지역에 따라 적지 않은 차이를 보여준다. 김해를 중심으로 하는 금관가야, 고령을 중심으로 하는 대가야, 함안을 중심으로 하는 아라가야, 고성을 중심으로 하는 소가야 등이 대표적인 예이다. 시기적으로는 3세기후반부터 5세기 전반에 해당하는 금관가야를 중심으로 하는 전기 가야, 5세기후반부터 562년까지 대가야를 중심으로 하는 후기가야로 구분된다.

고령 지산동고분군 전경

가야 고분은 평지에 입지하기도 하지만 비교적 높은 구릉의 정상부를 따라 군집을 이루고 있는데 이러한 특징은 고령 지산동 고분군에서 잘 드러나고 있다. 지산동의 고분들은 거대한 원형 봉분을 가지고 있으며 매장시설은 지하에 위치하고 있다. 목곽묘, 수혈식석곽묘, 횡혈식석실묘 등이 시기적인 차이를 두고 조영되며 수혈식석곽묘가 다수를 점하고 있다.

고령 지산동 32호분

목곽묘는 진·변한지역에 널리 퍼져있던 목관묘에서 발전한 것으로서 김해 양동리 162호분은 규모와 부장유물에 있어 기존의 목관묘와는 크게 다른 것이다. 묘광은 길이가 500㎝, 너비가 350㎝에 달하며 유물은 한경(漢鏡)이나 동복(銅鍑), 말재갈, 판상철부 등이 출토되었다. 목곽묘는 묘광이 점차 장방형으로 변하면서 깊어지고 김해 대성동 39호분처럼 부곽을 갖기도 한다.

5세기 이후가 되면 김해지역을 제외하고는 점차 수혈식석곽묘로 바뀌게 된다. 석곽묘는 할석이나 자연석을 이용하여 네벽을 축조하였는데 초기 석곽묘의 내부에서는 목곽의 흔적이 나타나고 있어서 목곽묘에서 변화, 발전된 것으로 보고 있다.

석곽묘는 경주와 그 인근 지역을 제외한 신라지역에서도 확인되는데 가야의 석곽묘는 신라지역과 달리 부곽이 따로 만들어지지 않은 것이 많다. 또한 장폭비가 5:1 내외의 세장한 석곽묘가 유행하였는데 지역에 따라 약간씩 차이를 보여주고 있다.

하나의 봉분 안에 하나의 석곽만이 축조되는 것은 주로 함안지역에 분포하는데 순장이 이루어질 경우에는 동일 석곽에서 이루어지고 있다. 호석을 두른 봉분의 중앙에 중심 석곽이 있고 그 주변에 순장용 소형 석곽들이 배치되는 것은 고령과 합천을 중심으로 하는 대가야지역에 분포하고 있다. 하나의 봉분에 하나의 중심 석곽과 1~3기의 주변 석곽이 결합되는 것은 고성지역에 분포하는데 이 지역의 석곽은 지상의 분구중에 위치하는 특징이 있다.

6세기 중엽경에는 백제지역으로부터 횡혈식 석실묘가 유입되면서 기존의 수혈식 석곽묘가 횡구식 석실묘로 변화되기도 하였다. 횡구식 석실묘는 진주 수정봉 2·3호분과 같이 세장방형의 수혈식 석실에 형식적인 연도를 채용한 것이다. 횡혈식 석실묘 중에는 고령 고아동 벽화고분과 같이 백제에서만 볼 수 있었던 장방형 평면에 터널형 천정을 가진 것도 있다. 가야의 횡구식 석실이나 횡혈식 석실은 대형묘에서 먼저 나타나며 6세기 후반이 되면 중형묘에, 최말

전 고령 출토 금관

기에는 소형묘에도 나타난다.

전기 가야의 중심지인 김해 지역의 금관가야에서는 목곽묘가 주류를 이루었다. 김해 양동리와 대성동 고분군이 대표적인데 중심고분군은 김해 양동리고분군에서 대성동고분군으로 바뀌어 나갔다.

3세기 후반으로 편년되는 대성동 29호분의 경우 묘광의 규모가 길이 960㎝, 너비 560㎝에 이르고 순장이 이루어지며 다양한 유물이 부장되었다. 4세기가 되면 주부곽이 일렬로 배치되기 시작하여 5세기초까지 이어지고 있다. 이러한 목곽묘는 대성동고분군 뿐만 아니라 부산 복천동고분군 등지에서도 확인된다. 특히 파형동기(巴形銅器), 벽옥제품 등 외래 유물도 많이 발견되는 점에서 금관가야는 낙동강 하구라는 입지조건을 이용하여 중국, 일본과의 교역을 주도하는 한편 동복과 같은 북방계문물도 수용하면서 발전해 나간 것으로 추정되고 있다.

함안지역을 중심으로 하는 아라가야에서는 말이산의 도항리・말산리고분군에 수장층의 무덤들이 축조되었다. 이곳에는 100여 기의 고분이 분포하는데 직경 20m 내외의 봉분을 가진 수혈식 석곽묘가 다수를 점하고 있다. 가장 큰 고분인 4호분은 이 지역의 특징적인 단곽묘이며 부장유물은 적은 편이다. 5~6세기대 다른 가야지역과는 달리 함안지역의 고분에서는 관모류가 출토되지 않고 위세품도 많지 않은 특징을 보여준다.

후기 가야의 중심지인 고령지역의 대가야에서는 지산동고분군에 수혈식 석곽을 가진 거대한 원형 고분들이 축조되었다. 5세기가 되면 지산동 32호분이나 34호분처럼 봉분에 호석을 두르고 중심 석곽 주변에 1기의 순장용 석곽을 배치한 고분이 축조되었다. 이러한 고분은 합천, 거창, 함양, 남원 등으로 확산되어 대가야의 영역 확장을 보여주는 자료가 되고 있다.

합천 출토 '대왕' 명문 토기

5세기 중엽경에는 지산동 30호분처럼 주부곽으로 이루어진 석곽과 함께 여러기의 순장곽이 배치되다가 5세기 후엽경에는 주곽 외에 부곽 2기, 순장곽 32기에 달하는 지산동 44호분이 축조되기도 하였다. 이 고분에서는 금동관과 함께 철제 갑옷과 투구, 무기, 토기 등이 출도되었는데 금동관은 지산동 32호분에서도 출토된 바 있다.

대가야지역에서는 금관이 출토된 사례도 있는데 전 고령 출토품이 이에 해당된다. 이러한 유물로 보아 대가야의 통치자는 금관을 쓰고 합천에서 발견된 토기에 새겨진 바와 같이 '대왕(大王)'이라고 칭하면서 절대적인 권력을 행사하였던 것으로 추정된다.

합천 옥전고분군의 경우 5세기 후반경의 M1호분과 M2호분, M6호분에서는 신라계 유물이 많이 보이지만 5세기말경으로 추정되는 M3호분에서는 대가야의 유물이나 대가야를 경유한 백제계 유물이 많이 출토되었다.

6세기 이후에는 대가야지역에서도 횡혈식 석실묘가 축조되었는데 고령 고아동 벽화고분이 대표적이다. 이 무덤은 가야의 유일한 벽화고분이고 금동제 마구가 출토되었다고 전해지고 있어 6세기 전반경 대가야 수장층의 무덤으로 추정되고 있다.

가야 지역의 석실묘는 신라의 석실묘와는 달리 백제 석실묘와 구조적으로 유사한 점에서 백제의 영향을 받아 축조되었던 것으로 추정된다.

## 참고문헌


강현숙, 「고구려 고분」『고구려고고학의 제문제』, 한국고고학회, 2003.

김세기, 「묘제로 본 가야사회」『가야고고학의 조명』, 혜안, 2003.

김원룡, 『한국고고학개설』, 일지사, 1986.

박천수, 「고고학 자료를 통해 본 대가야」『고고학을 통해 본 가야』, 한국고고학회, 1999.

이남석, 『백제의 고분문화』, 서경, 2002.

이성주, 「신라식 목곽묘의 전개와 의의」『신라고고학의 제문제』, 한국고고학회, 1996.

이희준, 『4-5세기 신라의 고고학적 연구』, 서울대학교박사학위논문, 1998.

임영진, 「백제 한성기 묘제의 다양성과 그 의미」『고고학』 4-1, 서울경기고고학회, 2005.

조영현, 「영남지방 횡구식고분의 연구(Ⅰ)-유형분류와 전개를 중심으로-」『가야고분의 편년연구Ⅱ-묘제』, 영남고고학회, 1994.

최병현, 『신라고분연구』, 일지사, 1992.






## 사진자료


국립김해박물관 · 부산광역시립박물관복천분관, 『고고학이 찾은 선사와 가야』 특별전 도록, 2000.

국립공주박물관, 『국립공주박물관』 도록, 2004.

국립경주박물관, 『신라황금』 특별전 도록, 2001.

국립문화재연구소, 『한국고고학사전』, 2001.

서울대학교박물관, 『고구려-한강유역의 고구려 요새』 특별전 도록, 2000.

# Ⅳ. 불교사

한국을 대표하는 문화는 불교와 유교이다. 불교와 유교는 삼국시대 수용되어 지금까지 한국문화의 근간이 되어왔다. 여기서는 한국역사의 전체적인 흐름 속에 불교가 담당했던 역할을 중심으로 살펴보고자 한다.



## 1. 불교의 수용

한국에 불교가 들어온 것은 삼국시대이다. 고구려는 소수림왕 2년(372), 백제는 침류왕 즉위년(384), 신라는 법흥왕 14년(527), 일본은 538년(또는 552) 불교를 받아들였다. 삼국이 불교를 받아들인 국내외적 배경은 남달랐다. 고구려 소수림왕 2년(372)은 소수림왕의 아버지 고국원왕이 전사한 이듬해로 고구려와 백제가 치열한 다툼을 벌이던 시기였다. 신라가 불교를 공인한

**조경철** | 한국학중앙연구원 동북아고대사연구소 전임연구원, 한신대학교 학술원 전임연구원. 논저로 『삼국유사 기이편의 연구』(공저), 『고대로부터의통신』(공저), 『중국화엄사상사』(공역), 「백제 성왕대 대통사 창건의 사상적 배경」, 「백제 사택지적비에 나타난 불교신앙」 등이 있다.

법흥왕 14년(527)은 중국 남조 양나라 무제가 동태사에 사신(捨身)한 해로 천자인 중국 황제가 일개 승려가 되었던 획기적인 시기였다. 고구려와 백제가 불교를 수용한 4세기 후반은 4세기 전반 낙랑·대방의 멸망이라는 한반도 정세의 전환기를 겪은 시기였고, 신라와 일본이 불교를 수용한 6세기는 동북아시아의 각 나라가 불교의 치국책을 적극적으로 펼친 시기였다. 이후 삼국은 중국과 일본을 포함한 하나의 틀 속에서 공동의 문화를 엮어가게 되었다.

불교는 인도에서 발생하여 중국을 거쳐 한국에 들어온 외래종교이다. 외래종교가 처음 들어올 때 기존의 고유신앙과 마찰이 불가피했다. 삼국도 예외가 아니었다. 신라는 527년(법흥왕 14) 불교를 공인하기 전, 궁궐 내전(內殿)에서 불교 의례를 담당했던 분수승(焚修僧)이 천문이나 기상현상을 담당했던 일종의 샤먼인 일관(日官)에 의해 죽임을 당하기도 하였다.

법흥왕은 백성을 위하여 복(福)을 닦고 죄(罪)를 멸(滅)할 절[흥륜사]을 창건하고자 하였고, 몸소 절에 들어가 승려가 되는 사신(捨身)을 행하여 이를 실천하고자 하였다. 법흥왕과 뜻을 같이 한 근신(近臣) 이차돈은 '바른 도가 행해진다면 죽어도 여한이 없다'라면서 천경림에 흥륜사를 지었다. 귀족들은 왕이 잠시 동안이나 왕위를 버리고 승려가 된다는 것도 인정할 수 없었지만, 흥륜사가 지어지는 천경림은 예전의 고유신앙이 행해지던 성소였으므로 반대가 더 심하였다. 흥륜사 창건을 고유신앙에 대한 정면도전으로 생각한 것이었다.

예상대로 흥륜사 창건은 귀족의 강력한 반대에 부딪쳐 이차돈은 이에 대한 책임을 지고 죽음을 맞게 된다. 이차돈의 목을 베자 잘린 곳에서 피가 솟구쳤는데 그 색이 우유빛처럼 희었다고 한다. 이차돈의 순교는 법흥왕의 왕권이 미약하여 일어난 사건이었지만, 이것이 왕권을 재확립할 수 있는 계기가 되기도 하였다. 다른 한편 불교 입장에서는 천경림이 오래 전부터 부처가 머물렀던 성지라는 설을 유포시켜 고유신앙을 무마시키기도 하였다.

신라의 불교수용은 분수승의 죽음, 법흥왕의 사신, 이차돈의 순교, 흥륜사 창건 등을 통해 그 시말과 갈등관계를 잘 알 수 있지만, 고구려나 백제의 경우는 불교수용에 고유신앙이나 기존 귀족세력과의 갈등이 드러나 있지 않다. 고구려는 소수림왕대 불교를 받아들인 후, 광개토왕대 영락 연호를 쓰고 평양에 9사를 창건하는 등 불교 홍포에 박차를 가하였다. 백제는 침류왕대 불교를 받아들인 후, 아신왕은 즉위하자마자 "불법을 믿어 복을 구하라"는 교서를 내려 침류왕의 뜻을 이어받아 홍불의 의지를 다져나갔다. 백제의 불교 수용과정에서는 해씨(解氏)의 역할이 두드러졌는데, 일본의 불교수용에 적극적이었던 소아씨(蘇我氏)와 비할 수 있다.

이차돈 순교비. 머리는 땅에 떨어지고 흰 피가 솟고 있다.



## 2. 삼국시대: 법화신앙과 미륵신앙

불교는 석가의 가르침을 따르는 종교이다. 석가를 믿는 대표적인 신앙이 법화신앙이다. 석가는 역사상 실존한 인물이기에, 그의 죽음은 사람들에게 절망을 주었다. 그래서 석가가 미래에 다시 하생한다는 믿음이 생겼고, 미래불인 미륵을 기다리는 미륵신앙이 유행하게 되었다. 삼국시대에 들어온 대표적인 신앙도 법화와 미륵신앙이었다.

불교는 출세간의 종교이므로 세간의 군주인 왕과는 직접적인 관련이 없다고 생각하기 쉽다. 그러나 불교에는 이상적인 군주상인 전륜성왕이 있다. 만약 석가가 출가하지 않고 왕위를 이어받았다면 전륜성왕이 되었을 것이다. 석가와 전륜성왕과 미륵은 비록 셋으로 나뉘지만 전륜성왕과 미륵은 석가의 또 다른 분신이므로 결코 다른 것이 아니다. 미륵이 하생하여 중생을 제도할 때, 그 중생을 다스리는 왕은 전륜성왕이어야 한다는 교설도 미륵과 전륜성왕의 밀접한 관계를 설명해 주고 있다.

백제의 법화신앙에는 전륜성왕과 석가불신앙과 미륵신앙이 잘 드러나 있다. 『법화경』에 의하면 전륜성왕이 손자인 석가모니와 함께 아들 대통불을 예경드린다는 내용이 있다. 웅진(공주)의 대통사는, 전륜성왕－대통불－석가로 이어지는 『법화경』 석가의 계보를 백제의 왕실에 실현시킬 목적으로, 성왕이 아들 위덕왕을 위해 지은 절이었다. 그리고 돌아간 아버지 무령왕의 명복을 비는 절이기도 했다. 사비시기 활약한 사택지적의 지적(智積)도 『법화경』 대통불의 아들인 지적보살에서 그 이름을 따왔다.





익산의 미륵사에는 미륵신앙이 잘 구현되어 있다. 3탑 3금당의 가람배치는 미륵이 세 번의 설법을 통해 중생을 구제한다는 뜻이다. 또한 갈등을 해소하고 다양한 계층을 융섭(融攝)하는 회삼귀일(會三歸一)의 법화사상도 녹아있다. 미륵사 뒤편의 용화산은 미륵이 중생제도를 위해 하생하는 산이기도 하다. 백제의 무왕은 미륵이 중생을 제도할 때 그 중생의 나라를 다스리는 전륜성왕으로 자처하였다.

공주 대통사지 당간지주

신라는 화랑을 미륵의 화신으로 보았고, 신라의 왕은 화랑을 후견해 주는 전륜성왕이었다. 불교수용 과정에서 나타난 왕과 귀족의 갈등을 무마시키는 데, 전륜성왕과 미륵신앙이 한 몫을 담당하였다.

불교는 포용력이 강하여 유교나 도교를 배척하지 않는다. 5세기 고구려 덕흥리 고분벽화에는 불교신자인 유주자사나 진(鎭)의 장례에 공자가 좋은 날을 잡아준다는 내용의 묵서명이 쓰여있다. 유교나 도교의 입장에서 폐불은 있었지만 그 반대는 없었다. 삼국 말 고구려・백제・신라는 불교・유교・도교에 다른 입장을 갖고 있었다. 고구려는 도교를 진흥시키기 위해 불교를 배척했고, 백제는 유불의 갈등을 극복하지 못했고, 신라는 유불의 조화를 이루었다. 신라에서 유불의 조화가 가능했던 것은 불교대중화운동이 활발했기 때문이다.

## 3. 통일신라: 불교대중화, 아미타신앙과 화엄, 원효와 의상

삼국시대에는 법화신앙과 미륵신앙이 성행하였고 뒤이어 불교대중화운동이 일어났다. 삼국의 불교가 왕실과 귀족중심이었지만, 삼국 말기에 이르면 불교가 일반 백성들에게도 널리 퍼져나갔다. 계율도 출가자 중심에서 재가자 위주로 변하여 재가 신자가 지켜야 할 보살계가 중시되었다. 불교대중화는 불교교학의 진전과 관련이 있다. 가장 비천한 일천제에게도 불성이 있다는 '일체중생 실유불성'의 불성론이 대두되었고, 이는 『열반경』의 관심으로 나타났다.

삼국 말 『열반경』의 태도는 달랐다. 고구려는 연개소문이 도교를 진흥시키고 불교를 탄압했다. 이에 반대하여 『열반경』 강설에 뛰어난 보덕이 백제로 망명하였다. 신라의 원효와 의상은 보덕에게 『열반경』을 배우러 갔다. 보덕이 정착한 곳은 백제의 서울인 사비가 아니라 전주 변방이었다. 『열반경』의 이해는 고구려와 백제가 높았지만, 열의는 신라가 더했다.

보덕의 망명과 함께 고구려의 불교대중화운동도 한풀 꺾이게 되었다. 백제는 불교대중화의 대표자인 거사 대좌평 사택지적이 낙향하게 되어 불교대중화운동을 이어가지 못했다. 불성론에 근거한 불교대중화는 삼국 전쟁기 일반 백성들의 사회·경제적 처지를 정신적으로 뒷받침시켜 주었다. 삼국 전쟁기를 전후하여 불교대중화운동을 이끈 대표적인 사상가가 원효와 의상이었다.

법화신앙과 열반신앙에 뒤이어 아미타신앙과 화엄이 급속히 보급되었다. 아미타신앙은 죽은 후 서방극락에서 아미타불의 인도를 받는다는 신앙으로 삼국 전쟁기에 죽은 영혼을 위로한다는 분위기와 함께 일반 백성들의 호응을 받았다. 화엄은 "꽃으로 붓다의 세계를 장엄한다"로 풀이할 수 있으며, 들판에 피어 있는 한 포기 잡초라도 전체와 어울려 조화로운 세계를 이룬다는 의미이다. 화엄은 하나가 전체이고 전체가 하나인 세계이다. 일즉다 다즉일이다. 화엄은 불교교리상 가장 높은 차원의 불교이론이라고 할 수 있다.

가장 이론적인 화엄사상은 가장 실천적인 아미미타신앙과 결합하여 신라의

화엄과 아미타신앙의 융합을 보여주는 영주 부석사

독특한 불교를 만들어냈다. 원효는 『화엄경』의 "일체무애인은 생사를 벗어난다"라는 문구에서 무애를 자신의 이름으로 삼고, 나무아미타불이라 외치며 춤추고 노래하며 돌아다녔다. 의상은 부석사를 화엄도량으로 창건하면서 주 전각을 무량수전으로 하고 아미타불을 주존으로 모셨다. 아미타가 제도할 9품 중생을 부석사의 가람배치로 형상화하였다. 부석사는 3개의 대석단을 구축하여 수직상승하여 세운 산지가람으로, 각단을 세분하면 9개의 구획으로 나눌 수 있다. 이렇듯 부석사는 화엄에 아미타신앙을 융합시킨 절이었다.

부처가 진리를 설할 때 땅에서 솟아나왔다고 하는 불국사 다보탑

신라를 대표하는 불국사와 석불사에도 삼국을 거쳐 통일신라에까지 이른 불교신앙이 한 곳에 응축되어 있다. 불국사는 다보탑·석가탑을 중심으로 한 법화신앙과 안양루·극락전을 중심으로 한 미타신앙이 융합되어 있고, 석불사는 깨달음의 진리의 세계를 상징하는 화엄의 세계이다. 불국사와 석불사는 고대 불교의 대표적인 불교신앙인 법화·미타·화엄이 한 곳에 어우러져 펼쳐진 고대 한국인이 바란 불국토의 세계였다.

## 4. 신라 말 고려 초: 선종 9산과 남북악의 통합

불교신앙과 불교교학이 한 곳에 모인 불국사와 석불사는 신라 중대 마지막 왕인 경덕왕과 혜공왕대 완성되었다. 신라의 정치사도 중대에서 하대로 바뀌는 때였다. 꼭대기에 이르면 내려와야 하듯이, 불교도 새로운 전환점을 맞이하였다. 하산이 아니라 새로운 봉우리를 찾아야 했다. 그것이 선종이었다. 경전을 공부하면서 깨달음을 얻는 교종과 달리, 선종은 참선과 묵상을 통해서 깨달음을 얻는 것이다. 대표적인 모토로 문자를 세우지 않는다는 불립문자(不立文字), 사람의 마음을 본다는 직지인심(直指人心), 자신의 본성을 보고 부처를 이룬다는 견성성불(見性成佛)을 든다.

신라 하대에 이르러 신라 사회는 중앙에서는 골품제가 붕괴되고 귀족 간의 권력투쟁이 격화되고, 지방에서는 신흥 호족세력이 등장하였다. 선종은 이 호족세력들의 보호를 받으면서 경주를 벗어나 지방을 중심으로 퍼져나갔다. 처음 선종이 들어 올 때는 교종의 반대가 심하였다. 중국 선종의 초조로 불리는 6조 혜능의 법맥을 이은 마조 도일의 수제자 서당 지장에게 배운 도의가 신라에 들어 와 선종을 폈을 때 사람들은 그의 말을 허탄(虛誕)한 마설(魔說)이라고 배척하였다. 도의는 견디지 못하고 강원도 설악산 진전사로 은거하여 때를 기다릴 수밖에 없었다. 도의의 손제자인 체징은 전남 장흥 가지산에 보림사를 창건하고 도의의 선풍(禪風)을 크게 드날리며 가지산문을 열었다. 가신산문을 필두로 고려 초까지 9산문 등이 그 뒤를 이어 나갔다.

설악산 진전사지 부도. 신라에 선종을 처음 전한 도의국사의 부도탑

부처님의 가르침이 마음 속에 있으면 선이요, 밖으로 나오면 교이듯 선과 교는 칼로 무 베듯 할 수는 없는 것이다. 신라의 선종 승려들도

공부하는 과정에서 대부분 화엄을 배웠다. 신라는 화엄의 선(禪)의 전통—이를 화엄선(華嚴禪)으로 부를 수도 있겠다—을 이어받아 선종이란 새로운 봉우리를 찾은 것이다. 또한 선종이 지방 호족을 중심으로 퍼져나갔지만 왕실과 등을 진 것은 아니었다.

선종이 교종 즉 화엄에서 출발하였고, 선종을 후원한 지방의 호족세력이 다시 중앙 귀족화하였기 때문에 선과 교에 대한 재정리를 할 필요성이 제기되었다. 선교의 통합 문제는 사회의 통합과 맞물려 고려 불교계의 커다란 숙제로 남겨졌다. 선교 통합의 노력은 균여와 의천과 지눌에 의해서 행해졌다. 균여는 선교통합에 앞서 먼저 화엄을 통합하고자 하였다. 후삼국기 화엄은 왕건과 견훤을 따로 지지하는 북악과 남악으로 분열되어 있었다. 북악과 남악에는 여러 논의가 있지만 의상과 언기, 의싱과 빕장의 내립으로 보고 있다. 균여는 북악 의상계의 입장에서 화엄을 통합하였다. 그러나 선교의 통합은 대각국사 의천에게 넘겨지게 되었다.



## 5. 고려: 선교통합, 의천과 지눌

균여에 의해서 화엄의 남북악이 통합되어 교종은 안정이 되었다. 선종은 나말여초에 9산문을 형성했다가 의천에 이르러 천태종에 상당부분 흡수되었다. 선종 승려 10명 중에 6~7명이 천태종에 참여했다. 의천은 의상을 이은 균여와 달리 원효의 화쟁사상에 주목하여 교선(敎禪)통합을 주장했다. 교인 화엄의 입장에서 선인 선종을 흡수한 천태종을 개창하여 교선통합을 이루었다. 천태종은 『법화경』을 소의경전으로 하며, 회삼귀일(會三歸一)을 중심사상으로 한다. 고려 태조의 후삼국통일 과정에서는 회삼귀일이 삼한통일(三韓統一)로 실현되기도 하였다. 의천이 회삼귀일의 천태학에 다시 관심을 기울인 이유는 고려 중기 3대 종파의 통합과도 관련이 있다. 당시 불교계는 왕실의 후원을 받는 화엄종, 외척・문벌의 출가자가 중심이 된 유가종이 가장 성했고, 선종은 침체하여 하급관인이나 토호가 기반이 되고 있었다. 이와 같이 사회계층을 달리한 각 종파의 기반은 고려 귀족사회의 갈등을 초래할 가능성이 농후했다. 의천의 천태종 개창은 사회갈등을 무마하기 위한 종교적 치유책이었다고 볼 수 있다.

그러나 사회변혁의 뒷받침이 없는 선교통합은 이론적으로 가능할지 몰라도 정착하기는 어려웠다. 사실 의천의 천태종 개창에는 교선의 자발적 참여보다는 그가 왕자(王子)라는 속세의 권력이 작용했다고도 볼 수 있다. 또한 선종의 참여도 그리 우호적인 것도 아니었다. 원응국사 학일(學一)은 의천의 천태종 개창을 거부하고 나름대로 선종의 통합을 꾀하기도 하였다.

균여에 의한 화엄의 통합, 의천에 의한 화엄과 선의 통합이 천태종으로 이루어졌지만, 선에 의한 선교의 통합은 지눌을 기다려야만 했다. 지눌은 마음에 맞는 도반을 모아 공산(公山) 거조사(居祖寺)에서 결사(結社)를 결성하고 정혜결사문(定慧結社文)을 발표하여 정혜쌍수(定慧雙修)라는 새로운 불교운동을 일으켰다. 이후 조계산 수선사(修禪社)로 자리를 옮겨 운동을 확산시켜 나갔다. 정혜(定慧)는 선성과 시혜로 선과 교를 의미한다. 정혜쌍수는 선과 교의 깨달음이 따로 있는 것이 아니고, 선과 교를 같이 닦아야만 진정한 깨달음에 이를 수 있다는 것이다.

그런데 지눌사상의 핵심은 진정한 깨달음을 얻은 다음에도 수행을 멈추지 말아야 한다는 돈오점수(頓悟漸修)에 있다. 정혜쌍수에 의해 깨달음을 얻지만, 그 깨달음은 점점 깨닫는 점오(漸悟)가 아니고 단박에 깨닫는 돈오(頓悟)이다. 이 점에서 지눌의 선교통합은 교보다 선을 중시했음을 알 수 있다. 깨달은 다음에 또 무엇을 닦을 것인가 하는 의문이 들겠지만, 깨달은 뒤에 닦을 것은, 깨달은 나를 둘러싼 중생의 깨달음이며, 이는 사회변혁과 밀접한 관계가 있다. 의천의 천태종 개창이 사회변혁과 유리된 반면 지눌의 돈오점수는 사회변혁과 맞물려 진행되었다.

고려 문벌 귀족사회의 모순이 폭발하여 이자겸과 묘청의 난이 촉발되었고, 무신난에 의하여 문벌 귀족사회가 해체되고 무신정권이 들어서게 되었다. 무신란은 고려를 전후기로 구분할 만큼 획기적인 사건이었다. 무신정권에는 정치참여가 노비에 이르기까지 넓어졌다는 긍정적인 면과 정치운영이 가혹했다는 부정적인 측면의 평가가 있을 수 있다. 지눌과 그의 제자 혜심으로 이어지는 수선사의 불교운동은, 귀족중심·개성중심의 불교를 중소토호중심·지방중심으로 전환시켰고, 형식적·의례적인 귀족불교를 신앙적·실천적인 불교로 바꾸어 나갔다.

## 6. 『고려대장경』과 『삼국유사』



지눌의 선교통합의 성과 가운데 하나가 몽고 침략 때 조성된 『고려대장경』이다. 고려의 대장경 조판은 초조대장경, 교장〔속장경〕 등이 있었다. 두 번의 대장경 조판이 모두 교종 중심으로 이루어진 반면, 『고려대장경』은 선종을 중심으로 이루어졌다. 불립문자를 내세우는 선종이 경전 판각을 주도한 것이 언뜻 이해가 되지 않겠지만, 교종의 도움을 받아 완성하였다. 즉, 『고려대장경』은 이전 간행된 국본(國本)과 송

지눌이 정혜결사문을 발표하고 혁신운동을 일으킨 공산 거조사

일연이 삼국유사를 편찬한 군위 인각사





본(宋本)·거란본(契丹本)을 비교교감하였는데, 이를 맡은 이가 화엄종 사찰 개태사의 승통 수기였다. 지눌의 선교통합이 미증유의 국난을 당하여 『고려대장경』의 조판이란 현실적 운동을 통해서 실제효과를 나타낸 것이다.

일연의 『삼국유사』는 김부식의 『삼국사기』와 더불어 한국의 가장 오래 된 역사서이다. 『삼국유사』는 역사서와 불교설화집의 성격을 동시에 갖고 있다. 이 책은 몽고의 간섭하에 민족의 자긍심을 키우기 위해 편찬되었다. 처음으로 단군신화를 수록하여 한국의 역사가 중국과 비교하여 결코 뒤지지 않음을 강조하였다. 불교설화 속에서는 일반 백성들의 신앙사례를 많이 들면서, 그들의 현실적 바람을 드러내고자 하였다.

## 7. 조선: 득통과 서산

선종을 받아들여 교종의 한계를 극복한 한국불교는 고려시대에 꽃을 피웠다. 고려시대는 신라 하대에 받아들인 선종을 선교통합으로 발전시켰다. 지눌에 이르러 돈오점수를 모토로 하는 조계종을 성립시켰다. 고려불교는 『고려대장경』과 『삼국유사』를 통해 이론적인 선교통합을, 실제적 · 현실적인 선교통합까지 이끌어냈다.

그러나 고려 말 불교계는 내외적으로 절박한 위기를 맞게 된다. 외적으로 유교정치이념인 성리학과 맞서야 했다. 고려시대는 유교는 치인(治人), 불교는 수기(修己)라고 하여 역할분담이 이루어졌는데, 고려 말에 이르게 되면 수기도 신유학인 성리학이 맡게 되었다. 불교는 삼국시대 불교가 들어온 후 1000년 동안 원효와 의상, 지눌 등을 통해 새로운 불교운동을 일으키면서 활력을 불어넣었지만 비대해진 사원경제에서 파생되는 부작용을 수습하기에는 역부족이었다. 고려 말 인도의 승려 지공과 그의 제자 나옹을 중심으로 불교계의 혁신운동이 일어났지만, 고려 말 조선 초 전개되는 정치적 상황을 극복하는 데는 한계가 있었다.

무학은 태조 이성계의 스승으로, 기우는 고려불교를 조선불교에 계승시키기 위해 역성혁명에 적극적으로 참여하였다. 무학이 정치적 측면에서 활약했다면, 함허당 득통 기화는 정도전의 『불씨잡변』을 위시한 성리학의 불교 비판에 반론을 제기하였다. 그는 『현정론』에서 유교의 오상(五常)과 불교의 오계(五戒)를 서로 비교하여 유불이 다르지 않음을 강조하고, 나아가 도교까지 포함한 유불선 삼교일치를 주장하였다. 성리학은 자신이 불교와 다르다, 이에 대항하여 불교는 성리학과 다르지 않다는 점을 계속 주장했다. 불교가 자신의 다른 점을 부각시키지 못하고 유교와 같다는 점만을 주장해서는 고려 말 조선 초의 전환기에 승부가 뻔한 주장이었다.

조선왕조실록을 보관한 강화도 정족산사고. 전등사가 수호사찰로서 사고를 관리하였다.





불교가 성리학에 자리를 내주었지만, 아직도 지방에는 사찰이 많이 남아 있어 일반 백성들의 정신적 위안처가 되었다. 유자들은 향교와 서원을 건립하여 지방에 성리학을 널리 보급시키고자 하였다. 최초의 사액서원인 소수서원(紹修書院)이 예전 절터인 숙수사(宿水寺)에 세워진 것은, 불교가 성리학으로 대체되었음을 상징적으로 보여 준 사건이었다.

조선시대 침체기에 빠진 불교계가 다시 일어설 수 있었던 계기는 임진왜란이었다. 서산과 유정이 이끈 승병의 활약은 불교와 승려의 인식을 일부 바꾸어 놓았다. 왜란으로 평지의 사고지가 불타자, 실록을 보관하는 사고지가 산속으로 옮겨갔고, 수호사찰이 사고를 지키는 것으로 실록 보관의 방법이 바뀌기도 하였다. 전혀 힘을 쓰지 못할 것 같은 불교계가 왜란에 유기적으로 대응할 수 있었던 것은 문정왕후와 보우가 전격적으로 실시한 승과에 힘입은 바 크다. 승과는 곧 폐지되었지만, 이 때 승과에 합격한 서산 등의 승려들은 서로 관계를 유지하며 불교부흥의 의지를 다졌고, 그 효과가 임란에 승병으로 나타났다고 볼 수 있다.

임진왜란 이후 조선은 성리학적 예제 질서를 기층민들에게까지 적용시키기 위하여 『주자가례』를 널리 보급시켰다. 이는 임란으로 이완된 정국 분위기를 반전시키기 위한 목적이었다. 『주자가례』의 보급으로 유교식 상제례(喪祭禮)가 확립되어, 그나마 불교식 상제례(喪祭禮)를 통하여 명맥을 유지해 오던 불교계는 일대 타격을 받을 수 밖에 없었다.

천 년을 넘어 오늘도 우리를 깨달음의 길로 이끌기 위해 생각에 잠겨있는 반가사유상

사상과 종교는 이론과 실천이라는 양 바퀴로 굴러 가는 수레와 같다. 인간은 그 수레를 몬다. 한국의 불교는 이론과 실천이라는 양 바퀴의 수레를 원효나 의상, 지눌이란 운전자를 통해 잘 이끌어 왔다. 한 바퀴가 없으면 쓰러지기 마련이다. 물론 득통이나 서산이 한동안 지탱해 줄 수는 있지만 오래 가지는 못했다. 조선시대에 들어와 이론의 한 바퀴가 떨어져 나갔고, 실천의 한 바퀴도 수복멸죄(修福滅罪)의 구도자적 실천이 아닌 현세구복의 바퀴로 썩어 들어갔다.

현대 우리가 짊어진 한국불교의 과제는 이론과 실천의 양 바퀴를 회복하는 길이다. 원시불교의 근본적인 문제제기에서 이론(理論)을 찾고, 현세구복이 아닌 구도결사(求道結社)에서 실천(實踐)을 찾아야 할 것이다.

## ■ 참고문헌


강인구·김두진·김상현·장충식·황패강, 『역주삼국유사』(1-5), 이회문화사, 2003.

고익진, 『한국고대불교사상사』, 동국대학교출판부, 1989.

곽승훈, 『통일신라시대의 정치변동과 불교』, 국학자료원, 2002.

김두진, 『균여화엄사상연구』(중판), 일조각, 1991.

김복순, 『한국고대불교사연구』, 민족사, 2002.

김상현, 『신라의 사상과 문화』, 일지사, 1999.

김영미, 『신라불교사상사연구』, 민족사, 1994.

김영태, 『한국불교사개설』(삼판), 경서원, 1990.

남동신, 『원효』, 새누리, 1999.

신종원, 『신라초기불교사연구』, 민족사, 1992.

안지원, 『고려의 국가불교의례와 문화』, 서울대학교출판부, 2005.

이기백, 『신라사상사연구』(중판), 일조각, 1987.

이능화 지음/ 이병두 역주, 『조선불교통사-근대편』, 혜안, 2003.

정병삼, 『의상화엄사상연구』, 서울대학교출판부, 1998.

조경철, 『백제불교사의 전개와 정치변동』, 한국학중앙연구원박사논문, 2006.

조범환, 『신라선종연구』, 일조각, 2001.

허흥식, 『고려불교사연구』(중판), 일조각, 1990.

황인규, 『고려말·소선선기 불교계와 고승연구』, 혜안, 2005.

# V. 불교문화재

## 1. 불교문화재란



한국 불교가 1600여 년의 전통을 이어왔다는 사실은, 불교를 믿는 사람들에 의해 실천적 신앙 행위가 줄곧 유지되어 왔음을 의미한다. 신앙 행위는 대체로 사찰이라는 공간에서 이루어지며, 그곳에는 예배의 대상인 불상 등의 조형물이 있게 되고 의식을 집행할 때에는 갖가지 의식구가 사용된다. 이와 같이 불교 신앙과 연관이 있는 여러 가지 유형·무형의 유산 중에서 역사성과 학술적 가치를 지니고 있는 것이 불교문화재이다. 한국 역사에 미친 불교의 영향이 컸던 것만큼, 우리 나라의 문화재 중에서 불교문화재가 차지하는 비중도 대단히 크다.

불교 신앙은 인간과 불보살과의 관계에서 성립되는 것이므로 예배의 대상으로 형상화된 불보살은 무엇보다도 중요시된다. 불보살은 석가불·아미타

**김형우** | 문화재청 문화재 감정관, 인천광역시 문화재위원, 강화역사문화연구소장, 안양대학교 겸임교수. 논저로 『고승 진영』, 「고려시대 연등회 연구」, 「한국불교의례의 성격과 불교문화재의 분류문제」, 「고려후기 국가설행 불교행사의 전개양상」, 「강화 선원사의 역사와 가람 구성」『한국전통사찰총서』(공저) 등이 있다.

불·미륵불 등의 부처와 관음보살·지장보살 등의 보살을 의미한다. 이들 예배의 대상 중에는 입체적으로 조성되어 통상 불상이라고 하는 것과, 그림으로 그려진 불화, 부처의 유골을 봉안한 불탑 등이 있다.

불교에서 예배의 대상이 되는 것에는 불보살인 불보, 부처의 가르침인 법보, 부처의 가르침을 지키고 전하는 성직자인 승보가 있는데, 이를 삼보라고 한다. 법보가 형상화된 것에는 책으로 된 경전과 인쇄를 하기 위해 나무에 새겨진 경판같은 것이 있으며, 승보와 관련된 것으로는 고승의 초상화인 진영(眞影)과 고승의 유골을 안치한 부도 등이 있다.

예배의 대상이 되는 불·법·승의 삼보 가운데, 사찰에 따라서 어느 한 가지가 강조되기도 한다. 우리 나라의 대표적 삼보사찰이 그 예이다. 통도사는 불보사찰로 유명한데, 자장율사가 당나라에서 가져온 석가의 진신사리를 금강계단에 봉안하고 창건하였기 때문이라 한다. 법보사찰인 해인사는 부처의 가르침인 대장경을 중시하는 사찰이다. 그 곳에는 고려시대 강화도에서 몽고의 침입에 항쟁할 당시 조성한 고려대장경의 목판이 봉안되어 있다. 승려들의 수행을 중시하고 많은 고승을 배출한 송광사는 승보사찰로 널리 알려져 있으며, 16조사의 진영을 모신 건물인 국사전이 중요한 자리를 차지하고 있다.

불교 의식을 진행하는 과정에 사용되었던 의식구 중에서 문화재로서의 가치가 있는 것이 많이 있다. 공양을 올리는 데 사용하는 향로나 정병과 같은 헌공구가 있고, 의식 과정에서 소리를 내는 범종 등의 법악구, 의식도량을 장엄하는 장엄구가 있다. 한편 사찰 안에 있는 불당과 요사, 문루 등의 건축물과 그에 부속되는 시설들도 불교문화재에 포함된다.

한편 불교 의식은 불교 신앙이 행위로 표현된 것이다. 문화재로 지정되어 있는 대표적인 불교의식으로는 영산재(靈山齋)가 있다.

## 2. 가람의 형성과 구조

불교의 사원은 가람(伽藍), 사찰(寺刹)이라 부르기도 하고, 순수 우리말로는 절이라고 한다. 가람은 고대 인도어에서 유래된 승가람마(僧伽藍摩)의 줄임말이다. '승가'는 여러 승려를, '람마'는 동산을 의미하여 여러 승려들이 모여 수행을 하는 중원(衆園) 즉, 승원(僧院)이었으니, 후세에 가람이라 줄여 부르게 되었다. 사찰의 '찰(刹)'은 원래 범어로 사원의 영역을 표시하는 깃발 혹은 깃대를 가리킨 것이다.

초기의 가람은 석가모니의 유골인 사리를 안치하던 불탑이 중심적 역할을 하였으며, 불상이 출현한 이후에는 불당(佛堂; 金堂)이 또한 중요한 자리를 차지하였다. 이러한 승원과 불탑, 불당의 가람 배치가 처음부터 정형화된 공간 배치의 체계를 갖고 출발한 것은 아니었다. 하지만 불교가 중국·한국·일본 등으로 전파됨에 따라 지역적 여건과 시대의 흐름에 따라 각각의 형태로 가람 배치가 전개되었다.

가람에 있어서 가장 중요한 시설물은 부처의 사리를 안치한 불탑과 부처의 형상인 불상이다. ≪삼국유사≫에서 사찰의 건립에 관한 사실을 '탑상편'에서 서술하고 있어 이를 말해준다. 탑과 불상을 안치한 불당 즉 금당과의 관계에 의해 1탑3금당식, 1탑1금당식, 2탑1금당식 등의 가람 배치 형식이 있었다.

우리 나라 최초의 가람은 4세기 후반 고구려가 불교를 수용하면서 창건된 초문사와 이불란사이며, 그 뒤를 이어 백제와 신라도 각각 절을 세웠다고 전해오지만, 그 위치와 규모 등은 아직 상세히 밝혀지지 않고 있다.

한반도에서 가장 오래된 절터로 추정되는 고구려시대 평양의 청암리사지는 중앙의 팔각형 목탑을 중심으로 북쪽과 동쪽, 서쪽에 불당을 배치한 1탑3금당식이다. 백제의 절터로는 군수리사지·동남리사지·정림사지·미륵사지 등이 조사되었는데, 대부분 남북방향에 중문·탑·금당·강당을 일직선 위에 배치한 1탑1금당식의 가람배치이다. 이러한 구조는 백제 특유의 양식인데, 이 양식이 일본에 전해져 아스카사(飛鳥寺) 등의 가람 배치에 큰 영향을 미쳤다. 미륵사지는 이 양식이 확대된 3탑3금당의 대규모 가람으로 이루어져 있다. 신라는 1탑 3금당식이 주류를 이루다가 통일 이후에는 탑이 2개로 분화하는 2탑식 가람으로 변화하였다. 이러한 2탑1금당식 가람으로는 사천왕사·감은사·불국사 등이 있다.

통일신라시대에는 화엄종의 사찰과 선종 사찰이 지방의 산지에 많이 세워졌다. 가람 배치는 산간지형의 제약으로 외형적 격식을 지켜지지 못했으니, 부석사·해인사·화엄사와 선종9산의 사찰 등이 그 예이다.

고려시대에는 지리도참설과 비보사상의 영향으로 자연의 형세에 적합한 입지를 선정하고 건물을 배치한 가람의 건립이 주류를 이루게 되지만, 개경 등지에는 이전의 1탑식 혹은 2탑식의 전형적인 가람배치의 형식에 따르는 가람도 세워졌다. 고려시대에 건립된 건물로는 봉정사 극락전, 부석사 무량수전과 조사당, 수덕사 대웅전 등이 오늘에 전해온다.

조선시대에는 왕실의 지원을 받는 몇몇 사찰을 제외하고는 불사의 건립이 위축되었다. 성 안에 있던 사찰들은 대부분 폐쇄되었고 산지의 사찰들만 유지되었다. 조선 후기에 이르러 임진왜란 때 불에 탄 지방의 사찰에 대한 대대적인 보수공사가 이루어졌으니, 오늘에 전하는 대부분의 고찰들은 그 당시에 중건된 것이다. 주불(主佛)이 봉안된 본전 앞에는 마당이 있고, 그 좌우에 승당과 선당이 그리고 본전 앞쪽에는 문루가 자리한 형식이 주류를 이루었다. 불탑은 규모가 축소되거나 아예 두지 않는 곳도 생겨나 그 비중이 크게 약화되었다.

그리고 불상을 봉안하고 예배를 드리는 전각의 수가 많아졌다. 종파불교가 성행하였을 때에는 각각의 소의경전에 따라 한 분의 부처를 봉안했었다.

법화 경전을 위주로 신앙하면 석가불을 모신 대웅전, 정토경전을 신앙하면 아미타불을 모신 극락전(또는 미타전, 무량수전), 화엄경전을 신앙하면 비로사나불을 모신 대적광전(또는 비로전 광명전), 미륵경전을 신앙하면 미륵불을 모신 미륵전(또는 용화전)이 각각 그 종파의 본전이었다.

그러나 조선시대에 들어와서는 종파의 구분이 사라지고 통불교적 성격을 띠게 되면서 여러 부처와 보살을 한 사찰 안의 다른 전각에 각각 모시게 되었던 것이다. 절에 따라서 법화, 정토, 화엄, 미륵, 약사신앙 중에 어느 한 신앙이 강조되기도 하지만 대체로 두세 분의 부처나 보살을 각각 다른 전각에 모신 곳이 대부분이다. 그리고 법보 신앙의 소산으로 대장경을 모신 대장전(大藏殿)이 있고, 승보신앙으로 인한 조사전(祖師殿)도 있다.

금산사 미륵전 (국보 제62호)

여기에다 재래의 토속신과 호법신중을 모신 산신각·칠성각·독성각과 사천왕문, 인왕문 등도 더해져 가람의 구성하는 전각의 수는 더욱 많아졌다. 특히 산신은 재래의 토속신이었는데 불교의 수호신으로 수용되었다가 다시 예배의 대상으로 변화하면서 단독 건물에 봉안되었다.

## 3. 불탑과 불상

### 1) 불탑

불교경전에 전하는 바에 의하면 석가가 입멸한 이후 여덟 나라의 국왕이 석가의 사리를 나누어 각각 자기 나라에 탑을 세웠으며, 이것이 탑의 기원이라고 한다. 그 뒤에는 석가의 사리 뿐 아니라, 석가의 모발, 치아, 기타의 유물 등도 기념하고 예배의 대상으로 삼기 위해 안치하였다. 그러므로 탑은 단순한 무덤이 아니라 예배를 위한 성스러운 구조물이다. 불교의 전파와 함께 각 지역에 탑이 세워졌는데, 지역과 시대에 따라 그 의미와 양식이 매우 다양하게 전개되었다.

인도의 고대 불탑은 돌과 벽돌을 이용하여 큰 그릇을 엎어놓은 형태로 만들어졌다. 그리고 중국에서는 벽돌로 만든 전탑이 성행하였고, 한국에서는 석탑이, 일본에서는 목탑이 각각 발달하여 주류를 이루었다.

중국과 한국, 일본에서는 불교 수용 초기에는 나무로 만든 중층 누각 형태의 목탑이 많이 세워졌다. 한국에서는 고구려시대 평양 청암리 사지에 목탑터가 전해오며, 백제시대의 부여 군수리 사지와 미륵사지 등에도 목탑의 기단이 확인된다. 그러나 가장 대표적인 목탑은 경주 황룡사9층목탑이다. 신라 선덕여왕 때 주변 국가들의 통일을 염원하는 뜻으로 세워졌는데, 13세기 몽골의 침입 때 불에 타 없어졌고 지금은 초석만 남아있다. 조선시대에 세워진 보은 법주사 팔상전과 화순 쌍봉사 대웅전(1984년 소실 후 복원)도 목탑의 양식을 지닌 건축물이다.

불국사 삼층석탑(국보 제21호)

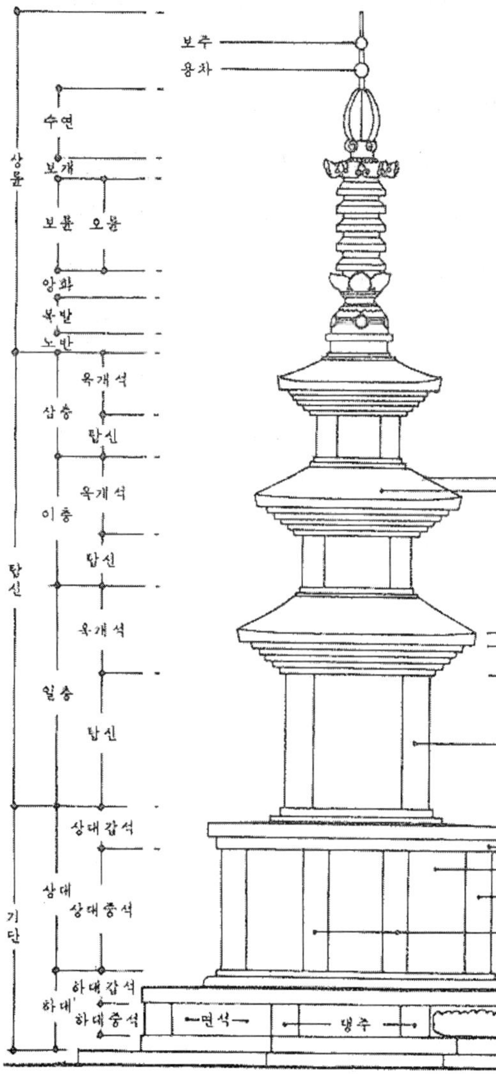


석탑의 세부명칭

전탑은 벽돌을 사용하여 세운 탑으로 전체적인 모습이 목탑이나 석탑과는 다르다. 이미 삼국시대에 경주 영묘사에 전탑이 있었다는 기록이 있으나, 크게 성행하지는 못했다. 현존하는 전탑으로는 안동 신세동 7층전탑, 송림사 5층전탑, 여주 신륵사전탑 등을 들 수 있다. 또한 한국에서는 벽돌 형태로 다듬은 석재로 세운 모전석탑(模塼石塔)도 유행하였으니, 경주 분황사 모전석탑이 대표적인 것이다.

석탑은 돌을 사용하여 만든 탑이다. 우리 나라에는 질 좋은 화강암이 많기 때문에 삼국시대부터 건립되기 시작하여 불탑의 주류를 이루었다. 백제의 석탑은 목탑의 전통과 기술을 바탕으로 세워졌으며, 익산 미륵사지석탑과 부여 정림사지석탑이 대표적인 것이다. 미륵사지석탑은 백제 무왕과 왕비가 발원하여 세운 것으로 한국의 석탑 중에 가장 오래되고 규모가 크다.

통일신라시대에는 전형적인 양식인 4각 석탑이 유행하였다. 대표적인 예가 감은사지 동·서3층석탑과 불국사의 석가탑과 다보탑이다. 고려시대에는 양식의 변화가 다양하게 나타난다. 이전의 4각석탑의 형식에 따르는 석탑이 주류를 이루었지만, 월정사8각9층석탑은 요·금나라의 영향을 받았고, 경천사지10층석탑은 원나라 장인이 만들었다. 고려시대의 석탑이 옥개석 낙수면의 경사가 심하며, 추녀도 곡선으로 변하며 장식적인 면도 나타난다. 조선시대의 석탑으로는 원각사지10층석탑과 낙산사7층석탑 등이 대표적인 것이다.

불탑이 부처의 사리를 안치한 것인 데 비해, 부도는 고승의 사리나 유골을 안치한 승탑이다. 우리 나라는 신라 9세기 선종 불교가 들어오면서 스승과 제자와의 관계가 중요시 되었고, 조사의 유골을 안치한 부도가, 불상에 못지않은 중요한 예배의 대상이 되었다.

부도는 석탑과 같이 기단부·탑신부·상륜부로 구성된다. 탑신과 옥개석이 8각형인 팔각원당형이 신라말 고려초에 성행하였던 전형적인 부도형식이다. 옥개석은 목조건축물의 기왓골이 표현되며, 기단 또는 탑신부에 불·보살이나 신장상, 비천상 등이 새겨져있다.

오늘날 남아 있는 부도 중에 가장 오래된 것은 전(傳) 흥법사 염거화상탑(844년)이며, 대안사 적인선사탑(861년)·쌍봉사 철감선사탑(868년)·보림사 보조선사탑(880년)·실상사 수철화상탑(893년) 등이 유명하다. 고려시대에 들어와서는 기단과 탑신이 4각형인 새로운 양식의 부도가 나타나며, 고려말 조선 초에는 형태가 간략화되면서 종(鍾) 모양의 탑신부만 있는 석종형 부도가 크게 유행하였다. 조선시대에는 석종형 부도가 많지만 통일신라시대의 팔각원당형 부도도 간간히 건립되었다. 고승의 부도의 옆에는 대개 탑비(塔碑)가 세워져 주인공의 행적과 건립연대를 알 수 있다.

### 2) 불상

불상은 부처의 모습을 조형적으로 표현한 상이다. 그렇지만 넓은 의미로는 보살상과 나한상 등도 포함된다. 아직 성불하지 못했지만 성불의 뜻을 품고 수행을 거듭하고 있는 보살상이나 부처의 제자로 공양받을 만한 자격을 갖추었다고 하는 나한상 등도 모두 예배의 대상이기 때문이다. 보살상의 경우는 단독으로 예배되는 경우도 있으나 대체로 불상의 양옆에서 시중드는 협시로 표현되는 것이 일반적이다.

불상의 출현은 석가모니가 열반한 지 약 500년이 지난 때였다. 처음 불상이 만들어질 때에는 석가상만이 만들어졌다. 이즈음의 석가불은 인간적인 존재가 아니라 절대적 존재로서의 의미가 강해졌고, 중생의 모든 고뇌를 구제해 줄 수 있으리라 믿고 의지하게 되었다.

점차로 다양한 중생의 고뇌를 구제하기 위하여, 부처가 지닌 여러 가지 구체적 성격이 분화되면서 더욱 많은 부처가 출현하게 되었다. 예를 들면 죽음에 대한 불안을 덜어주는 부처로서의 아미타불, 인간을 질병으로부터 지켜

주는 약사불, 석가의 다음 세계에서 중생을 구제할 미륵불 등 많은 부처가 출현하였고, 나아가 인간의 수천, 수만 가지의 고뇌를 해결해 줄 수 있는 천불·삼천불·만불 사상까지 생겨났다.

부처의 모습을 인간의 형태로 표현할 때, 보통 인간과 구별되는 초인간적인 신체적 특징이 32가지 혹은 80가지가 있는데, 이를 32길상 80종호라 부른다. 머리 위에 혹처럼 생긴 육계는 지혜를 상징하며, 나발은 짧고 꼬부라진 머리칼이다. 백호는 이마 가운데에 있는 흰털로 과거 및 미래를 비춰보는 능력을 지닌다고 한다. 또 부처의 머리와 몸 뒤에서 나는 빛을 상징하는 두광과 신광이 있는데, 이를 통상 광배라고 한다.

부처의 손모양은 수인이라고 하는데, 이는 부처의 성격을 알려준다. 오른손을 무릎 밑으로 늘어뜨려 땅을 가리키는 항마촉지인은 부처가 보리수 아래에서 마귀를 물리치고 깨달음을 얻은 것을 나타내며, 왼손 검지를 오른손이 감싸 쥐고 있는 지권인은 부처와 중생이 둘이 아니며 일체라는 의미이다. 오른손을 위로 올려 손바닥을 밖으로 향하게 하는 시무외인은 두려워하지 말라는 것이고, 왼손을 아래로 내려뜨린 여원인은 소원을 받아들인다는 뜻이다. 왼손을 편 채로 배꼽아래에 두고 그 위에 오른손을 포개어 두 엄지손가락을 맞대고 있는 선정인과 법륜을 돌려 불법을 설교하는 전법륜인 또는 설법인도 있다.

불상과 보살상은 입은 옷과 장식 등에서 차이가 있다. 불상은 옷을 입고 있으면서 장식이 없는 데 비해, 보살상은 상체는 옷을 걸치지 않고 어깨에 긴 천을 둘렀을 뿐이며, 대개 보관을 쓰고 목걸이나 팔찌 등 화려한 장식을 하고 있다.

우리 나라에 불교가 처음 전해진 이후 불상은 곧 만들어져 예배되었을 것으로 생각되지만, 현존하는 것은 대부분 6세기 이후의 것이다. 서울 뚝섬에서 출토된 금동불좌상은 5세기경에 제작된 것으로 추정하고 있지만, 네모난

대좌 위에 가부좌의 자세로 두 손을 모은 선정인을 한 모습이 북위의 양식이 강하여 중국에서 직접 가져온 것으로 보는 견해도 있다.

삼국시대에는 석가여래상과 양옆에 보살상을 둔 삼존의 형식으로 불상이 조성된 예가 많으니, 경주 황룡사삼존불상과 서산마애삼존불상이 대표적인 것이다. 황룡사에는 대단한 규모의 장육금동삼존불상이 있었다고 하는데, 지금도 그 불상을 받쳤던 커다란 돌로 된 대좌가 남아 있다. 서산마애삼존불상은 조각 수법이 우수할 뿐 아니라 맑게 웃는 모습은 '백제의 미소'라 불릴 정도로 유명하다.

또 이 시대에는 반가사유상(半跏思惟像)이 많이 만들어졌다. 반가사유상

부석사 소조여래좌상(국보 제45호)

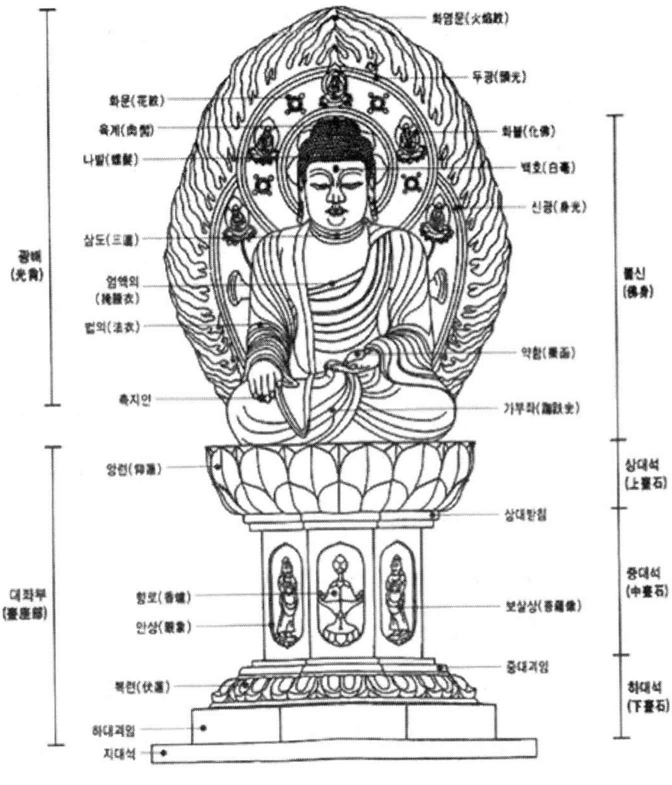


불상의 세부명칭

이란 의자에 앉아서 오른쪽 다리를 왼쪽 다리 위에 얹어놓은 반가부좌 형태로 앉아 오른손을 뺨에 살짝 대고 사색하는 자세의 보살상을 일컫는데, 미륵보살로 여겨진다. 국보 78호와 국보 83호로 지정된 두 점의 금동반가사유상은 조각 솜씨와 주조 기술이 뛰어난 걸작품이다. 특히 국보 83호는 일본 교토의 고류지의 목조반가사유상과 매우 비슷하여 당시의 문화교류를 증명해준다.

통일신라시대에는 결가부좌를 하고 손모양은 항마촉지인을 하고 있는 불상이 널리 유행하였는데, 석굴암의 본존상이 대표적인 것이다.

석굴암은 본존불상을 중심으로 보살상, 나한상, 신장상 등이 불국토를 이루고 있는데, 뛰어난 비례와 균형미 갖추고 있으며 간결하면서도 부드럽게 조각되어 신라 불상의 극치를 보여준다.

신라 하대가 되면 금동불상이 줄어들고 반면에 석불상이나 철불상이 많이 등장하는데, 특히 선종의 유행으로 비로자나불이 주존불로 많이 조성되었다. 비로자나불은 중생과 부처가 둘이 아니며 일체라는 뜻을 나타내는 지권인을 하고 있는데, 도피안사의 철조비로자나불이 대표적인 예이다.

고려시대에는 앞선 신라 하대에 유행하던 철불이 중부지역에서 여전히 만들어지는 한편 충청지역에서는 거대한 마애석불상이 조성되기도 한다. 이 시기의 대표작으로는 관촉사의 석조미륵보살입상을 들 수 있다. 그리고 흙으로 빚어 만든 소조상으로는 부석사 여래좌상이 신라 이래의 오랜 수법을 이어받고 있다. 이 불상은 국내 최대의 소조아미타여래좌상으로서 거대한 광배가 그대로 전해지고 있어 주목된다.

조선시대에는 유교를 숭상하고 불교는 쇠퇴하였으니, 이로 말미암아 불상의 양식도 발전하지 못하였다. 그러나 세조 때에는 불교 진흥의 기운이 일시적으로나마 일어났고, 이에 영향을 받아 수종사 금동보살반가상이나 상원사 목조문수동자상과 같은 우수작이 나타났다. 임진왜란 이후 근래에 이르기까지 만들어진 불상은 그 이전 시기에 비해 신체의 묘사도 형식적이며 조각 기법도 뒤떨어져 투박함을 보여준다.

## 4. 경판과 경전

불교경전의 총서는 대장경(大藏經)이다. 대장경은 부처님의 가르침인 경(經)과, 불교의 계율인 율(律), 그리고 경과 율을 설명하고 해석한 논(論)의 삼장(三藏)을 말한다.

고려시대에 처음 간행된 대장경은 현종 대에 거란의 침공을 물리치려는 발원으로 이루어졌다. 그러나 부인사에 봉안된 이 초조대장경은 1232년(고종 19)에 몽고군의 병화로 그만 불다 버리고 말았다.

1236년에 시작하여 1251년에 완성을 보게 된 대장경이 지금 해인사에 보관되어 있는 이른바 팔만대장경이다. 몽고군의 침입을 불교의 힘으로 막아 보고자 하는 뜻으로 국가적인 차원에서 대장도감(大藏都監)이라는 임시기구를 설치하여 새긴 것이다. 원래 강화도 성 서문 밖의 대장경판당에 보관되었던 것을 선원사를 거쳐 태조 7년(1398)에 해인사로 옮겨 오늘날까지 이어오고 있다.

해인사 대장경판 (국보 제32호)

국보 제32호인 해인사의 대장경판은 그 규모가 방대할 뿐 아니라 세계의 어느 대장경보다도 정확하게 만들어져 세계 불교문화 유산 중에 단연 으뜸가는 보배이다. 그런데 이 대장경판은 고려의 대몽고 항쟁기간 동안 임시수도 강화(江華)에서 추진되었다는 점에 주목하여야 한다. 오랜 전쟁 기간중에 16년이라는 긴 세월과 무수한 인력・재력을 들여 이 거대한 대장경 조성불사를 이루어냈다는 것은 대단한 의미를 갖는 것이다.

이 대장경의 조성불사는 대몽항쟁 전쟁중에 왕성한 민족의식과 문화의식, 그리고 일반 민중의 불교 신앙심에 힘입어 완수될 수 있었다. 몽고의 침입에 대처함에 있어서 대내적인 결속을 민족의식 속에서 찾고, 특히 우리는 대장경을 조성할 수 있는 민족이라는 문화적 긍지를 의식하게 하고 몽고를 야만시함으로써 대몽고 항쟁의 지표를 명백히 할 수 있었다.

또한 대장경의 조성이 성공적으로 이룩될 수 있었던 것은 당시 고려 불교의 높은 수준과 그 전통적 저력 때문이었다. 대장경을 조성하는 일은 워낙 거대한 사업이었기 때문에 불교계가 쏟은 정력도 대단한 일이었다. 고려 재래의 대장경본을 위시해서 북송본, 거란본 등의 여러 경전을 수집하고, 편집, 교정하는 일이 결코 쉬운 일은 아니기 때문이다. 이때에 교정의 총책임을 맡았던 분은 수기(守其)스님인데, 그는 개태사의 승통으로 학식이 뛰어난 화엄종 승려였다.

대장경 조성 불사는 국가적 차원에서 몽고의 침입에 대응하기 위한 발원으로 시작되었지만 실제로는 당시의 최고 집권자였던 최씨정권과 깊은 관련을 가지고 있다. 최씨정권의 그 막중한 정치적 권력과 경제적 재력이 동원되지 않았더라면 이 전쟁중의 대불사는 계획될 수도 착수될 수도 없었을 것이다.

이 팔만대장경의 목판본을 보관하고 있는 해인사의 대장경판전은 앞면 15칸, 옆면 2칸 크기의 두 건물을 나란히 배치하였는데, 남쪽 건물은 수다라장이라 하고 북쪽의 건물은 법보전이라 한다. 서쪽과 동쪽에는 앞면 2칸・옆면 1칸 규모의 작은 건물이 있어서, 전체적으로는 긴 사각형으로 배치되어 있다.

이 대장경판전은 통풍을 위하여 창의 크기를 남쪽과 북쪽을 서로 다르게 하였으며, 바닥에는 숯과 횟가루, 소금을 모래와 함께 넣음으로써 습도를 조절하도록 하였다. 자연의 조건을 이용하여 합리적이고 과학적으로 설계하였기 때문에 지금까지 잘 보존할 수 있었다. 해인사 장경판전은 대장경판을 포함하여 1995년 유네스코 세계문화유산으로 등록되었다.

우리 나라에서 가장 오래된 사경(寫經)은 국보 196호인 신라백지묵서대방광불화엄경이다. 사경은 경전의 내용을 붓으로 쓰고 그림을 그려 장엄하게 꾸민 불경을 말한다. 754년(경덕왕 13)에 연기법사가 간행을 시작하여 이듬해에 완성한 두루마리 형태의 사경인데, 이것을 만드는 일에 참여한 19명의 명단과 사경 제자방법과 그에 따른 의식절차가 자세히 적혀있다. 이 사경은 신라시대의 법보신앙을 알려주는 중요한 자료이다.

국보 제126호인 무구정광대다라니경은 8세기 중엽에 간행된 목판인쇄본이다. 다라니경문을 두루마리 형식으로 적어놓은 것인데, 1966년 경주 불국사 석가탑을 보수하기 위해 해체할 당시 탑 안에 있던 다른 유물들과 함께 발견되었다. 불경이 봉안되었던 석가탑이 751년 불국사가 중창될 때 세워졌고 이 불경은 그 무렵 간행된 것으로 인정되므로, 세계에서 가장 오래된 목판본이라 할 수 있다.



## 5. 불교의식과 의식구

불교신앙이 행위로 표현된 것이 불교의식이다. 이러한 의식은 개인의 일시적인 동작으로 성립되는 것이 아니다. 그것이 의식으로 성립되려면 일정한 행위가 반복되어 관습으로 굳어져야 하며, 사회적 승인을 받아야 한다. 이렇게 성립된 의식은 전통과 권위가 생기고 사회적인 기능을 할 수 있게 된다. 불교의식은 이러한 과정을 거치면서 오랜 기간 동안 지속되어 왔기 때문에 큰 의미를 지닌다.

불교의식은 크게 일용의식과 전문의식으로 나누어진다. 일용의식은 조석 예불처럼 매일 반복하여 행해지는 의식이며, 전문의식은 영산재처럼 직업적 범패승에 의해 행해지는 의식이다.

예불은 부처님께 예를 드려 공경하는 의식이며, 부처님의 공덕을 찬탄하여 자신의 업장(業障)을 소멸시키는 데 목적이 있다. 아침예불 전에는 목탁을 치고 송주를 외면서 도량을 도는 도량석이라는 의식을 행한다. 도량석에는 사물(四物)을 다루는 것도 포함되는데, 여기서 사물은 범종 · 운판 · 목어 · 법고의 네 가지 소리를 내는 법악구이다.

영산재 (중요무형문화재 제50호)

영산재 수륙재 예수재 등의 전문의식에는 음악으로서의 범패(梵唄)와 무용으로서의 범무(梵舞)가 베풀어지며, 괘불(掛佛)을 비롯한 각종 장엄물이 함께 어우러진다. 범패는 판소리·가곡과 더불어 한국의 3대 성악인데, 범패소리에는 안채비소리, 바깥채비소리, 화청 등이 있다. 그리고 범무에는 나비춤 · 바라춤 · 법고춤 등이 있다. 나비춤은 불법을 행위동작으로 보여준다고 해서 일명 작법(作法)이라고도 하며, 바라춤은 의식이 진행되는 도량을 정화하는 기능을 하며, 불법을 수호하는 역할도 한다. 법고춤은 범무 중 가장 활달한 동작이다.

영산재는 석가가 영축산에서 설법하던 때의 모임인 영산회상을 재현한다는 상징적인 의미를 지닌 법회이다. 영산재가 모든 불교의식을 대표하는 것처럼 알려져 있으나, 실은 사람이 죽은 지 49일 되는 날에 죽은 영혼을 극락에 왕생하도록 기원하는 사십구재의 한 형태이다.

영산재와 같은 큰 규모의 불교 의식이 행해지기 위해서는 우선 의식을 집행할 도량을 장엄하게 된다. 도량의 장엄은 불보살의 세계를 현실 세계에 입체적으로 표현한 것이다. 야외에 큰 단을 설치하고 괘불 앞에 줄을 매서 많은 장엄구를 진열한다. 도량의 사방과 공중에는 각종 번(幡)과 불화를 줄에 매달아 장엄한다.

이어서 신앙의 대상인 불보살과 천도받을 영가를 맞이하여 도량에 모셔오는 절차, 몸과 의식장소인 도량을 정화하고 장엄하는 절차, 의식단에 모셔온 대상에 기원하는 바를 아뢰고 제사를 지내는 절차, 불보살과 영가를 보내는 절차의 순서로 진행된다.

수륙재는 물이나 육지에서 헤매는 외로운 영혼과 아귀를 달래고 위로하기 위해 불법을 강설하고 음식을 베푸는 의식이다. 예수재는 살아 있을 때에 미리 죽은 후를 위하여 공덕을 쌓는 의식이다. 영산재나 수륙재가 죽은 사람의 명복을 빌고 그 영혼이 극락에 왕생할 수 있도록 기원하는 불교의식인 데 반하여, 예수재는 살아있는 동안에 공덕을 미리 닦아 죽은 후에 지옥 등의 고통 세계에 떨어지는 것을 막기 위한 의식이다.

불교 의식의 진행절차에 따라 사용되는 의식구를 살펴보면 다음과 같다.

절 입구에서 예배의 대상인 불보살이나 천도할 영가를 맞이하는 의식에는 행렬에 필요한 가마(輦)와 인로왕보살번기를 비롯한 각종 기치, 당(幢), 양산, 등롱, 부채 그리고 의장용 무기인 창과 둑 등의 장엄 용구가 사용된다. 그 때 스님들을 비롯한 많은 신도들이 뒤따르는 행렬이 있고, 부처의 공덕을 찬양하

성덕대왕신종 (국보 제29호)

기 위해 해금, 북, 장구, 거문고 등의 악기가 연주되고, 나비춤과 바라춤, 법고춤 등을 춘다.

청정한 의식 도량을 수호하기 위해 신중을 초청하는 의식은 범패로 하거나 태징을 치기도 하여 대단히 요란한 의식 분위기를 만들어 악귀를 내쫓는다는 상징적 의미를 띠고 있다. 불보살이나 영가를 모신 후에는 여러 가지 예를 갖추어 소원을 빌고, 영혼에 제사를 지낸다. 불단에는 향, 등, 꽃, 차, 과일, 쌀 등의 육법공양에 필요한 향로, 등롱, 촛대, 꽃병과 음식을 담는 식기 등이 사용되니 이들이 헌공구이다. 그리고 예배와 찬탄, 발원할 때에는 요령, 목탁, 경자, 광쇠, 태징, 바라, 범종, 법고 등의 법악구가 필요하다. 이러한 찬탄, 예배, 발원의 권공은 음악적, 연극적 요소에 의하여 더욱 감화력을 지니게 된다. 시식은 영가에게 음식을 베푸는 의식으로 일반 제사의 의미를 지닌다.

봉송은 의식 도량에 모셔왔던 불보살과 영가를 다시 보내는 의식이다. 이 봉송은 불보살을 먼저 봉송하고 그 다음에 영가를 보낸다. 봉송 절차는 봉송의식문을 법주(法主)가 독송한 후 의식에 참여했던 대중은 법주의 뒤를 따라 법성게를 독송하면서 10바라밀의 방향으로 행렬을 지어 돈다. 마지막으로 꽃을 흩날리면 모든 의식의 대단원의 막을 내린다. 위의 영가 천도 의식은 전형적인 타행의례인데, 조선 전기에 완전히 정착하였다.

위에서 살펴본 것처럼 불교 의식구 중에는 공양을 올리는 데 사용하는 향로, 촛대, 꽃병과 정병 등 각종 헌공구가 있고, 의식과정에서 소리를 내는 범종, 법고, 운판, 목어, 요령, 목탁 태징 등의 법악구가 있으며, 그밖에 의식도량을 장엄하는 각종 번(幡)과 불화 등의 장엄구가 있다.

여러 가지 불교 의식구 중에서도 한국의 범종은 매우 독자적인 양식을 지니고 있다. 특히 신라종은 그 우수성이 세계적으로 널리 알려져 있어 독보적인 위치를 차지하고 있다. 국내에서 가장 오래된 범종으로 전해오는 것은 오대산 상원사의 동종이다. 755년(성덕왕 24)에 완성된 이 범종은 이상적인 비례와 안정감있는 구조 그리고 몸체의 위아래가 좁아지는 고풍스런 모습을 지니고 있어 한국종의 전형이 되는 종이다.

성덕대왕신종은 현존하는 고대의 종으로는 최대의 것으로 높이가 364cm에 달한다. 경덕왕이 부왕 성덕왕을 위해 만들기 시작하였는데, 혜공왕 때인 771년에 이르러 완성을 보았다. 몸통의 위아래에는 꽃무늬가 새겨진 넓은 띠를 두르고, 종 어깨 밑에는 4개의 유곽이 있으며, 그 아래에 조형미가 탁월한 2쌍의 비천상이 새겨져 있다. 균형과 조화를 이룬 형태와 웅장한 종소리, 맑고 긴 여운 등을 지니고 있어, 1300여 년이 지난 지금에도 귀중한 문화재로 남아 있다.

불교문화재는 불상과 불화, 불탑 등 예배의 대상이 되는 것과 그렇지 않은 의식구 등으로 크게 구별된다. 예배의 대상은 대개 일정한 장소에 봉안되어 있어 움직이지 않는다. 깨달은 모습, 완성된 모습을 표현하여 이를 보고 예배하는 사람들로 하여금 감화를 받도록 하는 것이다.

이에 비하여 신앙 의례를 행할 때 사용되는 의식구는 의식 행위와 직접 관련을 갖고 동적인 활동을 통하여 감흥을 일으키고 내적인 변화를 가져오게 한다. 불교 의례 자체가 정적으로 머물러 있는 것이 아니고, 일정한 절차에 의해 진행되는 시간적 요소를 필요로 하고, 거기에는 음악적, 연극적, 무용적, 문학적, 미술적 기능 등이 다양하게 포함되어 있다.

## ■ 참고문헌


강우방, 『한국 불교조각의 흐름』, 대원사, 1995.

김리나, 『한국 고대불교조각 비교연구』, 문예출판사, 2003.

김원룡 감수, 『한국미술문화의 이해』, 예경, 2006

김정기, 「가람배치의 비교」『한국사론』 16, 국사편찬위원회, 1986.

김형우, 「한국불교의례의 성격과 불교문화재의 분류문제」『불교미술』 13, 동국대학교박물관, 1996.

정영호, 『한국의 석조미술』, 서울대학교 출판부, 1998.

홍윤식, 『영산재』, 대원사, 2003.

_____, 『한국의 불교미술』, 대원사, 2003.

# Ⅵ. 유교문화

## 1. 향 교

### 1) 향교의 설치과정

향교는 우리 전통시대에 국가에서 운영하던 일종의 관립학교인데, 일찍이 삼국시대부터 있어 왔다. 특히 신라의 경우 청주 등지에 지방학교를 설립하여 운영하였다고 한다. 이는 비록 당시가 고대국가였지만, 인재양성의 필요성이 적극적으로 대두되었다는 점을 뒷받침한다고 하겠다. 이러한 관립학교는 고려가 건국되면서 그대로 계승되어, 태조 13년(930)에는 서경에 학교를 설치하여 교육제도로서의 위상을 갖추게 되었다. 그리고 성종 8년(989)에는 전국 12목을 비롯한 여러 주와 부에 경학박사와 의학박사를 파견한 바가 있었다. 이것으로 짐작건대, 고려 초기부터 지방의 관립학교인 향교가 설치・운영되

**박홍갑** | 국사편찬위원회 편사 연구관. 논저로 『조선시대 문음제도 연구』, 『사관위에는 하늘이 있소이다』, 『양반나라 조선나라』, 『조선왕조실록을 통해서 본 청도와 청도 사람들』, 『병재 박하징 연구』 외 다수가 있다.

었음을 알 수 있겠다.

그러나 고려시대는 군현제도가 제대로 갖춰져 있지 않았고, 불교중심의 국가였기 때문에 향교운영에서는 큰 실효를 거두지 못했을 것으로 추측된다. 고려 건국 후 약 2세기가 흘러 문풍이 크게 진작된 예종・인종대에 들어오면 향교의 기록이 많아진다. 그런데 곧 무신정권이 들어서자 향교운영은 부실해 질 수밖에 없기도 하였다. 그 후 공민왕대에 들어와 문교부흥운동이 크게 일었고, 또 군현제도를 정력적으로 정비하는 과정에서 향교 역시 한 때 부흥기를 맞았다. 그러나 곧 불어닥친 내우외환으로 조선시대와 같이 1군 1향교에 이르기까지는 못하였다.

조선시대에 들어와서는 태조 이성계가 즉위하면서 향교설치를 강조한 바가 있다. 그 후 태종과 세종은 지방제도를 정력적으로 개편하였는데, 그 과정에서 군현단위에는 수령과 교수관을 동시에 파견하도록 노력하였다. 즉 1군 1향교 정책에 따라 군현단위에는 반드시 향교를 설치하도록 의무화하였고, 동시에 수령들의 근무성적을 매기는 항목 중에 학교 운영도 포함시킬 정도였다. 아울러 지방의 토착세력들도 향교설치에 적극적으로 힘을 보탰다. 이는 그의 자제들이 교육받을 장소이기도 했기 때문이다. 이렇듯 조선 초기에 향교가 많이 보급될 수 있었던 것은 수령, 교관, 토착세력 등 3자의 협력체제가 잘 유지되었기 때문이라 풀이된다.

아울러 조선시대에 향교가 대거 설치될 수 있었던 것은 당시의 불교정책과 큰 연관을 가진다. 불교를 억압하는 정책으로 인해 많은 지역의 사원이 혁파되었고, 그 과정에서 향교 건물로 대치되었으며, 사원에 딸린 토지와 노비 등도 향교 소유로 바뀌는 경우가 많았다. 이처럼 국가운영자들의 다각적인 노력으로 인해 조선 초기에 와서는 지방의 행정단위별로 향교가 대거 설치되어 1군 1향교시대가 열렸다.

## 2) 향교의 기능과 교육내용

향교의 기능은 크게 두 가지로 나뉜다. 우선 향교는 국가에서 세운 학교이기 때문에 교육기능이 가장 기본이 된다. 그러나 유교이념을 전파하는 곳이기에 공자나 선현들을 모시는 교화기능 또한 무시할 수 없는 부분이다. 이에 따라 향교의 건물 또한 명륜당과 대성전·문묘 등으로 크게 구분된다. 명륜당은 일종의 교실이나 강당역할을 하는 곳으로 학생들을 교육하는 장소였다. 그리고 향교에는 반드시 공자를 모시는 대성전과 중국이나 우리 나라 역대 선현들을 모시는 문묘가 있다. 이것들이 바로 향교의 2대 기능을 수행하는 시설들이다. 그 밖에 학생들의 기숙사 역할을 하는 동재와 서재, 제사를 관장하는 전사청(典祀廳) 등의 부속시설도 있었다. 문묘에 봉안하는 선현들의 범위는 군현 크기에 따라 일정하지가 않았다. 대개 송나라 주돈이, 정이, 주희, 우리 나라의 설총, 최치원, 안향 등은 기본적으로 배향하던 인물이었고, 군현의 크기에 따라 그 외의 배향인물이 추가되기도 하였다.

향교에 입학한 학생들은 대개 유교예절과 유교경전을 익혀 교양인으로 거듭나고, 이를 바탕으로 과거에 응시하여 관료로 진출하였다. 향교에서 가르치는 교과서는 유교의 기본경전인 4서 5경이 중심이었다. 이 밖에도 『소학』, 『효경』, 『성리대전』, 『삼강행실』을 비롯한 초등교과 수준은 물론이고, 『근사록』, 『가례』 등 유학전문서, 『통감』, 『송원절요』 등의 역사서, 『문사』, 『고문진보』 등의 문학서들도 기본교과목으로 쓰였다. 이 가운데 4서 5경이나 『소학』, 『가례』 등이 가장 기본이 되는 학습내용이었다.

향교 입학생들의 학습내용 평가는 강경과 제술로 나뉘었다. 강경은 유교경전 암송의 평가인 반면, 제술은 문장력을 평가하는 것이었다. 고려시대에는 제술을 위주로 평가하였지만, 조선시대에는 유교경전의 내용이 중시되어 강경 위주로 평가되기도 했다. 평가결과에 따라 우수한 자에게는 생원, 진사시험에 응시할 수 있는 특전을 주었다. 아울러 성적이 좋지 않은 자에게는 중간계급이 진출하는 잡학생도로 편입시키거나 서리로 충당하기도 하였다. 이는 기술관이나 아전이 되는 길이어서 양반 자제에게는 신분하락의 결과를 가져오지만, 양인 자제에게는 신분상승의 길이 되기도 하였다. 이에 따라 시간이 지날수록 양반자제가 향교입학을 기피하는 현상이 벌어졌다. 반면에 양인 자제들은 군역도 피할 수 있어서 향교에 입학하는 경우가 늘어만 갔다. 이런 문제점이 이어지자 향교교육은 점차 부실해지기 시작했고, 급기야는 조선 중기 이후 서원이 세워지면서 교육기능을 점차 상실하게 되었다.

한편 조선 후기에 들어가 교화기능은 시간이 지날수록 강화되어 갔다. 특히 대민교화의 중심이 되는 것이 문묘였는데, 이는 제례기능을 통한 향촌지배가 강화되어 갔음을 보여 주는 것이기도 하다. 즉, 성리학적 실천윤리를 크게 진작시킴으로써 지방양반을 교화하는 것이었다. 이렇게 되자 가중되는 제수비용의 조달을 위해 착취를 일삼거나, 학생수를 늘려 이들에게 군역면제 조건으로 경제적 부담을 부과하는 폐단까지 나타나게 되었다. 그리하여 지방양반은 향교를 통하여 지배권을 강화하는 수단으로 삼기도 했던 것이다.




### 3) 교수관 임용 및 향교 입학생의 처우

조선이 건국되자 유교정치체제를 확립해야 한다는 것이 큰 과제였다. 따라서 각 지방의  군현단위별로 향교가 설립되었고, 이 곳에 파견할 교수요원 확보가 당면한 현안이었다. 향교의 교육적 기능을 우선 고려한다면, 국가에서는 먼저 훌륭한 교수요원을 파견해야 했기 때문이다. 이리하여 태조는 즉위하자마자 각도의 유학교수관을 본직에 머물게 하는 한편 교관이 없는 곳에는 지방의 유력인사를 새로이 향교교도로 임명하였다.

그 후 태종대에는 큰 고을을 대상으로 중앙에서 직접 향교교관을 파견하였는데, 문과에 급제한 젊은 신진들이 그 대상이었다. 이는 지방의 군현제도를 개혁하는 차원과 맞물린 작업이기도 하다. 큰 고을에는 문과출신인 교수관을, 보다 작은 고을에는 하급 문신관리들인 훈도관을 파견하거나 생원, 진사들로 구성된 교도를 파견하는 식이었다. 그런데 생원, 진사들이 교도를 기피하거나 자신들의 승진도구로 삼는 등 폐단의 조짐이 일자 세종 때에는 일시적으로 교도직을 없애기도 했다. 그러나 대체로 500호 이상의 군현에는 교도직을 두는 것이 관례였다. 그 밖에도 지방의 지식인을 대상으로 선발하여 학장으로 삼기도 하였다.

이런 식으로 운영된 교수관들이었지만, 국가에서 주는 혜택은 전반적으로 낮은 편이었다. 따라서 문과출신이나 생원, 진사들은 향교 교수요원으로 파견되는 것을 꺼리는 경향이 많았다. 이에 따라 국가에서는 변방지역 교수요원에게 특별승진을 시키고 학장에게도 녹봉을 지급하는 등 다양한 조치를 취하는 한편, 이유 없이 부임하지 않는 자에게는 다른 관직서용에 제한을 가하기도 했다.

그러다가 성종대에 이르러 향교 교수관 명칭은 교수(종6품), 훈도(종9품), 교도(생원진사), 학장(기타)으로 정리되었다. 『경국대전』에 의하면 전국에 교수 72, 훈도 257명을 파견한 것으로 나타난다. 모두 329명의 교수요원이니, 군현수와 거의 일치하고 있다. 그러나 조선 중기 이후 향교의 급락한 퇴락으로 17세기 이후에는 교관을 파견하지 못하였고, 지방유생의 대표기관인 교임들에 의해 향교가 운영되었다. 교임들은 훈장을 임명하여 교육을 담당하게 하였으나, 점차 유명무실한 기구가 되었다. 이리하여 향교의 교육기능은 상실되어 갔고, 교화기능만이 잔존하게 되었다.

향교 입학생들을 당시에는 교생이라 했다. 조선 시기는 신분제를 근간으로 한 사회였기 때문에, 교생 또한 신분에 따라 상액(上額), 중액, 하액으로 구분되었다. 교생들이 사용하던 기숙사 역시 양반자제들이 이용하던 동재와 일반인 자제들이 이용하던 서재로 구분되었다. 신분이 높은 상액은 그 명단이 청금록에 수록되었고, 중·하액은 교생안에 수록되어 서로 구분이 되었다. 각종 사학교육기관이 성행하면서 향교교육이 부실해지는 가운데서도 양반들은 청금록에 등록되기를 원했다. 향교에 등록이 되어야만 과거에 응시할 수 있었고, 또 그것이 지방양반의 지위를 인정받는 지름길이기도 했기 때문이다. 이에 따라 청금록에 등재되는 동재 유생에는 정원이 없을 정도였다.

『경국대전』에 의하면, 군현등급에 따라 교생수가 정해져 있었는데, 목 이상의 큰 고을에는 90명이었고, 그 아래 도호부 70명, 군 50명, 현 30명이었다. 그러나 조선 후기에 이르면 그 수가 수백·수천 명 이상으로 불어나기도 하였다. 불법으로 교생이 된 수가 많았기 때문이다. 이는 국가에서도 어느 정도 묵인한 결과였다. 체제에 순응하는 백성을 만들려는 교화목적이 있었기 때문이었다. 한편으로는 불법교생이 수령들의 치부수단이 되기도 했고, 또 향교재정을 보완한다는 의미도 있었다. 평민이라도 향교교생이 되면 군역과 잡역이 면제되었다. 이런 이유로 인해 불법적인 교생수가 급격하게 불어나, 오히려 국가경제를 어렵게 하는 요인이 되기도 했다.

향교운영에 필요한 재정은 지방관아에서 지원받거나, 따로 지급된 토지〔향교전〕나 향교에 예속된 노비들의 신공으로 충당되었다. 조선 초기부터 토지와 노비가 각 향교에 지급되었으나, 그 운영에서는 원활하지 못하였다. 이밖에도 세조 때 보법이 만들어진 이후 납포제가 일반화되는 시대적 흐름 속에서 교보가 설정되어, 향교재정을 보완하기도 했다. 군역을 지는 대신 교보에 등록된 자는 매년 춘추가 되면 1냥씩 향교에 바치도록 되어 있었다. 또한 군현마다 향교촌이 지정되어 있었는데, 이 곳 백성들은 군역과 잡역이 면제되는 대신 향교잡역을 맡아 보아야 했다. 이런 것들이 향교운영에 큰 보탬이 되었으며, 때로는 식리를 통한 재원조달로 향교운영경비를 충당하기도 했다.

## 2. 서 원

### 1) 서원의 성립과정

서원은 조선 중기 이후 사립교육기관으로 떠오르면서 크게 확장되었다. 이는 향교의 교육기능이 부실해져 갔다는 면과 맥을 같이 한다. 동시에 서원에서는 학문연구와 선현제향 기능도 적지 않았으며, 향촌 자치운영기구로서의 성격 또한 매우 강하였다.

서원의 기원은 중국 당나라 말기까지 거슬러 올라갈 수 있지만, 송나라 주자가 백록동서원을 세운 이래 크게 성행하였다. 우리 나라는 조선시대 중종 38년(1543) 풍기군수로 있던 주세붕이 경상도 순흥에 백운동서원을 창건한 것에서 비롯되었다. 고려 유학자이던 안향을 배향하고 유생을 가르치기 위한 것이었다.

중국 서원이 교육기능에 충실하였다면, 조선시대 서원은 향촌에 근거한 사림들의 정치·사회적 기구로 이용된 측면이 크다. 조선 초부터 사림들은 향촌사회에 자기세력 기반구축의 한 방법으로 사창제나 향음주례 등을 시행하여 왔는데, 서원 역시 그러한 노력의 일환으로 성립되었다. 따라서 사림정치구도가 어느 정도 무르익는 중종 후반기에 가서야 교육과 교화를 표방하는 서원이 성립될 수 있었다.

풍기군수로 부임한 주세붕은 이 지역 출신 유학자 안향을 모시는 문성공묘(文成公廟)를 중종 36년(1541)에 세웠다. 그러다가 2년 후 유생교육을 동시에 수행하는 기능을 추가하여 백운동서원이라 하였는데, 이것이 우리 나라 최초의 서원이었다. 따라서 교화를 위한 문묘를 먼저 세운 후 교육기능을 추가하였던 셈이다. 그렇기에 초기에는 사묘가 위주였고, 서원은 다만 유생이 공부하는 건물만을 지칭하여 사묘에 부속된 존재에 그쳤다.

그러다가 서원이 독자성을 가지고 정착된 것은 퇴계 이황의 노력 이후였다. 그는 교화대상과 주체를 일반백성과 사림으로 나누되, 교화의 실효를 위해 사림에다 무게를 두었고, 그 목적에 도달하기 위해서는 도학을 천명하고 이를 밝히는 길이 우선이라 여겼다. 이리하여 서원을 국가에서 공인해 주도록 백운동서원에 사액과 국가지원을 요구하여 관철시켰다. 그 후에도 그는 고향인 예안에 역동서원 설립을 주도하는가 하면, 10여 곳의 서원건립에도 적극적으로 참여하였다.

이렇듯 조선시대 서원은 원래 향촌사림들에 의해 사적으로 설립되었던 것이기에 국가가 관여할 필요가 없었다. 그러나 서원이 갖고 있던 인재양성이나 교화기능 때문에 조정에서 특별히 서원명칭을 부여한 현판과 서적, 노비 등을 내린 경우가 많았다. 이를 사액서원이라 하는데, 백운동서원에 '소수서원'이란 현판과 동시에 서적과 노비를 하사하였던 것이 시초였다. 명종 5년(1550) 풍기군수로 있던 이황의 요청으로 사액서원인 소수서원이 생긴 것이다. 이후 숙종 때에는 사액서원이 무려 131개소나 될 정도로 증가추세였다. 그러나 이것이 점차 폐단으로 여겨지게 되어 영조 때에는 사액을 일체 중단시키는 일까지 벌어졌다.

그럼에도 비사액서원은 계속 증설되어 갔다. 특히 조선 후기 문중조직이 발달하면서 인물 중심의 서원이 남발되어 갔다. 이에 따라 국가에서는 첩설을 금지하였지만, 사우로 이름을 붙였다가 금령이 완화되면 서원으로 승격시킨 경우도 많았다. 또한 서원으로 설립되었다가 금령을 어겨 사우로 강등되었거나 철폐된 곳도 더러 있었다. 이렇듯 정조 이후에는 서원과 사우의 구별에 모호한 면이 많아, 조선시대의 서원숫자를 정확하게 나타낼 수 없을 지경이다.

서원의 건물구조로는 선현에게 제사지내는 사당과 교육시설인 강당, 원생들이 숙식하는 동재, 서재 등 크게 세 형태로 구성된다. 그 밖에 장판고(서적을 펴내는 곳), 서고, 제기고, 누각 등의 부속건물이 있다. 건물 배치방법은 대개의 경우 문묘나 향교와 유사한데, 남북 축을 따라 동·서 대칭으로 건물을 배치하고, 남쪽에 정문과 강당·사당 등을 이 축선에 맞추었다. 그리고 사당은 담장으로 구분한 후 삼문(三門)을 두어 출입을 제한하였다. 이 부근에 제기고가 배치되고, 강당 앞쪽 좌우에 동·서재를 두었으며, 강당 근처에 서고와 장판각을 배치하였다. 서원 내부를 외부 공간과는 담장으로 구분하였지만, 그리 높지 않게 하거나 그 일부를 터놓아 자연과의 조화를 이루게 한 것이 특징이다.

### 2) 서원의 전개과정

중종 때 처음으로 설립된 서원이 조선 후기 숙종 때 들어오면 남설되기 시작하였다. 특히 이 때부터는 서원과 사우의 구별이 모호하였다. 조선 후기 여러 기록들을 종합해 보면, 전국에 서원과 사우는 약 909개에 이르렀던 것으로 파악된다. 이 중에서 서원이 417개, 사우가 492개에 달하고 있다. 따라서 서원보다는 사우의 숫자가 많은 편인데, 이 둘을 합쳐 대략 1,000여 개 안팎의 서원이 있었다고 이해하면 될 듯하다.

서원의 전개과정을 시기적으로 구분해 보면, 중종에서 명종까지 시기는 초창기에 해당한다. 그리고 선조에서 현종에 이르는 시기의 발전기, 숙종에서 영조 초까지의 남설기, 영조 17년 이후 서원철폐 및 쇠퇴기 등 4단계로 나눌 수 있다.

초창기에 해당하는 명종시기까지 건립된 서원숫자는 대개 19개 정도인데, 그 중에서 사액서원이 4개이다. 이는 이 당시 서원이 관립에 준하는 교학기구로 인정받고 있었음을 의미한다. 초창기 서원은 이황의 노력으로 설립된 경우가 많았기에 경상도지역에 건립된 숫자가 반이 넘는다. 초창기 서원은 사림의 반대세력인 척신들이 정국을 장악한 가운데서 설립되었다는 것에 큰 의

의가 있다. 이 시기에는 안향, 정몽주, 최충, 최유길 등 고려인물을 주로 제향했다는 점에서 그들의 반발을 약화 내지는 무마시켰다고 할 수 있다. 또한 지방관의 적극적인 지원과 향촌유림들의 재정적 지원으로 서원에 딸린 토지와 노비확보가 용이했다. 이러한 토대 위에서 건전한 운영을 위해 서원별로 원규가 작성되었고, 이에 따른 강학활동을 진행하였다. 명종 후반부터 선조 초에 사림들의 활동이 매우 활발하였는데, 이는 바로 서원의 건전한 운영 때문에 가능한 것이었다.

서원의 발전기로 접어드는 선조 대에는 사림계가 정치주도권을 장악한 시기였다. 이와 짝하여 서원창설 역시 전국적으로 유행처럼 번지기 시작했는데, 선조 당대에만 60여 개가 넘었고, 그 중 22개 서원에 사액이 내려졌다. 이러한 추세는 현종 때까지 꾸준히 증가하여 106년 동안 193개 서원이 설립되었는데, 이제는 서원이 경상도 일변도에서 벗어나 황해도 지역까지 확대되었다. 그리고 붕당의 정쟁방식이 학문에 바탕을 둔 명분론과 의리를 중심으로 전개되었기에 학연의 매개체인 서원조직이 그 중심에 서게 되었다. 이에 따라 당세 확장을 목적으로 서원을 세워 그 지역 사림과 연결을 시도하였고, 또 향촌사림은 서원을 통해 중앙관료와 연결을 시도하였으니, 이 시기 서원의 증가는 그러한 결과물이었다. 예건대, 김장생, 김집, 송시열, 송준길이나 정경세, 허목, 윤휴와 같은 이들은 당파의 영수이면서 동시에 학자였는데, 이들은 서원 중심으로 왕성한 강학활동을 전개하였다. 그러면서 학적 기반을 구축하면서 서원의 건전한 운영을 꾀하였던 것이 이 시기였다. 배향자 대부분이 조광조나 이황, 이이, 조식 등 사화기의 인물이거나 성리학 발전에 크게 기여한 유학자 범주를 벗어나지 않는다는 점에서도 건전성을 짐작할 수 있다. 아울러 향촌에서 발생하는 사안은 서원이 나서서 보다 적극적인 해결책을 논의함으로써 향촌의 운영기구로서의 기능도 더하였다.

그러나 숙종 대에 들어와서는 서원이 너무 급격하게 늘어나 문제가 되었다. 이 시기에 166개 서원이 건립되었고, 이 중 105개 서원이 사액서원이었다. 연평균 서원건립수에서도 그 전보다 두 배가 넘었으며, 사액비율도 2.5배에 달했다. 경종과 영조 초기에 다소 줄었지만, 사우의 수가 오히려 급격하게 증가하였다. 이 때에 와서는 서원이란 명칭으로 건립이 금지되었기 때문이다. 또한 이 시기 서원의 문제점은 동일한 인물의 중첩된 서원건립이 성행하였다는 점이다. 송시열을 제향하는 서원이 전국적으로 난립되어 44개나 될 정도였다. 제향인물도 본래의 취지에서 벗어나 당쟁과정에서 희생된 인물이나 고관을 역임한 관리 등으로까지 확대되었다. 이렇게 되자 자연히 강학활동은 위축되어 학문적 기능이 사라지게 되었다. 이렇듯 서원의 질적인 저하에도 불구하고 향촌사회에서 누리는 권위가 적지 않아 갖가지 폐단을 야기하고 있었다.

서원의 폐단이 지적되기 시작한 것은 인조 때부터이지만, 본격적으로 철폐가 이루어진 것은 영조 17년(1741)부터이다. 서원철폐를 단행하게 된 계기는 영조의 탕평책 실시와 연관되어 있다. 서원이 당파 분쟁을 유발하고 정국을 혼란시킨다고 판단하였기 때문이다. 이 때 19개 서원을 포함하여 모두 173개소 서원과 사우가 훼철되었다. 특히 순조 이후 세도정치가 실시되자 의리나 명분 자체가 무의미해지기 시작했고, 지방관의 처벌이 강화되자 서원난립이 봉쇄되기 시작했다. 이리하여 19세기 이후에는 대부분의 서원들이 특정 인물의 후손에 의하여 건립·운영되었다. 뿐만 아니라 화양동서원처럼 복주촌을 두어 지방재정을 좀먹게 하고, 또 관령(官令)보다 더 위세가 당당한 묵패로 향촌민 착취를 일삼던 작폐가 크게 알려지면서 철폐령을 부채질하였다. 결국 고종 즉위로 흥선대원군이 집권하면서 전국에 47개 사원만 남기고 모두 훼철하였다. 이 47개 사원 중 서원이 27개, 사(祠)가 20개였다. 이것은 서원이 본래의 기능을 상실해 갔기 때문에 벌어진 일이었다.

### 3) 서원의 운영과 활동

서원은 국가의 영향력하에 있기는 했으나, 자체적으로 제정한 원규에 의하여 운영되었다. 원규에는 입학자격이나 원임(院任)의 선출절차, 교육목표 및 벌칙조항 등이 수록되어 있다. 원장(院長), 강장(講長), 훈장(訓長) 등이 원임의 임무를 수행하는 자들인데, 서원교육은 이들에 의해 수행되었다. 원장은 서원의 정신적인 지주이자 유림의 사표역할을 담당하였는데, 주로 퇴직한 관료나 당대의 명유석학들이 맡았다. 강장은 경학과 예절의 강문을 담당하였고, 훈장은 학문근면과 훈도를 주로 맡았다. 그 밖에 서원의 제반관리를 위해 재장(齋長), 집강(執綱), 도유사(都有司), 부유사(副有司), 직월(直月), 직일(直日), 장의(掌議), 색장(色掌) 등의 직책을 두었다.





서원을 운영하는 재원은 주로 서원전에서 나왔다. 사액서원으로 지정되면 국가에서 3결의 서원전을 지급하였다. 그 밖의 서원은 유지들이 기증하는 원입전, 면역을 위하여 납상하는 면역전, 자체에서 사들이는 매득전, 관찰사 또는 지방관이 지급한 공전 등이 서원의 학전으로 이용되었다.

서원 입학자격은 우선 생원, 진사를 대상으로 하되, 초시 합격자나 초시에 합격하지 못했다 할지라도 향학심과 조행이 있는 자가 원하면 유림들의 승인을 받아 입학시키기도 하였다. 처음에는 학생정원을 규제하지 않다가 서원 남설이 문제화되자 숙종 36년(1710)에 원생수를 확정하는 조치를 취하였다. 원생은 사액서원에 20인, 문묘종사유현서원(文廟從祀儒賢書院)에 30인, 미사액서원에 15인으로 확정되었으나, 신분제가 문란해지고 서원이 남설 되자 동시에 와해되었다. 또한 향교를 모방하여 서재생(西齋生)을 모집한 후 미포를 징수하는 사례까지 나타나는 등 여러 폐단이 나타났다.

교육내용은 성리학적이고 도학적인 것이 중심이었는데, 관학에서는 볼 수 없었던 사학 특유의 자율성과 특수성은 존중되었다. 사서오경과 『소학』, 『가례』가 기본교과목이었다. 이 밖에 서원성격에 따라 갖가지 경사자집을 선별하여 교육하였다. 원규에는 수학(受學)규칙, 거재(居齋)규칙, 교수실천요강, 독서법 등 유자로서 지켜야 할 준칙이 실려 있었다. 이에 따라 원생의 생활기록부를 만들어 이용하기도 했고, 평가기준 또한 4~5단계로 설정하여 엄격하게 운영하였다. 기본적인 강학활동 외에도 춘추로 행하는 향사를 통해 교화하고 제사하는 기능 또한 무시할 수 없었다.

홍선대원군의 서원철폐 때 남은 47개의 서원 대부분이 지금까지 존속하고 있다. 물론 광복 후 토지개혁으로 위토를 상실하거나, 전쟁과 화재로 건물이 소실되기도 했다. 그러나 제향인물 후손이나 문화부의 지원을 받아 건물을 중건, 신축하여 옛날의 면모를 되찾아 가고 있다. 지금도 향교와 함께 지방유림들의 시회나 강회장소로 활용되고 있기도 하다. 이렇듯 서원은 전통문화 보존의 중심체로서 기대를 모아야 함에도 불구하고 배타적인 운영방식과 고압적인 자세를 탈피하지 못한 채 내려오는 경우도 종종 있다.

현존하는 서원의 장서와 보존상태를 조사한 결과에 의하면, 그 전망이 그리 밝은 편은 아니다. 문고보존이 양호한 곳은 주로 경상도에 집중되어 있는데, 도산서원이 907종 4,338책, 소수서원이 141종 563책, 옥산서원이 866종 4,111책, 병산서원이 1,071종 3,039책을 소장한 것으로 나타나 있다. 그나마 서적열람이나 이용은 거의 불가능한 편이고, 보존 또한 종손이나 유사 또는 특정 인물의 후손집에 분산되어 있다. 따라서 서원에 소장된 장서 보존과 관리는 물론이고, 종합적인 전통문화 보존에 보다 체계적인 대책이 요망된다 하겠다.

## 3. 과거시험

### 1) 고려시대 과거시험

과거는 시험을 통해 관리를 선발하는 제도인데, 주로 유교를 지배이념으로 삼았던 나라에서 시행되었다. 이 제도는 중국에서 비롯되어 우리 나라와 베트남으로 전파되었는데, 귀족세력을 제압하고 중앙집권적인 관료체제를 확립하기 위하여 실시한 측면이 강하다. 시험으로 관료를 등용하는 제도는 중앙집권국가인 수와 당에서 보편화되었는데, 우리 나라에 도입된 것은 고려 광종때였다. 고려 역시 초기의 왕권을 위협하던 호족세력을 견제하고 유교적 교양을 갖춘 충성스러운 문신관료를 새로이 등용하기 위해서였다.

당시 과거제도가 받아들여질 수 있었던 것은 늘어난 강역과 인구를 효과적으로 통치하기 위한 것이었다. 즉, 종래의 골품체제만으로는 새로운 통일정권을 유지해 나가기가 어렵게 되어 새로운 전제왕권 수립이 필요 하였기 때문이다. 이를 위해 충과 효를 중시하는 현실적 실천윤리 이론인 유교가 채택되었다. 또한 신라 말 국학과 독서삼품과를 통하여 개혁을 시도 한 적이 있는데, 이런 배경도 과거제 도입배경으로 무시할 수 없는 부분이었다.

고려시대 과거시험은 제술과, 명경과, 잡과로 구분되었다. 제술과는 시, 부, 송, 시무책이 주요 시험과목인데, 경륜과 문장력 테스트였다. 이와는 달리 명경과는 유교경전을 읽고 뜻이 통하는지를 시험하였다. 이들 양과가 조선시대 문과에 해당한다. 이 때에는 한·당의 유학영향으로 경학보다 사장이 중시되었고, 급제자수에서도 제술과 출신이 압도적이었다. 잡과는 기술관 등용시험인데, 의술을 시험하는 의업과 점성술의 복업 등이 대표적이다. 이 밖에 율, 서, 산 등의 기술관을 선발하는 시험이 있었다. 아울러 승과가 시행되기는 했으나, 이는 관료선발기능과는 거리가 있었다.

중국의 송, 원과 조선시대에 실시된 과거삼층법(지방장관이 고시관이 되어 시행하는 예비시험 향시, 그 합격자를 예부에서 재시험하는 회시, 또 그 합격자를 국왕이 고시관이 되어 시험하는 전시의 3단계 시험)이 고려에서는 정착되지는 않았다. 하지만 예비시험을 거친 후 본시험에 응하게 되어 있던 것이 고려시대 과거였다. 고려 후기 과거제가 정비되는 과정에서 조선시대 소과에 해당되는 국자감시와 승보시가 실시되어 한 차원 높은 제도로 성숙하기도 했다.

고려시대 과거응시에 제한을 받는 자는 오역(五逆), 오천(五賤), 불충, 불효, 향·소·부곡인, 악공, 잡류 등이었다. 따라서 양인신분이면 과거에 응시할 자격이 있었다. 그러나 문신등용 시험인 제술, 명경과는 관료자손이거나, 중앙의 서리 이상이어야 응시가 가능하였다. 반면에 잡과는 일반양인들에게도 개방되어 있었다. 또한 3년마다 정기적으로 치르는 식년시를 원칙으로 하였지만 잘 지켜지지는 않았고, 봄에 실시하여 가을이나 겨울에 합격자 발표하는 것이 관례였으나 이 또한 일정치가 않았다.

고려에서는 과거시험을 전체적으로 관리하는 지공거를 두었는데, 이것이 고시관제도로 굳어지게 되었다. 부정을 방지하기 위해 공민왕 때에는 고시관을 시험 하루 전에 임명하도록 규정을 바꾸기도 했다. 시험장에서 지공거는 남쪽을 향해 북쪽 걸상에 앉고, 동지공거는 동쪽을 향해 서쪽 걸상에 앉으며, 감찰과 봉명별감은 북쪽을 향해 남쪽에 앉아 감독하게 하였다. 최종 합격자에는 합격증서로 홍패가 하사되었다. 고려 말에는 권문세가의 어린 자제들이 합격하는 예가 많아 홍분방이란 비아냥이 있을 정도였고, 이 때문에 신급제자들에게 육체적·정신적으로 고통을 주는 면신례가 생겨나기도 했다.

### 2) 조선시대 과거시험

고려 말 과거를 통해 등장한 신흥사대부들의 개혁요구는 다방면에 걸쳤는데, 원나라 제도를 본 따 과거삼층법이 실시된 것도 그 일환이었다. 문벌귀족의 어린 자제들이 문과에 합격하는 예가 많아 응시 연령을 18세에서 20세로 올린 것이나, 지공거제도를 고시관제도로 바꾸어, 여러 명의 고시관이 관리하도록 한 것도 그 일환이었다. 또한 국자감시와 승보시가 진사시와 생원시로 정착한 것이나 공양왕 때 무과가 설치된 것도 마찬가지였다.

이러한 제반노력은 사대부들이 조선을 건국하겠다는 의지와 맞물린 것이었다. 그리하여 태조가 즉위하자 제술과와 명경과를 통합하여 문과로 하고, 또 무과를 실시하여 양과의 균형적 운영체제를 갖추었다. 고려 이래 논란이 있어 온 문과 초장의 시험방법을 놓고 강경과 제술이 팽팽하게 대립되었으나, 결국은 강경으로 관철되어 『경국대전』에 법제화되었다. 소과에서도 사장시험인 진사시보다 경학시험인 생원시가 중시되었다. 그 결과 조선 초기 약 60년 동안 진사시는 흐지부지된 반면, 성균관 입학시험인 생원시는 빠짐없이 시행되었다.

조선시대 과거는 소과, 문과, 무과, 잡과가 있었으며, 3년마다 실시되는 정기시〔식년시〕와 부정기시의 구분이 있었다. 부정기시는 증광시, 별시, 알성시, 정시(庭試), 춘당대시 등이 있었다. 식년시와 증광시는 소과, 문과, 무과, 잡과에 모두 실시되었으나, 별시, 알성시, 정시, 춘당대시는 문·무과만이 열렸다. 한 때 시험장소를 1소와 2소로 나누기도 했으나, 시험장소에 따라 시관이 다르고 시험문제가 달라서 우열을 가리기 어려웠던 문제점도 있었다. 조선시대 고시관은 복수시관제로 운영하였다. 따라서 조선시대 시관은 고려시대의 지공거와 같은 권한을 가진 것이 아니라 상당히 제한된 소임만을 하게 되었다.

생원과 진사를 뽑는 소과는 초시, 복시 두 단계로 각기 100인을 뽑아 성균관에 입학할 수 있는 자격을 주었다. 이를 감시, 사마시, 생진과라고도 하였는데 합격자에게 백패를 주었다. 생원은 경서, 진사는 제술을 시험하여 선발하였는데, 초시에는 한성시와 향시가 있었다. 선조 때 폐지된 향시는 8도에서 도단위로 실시하였는데, 도마다 정원에 차등이 있었다. 소과 복시는 초시 합격자를 서울에 다시 모아 시험하며, 생원, 진사 각 100인을 뽑아 최종 등급을 나누었다.

문과는 대과 또는 동당시라 하였는데, 원칙적으로 생원, 진사가 응시하게 되어 있었다. 그러나 실제로는 일반 유생인 유학에게도 문과 응시자격에 제한을 가하지 않았다. 식년문과는  초시, 복시, 전시의 3단계 시험이 있었고, 이 중 초시, 복시는 초장, 중장, 종장으로 나누어 고시하였다. 이를 동당삼장(東堂三場)이라 하였는데, 하루 간격을 두고 시취하는 것이 관례였다. 초시에서 240인을 뽑아 복시에서 33인을 선발하면 최종적인 전시에서 순위가 매겨진다. 전시는 국왕이 직접 시험하는 것이기에 왕권강화의 한 방편이기도 했다. 식년문과 최종합격자를 33인으로 선발한 것은 불교의 33천설에서 나온 것이라 한다.

조선왕조는 양반관료 체제를 갖추기 위해 문과와 무과를 균형 있게 실시하려 하였다. 그리하여 문무과는 거의 동시에 실시되었다. 합격자 발표의식인 방방의에서도 문·무과를 동시에 창방(唱榜)하였다. 무과고시과목은 강서와 무예 두 종류가 있었는데, 문과와 같이 초시, 복시, 전시 세 단계시험으로 당락을 결정하였다. 무과초시의 선발인원은 도별로 차등을 두었는데, 모두 190인이었다. 이를 다시 복시에서 28인을 선발하며, 전시에서 최종등급을 결정하였다. 선조 이후에는 변경방위가 긴급해지자 무과를 단독으로 실시하기도 했으며, 한꺼번에 1만여 인의 합격자를 내는 일도 잦았다. 이를 만과라 하였는데, 재정적인 도움이 있었으나 무과를 문란케 하는 원인이 되기도 했다. 그 밖에 기술관을 등용하는 잡과가 있었는데, 이들은 주로 양반보다 아래 계층인 중인들이 세습하는 경향을 보였다.

## 3. 과거시험 실시와 그 의의

고려 말 혼란한 틈을 타 권문세가들의 어린 자손들이 대거 급제하는 폐단이 야기된 적이 있었다. 그리하여 이들의 방자함을 억누르기 위해 생겨났던 면신례는 일종의 통과의례였는데, 조선시대에 들어와서도 크게 유행하였다. 갓 급제한 자가 신참으로 들어오면 '신래'라 부르면서 갖가지 육체적 고통을 주었던 것은 물론이고, 과도한 상차림으로 인한 경제적 부담 또한 신참에게는 매우 큰 부담이었다. 이는 엘리트 집단일수록 강도가 세어 사관들이 소속된 예문관이나 문과출신들이 처음 배속되는 승문원, 성균관, 교서관 등에서 행해지는 면신례가 가장 힘들다고 할 정도였다. 그러나 관료집단에 소속감을 심어 주고 선비정신을 길러 주는 등 나름대로의 긍정적인 기능도 큰 것이었다.

한편 인재등용을 위한 과거시험은 공정성이 무엇보다 중요했는데도 불구하고 임란 이후 국가기강이 해이해지면서 갖가지 폐단이 나타났다. 특히 시험 자체의 부정은 극에 달할 정도였다. ① 응시자를 도와 주는 사람이 함께 입장하는 수종의 폐, ② 채점에 유리하도록 일찍 답안을 제출하기 위해 금령을 어기는 조정(早呈)의 폐, ③ 시험장 안에 책이나 문서를 갖고 들어가는 협서(挾書), ④ 대신 글을 지어 주는 차술(借述), ⑤ 시관과 수험생이 짜고 부정합격을 꾀하는 혁제(赫蹄), ⑥ 마감 후 시험지를 고치는 역서용간(易書用奸), ⑦ 남의 합격을 송두리째 도적질하는 절과(竊科) 등이 비일비재하였다. 이런 부정은 지방에서 실시되는 향시일수록 심하였고, 시관을 구타하는 난동사건도 자주 있었다.

개항 이후 개화의 물결이 일기 시작하면서 과거제도는 더 이상 인재등용제도가 될 수 없었다. 근대적인 교양과 전문지식을 가진 관리의 필요성이 커졌기 때문이다. 이에 따라 갑오경장으로 성균관을 근대적 학교로 개편하는 동시에, 과거제도를 폐지하고 새로운 관리등용법을 제정하였다. 이는 근대적 관리가 지녀야 할 교양과 전공을 고시과목으로 하고 있다는 점에서 지방민들에게는 불리하게 작용하였다. 또한 추천을 받지 못하는 자는 응시할 수 없었기에 널리 인재를 등용한다는 기본취지와도 다소 거리가 있었다.

시험이란 인간의 학력을 테스트하는 최적의 제도이다. 그러나 인격이나 덕행까지 시험할 수 없다는 결함을 동시에 지니고 있다. 우리 전통시대에도 과거합격만 하면 그만이라는 생각에서 인격수양을 게을리 하고 덕행을 소홀히 하는 자가 적지 않았던 것도 사실이다. 또한 관직수는 제한되어 있는 데 비해 급제자수가 갈수록 늘어났기 때문에 당쟁을 격화시키고 사풍이 타락되어 갔다는 비난도 감수해야 한다. 그런데도 불구하고 조선시대 과거가 사회, 교육 및 문화 등에 끼친 영향은 나름대로 컸던 것도 사실이다. 조선 전기에는 식년시, 증광시, 별시가 과거의 주축을 이루었으므로, 유생들은 경학과 사장을 함께 공부하지 않으면 안 되었다. 완성된 인격체를 향한 학문의 길과 과거합격만을 위한 과업이 다르다는 데서 오는 괴리가 있기는 했지만, 시험제도는 우리 전통사회에서도 여전히 긍정적인 기능을 하고 있었던 것도 사실이다.

무력 일변도의 사회에서 탈피하여 문관이 지배하는 문치주의 사회를 건설하는 데는 과거시험의 영향력이 컸다. 문관이 무관과 서리를 누르고 국가권력을 장악한 역사는 흔하지가 않다. 이렇듯 유교적 교양과 유교경전을 익혀야만 사회지배층이 될 수 있었던 조선조 사회는 분명 오늘날 우리에게 고급문화를 전해 주었던 셈이다. 대쪽 같으면서 소박함이 절절이 배어 있는 선비정신이 이를 잘 대변해 준다. 다만 과거시험과 같은 전통문화가 우리 교육열을 더욱 자극시킨 오늘의 현상으로 나타난다는 점이 아쉽기는 하다.

## 참고문헌


강대민, 『한국의 향교 연구』, 경성대출판부, 1992.

국사편찬위원회, 『한국사』 23, 1994.

_____, 『한국사』 28, 1996.

박찬수, 『고려시대 교육제도 연구』, 고려대박사학위논문, 1991.

박홍갑, 「조선시대 면신례 풍속과 그 성격」『역사민속학』 11, 한국역사민속학회, 2000.

송준호, 『이조 생원진사시 연구』, 국회도서관, 1970.

심승구, 「조선초기 무과제도」『북악사론』 1, 1989.

윤희면, 『조선후기 향교 연구』, 일조각, 1990.

이성무, 「조선초기의 향교」『이상옥박사 회갑기념논문집』, 1970.

_____, 『과거』, 일조각, 1981.

_____, 『한국의 과거제도』, 한국일보사, 1967.

이수환, 『조선후기 서원 연구』, 일조각, 2001.

정만조, 『조선시대 서원 연구』, 집문당, 1997.

조좌호, 『한국 과거제도사 연구』, 범우사, 1996.

차미희, 『조선시대 문과제도 연구』, 국학자료원, 1999.

최완기, 『한국의 서원』, 대원사, 2003.

# Ⅶ. 향촌사회

## 1. 신분제

### 1) 양천제

신분이란 사회구성원의 실제적인 모습이 반영된 것으로 법제적으로 뒷받침된 문제이든 관념적인 문제이든 한 사회 내에는 신분적인 차별이 존재한다. 특히 전근대적인 사회일수록 신분의 차별이 뚜렷이 존재하기 때문에 신분문제야말로 한 사회의 구조를 파악하는 데 중요한 기준이 된다. 전통사회에서 신분은 개인보다는 소속된 계층의 성격에 따라 좌우되었다. 개방적인 사회에서는 개인의 능력에 따라 신분상승이 가능하지만 폐쇄된 사회에서의 신분은 획득적이라기 보다는 주어지는 것이었다.

조선시대의 신분은 양신분(良身分)과 천신분(賤身分)으로 구분된다. 신분

**박경하** | 중앙대학교 역사학과 교수. 문화재청 문화재전문위원. 한국역사민속학회 회장 역임. 논저로 『조선후기 향약연구』, 『조선은 지방을 어떻게 지배하였는가』, 『조선시기 사회사 연구법』(공저), 「조선후기 촌락민 조직과 민의 존재양태」 외 다수가 있다.

을 양·천으로 구분하는 양·천 신분구분법은 중국 고대에서부터 있었는데 진한(秦漢)에서 법제화되었으며 당대(唐代)의 양천제가 고려의 신분구분법에 깊은 영향을 미쳤다. 법제적으로 엄격히 구분되어 있던 고려의 양·천 신분구분법이 조선조에 계승되어 조선조의 신분법의 근간을 이루었다.

양신분은 신분적으로 국가의 공적인 지배만을 받는 자유민을 의미하고, 천신분은 관청이나 양반에게 사적으로 소속되어 있는 비자유민을 의미한다. 각 신분 내에는 또 다른 신분분화가 내재해 있다. 양신분 가운데에서 오랫동안 문벌, 관직, 토지 및 노비소유의 경쟁에서 우세한 지위를 차지하는 특권적인 지배신분층이 나타나게 되었다. 그리하여 양신분 내에서 지배, 피지배층이 생기고 지배계층 내에서도 다시 상급지배층과 하급지배층의 구분이 생기게 되었다.

조선시대의 신분계층은 대체로 양반, 중인, 양인, 천인으로 대별된다. 이외에 신양역천(身良役賤)이라는 양, 천 중간 신분층이 있었으나 이는 신분재편성 과정에서 실시한 양인 확대책을 위한 일시적 산물이며 결국 양인에 편입되었다. 이들 각 신분계층 간에는 혼인관계, 한품서용(限品敍用), 국역부담(國役負擔), 직영(職役)의 세전(世傳), 거주지의 구별 등에 차별이 있었는데 이를 쉽게 넘어설 수는 없었다.

조선시대 신분제의 전형은 조선 전기의 신분제 재편성과정에서 형성되었다. 조선왕조를 창건한 신흥사대부들은 신왕조의 건국과 더불어 새로운 지배체제를 확립해가는 과정에서 대대적으로 사회신분의 재편성을 단행하였다. 지배계층을 정리하여 자신들의 출신기반인 지방의 중소지주층을 상급지배신분층인 양반으로 공인하였다. 당시 지방의 중소지주들은 품관층(品官層)과 향리층의 두 부류가 있었다. 이중 양반으로 공인된 부류는 품관층이며 향리층은 지주층으로부터 도태되어 중인층으로 되었다. 품관층은 스스로를 향리와 구별하려 했고 이것이 조선 초기에 양반과 중인의 분화로 나타나게 되었다.

15세기에 이르면 지배층은 양반과 중인의 두 신분층으로 분화되기에 이르른다. 집권양반들은 양반의 공급원이었던 향리에 양반으로의 진출을 대폭 제한하여 향리는 차츰 하급지배신분층인 중인으로 격하되어 갔다. 중앙의 기술관도 제도적·관념적으로 차별을 가하였고 양반 자체 내에서도 첩자손인 서얼에 서얼차대법, 서얼금고법 등으로 철저한 차별대우를 하여 양반층에서 도태시켰다. 또한 재가(再嫁), 실행녀(失行女)의 자손에도 제약을 가하였다. 그리하여 이들 계층은 양반과 현격히 구별되는 하급지배신분층으로 굳어져 가게 되었다. 따라서 지배신분의 양분화가 이루어졌다.

반면에 집권양반들은 정치적·경제적 기반을 확립하기 위하여 양인 확대 정책으로 노비변정사업, 승려의 환속, 신백정(新白丁)의 설정, 신양역천인의 양인화 정책 등을 실시하였다. 이러한 정책에 따라 15세기 이후에는 양인의 수가 증가하였을 뿐만 아니라 신분의 이동 또한 심하였다.



## 2) 양반

조선시대의 양반은 정치, 경제, 사회, 교육 등 모든 면에서 타 신분에 비해 많은 특권을 누리고 있었다. 양반들은 이러한 특권을 제도적으로 보장받고 유지하기 위하여 국가의 모든 정책과 제도를 그들 신분에 유리하게 이끌어 나갔다. 그리하여 토지소유, 국역, 교육, 과거, 관직, 형벌에서 제반 특권을 부여받았다.

모든 양신분은 국역(國役)을 부담하여야 하였는데 양반에게는 여러 가지 명목으로 면제되는 경우가 많았다. 교육과 과거에도 법제적으로 양인 신분의 제한은 없었으나 실제적으로는 교육과 과거를 통하여 양반에게 주어지는 기회가 월등하여 양반신분이 특권을 보장받고 있었다.

관계(官階)와 관직(官職)에서는 신분간에 명확한 구별이 있어 신분에 따라 한품(限品)이 다르고 직종이 달랐다. 양반신분의 유지는 관직취득과 밀접한 관계가 있었으며 4조(四祖) 내에 현관(顯官)의 유무가 양반신분 유지에 주요 기준이 될 만큼 관직과 신분은 밀접한 관련이 있었다. 양반은 형벌에서도 특권이 보장되어 되도록 속전(贖錢)을 받거나 가노(家奴)를 대신 처벌한다거나 하였으며 죽을 죄라도 반역, 패륜범이 아닌 이상 참형(斬刑)에 처하지 않고 사약(死藥)으로 처리하는 등 타 신분과는 구별되었다.

양반은 본래 문반과 무반을 의미한다. 그러나 양반이라는 용어는 역사적으로 반드시 같은 의미로 쓰이지 않았다. 양반이라는 개념에는 관제상의 문·무반을 지칭하는 개념과 상급지배의 신분층으로서의 양반을 지칭하는 두 가지 개념이 있다. 이 두 가지 개념 사이에는 밀접한 관계가 있으나 쓰인 시대와 범주에는 상당히 차이가 있다.

관제상의 문·무반으로서의 양반은 고려시대부터 사용되어 왔으며, 관직과 밀접한 관계가 있어 재추(宰樞) 이하의 문반과 3품 이하의 무반을 지칭하였다. 조선 초기 법제에도 양반의 개념이 관계상의 문·무반의 개념으로 쓰인 경우가 많이 보이나 상급지배 신분층으로서의 양반의 개념이 집중적으로 쓰이기 시작하여 오히려 일반화되고 있다. 조선 초기 이후 점차 문반·무반에 소속된 관료들뿐만 아니라 그 가족·가문에까지 확산된 하나의 지배신분 개념으로 쓰이게 되었다. 양반 중에서도 관직에 진출하려면 과거에 합격하여야 한다.

### 3) 중인

중인은 일반적으로 하급지배신분층을 지칭한다. 조선 초기에는 중인이라는 용어가 반드시 신분계념에만 국한되어 쓰인 것은 아니다. 중인이 신분개념으로 쓰이기 시작한 것은 중·후기에 이르러서이다. 중인이라는 신분개념에는 두 가지 개념이 있었는데 하나는 서울 중심가에 살던 기술관을 총칭하는 협의의 중인과 향리, 서얼, 토관, 장교, 역리 등의 행정실무자들을 칭하는 광의의 중인이다. 협의의 개념은 조선 중기부터 사용되었지만 중간신분층을 지칭하는 광의의 개념은 후기부터 사용되었다.

중인의 신분적 지위는 양반보다 못하며 일반서민보다는 높았다. 신분제가 해이해지는 조선 후기에 중인의 신분상승 욕구는 통천운동(通淸運動)으로 나타났다. 이들의 통청운동은 근본적으로는 성공하지 못했으나 그만큼 중인이 사회적으로 성장했다는 것을 말해준다.

중인은 크게 향리, 서얼, 기술관으로 대별된다. 향리는 고려시대에는 지방사회의 지배자였으나 조선 초에 지방관아의 행정실무자로 하락하였다. 향리는 국가로부터 녹봉을 받지 않았기 때문에 구조적으로 부정과 부패에 연루될 수밖에 없었다. 향리들은 향리직을 세습하면서 사족못지 않게 가문의 전통을 지켜나가기 위해 노력하였다. 경제적으로 부유한 향리들은 향촌사회의 실력자로 행세하면서 한편 과거를 통한 신분상승을 위해 유업(儒業)에 종사하기도 하였다.

기술관은 조선 초기만 해도 양반자제도 잡학에 합격하는 경우가 많았는데 16세기 이후 중인층이 형성됨으로 해서 양반자제들이 기술관을 기피하게 되었다. 후기로 갈수록 강한 세전(世傳) 양상을 보인다. 기술관들은 혼인에서도 특정 가문과 통혼하는 양상이 두드러지게 나타나 신분의 폐쇄성을 보이고 있다. 무과에 합격하는 경우도 있지만 세전되지 않고 있어 타 과를 통한 신분상승의 기회는 어려웠던 것으로 나타났다.

#### 4) 양인

양인은 상민(常民), 상인(常人), 서민(庶民), 평민(平民) 등이라고도 한다.

이들은 국가의 생산을 담당하고 역(役)을 부담하는 주 계층으로 국가의 경제적 기반이었다. 조선 초에 국가는 경제적 기반을 확고히 하기 위하여 노비변정사업, 승려의 환속과 같은 양인확보책에 힘썼다. 양인의 대부분은 농업에 종사하였으며 수공업과 상업에 종사하는 층도 있었다.

### 5) 노비

조선시대 노비는 사회경제적 존재양태에 따라 세 가지 유형으로 구분할 수 있다. 솔거(率居), 선상(選上), 입역(入役)의 형태로 노동력을 직접 수탈당하는 자, 외거노비처럼 상전이나 국가의 토지를 경작하며 신분적·경제적으로 예속되어 있는 자, 외거(外居)하면서 경제적인 예속없이 신공(身貢)만 납부하는 자로 구분된다. 조선 전기에는 첫째와 두 번째 유형이 많았으나 후기에는 셋째 유형이 우세해졌다.

국가의 노비정책에 따라 노비소생의 신분은 변동되었다. 일천즉역(一賤則賤)은 노비의 양산을 위한 정책이었다. 국가는 필요에 따라 종모법(從母法) 또는 종부법(從父法)을 실시함으로써 노비인구를 조절했다. 노비도 재산을 취득할 수 있었고 노비를 사유할 수도 있었다. 재산취득방법은 상속과 매득이 중요한 수단이었다. 이와 같은 방법으로 부(富)를 축적하게 된 노비는 일부이기는 하나 조선 후기에 이르면 신분적인 예속관계에서 벗어나게 되었다.

조선 후기에 광범위하게 전개되는 신분제의 이완과 사회경제적인 변화는 노비신분층에게도 일정한 변화를 초래하였다. 호적대장에 기재된 도망노비의 수는 이 시기 도망노비가 상당히 광범위했음을 말해 주고 있다. 이러한 사회적 변화는 국가에게 더 이상 공노비제를 지탱해나갈 수 없도록 하여 1801년 공노비는 혁파되기에 이르렀다.

### 6) 여성

전통적인 가부장적 사회구조 속에서 여성의 인식이 남성과 대등하지 못했으며 여성은 가족구성원의 일원이라기보다는 출산력과 노동력에 의미가 부여되는 존재로 인식되었다.

가부장적 체제가 뿌리를 내리자 여성은 제사와 상속에서 차등대우를 받게 되었다. 가정과 사회 내에서의 여성의 지위는 상대적으로 낮았는데 여성의 사회·경제적 지위는 주자학의 보급에 따라 변화해 갔다. 여성에게는 사회적으로 강요되는 윤리가 남성보다 강하게 작용하고 있었다. 즉 효녀, 효부, 열녀의 사회적 보상과 내외법, 재가금지와 같은 장치는 시대적인 제약 속에 여성에게 주어진 윤리규범이었다. 한편 조선 후기에 전래된 천주교 및 기독교는 여성의 사회적 지위와 인식에 상당한 변화요인으로 작용하였다.



## 2. 가족과 친족

### 1) 가족

가족은 사회를 구성하는 가장 기본단위이다. 개인이라는 차원을 넘어 공동체적 유대관계를 형성하고 가족의 유지와 보존, 계승을 위해서는 사회적인 규범이 필요하게 된다. 따라서 종족, 친족, 가족 등은 개인의 차원을 넘어 사회적 차원에서 이해되며 거기서 파생되는 족보(族譜), 종법(宗法), 족적 결합(族的結合), 상속(相續) 등의 문제는 모두 가계존속(家系存續)과 관련된 문제이다.

조선시대 가족제도의 기반은 삼강오륜(三綱五倫)에 기초한 가부장적인 데서 찾아볼 수 있다. 유교적인 윤리가 정비되고 강화됨에 따라 가부장적 가족윤리가 정형화되어 적서차별(嫡庶差別), 재가금지(再嫁禁止), 첩자(妾子)의 한품서용(限品敍用) 등이 법제화되었다. 이와 같은 가족제도와 관련하여 파생된 여러 가지 현상들은 조선 사회를 유지해 나가는 윤리와 규범이었다.

가족제도도 시대의 변천에 따라 변화하게 마련이다. 조선 초에 성립된 규범에는 후기에 가톨릭이 수용됨으로해서 가부장적 가족관계에 변화가 나타나게 된다. 가톨릭의 평등사상은 가부장적 가족윤리에 배치되는 사상이다. 그 영향은 제한적이기는 하나 가톨릭이라는 새로운 사상이 도입됨으로 해서 전통적 가족관계가 변화할 수 있는 요인으로 작용했다는 점을 간과할 수 없다.

친족제도는 일족이당제(一族二黨制)로, 친척에는 부당(父黨), 모당(母黨), 처당(妻黨)의 3당이 있으며 부당을 친족, 모당을 외척(外戚), 처당을 인척(姻戚)으로 구분한다. 여기서 친족이란 부당으로 부계친(父系親)을 말한다. 부계친이란 개인을 중심으로 하였을 때 부로 이어지는 친족 전부를 포함하는 것이고 이들은 하나의 원시조에서 유래된 친족의 전부를 포함한다.

사회의 기본단위이며 경제집단인 가족은 가례를 행하는 장이며 가례는 조상숭배를 핵심적 요목으로 하였기 때문에 조상숭배를 실천할 친족집단을 발달시켰다. 즉 가족은 부계출계(父系出系)의 원리에 의하여 형성된 친족집단의 기본단위이다. 조직과 경제적 기반을 가진 친족집단은 전통사회에서 유력한 정치집단으로 작용하였고 사회의 여론집단으로서의 기능도 수행하였다. 파시조(派始祖)를 중심으로 한 문중(門中)은 한 지역 내의 세력집단으로 존재하는 한편 타 지역의 유사한 집단과 혼반(婚班)을 형성하고 학통에 의한 유대를 강화하며 지방에서는 세력집단으로, 중앙에서는 정치집단으로 활약하였다. 이러한 친족집단의 구조와 기능을 파악하지 못하면 한국과 중국 등의 전통사회를 이해할 수 없다.

## 2) 친족체계

한국의 친족체계는 조선 중기 이전의 시기인 17세기 중기 이전까지는 부계 혈연친에 못지않게 모계나 처계의 친족의 비중이 주요한 것으로 인식되었고, 심지어는 부계 친족보다도 모계 친족의 비중이 더욱 강조되기도 하였다. 이는 고려시대는 물론 조선 중기까지도 사위가 오랫동안 처가에서 생활을 하고 그 결과 외손자가 외할아버지의 집에서 길러지고 장성하게 되는 서류부가(壻留婦家)의 혼속(婚俗)의 결과로 여겨진다.

이와 같이 비부계친족의 강조와 비부계적 원리하에서 운영된 17세기 중기 이전의 한국의 친족체계는 그 친족원 상호간의 호칭에서도 마찬가지로 비부계적인 특징을 보여 준다. 즉 『고려도경』이나 『조선왕조실록』 등의 기록에 따르면 사위와 외손자가 오랫동안 장인과 외조부의 집에서 생활을 하며 자라났기 때문에 사위는 장인을 아버지라 부르고 외손자는 그들의 외삼촌을 부계의 사촌과 마찬가지로 그냥 사촌간이라 칭하며 어머니의 남자형제들인 외숙부를 아버지의 형제들과 마찬가지로 아저씨〔叔父〕라 칭할 뿐 아니라 외할아버지와 친할아버지를 모두 할아버지〔祖父〕라 부르는 등 외가의 친족들에게 부계의 친족들과 마찬가지로 동일한 호칭을 사용하였다.

이와 같이 중국의 친족체계와는 이질적인 비부계적 요소를 바탕으로 하였던 한국의 친족체계는 조선조 중기 이후 점차 중국의 그것과 거의 동일한 형태로 변화되었다. 『주자가례』의 보급 등 중국의 문물제도를 수용하는 과정 속에서 부계의 친족만을 강조하고 그들을 조직화하는 직계주의(直系主義)의 원리가 우리의 친족체계 속으로 도입하게 되었고 마침내 17세기 후반에 이르러서는 우리 고유의 친족체계 운용의 원리인 비부계의 원리를 대체하게 되었던 것이다.

따라서 17세기 후반에 와서야 부계 친족만을 강조하고 모계나 처계 등의 비부계 친족을 차별하는 중국화된 친족체계, 즉 씨족제도(氏族制度)의 성립을 보게 되었다. 이러한 변화는 여러 부분에 영향을 미쳤다. 상속제도에서 자녀간에 차별을 두고 장자를 우대하기 시작하는 것은 17세기 이후부터이며 결국 여자가 상속의 대상에서 제외되고 장자에의 비중이 크게 가중되어 우리가 오늘날 전통적이라 하는 장자우대 불균등상속이 확립되었다. 재산상속의 확립은 제사의 자녀윤회나 제사분할의 관습을 없애게 하고 무엇보다 흔하게 행해지던 외손봉사를 크게 위축시켰다. 한편 양자제도도 부계중심으로 변화하여 형제자매가 자녀의 공급원이 되었던 것이 형제로 위축되면서 부족한 양자를 부계 원족(遠族)에서 구하게 되었다. 동성동본불혼도 동족적 성격의 동족집단을 부계와 모계를 완전히 구별하던 당시의 배경에서 나온 것이다. 가족에도 영향을 주어 가내에서는 가부장권이 강화되었으며 여자가 권력구조상 하위에 있게 되고 검박하고 근면한 부인상이 확립되었으며 부계가족을 위해 재혼을 금하고 가족을 위해 희생하는 열녀를 이상형으로 하게 되었다. 18세기 이후의 우리의 친족제도가 중국의 그것과 거의 동일한 것으로 되자 우리의 친족용어, 특히 친족원 상호간의 간접호칭도 중국의 친족용어와 거의 동일한 형태로 변화하였다. 즉 부계와 모계, 처계의 친족을 구별하여 별도의 용어로 부르는 친족호칭체계가 성립되었다.




### 3) 친족 용어

한국의 친족용어는 직접호칭의 경우 친족구분시 화자(話者)의 성(性)이나 혼인 여부, 친족용어가 지칭하는 대상자의 성과 연령(年齡) 등에 따라, 그리고 심지어는 지방마다 동일한 친족원에 사용하는 용어가 달랐다. 한국친족용어는 다음과 같은 특성을 가지고 있다.

첫째, 화자의 성에 따라 동일인을 지칭하는 친족용어가 차이를 보인다.

자기의 손윗 남자형제에 대하여 화자가 여성일 경우는 오빠란 용어를 사용하는 데 반하여 남성이 화자가 되는 경우는 형님 또는 언니라는 용어를 사용한다. 마찬가지로 손위의 여자형제를 지칭함에 여성이 화자일 경우는 언니라는 호칭을 사용하지만 남자가 화자가 될 경우는 누이 또는 누나라는 용어를 사용한다. 또한 언니라는 용어는 자신과 성이 동일한 손윗형제에게 사용되고 오빠 또는 누나라는 용어는 자신의 이성의 형제에게만 사용한다.

둘째, 화자의 성뿐만 아니라 어떠한 용어로 지칭되는 친족원의 성 또한 친족용어의 구분에서 큰 차이를 보인다. 아버지보다 연령이 많은 남자형제는 큰아버지〔伯父〕로, 연령이 적은 남자형제는 작은아버지〔叔父〕로 구분하여 호칭함에 반하여 아버지의 여자형제의 경우는 연령에 관계없이 고모로 호칭한다. 이것은 자신의 상세대(上世代)의 남성에게는 자신의 직계친(父 또는 祖父 등)의 경우에는 연령을 고려한 뒤 차별적으로 호칭하지만 여성에게는 연령을 고려하지 않고 동일하게 호칭한다는 것을 의미한다.

셋째, 화자와 대상친족원과의 연령의 차이 또한 친족용어의 사용을 차이나게 한다. 언니와 오빠란 용어는 자신보다 연령이 많은 동성(同性) 또는 이성(異性)의 형제를 가리키고 있지만 자신보다 연령이 작은 손아래 형제에게는 그가 남성이건 여성이건 모두 동일하게 동생이란 용어로서 호칭한다.

넷째, 대상친족원의 결혼 여부가 동일친족원 호칭의 차이를 가져온다. 아버지의 손아래 남자 남자형제에게 그가 결혼하지 않았을 경우는 삼촌(三寸)이라는 용어를 사용하지만 결혼한 후라면 작은아버지라는 용어를 사용한다.

다섯째, 부변의 친족원인가 또는 모변의 친족원인가 하는 대상친족원의 성격에 따라 차이를 가져온다. 한국의 친족용어는 부변의 친족에게는 엄격한 차별적 호칭체계를 발전시켜 왔지만 모변의 친족에게는 이와 같은 차별적 호칭이 상대적으로 엄격하지 않다. 부변의 친족인 경우 아버지의 남자형제에게는 큰아버지, 작은아버지 등의 용어를 사용하고 구별하고 있는 데 반하여 모변의 친족에게는 외삼촌의 용어에서 보는 바와 같이 연령을 고려치 않고 어머니의 손윗 또는 손아래 남자형제를 통칭한다. 또한 부변의 친족의 경우는 고조(高祖)에서 현손(玄孫)에 이르는 9세대의 친족원 모두를 포괄하는 용어체계가 발전된 반면 모변의 친족은 상대적으로 매우 제한된 범위에 까지만 호칭체계를 발전시켰다.

또 친족의 범위로 당내(堂內)란 용어가 있다. 당내는 동고조팔촌(同高祖八寸)을 범위로 하는 친족집단으로 문중(門中)을 대종(大宗)이라 한다면 당내는 소종(小宗)이라 하겠다. 당내에 포함된 친족인 당내친은 학술적 용어이며 실제 일상생활에서 일반이 사용하는 용어로 '집안'이란 것이 있다. 집안이란 용어와 유사하면서 일상어로 사용되는 것에 '일가'라는 것이 있다. 일가는 집안보다 넓은 범위의 부계친족을 가리킬 때 주로 사용한다.

위의 내용을 정리하여 설명하면 다음과 같다. 조선 초의 가족제도의 근간은 『경국대전』에도 반영된 바와 같이 재산의 남녀균분상속, 사위, 외손에 의한 봉제사(奉祭祀) 등 양측적(兩側的) 가계운영에 의한 친족제도가 존속하였다. 그러나 성리학의 보급과 심화과정에서 이러한 요소들이 배제되어 가면서 동성(同姓) 혈연의식이 강화되고 종손(宗孫)위주의 제사와 재산상속이 보편화되며 동성촌락이 형성·발전하기에 이르는 등 후기에 가면서 전반적인 변화양상이 나타나게 되었다.

## 3. 향촌자치와 마을공동체

### 1) 사족의 향촌자치와 향약(鄕約)

중앙집권적인 지배체제를 갖춘 조선시대라 해도 처음부터 중앙의 통제가

지방에까지 미치지는 못하였다. 군현제(郡縣制)와 면리제(面里制)가 확립되어 지방에까지 중앙의 통제력이 미치게 되기까지 향촌사회의 운영은 나름대로의 질서유지체제를 지니고 있었다. 중앙의 통제력이 지방에까지 영향력을 미치게 된 조선 후기에도 향촌사회를 지배하는 세력은 존재하였다. 이른바 재지사족이라는 사족들이 향촌사회 운영에 주도적 역할을 하였다.

조선시대 사족들은 성리학적 지배질서를 확립하고 향촌사회 내부에서 그들의 위치를 확고히 하고자 하였다. 유향소, 향음주례, 향약·소학보급운동 등은 그러한 과정에서 나타난 일련의 노력이라고 할 수 있다. 이러한 노력들은 사족들이 성장하는 과정과 관련되어 조선 전기에 주로 나타난다.

향약은 중종대 김안국, 조광조 일파에 의해 시행, 전국적인 보급을 앞에 두고 정치적인 이유로 좌절된 후 그 시행은 사림파의 정치적 성장과 궤를 같이 하게 된다. 보급단계에서는 주자향약의 테두리에서 벗어나지 못하였으나 선조대에 이르러 율곡향약과 퇴계향약이 시행됨으로써 우리 실정에 맞는 향약을 제정하게 되었다. 율곡향약과 퇴계향약은 내용면에서 이후 시행된 향약의 모태가 되었다고 해도 과언이 아닐 정도로 영향을 미치게 된다.

전통시대의 향약을 흔히 덕업상권(德業相勸), 예속상교(禮俗相交), 과실상규(過失相規) 환난상휼(患難相恤)하는 상호부조인 것으로 알고 있으나, 실제 역사에서는 지배층이 하층민을 지배하기 위한 도구로 이용하였던 측면이 강하고, 상천민 간에 상부상조하는 조직은 40~50호 내의 자연촌락에서 촌계(村契), 동계(洞契)라는 이름으로 광범위하게 존재하였다. 호남에서는 주로 촌계라 하였다.

### 2) 민의 마을자치와 촌계

촌계조직에서의 기능은 크게 ① 마을의 안녕과 풍년을 기원하는 정월 대보름의 마을굿 즉 동제(洞祭)를 수행하는 사신공동체(祀神共同體)의 성격과 ② 노동공동체적 기능으로 두레, 황두 등의 조직이 있었고, ③ 일상생활 속에서 서로 돕고 의지하며 사는 생활공동체로서의 역할이 있었다.

촌제는 전국적으로 볼 때 정초(正初)와 정월 대보름, 10월 상달에 주로 치러진다. 정초는 한 해의 시작이라는 의미를 지니며, 대보름은 달이 가득 차 풍요다산을 기원하는 뜻이 있고, 10월 상달은 일종의 추수가사제인 성격을 갖는다. 이처럼 동제는 농경의례와 연관을 갖고 있다. 특히 호남지역은 농사지을 너른 평야가 있어 일년의 풍흉(豊凶)을 점치는 대보름에 주로 한다.

마을굿(동제)의 명칭은 지역에 따라 다양하다. 서울, 경기에서는 부군당제(府君堂祭), 도당제(都堂祭), 충청도에서는 장승제, 탑(塔)제, 강원도에서는 성황제(城隍祭), 경상도에서는 골맥이당(堂)굿, 제주도에서는 본향당제(本鄕堂祭)라 하나, 호남에서는 산이 있는 지역에서는 당산제(堂山祭), 너른 평야지대에서는 당제(堂祭)라 주로 부른다. 그 목적은 마을의 안녕과 한 해의 풍년을 기원하는 데에 있다.

촌제의 제사 전에 열리는 마을회의의 내용을 보면, 제관을 선정하는 일만 협의하는 것이 아니라 비용의 할당과 갹출문제를 다루기도 하고 제삿날의 선정, 제수물의 준비 등 제사전 집행일들을 협의하고 즉 제전에 열리는 마을회의는 촌제의 전과정을 협의하며 결정하였다.

그리고 제사 후에 열리는 마을회의에서는 촌제의 결산 이외에 마을의 도로교량의 보수, 농사공동작업 협의 등 1년간의 공동사항을 더 많이 다루었다.

이와 같이 지역에 따라 명칭은 다양하지만 마을 자치조직으로서 촌계가 광범위하게 존재하였고 이 조직에서 촌제를 주관하고 촌제 전후에 걸쳐 회의를 열어 촌제뿐만 아니라 마을의 공동사를 협의하여 생활해 나갔다.

둘째는 생활공동체로서의 기능이다. 촌제 전 또는 후에 총회를 열어 마을의 임원을 뽑고 동사(마을회관), 도로, 교량, 제언 등의 수리, 도랑이며 4산의 금양 위한 작업을 협동하여 수행하였다. 또한 남의 논밭경계를 침범하는 자, 남의 농업용수를 훔친 자, 남의 밭에 방우한 자 등 주민 사이의 분쟁을 조정・징계하고 특히 상장(喪葬)을 중요시하였다. 기타 가뭄, 수재, 질병, 도둑 등 환난을 당한 자는 동리에서 힘을 모아 도와 주고, 고아나 노약자를 휼호(恤護)하고 혼기를 놓친 노처녀의 혼처를 주선하는 데 이르기까지 동리는 공동체적인 우애와 협동의 질서가 뿌리내리고 있었다. 특히 남을 도울만 할 때 돕지 않고 방관하거나 남에게 물건 등 꾸어 줄 만한데 꾸어 주지 않은 자는 벌받는 것이 대개의 촌약에서 규정되어 있었으며 그 중에도 힘이 미치는 데도 남의 환난을 좌시한 자는 비교적 무거운 중벌에 처해지는 것이 예사였다. 이러한 시벌과 선행자의 시상 등 상벌의 실시는 촌계의 중요한 기능이었다.

셋째로는 노동공동체로서의 두레를 들 수 있다. 촌계에서는 노동공동체로서의 두레를 조직운용하여 이앙법(移秧法)에서 요구되는 집중적인 노동력 수요에 적응하였다. 두레는 기본적으로 마을단위의 조직이었으며, 지주층의 참여와 간섭을 배제하는 노동조직이었다. 촌계에서 두레를 주관하였음은 두레의 모임일자가 정월 대보름과 7월 백중(百中)을 전후하는 시기로 촌계에서의 촌제 치제시기와 거의 일치하는 데서 알 수 있다. 동계 농한기인 정월 전후는 장기적 농한기로서 농업노동이 실제적인 휴식을 취하는 시기이며 한해 농사를 준비해야 하는 신년이니, 이는 곧 1년 농사의 풍족한 수확을 기원하는 유감주술(類感呪術)의 생산의례가 열리는 시기였다. 하계 농한기인 백중절 전후는 수도작답의 마지막 제초작업과 중경(中耕)을 끝내고 춘곡(春穀)인 맥류(麥類)의 수확을 마친 전작지(田作地)에 간작(間作)했던 두류(豆類)의 제초작업마저 끝난 대부분의 농민들이 삼복(三伏) 중에 휴식을 취하게 되는 기간이다. 이 기간에 백중명절이 포함되어 있는 것이니, 이는 곧 생산의례로서 농번기 속의 농한기에 이루어지는 의례로 촌계에서 중요한 행사로 여겨왔다.

두레의 공동작업은 대개 칠월 백중을 끝으로 마감을 한다. 그리하여 '어정

칠월 건들팔월'이라 하여 잠시 여름철의 휴한기를 갖는 기간이 설정된다. 이 시기는 매우 중요한 의미를 지닌다. 두레꾼들은 반드시 집단적으로 산에 가서 공동으로 풀베기 두레를 하는 것이다. 아예 풀베기 두레가 별도로 조직되는 경우도 있을 정도로 이 시기의 풀베기 두레는 중요하다. 가을 보리에 쓰일 시비를 마련하기 위해서도 풀을 공동으로 베어다가 말려야 했다. 이들 작업은 반드시 공동으로 하였으며, 좌상(座上)의 지휘 아래 두레꾼들이 총동원되어 진행하였다. 인근 마을들과 산을 공유하는 경우도 많았기에 여러 두레가 공동으로 연대하여 풀베기 두레를 하는 일은 흔한 일이었다. 겨울에는 산에 가 나무를 해오기도 하였으므로 "등산초군야 출야지농부야(登山樵軍也 出野之農夫也)"라 규정한 것처럼 겨울철 농한기에는 초군이지만 농사철에는 두레집단이 되었다. 촌계의 공동노동은 농사일에만 국한된 것이 아니고 촌계의 공유산림이 있을 경우는 공동벌목을 하여 촌계운영의 비용으로 하였다.

조선 후기 두레는 단순히 농경노동조직만을 의미하는 것이 아니라 마을에서의 공동노동조직으로 촌계와 일체화된 조직이었다.

조선 후기의 마을공동체 조직으로서의 촌계는 사족중심의 향촌지배질서를 위한 동계와 지방통치를 위한 지방관에 의한 주현향약 등의 하부조직으로 흡수·편입되기도 하였으나 끊임없이 기층민의 입장을 반영하면서 그 독자성을 유지하여 왔다.

또한 19세기 중·후반 촌계에서의 두레조직이 지배층의 수탈에 저항한 농민항쟁의 일부세력으로서 참여하기도 하였다. 이는 민의 사회의식의 성장과 아울러 끊임없는 저항을 통해 자치성을 확보해 나가는 면을 보여 주는 것이라 할 수 있다.

기층민의 조직인 촌계는 지배층의 지배이념·사상과는 일정한 거리를 유지하면서, 사족의 동계 등에 흡수되는 등 외형적 형태는 변화되고 있었지만 그 모습이 용해되거나 분해됨이 없이 생활공동체로서의 자생적인 필요를 바탕으로 오랜 전통을 유지하여 왔다.

그러나 이러한 마을공동체문화 및 마을공동체를 평가하는 데 긍정적인 측면보다는 부정적인 시각에서 보아 왔던 면이 있다. 이러한 관점은 마르크스(Karl Marx)에서 비롯되었다. 마르크스는 "인도지나론(印度支那論)"이라는 논문에서 인도와 중국의 역사에서 수천 년간 'Asia적 생산양식(정체된 농업사회)'이 존속했다고 보았다. 그는 인도 농촌공동체의 정체성(停滯性)을 정체의 심연으로 보고, 영국 제국주의의 침략을 근대화를 위한 필요악(必要惡)이었다고 보았다.

이 이론은 일본 제국주의자들도 적극 이용하였다. 일제는 조선의 정체성을 과장하여 그들의 침략이 한국의 근대화를 위한 필요악 내지 구세주적 역할이라고 선전하였다. 한국학자들도 '공동체'라 하면 마르크스가 규정한 '정체적인 사회'로 등식화하여 받아들여 공동체란 용어를 탐탁지 않게 받아들이기도 했다.

그러나 전통시대에 어려움에 처했을 때 이웃간에 서로 의지하고 돕는 마을공동체적 생활방식은 정체가 아니라, 수많은 자연재해와 지배층의 수탈 속에서 민족적 생명력을 지탱해 주었던 삶의 지혜였다.

일제의 기본정책은 우리의 모든 전통을 부정하는 것이었다. 마을의 정신적 유대요, 기반이었던 마을굿[洞祭]을 낭비며 미신이라 하여 금압(禁壓)하는 등 마을의 단합을 온갖 명목으로 탄압하였다. 왕년의 우리 농촌이 수전농업사회의 일반적 속성에서 연유하는 상대적인 정체성과 폐쇄성을 지녔던 것은 사실이다. 하지만 마을공동체의 인정과과 의리, 협동과 상호부조는 우리가 새롭게 재조명하고 발전시켜 나가야 할 귀중한 전통문화유산이다.

## 참고문헌

근대사연구회 편, 『한국중세사회 해체기의 제문제』 상·하, 한울, 1987.

김두헌, 『한국가족제도연구』, 서울대출판부, 1968.

김용덕, 『신한국사의 탐구』, 범우사, 1991.

박경하 외, 『조선후기 향약연구』, 향촌사회연구회, 민음사, 1990.

송준호, 『조선사회사연구』, 일조각, 1987.

이성무, 「조선초기 양반연구」, 1980.

_____, 『조선양반사회연구』, 일조각, 1995.

이해준 외, 『조선시기 사회사 연구법』, 한국정신문화연구원, 1993.

최재석, 『한국가족연구』, 민중서관, 1970.

한국사연구회, 『조선은 지방을 어떻게 지배하였는가』, 아카넷, 2000.

# VIII. 옷문화

## 1. 우리 나라 의복의 특징



의생활은 시대나 나라마다 사상이나 관습 및 풍토에 따라 각기 다른 특성을 지니고 있다. 우리 나라 옷은 위〔上衣〕는 저고리〔襦〕를 입고 아래〔下衣〕는 바지〔袴〕를 입는 유고제(襦袴制)가 기본틀이다. 여기에 남녀 모두 겉에 덧입는 포(袍)와 여성용으로 치마가 있다. 이 밖에 모자와 신 및 허리띠를 갖춘다. 옷모양은 평면에 곧은선〔直線〕과 굽은선〔曲線〕이 결합되며 위와 아래옷으로 나뉘는 상하분리형이다. 입는 법은 머리에 쓰고, 몸에 입고, 발에 신는 삼분구도(三分構圖)를 이루고 있다. 위와 아래가 분리〔衣袴分離〕된 옷은 유라시아 초원의 스키타이계에서도 발견된다. 이런 옷이나 차림은 북방유목민들이 추위를 막고 아한대성 기후에 적응하며 활동하기에 알맞게 되어 있다. 삼국시대까지 상대(上代)의 우리 나라 옷 중에서 웃옷〔上衣〕은 앞이 트이고〔前開形〕 대부분 왼쪽으로 여미며〔左衽〕 아래옷인 바지는 통이 좁았다. 이런 옷을 중국〔漢

---

**고부자** | 단국대 전통의상학과 교수. 논저로 「濟州島 衣生活의 民俗學的 硏究」, 『우리 생활 100년, 옷』, 「민속과 의식주」, 「축제와 복식」 외 다수가 있다.

族]에서는 천하게 여겨 오랑캐[胡族]가 입는 옷이라는 뜻으로 호복(胡服)이라고 하였다. 우리 나라에서도 처음에는 이러한 옷을 입다가 한족들이 입는 크고 여밈이 오른쪽[右衽]으로 된 옷을 받아들였다. 전개형은 상의의 앞이 열려 있는 옷으로 양쪽 팔을 꿰고 앞에서 여미는 데 여미는 위치가 앞중심에서 마주치는 것[合衽型], 왼쪽으로 여미는 것[左衽型], 오른쪽으로 여미는 것[右衽型]이 있다. 전개형 여밈은 한대(寒帶)나 온대 및 아열대까지 광범위한 지역에서 입는 옷으로 입기에 편하고 실용적이어서 가장 널리 이용되고 있다.

우리 옷은 평면적인 제도법이므로 옷을 만들어 입다가 해어져서 못 입을 때까지 재생할 수 있어 경제적이고 계절의 변화에 따라 홑옷·겹옷·솜(핫)옷을 입으며 바느질과 색채, 소재 등으로 다양한 의생활문화를 이루어 왔다. 또 이웃 나라와의 관계와 국내의 사정에 따라 조금씩 바뀌기는 했지만 오늘날까지 세계에서도 드물게 오랜 전통을 지키면서 이어지고 있다.




## 2. 변천과정

우리 나라 의복의 변천단계는 상고(上古), 삼국, 통일신라, 고려, 조선, 개항(開港)기로 나눌 수 있다. 한편 우리 옷의 변화는 신라가 삼국을 통일하는 기점으로 고유기(固有期)와 복속기(服屬期)로 구분된다. 고유기는 통일 이전 유고(襦袴)를 입었던 시기이다. 복속기는 크게 두 차례 겪게 되는데 첫 번째는 삼국통일을 전후하면서 중국의 영향을 받은 후부터 조선 말까지 1300여 년 동안 이어진 중국화이며, 두 번째는 개항 후 서양복을 받아들여 입는 서양화이다. 복속기의 의생활 양상은 현재 서양 옷과 우리 옷을 같이 섞어 입는 것과는 다르다. 현재는 자본주의 시대이므로 개인의 경제사정에 따라 마음대로 치레할 수 있지만, 복속기 때는 계급사회였으므로 상하질서를 지키기 위한 규제에 따랐기 때문이다. 따라서 복속기에는 관리의 옷〔官服〕이나 상류층의 옷이 공식적인 일이나 의례를 행할 때에 이용되었지만, 관리들의 안에 입는 옷이나 일반민의 일상복은 우리 고유의 것을 입어 왔다. 즉 겉옷은 중국식이면서 속옷이나 평소에는 고유의 옷을 입음으로서 우리 것〔國俗〕과 다른 나라 것〔漢俗〕을 공용하는 이중구조를 겸하면서 변하여 왔다.

### 1) 상고시대: 고유전통기

스키타이 인물상(B.C. 4세기)

상고시대는 중국 본토와 만주족 및 서역(西域)계의 유목민과 접촉하면서 그들의 문화를 받아들인다. 이 때의 의생활은 무덤 속에 그려 있는 그림〔古墳壁畵〕이나 약간의 중국 측 사료에 의해 참조되고 있다. 고분벽화는 문헌이나 실물에서 부족한 부분을 채워 주는 매우 중요한 자료이다. 특히 고구려 고분벽화는 고구려뿐만 아니라 같은 시기의 백제나 신라의 의생활사 연구에도 매우 중요하다.

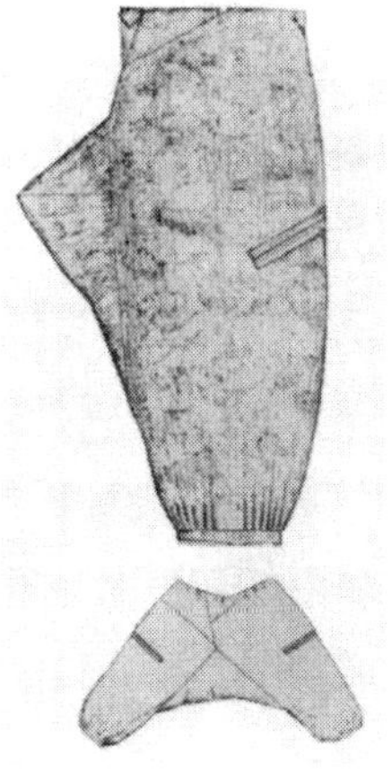

노인-우라 제6호분에서 출토된 바지(B.C. 3세기)

자료들에 의하면 이 때 의복은 생업과 추위에 알맞은 것으로 통이 좁은 바지〔窮袴〕와 소매가 좁은〔窄袖〕 웃옷을 입고 허리에는 띠를 매었다. 통이 좁은 바지는 우리 나라에서는 유물이 없으나 스키타이에 속하는 흉노 노인-우라 출토 바지에서 실물을 볼 수 있는데 고구려 고분벽화에서 보이는 것과 비교할 수 있는 자료이다. 머리에는 모자를 쓰고 발에는 목이 긴 신〔靴〕을 신었다. 머리는 남자어른들은 머리카락

〔頭髮〕을 올려 상투를 틀었고 부인들은 두발을 올려서 서리고〔盤〕 남은 것은 늘어뜨렸으며 처녀는 뒤에 드리웠다. 장식물은 구슬〔瓔珠〕을 귀하게 여기고 목걸이와 귀걸이를 즐겨 사용하였다. 백의(白衣)를 숭상하여 흰옷을 입고 가죽신을 신었다. 짐승가죽으로 포(袍)를 만들어 입고 모자는 금은으로 장식했다. 상(喪)을 당하면 순백색 옷을 입고 부인은 가락지도 끼지 않았다. 외국으로 갈 때는 그림을 그리고 수(繡)를 놓은 비단옷을 입었다.

## 2) 삼국시대

고구려와 신라, 백제 세나라가 병행했던 시기로 저고리와 바지를 기본으로 입던 고유전통기이다. 삼국의 기록 중에 중국측 사료로는 고구려가 가장 많고 백제나 신라는 고구려와 같거나 비슷하다고 하고 있다. 따라서 두 나라의 의생활은 기록에 나온 고구려의 자료와 이 지역의 고분벽화를 참조하여 풀어 가고 있다.

### (1) 고구려

기록에는 혼인하면 수의를 장만하였으며 상을 당하면 부모나 남편의 상복은 삼년 입고〔三年服〕 형제는 석 달 입었다. 매장(埋葬)이 끝나면 죽은 사람이 사용하였던 물건이나 옷은 장례에 온 사람들이 가져갔다. 복식은 수(繡)나 금(錦)으로 장식하고 머리에는 대가주부(大加主簿)는 뒤가 없는 책(幘)을 쓰고, 소가(小加)는 절풍변(折風弁)을 썼다. 귀인의 관(冠)은 자색(紫色)의 나(羅)로 만들고 금은으로 장식하였다. 의복은 웃옷은 소매가 넓은 큰 삼(衫)에 아래는 통이 넓은 바지〔大口袴〕를 입었다. 허리에는 가죽띠〔皮帶〕를 매고 황색의 가죽신〔黃革履〕을 신었다. 부인은 치마〔裙〕와 저고리〔襦〕를 입었는데 가장자리에는 선(襈 · 緣)을 둘렀다고 하였다.

지금까지 알려진 벽화가 있는 무덤은 80여기(基)인데 대부분 만주의 압록강 주변 집안(集安)과 한반도 안에서는 황해도의 안악이나 용강 및 평양의 대동강유역에 있다. 의생활이 참조되는 것은 인물이 묘사된 인물풍속도이다. 여기에 보면 남자들은 머리에 모자나 수건 같은 것을 쓰고 있는데 아랫사람들은 머리카락을 내리거나 상투를 틀고 있으며, 관은 관인이나 서민은 절풍에 새의 깃〔鳥羽〕을 꽂고, 부인은 건귁〔巾幗〕을 쓰고 있다. 여자들은 기혼자들은 머리에 얹고 아이나 처녀들은 내렸다. 옷은 저고리와 바지 외에 길이가 긴 옷〔袍〕을 입고 여자들은 여기에 치마를 덧입기도 하였다. 상류층의 옷은 길이나 품이 크고 풍성한데 사냥꾼이나 아래 계층사람들은 작고 좁다. 저고리는 남녀 모두 길이가 엉덩이까지 내려오고 소매는 넓은 것과 좁은 것이 있다. 소매의 끝〔袖口〕이나 깃과 도련에는 장식과 실용을 겸한 선(襈)이 있는데 이 선은 계층에 따라 너비가 다르며 하나나 두 개인 것도 있고 안에 여러 가지 다른 색과 무늬를 넣은 것도 있다. 허리에는 저고리나 포를 입은 위에 띠〔帶〕를 맸다. 대는 서민들의 것은 옷감〔布〕이었지만 관인이나 귀인 것은 금속과 가죽을 겸한 것들과 비단〔紫羅〕으로 만든 것 등이 있었다. 웃옷의 여밈은 초기에는 좌임

무용총

(左衽)이 많은데 우임도 같이 나오고 있다. 여자들이 입은 치마는 주름을 잡은 것처럼 보이는데 주름의 너비가 좁은 것과 넓은 것이 있다. 상류층 여인들의 치마는 주름너비가 좁으며 발이 보이지 않을 만큼 긴데 아래 계층 사람들은 주름이 넓고 길이가 짧아서 안에 바지를 입은 것이 나타나고 있다.

신은 목이 긴 화(靴)와 짧은 이(履)가 있었는데 매우 다양하였던 것으로 보인다.

⑵ 백제

기록에 보면 왕은 소매가 넓은 자주색 포〔紫繡大袍〕에 흰색가죽으로 만든 띠〔白韋帶〕를 띠고 푸른 비단바지〔青錦袴〕를 입고 검은 가죽신을 신었다. 머리에는 금화(金華)를 장식한 오라관(烏羅冠)을 썼다고 하였는데 이러한 관은 무령왕의 무덤에서 출토된 관전입식(冠前笠飾)과 비슷한 것으로 보며 백제 관모의 특징이라 할 수 있다. 부인의 머리는 처녀 때는 뒤로 늘이는 변발(辮髮)을 하고 출가 후는 두 가닥으로 땋고 머리에 서리었다고 하였다.

출토물로는 1971년 충청남도 공주(公州)에 있는 제25대 무령왕(在位 50

| 백제 출토유물 | | |
|---|---|---|
| 무령왕릉 | | 금동대향로 |
| 금제관식(왕) | 금제관식(왕비) | |
| 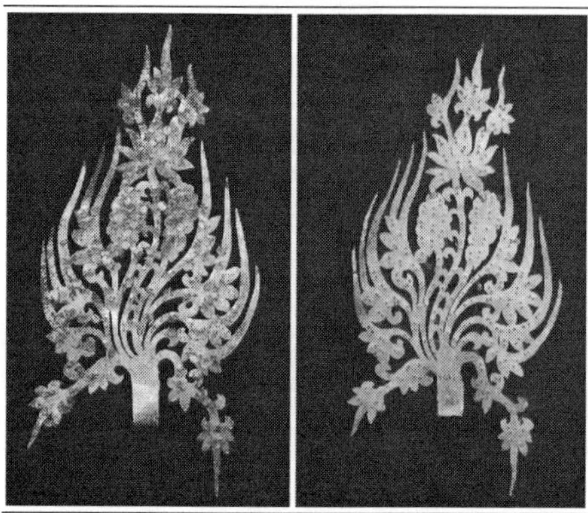 |  |  |

1~522)의 무덤 안에서 나온 금관과 금귀고리 금목걸이 은팔지 등이 있다. 또한 부여 능산리에서 6세기 때의 금동대향로(金銅大香爐)가 발굴되었는데 뚜껑에 사람들이 조각되어 있어 참조되고 있다. 이러한 공예품들을 보면 의생활도 이에 못지않게 섬세하고 화려하였을 것이다.

그림자료는 521년 백제의 사신이 양(梁: 502~557)나라에 갔을 때 그린 양직공도(梁職貢圖)가 있다. 사신으로 간 남자의 모습은 머리부분은 손상이 되어 확실하지는 않지만 턱 아래에 끈을 맨 관을 쓰고 옷은 바지와 포를 입었으며 신은 목이 긴 화(靴)를 신고 있다.

양직공도

무엇보다도 중요한 것은 고이왕 27년(260)에 공복(公服)제도가 제정되었다는 점이다. 이 때 공복제도는 관의 장식과 옷 및 허리띠의 색에 대한 것이며 계급을 1품에서 평민까지 17등급으로 나누었는데 내용은 단순하지만 최초로 복식제도를 정했다는 데 의의가 크다. 관 장식은 1~6품까지는 은화(銀花)이고, 허리띠는 계급별로 자주, 검정, 빨강, 파랑, 황색으로 나누었다. 옷색은 1~16품까지 모두 붉은[緋]색으로 하였는데 평민은 비색을 금했다.

⑶ 신라

삼국 중에서 의생활 자료가 가장 귀하다. 다만 중국측에 나타난 기록을 근거로 하면서 고구려의 고분벽화와 단석산에 있는 신선사 암각화의 공양인물이나 신라지역에서 출토되는 토우(土偶)와 토용(土俑)에 의해 면모가 파악되고 있다. 특히 출토된 관이나 허리띠와 신 등 많은 금속 장식물에 의해서

단석산 신선사 공양상

신라의 문화를 살피는데 도움이 된다.

기록에 의하면 신라도 고구려나 백제의 복식과 같다고 하였다. 그러나 관(冠)을 유자례(遺子禮), 저고리〔襦〕를 위해(尉解), 고(袴)를 가반(柯半), 화(靴)를 세(洗)라고 하였다는 기록이 있어 신라의 복식용어를 살피는 데 좋은 자료가 되고 있다. 여기에서 유자례는 고깔, 위해는 우티, 가반은 고이, 세는 신으로 추정되는데 이 용어들은 지금도 남아 있다. 의복색은 소(素), 즉 백색을 숭상하며 머리모양은 여자는 머리에 동이고 남자는 흑건(黑巾)을 썼다.

이 밖에 토우는 매우 드물지만 통일 이전 서민들의 의생활상을 엿볼 수 있어 좋은 자료가 된다. 토우에 의하면 남자는 건(巾)류를 쓰고 폭이 좁은 바지와 좁은 소매의 웃옷을 입었다. 여자는 머리를 단순하게 빗고 넓은 치마를 입고 있다. 더 자세한 근거를 보여 주는 것은 토우보다 섬세하게 만든 토용이다. 토용에 의하면 삼국통일을 전후하는 7세기 초기에는 고유 국속(國俗)을 간직하면서 한족(漢族)의 요소를 가미하고 있다. 그러나 8세기가 되면 남자는 복두(幞頭)모양의 모자를 쓰고 손에는 홀(笏)을 들며 옆이 트인 포〔缺骻衫〕를 입고 허리에 혁대를 띠고 요패(腰佩)를 차는 등 중국의 당나라 식으로 변하는데 여인용도 마찬가지이다. 특히 서역(西域) 사람 같은 인물이 섞여 있어서 그 영향도 컸을 것으로 짐작할 수 있다.

23대 법흥왕 7년(520)에 공복이 제정되는데 육부(六部)사람들의 복색을 정하였으며, 왕 10년에는 관리들의 공복색을 중국제도를 모방하여 자(紫)·단(丹)·비(緋)·황(黃)으로 나누었다. 진덕여왕 2년(648)에는 김춘추가 당에서 장복(章服)을 가져오고 다음해 649년 관복제를 중국식으로 바꾸며 문무왕 4년(664)에 여자도 중국제를 따르도록 한다. 이렇게 중국제로 바꾸면서

"지금까지 우리가 입어온 것은 오랑캐 속〔夷俗〕이었으며 비로소 한(漢)나라 속으로 바뀌게 되었다"고 하였다. 이로부터 중국속과 우리 나라 고유속을 병용하는 이중구조가 시작되며 이는 조선왕조가 끝나는 1300여 년 동안 지속되어 복속화를 자초한 결과를 가져오게 하였다.

### 3) 통일신라시대: 중국 복속기

남자의 공복을 당나라의 제도를 채택한 이후부터 관복과 의생활의 일부는 중국제도를 따른다. 이로부터 관복제는 이중구조체제를 이루게 되었으며 상류층에서는 이제까지 입어온 옷은 오랑캐 옷이며 아랫사람들의 옷이라는 개념으로 정착하게 된다. 특히 이 때 소매기 넓고 큰 여자의 활옷〔華衣〕과 원삼(圓衫)이 유입되어 오늘날까지 전해져 온 것으로 보고 있다.

한편 나라가 강해지고 문물이 풍족해지면서 사치가 심하고 상하질서가 문란하기 시작하자 흥덕왕 9년(834)에는 복식금지령을 내린다. 금지항목은 남자와 여자의 계급을 각기 10등급으로 나누고 관에서 신에 이르기까지 재료와 색 등 20가지 품목으로 분류하였다. 특히 금제의 종목에는 복두(幞頭)와 반비(半臂), 배당(褙襠), 표(褾) 등이 있는데 이것들은 모두 중국의 복식제이다.



신라지역 출토 토용, 토우

용강동 출토 토용(男)

용강동 출토 토용(女)

황남동 출토 토우

이로부터 여자도 바지와 저고리를 위주로 한 기본복식 위에 치마는 내상(內裳)과 표상(表裳)이 나오며 저고리도 짧은 것과 긴 것이 겸용되기 시작한다. 긴 저고리는 1500년대까지 이어지며 차츰 내의의 외복화(外服化)로 짧은 저고리가 표면으로 나와 현대 여복의 기본 모양이 되었다고 볼 수 있다. 여성의 머리는 처녀들은 피발(被髮)을 하고 부인들은 얹은머리를 하였다. 특히 머리카락〔美髮〕은 중국에서도 매우 귀하게 여겼으며 가체를 만드는 재료로 국제 교역품이 되기도 하였다. 머리에는 옥이나 금은동철로 장식을 한 관 외에 옥이나 대모(玳瑁) 뿔〔角〕로 만든 빗〔梳〕이나 머리꽂이〔釵〕를 꽂아 장식하였다. 또 귀걸이, 목걸이, 팔찌, 지환 등도 장식품으로 이용되었다.



### 4) 고려시대: 원(元) 복속과 혼란기



우리 나라 의생활사의 연구부분에서 가장 자료가 귀하면서도 복잡하고 어려운 시기이다. 이는 중국 대륙에서 일어난 여러 나라의 흥망성쇠에 따라 우

박익 묘 벽화. 여자복식(왼쪽)과 마부복식(오른쪽)

리 나라도 한족(漢族)과 여러 민족의 호족(胡族)의 요소가 함께 공존하였을 것으로 추정하지만 확실히 알 수 없기 때문이다.

문헌자료는 『고려사(高麗史)』, 『여복지(與服志)』 및 송나라 사신 서긍(徐兢)이 쓴 『고려도경(高麗圖經)』 외에 사여관복(賜與冠服) 등에 의해 참조되고 있다. 매우 귀한 자료로 경남 밀양에 있는 박익(朴翊, 1332~1398)묘의 벽화에는 원나라 양식이 나타나고 있다.

고려시대의 복식은 4기로 나눌 수 있다. 제1기는 신라의 복식을 그대로 받아들인 시기로 초기의 수십년 간이며 제2기는 송나라의 복식영향기로 고려가 몽고(蒙古)에 굴하기 전까지 300년 동안이다. 제3기는 몽고의 영향 아래서 개체변발(開剃辮髮)을 하고 몽고의 복식인 질손(質孫)을 입었던 1세기 동안이며 제4기는 공민왕 6년(1357)에 명(明)나라 제도를 받아들인 이후로부터 조선 초기까지이다.

시대별 변화는 고려 초는 통일신라의 것을 이어 받다가 오대(五代), 요, 금, 송의 영향에 따라 달라진다. 이때 거란에 대해서는 적대의식을 보이면서 수용치 않았다. 공복제도는 4대 광종 때 사색(四色)으로 분류하여 정한다. 귀부인들은 외출할 때 몽수(蒙首)를 쓰며 부녀자들은 흰 모시 옷과 노랑비단치마를 입었다. 치마는 넓으면서 땅에 끌릴 정도로 길고 여러 겹 껴입었으며 선군(旋裙)이라는 속치마도 있었는데 목욕할 때 입었다.

후기에 오면 몽고와 접촉하는 약 100여 년 동안 특히 왕실과의 혼인에 의해 자진해서 몽고풍을 따르게 된다. 제24대 원종 1년(1260)에는 원(元)의 세조가 "의관을 개혁하지 말고 자기 나라의 풍속에 따르도록 하라"는 국서를 보내지만 원나라 식을 따랐다. 또 충렬왕은 1272년 세자 때에 원에 볼모로 잡혀갔다가 돌아올 때 머리는 몽고식의 개체변발에 호복을 입었고, 왕이 된 다음 4년(1278)에는 국령(國令)으로 몽고 의복을 입을 것과 머리는 정수리를 깎고 뒤의 머리는 땋아 내리는 개체변발을 하도록 하였다. 몽고식 머리 풍속은 1세기 정도로 끝나지만, 머리를 땋는 풍속은 1900년 초까지 존속하였다. 몽고양식은 조선 말까지 남성 관원용 포(袍)의 하나인 철릭〔帖裏〕과 머리에 쓰는 관모로는 몽고식 발립(鉢笠)이 죽립(竹笠)으로, 다시 우리의 대표적인 관모인 갓〔黑笠〕으로 발전하였다. 또 여자의 족두리나 변발의 풍속과 더불어 댕기와 방한모자 등도 몽고영향으로 보고 있다.

고려 말이 되면 의복은 오행(五行)사상에 의한 개혁이 일어나고 명복속기로 바뀐다. 오행에 의해 문무백관의 모자는 청색으로 옷은 검정으로 하고 스님의 모자는 흑건대관(黑巾大冠)을 썼다. 여자의 옷도 흑라(黑羅)로 하도록 하였다. 공민왕대부터 원의 세력이 약해지자 개체변발을 고치고 원의 연호를 폐지하면서 고려의 옛 관제를 회복하기 시작한다. 공민왕 6년(1357)에는 복식제도를 개혁하는데, 이 때 관(冠)은 투구모양의 발립 대신에 명제를 따서 입정(笠頂)에 옥이나 수정 등을 장식한다. 공민왕은 원나라 사위〔駙馬〕이므로 즉위 초에는 원의 양식을 따르다가 원이 약해진 틈을 타서 중국 황제와 대등한 십이류면(十二旒冕) 십이장복(十二章服)을 입었다. 공민왕 18년(1369)에 원이 망하자 명의 제복(祭服)을 받아들이고, 19년에는 명 태조가 고려의 왕과 왕비에게 면복(冕服)과 원유관(遠遊冠)을 보내왔다. 우왕 13년(1387)에는 지금까지 입던 호복을 명제(明制)로 바꾸는데 이 때 관복은 사모(紗帽)와 단령(團領)이었으며 이것이 조선 말까지 관리의 관복중 하나이며 평상 집무복인 상복(常服)이 되었다. 이후 명이 망할 때까지 모든 관복은 청하여 받아들이는 청사사여(請賜賜與)를 하였고 그 제도는 중국에 비해 두 등급을 낮춘 이등체강원칙(二等遞降原則)에 의한다. 이것은 물론 관리의 관복이고, 일반민중의 복식은 국속을 따름에 변함이 없었다.

## 5) 조선시대: 명(明) 복속과 이등체강

발전단계는 크게 전기, 중기, 후기로 나눌 수 있다. 전기는 1392년 개국부터 1592년 임진왜란까지이며, 중기는 개항까지, 후기는 조선 말까지이다.

초기 관복제는 고려 말 제도를 이어받는다. 태종과 세종대에는 새 제도를 받아들이기 위해 명나라에 사신을 자주 파견시킨다. 태종 16년(1416)에는 백관의 조복(朝服)과 제복(祭服)을 정하였는데 중국 제도에 의한 것이었다. 세종 8년(1426)에는 모든 관복제가 제정되고 성종 때 『경국대전』이 법제화되면서 이와 함께 시대에 따라 약간씩 차이는 있지만 수정과 보완하면서 조선조 500년간 기본골격을 이룬다. 이 시기 일반적인 옷의 특징은 고려 말기 중국의 의복을 수용한 것으로 길이와 품이 풍성한 광대화(廣大化)이다.

중기에 오면 관복에는 임진왜란과 병자호란 이후 큰 변화가 없으나 통상예복에서 전기에 입던 옷들이 없어지고 다른 종류가 새로 나타난다. 군복(軍服)으로 융복(戎服)인 철릭이 일상화되며 관류(冠類)는 갓[黑笠]과 편복(便服)으로는 도포와 창의(氅衣)류가 나오면서 국속화가 정립되기 시작한다. 옷의 특징은 상의나 포가 전기에 비해 품이 몸에 맞도록 단소화(短小化)되는 반면에 소매의 너비가 전기에 비해 넓어진다.

후기에는 청이 등장하자 오랑캐 나라로 비하시켜 청나라의 옷을 수용하지 않고 『대명회전(大明會典)』에 의해 명제(明制)를 계속 따른다. 무관의 군복으

조선시대 여자 저고리의 변화

전기(광대화) 중기(단소화) 후기(왜소화)

로는 융복으로 철릭과 동다리가 같이 쓰인다. 여자 옷은 남자 옷이 중국제도를 따라 이중구조로 전승된 것에 비하여 저고리와 치마의 기본구조는 변함이 없었다. 다만 왕비도 법복(法服)은 명에서 가져와 가례(嘉禮)나 즉위 때 의례복으로 입었을 뿐 평거(平居) 때에는 일반의 국속복을 입었다. 영조와 정조 때부터 신분제도가 무너지면서 이제까지 상류층 전용이었던 것이 하류계층으로 확산되었다. 특히 여성들의 가발치레가 성행하여 영조 32년(1756)에는 가체금지령(加髢禁止令)이 나오고 차츰 쪽머리(낭자)가 정착된다. 웃옷은 단소화(短小化)되는 반면 아래는 풍성하게 보이는 상박하후(上薄下厚)한 새로운 모양이 유행한다. 특히 후기 여성복의 저고리는 길이가 짧고 소매통이 좁아져 왜소화된다.





### 6) 개항기와 일제강점기

1876년 병자수호조약과 함께 개항하면서 서양문물이 들어오기 시작한다. 그 중에 1881년에 별기군이 창설되고 옷이나 소총 및 계급, 전투실기를 모두 근대 서양식으로 바꾸는 등 큰 변화가 시작된다. 1884년에 갑신정변이 일어나고 개화파들에 의해 생활의 간소화와 의식전환이 강조되며 자유평등사

조선시대 남자 포(袍)류

철릭　　단령　　도포

상, 동학혁명정신, 신교육보급, 여성교육 등 새로운 움직임이 일어난다. 다시 1894년에는 갑오경장의 일환으로 크고 비활동적인 여러 종류의 의복을 간편한 옷으로 바꾸는 의제개혁(衣制改革)을 하게 된다. 특히 실학적 사상을 바탕으로 한 신분의 평등의식이 의복의 간소화를 부추긴다. 남성들이 겉옷으로 입던 소매가 넓고〔廣袖〕 뒤나 옆트임이 있는 도포나 창의, 중치막 등 여러 가지 포(袍)를 트임이 없고 소매통이 좁은 간편한 두루마기〔周衣〕 하나로 입도록 한다. 이로 인해서 용도와 신분에 따라 다양했던 포류(袍類)는 차츰 사라지고 두루마기 하나로 통일되어 오늘까지 100여 년 동안 이어지고 있다. 고종(高宗)은 두루마기를 관민(官民) 모두 흑색으로 입도록 하였는데, 이는 상하평등과 관민일체감을 주고 생활의 편의를 도모하고자 함이었으며 우리 나라 의생활사상 전무후무(前無後無)한 획일적인 복식간소화 작업이었다.

특히 고종 32년(1895)에 내려진 단발령과 문관예복을 양복으로 바꾸는 문관복장규칙 반포는 우리 나라 역사상 신라 통일 후 가장 큰 획기적인 사건으로 많은 의미를 가진다. 이제까지 의례의 상징이었던 갓을 벗고 서양모(西洋帽)를 쓰게 되었으며 양복화로 접근하는 계기가 된 것이다. 이는 의생활사상 두 번째의 큰 전환기로 한복과 양복의 혼용은 신라의 삼국 통일기 이후 1300여 년 동안 계속되어 오던 우리 옷과 중국옷과의 사이에서 일어났던 이중구조에서 다시 서양복과의 공존에서 오는 새로운 이중구조현상이 나타났다는 사실이다. 그러나 서양복화는 서울이나 도시의 관인(官人)이나 학생들의 공복으로, 또는 일부층에서 이루어졌으며 일반민은 우리 옷을 준수하였다.

1897년 고종은 황제(皇帝)에 오르면서 명나라 황제와 같은 십이류면 십이장복의 면복을 입었는데 조선시대 왕복은 큰 변화는 없었다.

1910년 한일합방 이후 의생활은 왕실을 위주로 하였던 계층문화에서 일반평민을 위한 대중문화로 바뀐다. 이 속에는 일본이 우리의 상층전통문화를 말살시키기 위한 정책적인 수단과 의료공급으로 경제적 안정을 도모하기 위한 의도도 작용하였다고 볼 수 있다. 또한 관원이나 친일파에 의해 일부에서 일본 옷(기모노)을 입음으로써 한복과 양복 및 일본풍이 병존하기도 한 복잡한 시기였다.

## 3. 우리 옷의 현주소

현대 우리 나라 의생활은 전통과 현대라는 양면을 조화롭게 지키면서 발전하고 있다. 그러나 가장 전통적인 관혼상제 의례는 매우 특별하고 희귀한 볼거리가 되어 가고 있다. 혼례식장에서의 서양식 혼례의례와 혼례복, 상주들의 상복(喪服)은 양복으로, 가장 좋은 것으로 입고 가야 할 수의(壽衣)가 죄인인 상주가 입는 삼베로 만드는 일, 특히 여자 상주들이 검정색 한복을 입는 일은 우리의 전통을 다시 바르게 찾아 고쳐야 하는 과제중의 하나이다. 옷에는 가벼움[輕]과 무거움[重]이 있다. 의례와 일상(日常)과 노동은 분명히 구분이 있어야 한다. 일제강점기 때 나온 개량한복에서 1900년대 후반부터 나온 생활한복까지 되돌아보고 반성해야 할 일들이 많다. 전통은 그 나라의 얼이요 생명이다. 전통은 불편하지만 그 나름대로 값어치가 있기에 지켜 온 것이다. 바르게 찾고 바르게 알고 올바르게 이어가야 한다. 이는 아무리 싫어도 내 조상과 내 땅을 바꾸지 못하는 천륜(天倫)과 같은 것이기 때문이다.

## 참고문헌


『경국대전』

『고려도경』

『고려사』

『대명회전』

『삼국사기』

고부자, 「밀양 박익 묘 벽화 복식 연구」『밀양고법리벽화』, 동아대학교박물관, 2002.

국립경주박물관, 『신라의 토용』, 1989.

국립부여박물관, 『국립부여박물관』, 1993.

김동욱, 『한국복식사 연구』, 아세아문화사, 1973.

이여성, 『조선복식고』, 백양당, 1947.

한국방송공사, 『고구려 고분벽화』, 1994.

# Ⅸ. 음식문화



## 1. 한국식탁의 기본구조

이런 이야기가 있다. 한 미국인이 난생 처음 서울에 왔다. 그를 안내한 한국인 친구는 이 미국친구에게 가장 한국적인 모습을 보여 주기 위해 곧장 인사동으로 갔다. 그리고 도착한 곳은 한국냄새가 물씬 풍기는 한 식당이었다. 좁은 골목을 따라 들어가자 작은 마당이 나오고, 옹기종기 키가 낮은 방들에는 손님이 제법 많았다. 신발을 벗고 방에 올라 쪼그리고 앉으니 정말로 다른 나라에 왔음을 실감하게 되었다. 잠시 후 낮은 식탁에는 음식들이 하나하나 놓이기 시작했다. 미국을 떠나면서 샀던 한국안내 책자에서 익히 보았던 모습이었지만, 이렇게 직접 대하고 나니 한편에서는 매우 난감함을 떨치기 어려웠다.

이윽고 이름도 알 수 없는 음식들이 상을 가득 채웠다. 그런데 이것을 어떻게 먹어야 할까? 한국인 친구는 나오는 음식의 이름과 맛을 소개한다고 열

**주영하** | 한국학중앙연구원 한국학대학원 교수. 부설 놀이와문화연구소장. 논저로 『음식전쟁 문화전쟁』, 『그림 속의 음식, 음식 속의 역사』, 『지역민속연구와 국학』 외 다수가 있다.

밥, 김치, 국

을 내고 있었지만, 정말로 어떻게 먹어야 하는지는 도대체 설명을 해 주지 않는다. 벌써 쪼그리고 앉은 다리에서는 쥐가 날 지경이지만, 참으면서 한참동안 상을 들여다보았다. 아! 우선 국물부터 먹어보자. 맵지 않아 먹을 만했다. 다음에는 무엇을 먹을까? 그래 샐러드처럼 생긴 것, 아마 '김치'라는 것이겠지, 하면서 서투른 젓가락질을 하여 한 입 넣었다. 아, 그런데 이게 웬일인가? 왜 이렇게 맵지? 열무김치를 먹고서 "난 정말로 시금치를 먹은 뒤의 뽀빠이 같았다"고 했던 자유기고가 스콧 버거슨이 『맥시멈 코리아』에서 이야기했던 그 김치가 정말로 이것인가? 이걸 어떻게 한 그릇 다 먹지?

이쯤이면 여러분은 꽤 한심한 미국친구라고 혀를 찰지 모르겠다. 하지만 잠시 생각해 보면, 그 친구가 한국음식을 두고 자기네 밥 먹는 방식을 따르고 있다는 사실을 알게 될 것이다. 그렇다. 미국인들이 식당에서 격식 있게 밥을 먹을 때는 '수프-샐러드-메인 디시-디저트'의 순서로 먹는다. 코스마다 나오는 음식은 그 자체로 완성된 음식이다. 그런 기준에서 한국 음식을 먹으면 당연히 '국-김치-반찬-밥'의 순서로 먹어야 한다.

하지만 한국인은 밥을 입에 넣고 그것을 다 삼키기 전에 김치나 다른 반찬을 다시 입에 넣고 함께 섞는다. 이른바 미국인들이 위장 안에서 음식을 혼합한다면 한국인은 입 속에서 몇 가지 음식을 함께 비벼서 먹는다. 그리고 그것에서 진짜 맛을 느낀다. 이것은 일본인과도 다르다. 가령 회를 먹으면서도 한국인은 상추와 깻잎, 초고추장과 마늘, 이런 것을 함께 싸서 먹는다. 그래야만 맛이 난다고 믿는다. 하지만 일본인들이 즐기는 음식 맛은 회 자체에서 나오는 맛이다. 그러나 한국인들은 이러한 일본 사시미〔刺身〕의 특별한 맛에 별로 관심이 없다.

한국음식은 '밥+반찬'의 상차림을 가장 기본으로 한다. 특히 반찬들은 밥을 먹기 위해서 존재할 뿐이다. 요사이야 밥을 먹는 양이 많이 줄어들었지만, 한때 한국인은 아시아의 대식가라는 별칭을 가지고 있었다. 그만큼 중국인이나 일본인에 비해서도 많은 양의 밥을 먹었다. 도자기 또는 유기로 된 무거운 밥그릇에 꾹꾹 눌려 담은 밥 한 그릇만 있으면, 김치 몇 조각과 간장만 있어도 행복했던 시절이 있었다. 그래서 한국음식의 반찬은 대체로 짜고 맵다.

비빔밥 유기그릇

## 2. 식탁에서 재현되는 성리학적 이념

한국음식을 먹는 데 필요한 도구로 특이한 것은 유기로 된 무거운 숟가락과 젓가락이다. 사실 1960년대 이전만 해도 수저를 다 갖추고 밥을 먹는 한국인은 많지 않았다. 특히 여자들은 젓가락도 없이 숟가락으로만 밥을 먹었다. 먼저 숟가락 손잡이로 김치를 쭉쭉 찢은 후 이것을 밥 위에 올려놓고 숟가락으로 떠먹었다. 중국인이나 일본인이 가벼운 재질로 된 젓가락을 써서 밥을 먹는 데 비해 한국인은 반드시 무거운 재질의 수저를 사용한다. 오히려 한국인은 식기가 가벼우면 상스럽다고 생각한다. 다른 한편에서는 국・탕・찌개・김칫국과 같이 국물이 들어간 음식이 한국음식에는 많다. 그래서 숟가락은 더욱 한국음식을 먹을 때 필수품일 수밖에 없다.

그런데 수저를 함께 사용하는 한국인의 모습을 보고, 일본의 한 인류학자는 그것이 성리학과 깊은 관련을 맺고 있다는 주장을 편다. 조선시대 선비들이 가장 중요하게 여겼던 덕목은 성리학적 이념으로 삶을 살아가는 것이었다. 아주 일상적인 행위도 가능한 『주례(周禮)』, 『가례(家禮)』와 같은 중국의 성리학 예법책들에 근거하려 노력했다. 그런데 그 책들에서 주장하기를 숟가락과 젓가락을 함께 써서 밥을 먹어야 하고, 그것도 오른손으로만 먹기를 권고하고 있다. 사실 앞에 나왔던 미국친구는 왼손에 숟가락, 오른손에 젓가락을 들고 밥을 먹었다. 하지만 『주자동몽수지(朱子童蒙須知)』라는 책에는 "음식을 먹을 때 숟가락을 들면 반드시 젓가락을 놓아 두어야 하고, 젓가락을 들면 숟가락을 놓아야 한다. 다 먹었으면 숟가락과 젓가락을 밥상 위에 놓는다"고 되어 있으니, 한국인의 밥 먹는 모습은 중국 송나라의 주희가 내세운 주장에 근거하고 있는 것인지도 모른다.

한국인의 밥상도 알고 보면 『주례』의 제사상차림과 많이 닮았다. 그 책까지 가지 않아도 요사이 설날이나 추석 때 차리는 유교식 제사상을 떠올려 보면 된다. 제사상의 가장 기본은 '밥+탕+나물'이다. 김치를 올리는 집도 있고 그렇지 않은 집이 있지만, 조선 후기의 『사례편람(四禮便覽)』에는 김치도 여기에 들어갔다. 또 수저는 조상신령이 와서 밥을 먹을 때 반드시 있어야 하는 것이다.

설이나 추석, 그리고 기일에 차려지는 유교식 제사상은 철저하게 살아 있는 사람들의 일상적인 상차림과 잔치상차림이 결합된 모습을 보인다. 유교식 제사에 오르는 음식은 보통 밥·탕·면·적·생선·육고기·떡·좌반·숙채·생채·김치·식혜·포·과일·정과 등이다. 이것은 일상의 반상차림과 큰 차이가 없다. 그 이유는 유교식 제사가 죽은 조상을 위해 마련되는 것이기 때문이다. 한국인은 조상신을 죽은 귀신이 아니라, 살아 있는 존재로 인식한다. 그래서 비록 죽었지만 살아 있는 조상을 위해서 밥〔메〕을 중심에 놓고, 그 앞

가정 제사

으로 국과 수저를 놓는다. 또 조상의 입장에서 보면 그 앞으로 술과 각종 반찬이 놓인다. 단지 사람들은 조상이 잡숫는 밥을 밥이라 부르지 않고 '메'라 불러 구분할 뿐이지, 일상적인 상차림과 유교식 제사상은 크게 다르지 않다.

이러한 모습은 한국인이 지닌 '식구(食口)'인식에서도 나타난다. 성리학적 이념에서 보면 식구는 부계혈친(父系血親) 중심의 가부장적 가족을 근간으로 하여 같은 집에서 함께 식사를 하는 사람들이다. 특히 농경사회를 거쳐 온 한국인은 조부모와 자녀, 그리고 손자녀가 한 집에서 함께 사는 것을 이상으로 여겨왔다. 이로 인해서 핵가족 위주로 가정을 꾸리고 있는 오늘날 한국인도 음식을 함께 소비하는 식구는 조부모를 중심으로 하는 상상 속의 확대된 대가족을 상정하는 경우가 많다. 그래서 명절·제사·가정행사가 있을 때 이들 확대가족은 함께 식사를 나누는 집단이 된다. 심지어 일부의 사례이지만, 간장·된장·고추장·김치 등은 확대한 식구범주 안에서 교환되기도 한다. 즉 농촌의 부모가 이런 음식을 생산하여 도시에 사는 자녀들에게 분배해 준다.





## 3. 밥과 떡의 다른 위상

적어도 조선시대 이후 한국인의 식탁이 성리학적 이념을 실천하려는 노력과 일정하게 맞아떨어진 결과라는 사실을 확인시켜 준다. 더욱이 일상적인 밥상과 다른 구조를 지닌 굿상에서도 돌아가신 조상을 위한 굿을 할 경우에는 별도로 '밥+탕+나물+김치+수저'로 구성된 밥상이 차려진다. 곧 죽은 조상이든지 산 후손이든지 사람이 먹을 밥상은 기본적으로 이렇게 차려지는 것이 올바르다고 생각하는 사람들이 한국인이다.

그런데 굿상에서는 일상적인 밥상이나 제사상과 달리 밥이나 나물은 오르지 않고 떡과 고기가 핵심적인 자리를 차지한다. 즉 무당이 주관하여 굿을 할 때 차려지는 굿의 상차림에는 밥이 핵심에 놓이지 않는다. 예를 들어 한국의 무(巫)에서 가장 기본적인 굿인 천신굿에 차려지는 상차림에는 대청에 차려지는 대청마루상과 마당에다 차려지는 마당허공상, 그리고 기타의 상 셋이 있다. 삶은 통돼지 한 마리와 마른 북어는 한국의 굿상에서 빠지지 않는 제물이다. 보통 삶은 통돼지는 최영 장군이나 별상・신장・본향대감・몸주대감・터줏대감 등에게 올려지지만, 마른 북어는 주로 잡귀잡신에게 바쳐진다.

하지만 신령이나 잡귀잡신을 모시는 어느 상에도 밥과 반찬은 오르지 않는다. 심지어 불교와 관련이 있는 제석상에는 고기로 만든 음식이나 돼지기름으로 지진 음식을 올리면 안 된다. 신령을 기쁘게 해 드릴 목적으로 열리는 굿에서 이런 잘못 배치된 제물은 신령의 노여움을 살 수 있기 때문이다. 가령 망자(亡者)를 천도하는 굿인 서울 새남굿에서 차려지는 음식을 살펴보자. 나라굿의 성격에 걸맞게 그 종류와 규모에서 한국의 굿 상차림 중에서 가장 화려하다. 새남굿에서의 굿상은 크게 안당사경맞이상과 새남굿상으로 나눌 수 있다. 안당사경맞이상에는 대상(불사상・제석상・조상상・대안주상・성주상)과 산상(도당상)・본향상・뒷전상이 있으며, 새남굿상에는 대상(망제상 포함)・상식상・연지상・안사재상・문사재상・말미상・뒷전상이 있다.

이 대부분의 상에는 떡을 가장 핵심적인 음식으로 다룬다. 그러나 망자를 위한 망제상에는 메[밥]가 가장 핵심적인 위치를 차지한다. 당연히 망자를 위한 상은 유교식 제사상의 규칙을 따라서 차려진다. 사람의 식성을 지닌 망자에게 올리는 굿상 중의 망자상에는 밥과 함께 김치가 놓이기도 하지만, 떡이 오르는 다른 신령의 상에는 김치가 오르지 않는다. 망자는 조상신령이며 조상은 비록 죽었지만 산 사람과 일정하게 통하기 때문에 밥과 반찬이라는 구도의 식단을 마련해야 한다고 믿는다.

이와 같이 한국의 식탁에서 밥의 범주는 밥 그 자체를 가리키기도 하지만, 다른 면에서는 밥・탕・김치・간장을 통틀어 지칭하기도 한다. 그래서 일상적인 대화에서 "밥 먹었느냐?"는 질문은 한 끼의 식사를 의미하면서 동시에 밥 그 자체를 뜻하는 이중적인 구조를 지니고 있다. 이에 비해 명절이나 잔치에 차려지는 음식은 대부분 떡을 중심으로 하여 식탁이 차려진다. 설날에는 떡국을 먹고, 추석에는 송편을 먹는다. 돌잔치에는 백설기와 수수팥떡이 차려진다. 이것은 한국인에게 밥은 살아 있는 사람의 일상적인 끼니이고, 떡은 신령과 교합(交合)하면서 그 뜻을 새긴다는 의미를 지니고 있기 때문에 가능하다.



## 4. 한꺼번에 음식이 차려지는 한국식탁

이것은 식단이 차려지는 형태에서도 그대로 나타난다. 즉 한국의 상차림은 한 상(床) 차림이 한 번에 나오는 공간적 배열로 이루어진다. 앞에서도 밝혔듯이 서유럽식 상차림은 '수프-샐러드-메인 디시-디저트'라는 순서로 각각의 음식물이 시간을 축으로 하여 배열된다. 이에 비해 한국식탁은 공간배열이 중심이다. 이러한 배열의 차이는 한 그릇에 담긴 음식물이 지닌 개별성과 집합성을 구분하는 기준이 된다.

모든 음식이 한꺼번에 나오는 식탁

한국식탁을 구성하는 밥과 반찬은 집합성에 기초를 두고 배치되며, 각각의 음식물은 상호간에 의존하지 않으면 안 된다. 특히 각각의 반찬은 반드시 밥과 함께 있어야 존재가치가 있다. 이에 비해 서유럽식 식탁에서 각각의 음식물은 개별성이 강한다. 다른 음식물과 함께 먹지 않고 그것 하나로도 충분히 먹을 수 있다. 이에 비해 중국의 식탁은 개별성과 집합성이 함께 존재하는 구조를 보인다. 식탁의 구성은 다분히 개별성에 근거하여 시간을 중심으로 배열된다. 그러나 모든 음식이 다 차려지면 그것은 집합성을 띤다. 중국인들은 서유럽인들처럼 하나하나의 음식물을 배열한 후 치우지 않는다. 결국 마지막에는 전체 음식이 모두 상 위에 배치된다. 하지만 음식물 그 자체는 상당히 개별성을 지니고 독립적으로 소비된다.

이렇게 지역마다 상이한 상차림의 구조는 어디에서 연유한 것일까? 그 이유를 공간과 시간의 인식방법이 다른 데서 찾을 수 있다. 가령 한국인은 서유럽인에 비해 공간인식이 더 강하다고 할 수 있다. 중국인 역시 공간인식이 시간인식에 비해 더 강하다. 이것은 동아시아 사회가 역사적으로 일찍부터 절대권력을 중심으로 편성된 세계관을 지녔기 때문이다. 특히 한국인의 공간인식은 남/북을 기준으로 하여 동/서를 구분하는 관습이 강했다. 그래서 연회를 개최하면 주인은 가장 북쪽에서 남쪽을 향해 앉았고, 주빈(主賓)은 주인의 동쪽에 앉았다.

이에 비해 서유럽인이 식사에서 시간배열을 중심에 두는 이유는 중세 이후 산업화과정에서 형성된 연회와 외식업체와 관련이 깊다. 특히 전문적인 식당에서 정찬(正餐)을 대접하면서 음식을 뜨거운 상태로 유지하기 위해 시간배열이 중요하게 여겨졌다. 중국의 상차림이 시간배열과 공간배열이 조합된 형태를 띠는 것도 비교적 빠른 외식업체의 형성과 관련이 있다. 본래 공간배열을 중심으로 상차림이 이루어졌는데, 송나라 이후 형성된 상업도시에서 외식업체가 발달하면서 정찬에 시간배열을 첨가시켰다. 중국 역시 뜨거운 음식을 대접하는 것을 우선에 두었기 때문이다.

이에 비해 한국의 경우 상업도시와 외식업체가 비교적 늦게 발달하여 식당에서의 상차림도 가정에서와 마찬가지로 공간을 중심으로 배열되도록 만들었다. 한국의 외식업체가 근대적인 양상을 띠고 본격적으로 나타난 시기는 20세기에 들어와서다. 특히 근대적인 도시의 발달은 서울을 중심으로 각지에 시가지를 형성시켰으며, 이 곳에 외식업체가 들어섰다. 특히 기왕의 지역사회 시스템과 달리 시골에서 이주해 온 사람들이 중심이 되어 형성한 시가지에는 그 지역의 음식과 함께 고향음식을 맛볼 수 있는 외식업체들도 자리를 잡았다. 서울의 경우 이러한 현상이 1920년대에 두드러졌다.

1929년 12월 1일자 잡지 『별건곤』 제24호에는 '천하명식팔도명식물예찬(天下名食八道名食物禮讚)'이란 제목으로 총 8개의 지역음식과 신선로에 대한 글이 각각 실렸다. 그 제목을 원문 그대로 옮기면 다음과 같다. 「사시명물(四時名物) 평양냉면(平壤冷麵)」(金昭姐), 「사랑의 떡 운치의 떡 연백(延白)의 인절미」(長壽山人), 「대구의 자랑 대구의 대구탕반(大邱湯飯)」(達城人), 「천하진미(天下珍味) 개성(開城)의 편수」(秦學圃), 「괄세 못할 경성(京城) 설넝탕」(牛耳生), 「충청도(忠淸道) 명물(名物) 진천(鎭川) 메물묵」(朴瓚熙), 「진주명물(晋州名物) 진주비빔밥」(飛鳳山人), 「전주명물(全州名物) 탁백이국」(多佳亭人), 「진품중(珍品中) 진품(珍品) 신선로(神仙爐)」(牛步生) 등이다.

제목만 보아도 알 수 있듯이 이 잡지에 소개된 음식은 각 지역을 대표하는 단품음식(單品飮食)이다. 이와 함께 일본의 영향을 받아서 형성된 이른바 요리옥(料理屋)도 서울을 비롯하여 지방의 행정중심지에 들어섰다. 이 때 차려진 음식들은 주로 일제시대 이왕가(李王家)의 연회음식을 모델로 삼았다. 그래서 진찬합(眞饌盒)과 건찬합(乾饌盒), 그리고 교자음식(校子飮食) 등이 차려지고, 기생이 손님을 접대하는 방식을 택했다. 이 곳에서는 각종 모임과 함께 혼례식 피로연이 열리기도 했다. 일제시대 이름을 날렸던 서울의 요리옥으로는 명월관(明月館)·천향원(天香園)·국일관(國一館)·조선관(朝鮮館)·태서관(太西館)·송죽관(松竹館) 등이 있었다.

결국 단품음식 위주의 외식업체에서는 설렁탕·비빔밥·냉면·콩나물국밥과 같이 밥을 위주로 하였으나, 요리옥에서는 화려한 반찬을 중심으로 술안주 중심으로 음식이 차려졌다. 이러한 경향은 적어도 1980년대까지 이어져서 한국인의 식탁은 가정의 일상식사는 물론이고 외식업체에서 제공하는 음식도 공간을 중심으로 하여 배열되는 특색을 지니게 되었다. 이로 인해서 따뜻한 밥과 국은 끼니를 상징하는 대표적인 음식으로 여겨졌다. 왜냐하면 대부분의 반찬들이 공간적으로 배열되어 차가운 속성을 지닌 데 비해, 밥과 국은 뜨거워서 음식을 먹고 난 후 포만감과 함께 몸을 따뜻하게 해 주는 역할을 하기 때문이다.

차가운 성질을 지닌 반찬은 밥과 국이 없으면 식사의 포만감을 제공해 주지 못하는 단점을 지닌다. 이로 인해 한국음식의 반찬에는 마늘·고추·파·생강과 같은 양념(藥念)이 많이 들어간다. 이것을 두고 음식이 곧 약이 된다는 '약식동원(藥食同源)'의 관념이 한국음식에 담겨 있다고 주장하는 사람도 있다. 본래 '약식동원'은 중국의학에서 나온 말이지만, 채소음식과 향신료의 적절한 조화와 고기음식과 채소의 효과적인 대응, 그리고 쌀밥과 숭늉이 지닌 짜고 매운 음식의 보합(保合) 작용은 한국음식이 지닌 가장 강력한 매력이 되었다. 특히 식사를 통해서 끼니를 해결하면서 동시에 병을 예방한다는 생각은 한국의 식탁을 곡물·채소·고기와 차가운 음식과 뜨거운 음식이 조화되도록 만들었다.

## 5. 한국음식의 미래

요즈음 한국음식이 이른바 한류(韓流)유행을 타고 세계 각국에서 인기 있는 민족음식(ethnic food)으로 자리를 잡아가고 있다. 이것은 한국음식이 중국음식이나 일본음식과 다른 특징을 지니고 있기 때문이다. 특히 끼니가 되면서 동시에 특이한 조리법과 매운 맛, 그리고 채소위주의 한국음식은 20세기 이후 인간이 추구해 온 건강지향의 음식과 같은 맥락에 놓여 있어 인기를 모은다.

앞에서도 밝혔듯이 한국의 식탁에 오르는 반찬은 밥을 먹기 위해 마련된 것이다. 그것도 밥을 더욱 많이 먹기 위해 짜고 매운 반찬이 준비되었다. 그래서 김치 · 나물 · 찌개 · 자반과 같은 것은 모두 소금이나 간장 또는 된장과 고추장, 심지어 액젓으로 간을 맞추어 만들어진 것이다. 인간이 먹는 음식은 모두 간을 맞춘다. 특히 소금은 인류의 음식생활에서 빠뜨릴 수 없는 조미료이다. 그러나 한국인은 반찬에 들어가는 소금이나 간장과 같은 짠 성분을 두고 단지 조미료로 여기거나 간을 맞출 때 사용하는 것 정도로 생각하지 않는다. 그 자체가 반찬이 되기도 한다.





아울러 간장 · 된장 · 마늘 · 고춧가루 등의 조미료는 한국음식을 한국음식답게 만드는 밑바탕이다. 여기에 젓갈과 김치가 보태지면 발효음식으로 대표되는 한국음식의 핵심이 구성된다. 하지만 이렇게 채소중심의 음식과 발효음식이 한국음식에 많게 된 이유에 대한 명확한 논지가 아직 없다. 다만 불교와 성리학의 영향이 클 것이라는 추측이 가능할 뿐이다. 하지만 이 종교들도 이웃한 나라들에 존재한다. 다만 어떤 종교나 사상을 수용하면 한국인은 가능한 몸으로 직접 그것을 실천하려는 태도가 다른 나라 사람들에 비해 강하기 때문에 이렇게 된 것은 아닐까?

아울러 이미 단군신화에서도 마늘이 등장하듯이 한국인들이 즐기는 맛의 중심에는 매운 맛이 있다. 심지어 요사이 한국인은 마늘과 고춧가루가 들어가지 않으면 맛이 없다고 여길 정도이다. 사실 고추는 400여 년 전에 멕시코-유럽-동남아시아-일본을 통해서 우리에게 알려진다. 처음에는 이 고추를 알코올 도수가 40도가 넘는 소주에 타서 먹기도 했지만, 결코 지금처럼 먹을 생각을

400년 전 조선사람들은 하지 않았다. 그로부터 200년이 지나면서 고추가 지닌 매운 맛이 조선사람들을 매료시켰다. 생선을 넣고 끓인 찌개에 고춧가루를 넣으면 비린내를 없애주면서 그 맛이 얼큰하고, 동시에 몸을 뜨겁게 해 준다는 사실이 알려지면서 19세기부터 매운탕이 생겨났다.

함께 먹는 찌개

또한 김치에도 고춧가루를 넣으면 그 맛이 봄과 같다고 생각했다.

그 만큼 한국인에게 고추는 매운 맛이면서 동시에 신선힘을 제공해 주는 방부제였다. 이 맵고 얼큰한 한국의 맛이 오늘날 세계인의 입맛을 사로잡고 있다. 심지어 이 맛에 반한 외국인들이 본고장의 맛을 즐기기 위해 한국을 찾아오기까지 한다. 또 김치·불고기·비빔밥과 함께 이제 감자탕·잡채·찌개 등이 일본에서 새로운 민족음식으로 인기를 누린다. 하지만 한국음식의 핵심에는 밥이 있다. 밥을 만들어내는 쌀은 한국인에게 조상을 의미하기도 하고, 식구와 고향을 느끼게 한다. 그래서 밥과 반찬, 밥과 맵고 얼큰한 맛, 그리고 밥과 국 또는 밥과 찌개, 그리고 수저는 한국인이 살아온 역사와 문화를 그대로 담고 있다.

일본에서 유행하는 비빔면

## ▩ 참고문헌


스콧 버거슨, 『맥시멈 코리아(외국인 비평가의 눈에 비친 한국 · 한국인 · 한국문화)』(안영준 옮김), 자작나무, 1999.

주영하, 『음식전쟁 문화전쟁』, 사계절, 2000.

_____, 『그림 속의 음식 음식 속의 역사－'조선'의 표상과 실재에 대해 다시 생각하다』, 사계절, 2005.

한복진, 『우리 생활 100년 · 음식』, 현암사, 2001.

# X. 주거문화

## 1. 시공간의 엮음



시간의 길고 짧음을 떠나 인간이 머무르기 위한 공간으로 사용된 곳은 모두 주거의 흔적이고 역사라고 할 수 있다. 가장 기본적이고 원초적인 생활을 영위하기 위한 어떠한 형태의 것이든 주거의 한 유형으로 분류가 되며, 자연환경과 시대적인 변천의 흐름 속에서 다양한 발전의 단계를 밟아 왔다. 홀로 생활을 하는 것이 거의 불가능한 인간은 가장 작은 동거의 단위인 가족을 이루고 그들과 함께 생존과 자손 번식의 목적을 위하여 거주행위가 가능한 환경을 찾아 집이라는 결과를 얻었다. 그리고 지금까지 이어지는 그 생활의 외형 내형적인 지속이 주거문화라는 이름으로 불리는 것이다.

전 세계를 통해서 볼 때 지역마다의 자연 조건이 다르고, 생존을 위한 먹거리도 차이가 나며, 사회구조와 제도 그리고 그 집단이 생겨난 시간의 길이

---

**박선주** | 국립민속박물관 학예연구사. 연세대학교 건축공학과 박사. 논저로 『하늘 아래 기와집을 거닐다』, 「서해도서민가 평면형식의 지역적 특성에 관한 연구」, 「六間八尺(육간팔자)형 민가의 성격과 공간확장 형식」 등이 있다.

도 각양각색이다. 하지만 이들이 한 곳에 정착하여 우선적으로 집이라고 하는 구조물을 만드는 방법은 주위에서 가장 쉽게 구할 수 있는 재료들을 이용하는 것이고, 그에 대한 활용과 발전 속도는 시간과 자연이라고 하는 기본적인 조건 이외에 새롭게 주어지는 재료의 발견과 기술의 발달이라는 제3의 요소에 따라 그 성격이 달라지기 시작한다. 여기서 각 집단 간의 문화가 다르게 나타나는 것이고, 주거문화도 그와 다르지 않은 길을 가기 때문에 민족마다의 특성을 갖게 되고 지금까지도 그 맥락이 지속되는 것이다.

모든 부분의 역사가 그렇듯이 우리 집의 역사라고 할 수 있는 주거문화도 시간이라고 하는 기본 축을 전제로 밝혀가야만 제대로 이해하고 근접문화와의 동시대적 유관성을 읽어낼 수 있다. 사람이 혼자 사는 것이 불가능하듯이 문화라는 이름 아래에 나설 수 있는 모든 것들은 서로의 관계성을 벗어나 독립적인 개념으로 이해하는 것은 아무런 의미를 갖지 못하기 때문이다.



## 2. 주거형식의 시작과 발전

사실 주거문화에 있어 발전이라고 하는 것은 어느 정도는 단서를 달아야 할 부분들이 있다. 인공적인 주거가 처음 땅 위에 세워졌던 모습은 발굴을 통한 추정에 의해 재현된다. 그들에게 집이라고 하는 것은 안과 밖을 구분하는 구조체이고, 안에서의 기능에 의한 나뉨은 나타나지 않는다. 이를 비약해서 말하면 요즘 유행하고 있는 원룸이라고 하는 시스템과 개념상에 있어서는 별다른 바가 없는 것이다. 물론 지금의 원룸은 혼자 사는 사람들이 주거의 형식으로 많이 찾는 것이지만 집이라고 하는 것의 기본적인 기능을 생각한다면 한 사람이 거주를 하든지, 여러 명으로 이루어진 가족이 거주를 하든지 간에 필요한 공간은 마찬가지인 것이다.

현재 이 땅에 집의 형식으로 남아 있는 주거유구는 대부분이 조선시대 이후의 것들이다. 선사시대와 고대국가시대의 주거문화를 들여다 볼 수 있는 방법은 발굴을 통해 찾아진 유구에 의한 추정 복원과 문헌에 나오는 간략한 소개가 전부다. 다만 그 당시의 역사적 맥락과 사회 전반의 생활 패턴을 접목하여 과거를 유추해 보는 것이다. 하지만 이러한 작업은 최대한 자료를 활용하여 과학적이고 전문적인 해석을 통해서 이루어지는 것이기에 수천 년을 이어져 온 우리의 주거문화를 읽어내는 가장 정확한 지표라 할 수 있다.

### 1) 석기시대의 주거문화

우리가 살고 있는 땅에 주거의 흔적이 나타나기 시작하는 것은 구석기 유적에서 찾아진다. 고고학계에서는 이를 인공적인 주거형식의 시작으로 보기

추정 복원된 석기시대 움집의 형식

도 하지만 이는 어느 정도 지속되는 것이라기보다는 일시적인 거주를 위한 임시주거 흔적으로 보는 견해가 지배적이다. 그렇다면 한반도에서 원시주거 형식이라고 할 수 있는 움집이 세워지고 집이라고 하는 개념으로 발달을 하는 시기는 신석기인들이 나타나는 기원전 5000년 전쯤으로 학계에서 인정하고 있다. 이들은 돌도끼라고 하는 도구를 사용하여 어느 정도 견고한 집을 땅 위에 건설하였고, 이는 농경사회가 정착하면서 한 곳에 뿌리를 내리고 생활하게 되는 생업구조의 변화와 함께 이루어진 것이다. 집은 사람이 거주하는 공간 이외에 생업활동으로 만들어낸 중요한 식량을 보관하는 저장고이자 눈비와 같은 자연의 재해와 인간보다 강력한 힘을 가진 맹수들의 공격을 막아주는 든든한 요새와 같은 역할을 해준 것이다.

움집의 출현은 이동식 주거의 시대가 지나고 정착주거의 형식이 자리잡기 시작했다는 관점에서 보면 한국주거사의 시작점이라 할 수 있다. 정방형 혹은 방형의 평면에 지표면에서 50~100㎝ 가량 땅 속으로 집의 바닥을 내렸다. 이는 여름의 더위를 피하고 겨울에는 지열이 난방에 도움을 주기 때문이다.

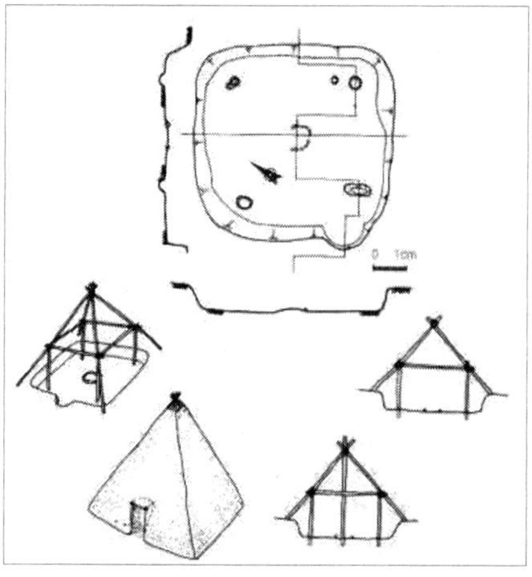

서울 암사동 4호 집터 및 복원도

가운데 불자리를 중심으로 하나의 공간에서 모든 생활이 이루어지던 집의 내부는 생존을 위한 곡식의 저장과 가족의 대형화에 따라 기능적인 분화가 요구되었으며, 이는 2차원적인 평면의 변화를 가져온다. 공간의 나눔은 인간이 한 곳에 정착하여 집이라고 하는 구조물을 만든 후 나타나는 엄청난 발전의 단계이다. 저장을 위한 공간은 되도록이면 불기운과 멀리 떨어져 오랫동안 식량이 변질되는 않는 위치를 찾았고, 이로 인해 집의 평면형태가 일부분 돌출되는 경우도 생겼다. 후기로 오면서 집의 규모가 커지고 평면의 형식도 장방형이 많이 나타난다. 이는 기능에 따른 집 내부의 공간구분을 위한 전초전적인 변화이자, 확장된 집을 세울 수 있는 기술의 발전인 것이다.

이러한 2차원적인 발전 다음으로 기술의 축적은 한층 더 나아가는 양상을 보여준다. 원시주거에서 일반적으로 유추되는 구조체는 벽과 지붕이 분리되지 못한 채 사선으로 이어지면서 집의 내부에서 공간의 활용이 제한을 받아 왔었다. 특히 벽체에 가까이 갈수록 내부의 높이가 낮아져서 직립한 자세로 생활하기에는 어려움이 있었을 것이다. 이러한 불편의 감수는 기둥, 보, 도리로 이루어지는 육면체 구조의 공간을 만들 수 있는 기술이 없었기 때문에 겪어야 하는 현실이었다. 하지만 원시적이나마 기술의 발전은 수식 기둥을 세우고 상부에 수평부재를 연결하면서 좀 더 나은 주거의 형식을 만들어내게 된다.

지금의 주거개념으로 보면 이것은 간단한 원리로 생각될 수 있지만, 임시움막과 같은 집에서 이 단계까지 오기에는 엄청난 시간이 흐르고 시행착오를 거친 기술의 발전이 있었던 것이다. 현재 유구가 발견된 예로는 서울 암사동의 유적지가 대표적인 형식을 보여준다.

### 2) 청동기시대의 주거문화

청동기 문화의 시작은 인류 생활에 있어 큰 전환점을 맞게 해준다. 물론 대부부의 사람들이 청동으로 제작된 도구들을 일반적으로 사용한 것은 아니지만, 앞선 석기시대 도구들의 다양한 발전과 개발은 청동기 문화와의 상호적인 보완으로 급속한 사회적 변혁을 가져왔던 것이다. 점점이 흩어져 작은 단위로 이루어지던 생업 및 생활의 형태는 마을이라고 하는 큰 단위로 재정비되면서 주거의 형식과 구성방법에 있어서도 새로운 양상이 탄생한다.

원시 수준의 농경은 본격적으로 한 곳에 정착하여 대단위의 공동생산 방식을 찾게 되고, 여기에 따라 사회구조도 변화에 걸맞는 틀을 갖추게 된다. 지배와 피지배계급이 생겨나고 역할의 분담이 이루어지며, 이와 함께 공간의 활용도 단순히 독립적인 집으로가 아닌 집단주거에 유리하고 필요한 해결점을 찾아가게 된 것이다. 다시 말해 가족단위의 주거가 필요한 동시에 마을이라고 하는 더불어 살아가는 공동생활공간이 필요하게 되었고, 또 주변의 다른 마을과의 관계성을 발전적으로 유지해 가기 위한 대책도 강구하게 된다.

기본적으로 가족 단위의 개별 생활공간이 있어야 하고, 마을 사람들이 함께 모일 수 있는 광장과 같은 넓은 공간, 공동생산으로 얻은 수확물을 저장할 공간도 필요하게 되었다. 다른 마을의 침략으로부터 자신의 마을을 지킬 수 있는 방어물, 이렇게 이루어진 마을을 이끌어가는 수장이 거처하는 공간, 사후세계를 배려한 공간 등 거주하는 사람이 늘어나면서 여러 가지 기능이 부가되고 각각의 성격에 맞는 건물과 옥외시설 들이 자연스럽게 만들어졌다. 이 과정에서 연계가 필요한 시설들의 유기적인 배치와 구획의 정비가 이루어지면서 동선 등을 고려한 마을계획의 개념이 도입된다. 이들은 자연지형을 최대한 활용하고, 정착된 농경사회의 모습을 지속적으로 형성해 갔다.

또한 석기시대와 청동기시대의 주거를 구분하는 대표적인 변화의 모습으로 수직벽체의 출현을 꼽는다. 이는 절반 가까이 묻혀 있던 움집이 지상으로 올라와 반움집의 형식으로 나타나고, 내부의 공간에 있어서도 각각이 확실한 쓰임새를 가지는 분화가 이루어진다. 석기시대에 일부 집에서 보이던 벽체와 지붕의 분리가 완전한 구조체로서 미비한 점이 있었던 것에 비하면 건축기술의 놀라운 발전이 있었다. 집의 구석까지 들어올려진 지붕으로 인해 생활공간의 확보는 같은 면적 안에서도 훨씬 효율적이며, 공기의 대류 등 환경위생도 우수한 결과를 가져왔다. 이는 집의 외관까지 영향을 주고 건축 가능한 모습이 다양해지면서 지붕의 형식이 새롭게 탄생하기도 하는 계기를 마련한다. 대형화되고 계획마을의 모습을 갖추어가는 청동기시대의 대표적인 사례로는 울주군 검단리 유적, 울산 옥현지구 유적, 부여 송국리 유적 등을 들 수 있다.

### 3) 철기시대의 주거문화

청동기시대가 마을이라고 하는 집단부락을 만들고 그 전과는 다른 거주의 형식을 찾는 시작점이었다면, 철기시대는 더 큰 규모와 질서가 부가된 성읍국가를 형성하면서 생산력이 증대되고, 확실한 계층분화가 이루어져 성장한 사회의 모습으로 자리를 잡게 되는 시기였다. 이에 따라 주거도 사회가 요구하는 양식으로 재편성되고 발전과 변화의 다양화시대에 접어들었다.

집의 형식은 일부 움집의 유형들이 남아 있었으나 지상주거가 앞 시대에 비하여 월등히 많아졌고, 원시적이긴 하지만 온돌과 마루라고 하는 우리 전통주거의 대표적인 특성이 출현하게 된다. 한편 〈위서〉 변진조에 쓰여 있는 '횡누목위지 유사뢰옥야(橫累木爲之 類似牢獄也, 나무를 가로로 눠어 감옥같은 집을 지었다)'라는 표현으로 보아 귀틀집과 같은 형식의 주거도 생겨난 것으로 추측된다. 이는 집의 다양화를 의미하는 것으로 건축재료의 활용과 그로 인한 주거형태의 새로운 시도를 엿볼 수 있는 근거를 제시하는 것이다.

주거설비의 새로운 지평을 연 온돌과 마루는 정확히 그 발생지역을 알 수는 없지만 생활상의 변화와 건축기술의 발달을 보여주는 중요한 척도가 된다. 이동식 화덕을 난방과 취사의 용도로 사용하던 것에서 부뚜막에 해당되는 부분을 확장하면서 고래가 만들어지고, 이를 집의 일부에 정착시키면서 외줄고래가 방의 모양에 따라 꺾이고, 또 여러 줄을 만들 수 있는 기술이 축적되면서 집은 자연스럽게 새로운 구성과 형식을 찾아갔다. 이와 함께 나타나기 시작한

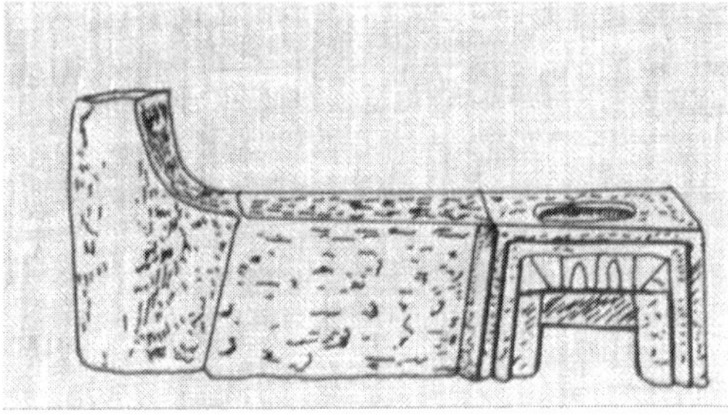

온돌 초기 발생 과정

마루는 온돌과는 완전히 다른 성격을 가졌지만 우리 주거문화의 주된 요소로 역할을 하는 초석을 마련한다. 마루라고 하는 구조를 형성한다는 것은 땅을 파고 집을 짓던 움집에서 지상에 집을 올려 놓을 수 있는 기술적인 발전이 이루어졌음을 의미하기 때문에 주거사에서 지니는 위상은 매우 높다.

온돌과 마루가 하나의 구조체 안에서 함께 융화되어 나타나는 것은 아주 오랜 시간이 흐른 뒤이지만 그들의 원초적인 형식의 등장은 완전히 원시주거의 섭생을 벗어난 것으로 보아야 한다. 주거문화의 거시적인 관점에 있어서는 초기국가의 성립으로 인한 체계적인 생활환경의 조성, 그리고 그 내부를 채워

마루구조를 가진 감은사 금당지

주는 온돌과 마루 같은 기술적 능력의 확대가 이 시대를 이끌어 가는 원동력이었다. 우리의 주거문화에 있어서 세부적인 발전이 신속하게 이루어지기 시작한 시기이며, 동시에 우리만의 것을 만들어내는 발판을 마련한 것이었다. 철기시대의 주거유적을 대표하는 사례로는 춘천 중도 유적과 김해 아랫덕장 유적이 있다.

### 4) 고대국가시대의 주거문화(삼국시대부터 고려까지)

#### (1) 삼국시대

고대국가체제의 시작은 기존의 읍성이나 마을 단위의 생활 행태와는 견줄 수없을 만큼의 대대적인 변화의 장을 형성해 나가게 된다. 기원전 1세기경에는 북방에서 고구려가, 2~3세기경에는 백제와 신라가 정비된 형태의 국가로 출현하게 된다. 이들은 국가의 도성을 정비하는 것을 큰 과제로 여기고, 체계적인 지배와 행정의 수행을 위한 대규모 왕궁건설, 도시기반시설확충, 외세를 막기 위한 성곽 축조 등 건설 전반에 걸쳐 빠른 속도의 결과물들을 만들어 냈다.

가장 기본이 되었던 도성은 중국 수(隨)와 당(唐)나라 시대의 도성이었던 장안성(長安城)을 모델로 하여, 성곽을 사각형으로 세우고 동서 18개, 남북 15개리로 도로축을 구성한 다음 동서남북의 도로에 싸인 단위를 방(坊)이라 하는 방리제(坊里制)를 도용하였다. 이러한 계획도시로의 모습은 신라의 도성이었던 경주에서 최근까지 발굴을 통해 잘 드러나고 있다. 이들은 도로의 차별적인 조성 뿐만 아니라 각각의 기능에 따른 지역의 구분도 확실하게 나누어져 있어, 사전 계획에 의한 도시의 형성이 이루어졌음을 밝혀 주는 자료가 된다.

도성내의 주거지역은 방리제의 특성에 맞게 일정한 면적을 가지고 정비되어 있음이 확인되었는데, 흙과 돌로 두른 담장 안에는 대부분 한 동의 건물이 들어서 있었으며, 우물과 배수시설이 설치되어 있었다. 일부에서는 아직 움집의 형식이 공존하기도 하지만 기단과 적심기초의 흔적들이 나타나는 것으로 보아 지상주거가 보편화되어 있었던 것으로 짐작된다. 또한 기다란 일자의 연도를 가진 초기 온돌시설이 발굴에서 드러나 남부지방까지 전파가 이루어졌음을 알 수 있다.

지배계층 권력의 강화는 화려하고 웅장한 권위건축의 발달을 가져왔다. 이들은 전문 건축집단을 길러냈고, 이들에 의한 건축기술의 발달은 구조적인 면에서 뿐만 아니라 다양한 재료의 활용과 그들을 다루는 방법의 다양성까지 놀라운 건축의 시대를 열게 하였다. 이러한 시대의 조류가 일반 주거에까지 영향을 미치는 것은 당연한 일이었다. 신분을 강조한 사회에서 거주하는 집의 양식은 자신의 능력을 보여주는 가장 좋은 수단으로 작용하였기에 상류계층에서는 그들의 주택을 최대한으로 화려하고 웅장하게 건설하는 분위기가 확장되어 갔다. 이에 지나친 낭비와 하류계층의 모방을 방지하기 위한 가사규제(家舍規制) 법을 만들어 신분에 따른 규모와 치장의 범위를 제한하였다. 삼국사기 옥사조(屋舍條)의 내용을 살펴보면 규제의 내용에서 건축기술이 이미 뛰어난 단계까지 발달했음을 알 수 있다.

사실 이 시대까지도 집에 대한 기록을 찾을 유구나 사료가 매우 빈약하여 고분벽화에 나오는 무덤주인의 생활상을 그린 그림이나, 주거모양 토기, 혹은 전(塼)에 새겨진 집들의 모습, 중국의 문헌에 남아 있는 아주 짧은 기록들에 의존하여 추정하는 것 이외의 방법을 찾기는 힘들다.

안학 3호분 내부에 그려져 있는 집들을 보면 부엌, 창고, 외양간들이 각각 별동의 건물로 묘사되어 있어, 정침과 기타 기능을 가진 동들이 따로따로 분리되어 집의 영역을 구성하고 있었을 것으로 추정된다. 또한 쌍영총 벽화에 나타나는 주인공들은 바닥이 아닌 평상처럼 보이는 가구 위에 정좌하고 앉아 있는 것으로 짐작해 상류계층에서는 온돌로 방을 데우기보다는 화로와 같이 공기순환의 난방방식을 택하고 좌식이 아닌 입식생활을 했던 것으로도 생각된다. 집을 축조하기 위한 목조가구기술의 수준은 이미 어느 정도 이상에 달하였으며, 결구에 사용된 공포구조의 발달로 집의 규모와 지붕의 조영(造營)이 자유자제로 가능하였던 것으로 보인다. 황룡사지에서 출토된 치미같은 장식기와의 크기와 조각의 우수성은 집을 단지 거주용 수단이 아닌 신분 표출의 대상으로 여긴 사회적 분위기를 잘 설명해 주는 부분이다.

### (2) 고려시대

후삼국을 통일한 왕건은 고려의 수도를 개성으로 옮기고 새로운 국가의 기틀을 마련했다. 하지만 왕권강화 정책에도 불구하고 개국공신들은 문벌귀족으로 성장하면서 그들만의 귀족문화를 만들어갔다. 앞선 삼국시대와 마찬가지로 이 시기의 주거문화를 파악해 볼 수 있는 역사적 증빙자료는 매우 척박한 상황이다. 하지만 몇몇의 문헌자료를 통해 살펴보면 귀족들의 주택은 그 규모나 장식에 있어 사치가 최고조에 달했음을 알 수 있는데, 이로 인해 가사규제를 실시해야 한다는 상소와 큰 규모의 가옥들이 주는 폐단에 대한 글들이 간간히 보인다.

서방과의 교역까지 활발했던 시대였기에 건축의 양식과 재료가 수입되어 오기도 했으며, 청자와 같은 고급 문화가 건물에까지 사용되어 발굴터에서는 청자로 구운 기와가 출토되기도 한다. 그들은 집을 일상적인 생활의 공간으로만 생각한 것이 아니라 여가와 풍류의 공간으로도 사용하기 시작했는데, 이는 정자건축의 발달과 개인 별서를 꾸미는 일에도 많은 관심이 있었음을 통해 알 수 있다. 물론 이러한 특정계급의 건축적 경향이 이 시대를 다 아우르는 것은 아니지만 주거문화에 대한 인식이 바뀌었음은 분명한 사실이다. 귀족의 문화는 일반 백성들에게도 영향을 미쳤을 것이고, 선진의 혹은 화려한 건축을 흉내내려는 주거문화의 흐름이 함께 했을 것이다.

전혀 이질적인 바닥 구조인 온돌과 마루가 하나의 건물 안에서 합체를 이루어 현재 우리가 일반적으로 생각하는 집의 구조로 나타나게 된 것을 이 시기로 보는 견해가 많다. 고려시대의 유적에서는 온돌의 고래수가 증가하고 전면 온돌의 유구도 발견된다. 이는 불을 때는 아궁이가 있는 부엌과 온돌바닥인 방이 벽으로 확실히 구획이 되었다는 것으로, 훨씬 더 청결하고 쾌청한 실내공간을 가질 수 있었다는 것이다. 마루에 대한 기록들도 보이는데 방과 방 사이에 툇마루를 가진 대청을 두어 시원하고 넓다는 이야기가 나온다. 중국의 영향을 많이 받아왔던 우리의 주거문화는 이렇게 온돌과 마루가 결합되면서 더욱 독자적인 양식으로 발전하게 된다.

이 시기 주거문화에 영향을 미친 또 하나의 주요한 원인으로는 풍수사상을 빼놓을 수 없다. 이미 고대국가시대에 중국으로부터 전래되었던 음양오행사상이 풍수의 기본을 이루는데, 이는 우주의 생성원리에서부터 출발하여 자연 그리고 그 속에서 살아가고 있는 인간의 모든 삶이 같은 이치로 맞물려 돌아감을 이야기한다. 서로 상생할 수 있는 터를 잡기 위해 땅과 물, 바람을 읽어 그 기운으로 발복하기를 바라는 것이다. 특히 태조 왕건이 철저히 풍수론을 지지하였으며, 이는 귀족주거문화에 절대적인 영향을 미쳐 조선시대의 양택론에 이르기까지 지속적이고 강력한 이론으로 작용되었다.

고려시대의 주거유적으로는 아산의 맹씨행단(孟氏杏亶)을 들 수 있다. 지금의 유구는 완전한 모습이 아니지만 공포의 짜임과 창호형식에서 조선전기까지만 사용되었던 양식들이 보이며, 문헌의 기록상 이 집은 조선초기 학자였던 맹사성이 그의 처조부인 최영장군으로부터 물려받았다는 이야기가 전해지기 때문이다. 남아 있는 평면형식은 좌우가 거의 정확한 대칭을 하고 있어 지금 현존하는 조선시대의 주거보다는 정형화된 고대의 양식으로 해석할 수도 있다. 하지만 부엌 등 그 이외의 구성요소들이 어떠한 연결방식을 하고 있었

아산 맹씨행단 전면



으며 여러 차례의 중수과정에서 겪었을 변화 때문에 많은 이견이 있는 것도 사실이다.

## 3. 조선시대의 주거문화

조선시대의 주거는 현재도 그 사례들이 많이 남아 있는 편이어서 현존하는 자료들을 활용하여 시대 전반에 나타나는 문화의 동향을 파악해 보는 것이 앞선 시기에 비하여 많이 어렵지는 않다. 하지만 이들의 상당수가 임진왜란 이후에 조성된 것들이기 때문에 조선시대 전체를 지금 우리가 볼 수 있는 유구들로 환산해 적용하여 완벽한 주거문화의 맥락을 밝힐 수 있다고 하는 것도 무리가 있는 것으로 생각된다.

조선이 건국하면서 이념으로 내세운 유교적 도덕 개념은 주거문화 뿐 아니라 전반적인 생활의 규범으로 주창되지만 불교를 국교로 내세웠던 고려의 영향을 하루 아침에 걷어 버릴 수는 없었다. 사상적인 지배 이념은 물질문화가 아닌 부분에는 조금 더 쉽게 침투할 수 있지만 오랜 기간 동안 살아온 집과 같은 유형의 대상을 순식간에 바꾼다는 것은 그리 간단한 일이 아니었기 때문이다.

가장 많은 수가 현존하고 규모에 있어서도 조선시대 주거문화를 가장 잘 보여주는 것은 사대부의 주거다. 전기에 건축되었다고 하는 집들의 현재 모습이 처음부터 그렇게 되어 있었는지는 정확히 말할 수 없지만, 지금의 모습으로 남아 있기까지는 유사한 형식의 원형이 있었을 것으로 추측된다. 사대부가는 대문간을 포함한 대문채나, 행랑채를 전면으로 내세우고 대문을 들어서면 일반적으로 사랑채가 마주한다. 사랑채는 남자들의 공간으로 외부에서 오는 손님들을 맞이하고 크게는 집안을 다스리는 역할을 하는 곳이다. 여자들의 공간으로 들어가기 위해서는 중문을 지나야 한다. 거기서부터는 이 집에서 가장 사적이고, 안주인이 맡은 공간이 전개된다. 조선초기에 건축된 것으로 알려진 몇몇의 집들은 사랑채와 안채를 완전히 채별로 분리하지는 못했지만 하나의 건물 안에서 지혜롭게 공간의 구획을 정리하는 지혜를 발휘했다. 대표적인 주택으로는 경북 양동마을의 서백당(書百堂)을 들 수 있는데, 중문으로 들어가는 입구의 시선처리와 사랑과 안채가 이어지는 공간의 내외담은 가장 절묘한 구성을 보여준다. 이는 예전부터 있어왔던 집을 조선이 강조하는 사상적 이념에 부합하여 작은 설치물로 대신한 절제된 한옥의 미를 잘 담아내고 있다.

우리가 지금의 기준으로 사대부가라고 여겨지는 집들, 다시 말해 안채와 사랑채가 독립채로 되어 있으며 마당을 포함한 각각의 영역을 가지고, 그 이외에 대문채, 행랑채, 사당, 별당채, 곳간채 등이 독자적으로 분화되어 있는 동시에 서로 어우러져 하나의 울타리 안에 집이라고 하는 집합체를 만들어낸

양동마을 서백당

양동마을 향단

안동 임청각 행랑채

것은 조선중기 이후로 보아야 한다. 사낭의 건축이나, 남녀용 공간의 구분 등이 조선초기부터 장려된 사항이지만 조금씩의 변화과정을 거쳐 결국 많은 시간이 지난 뒤에야 정착된 것이다. 조선중기로 내려오면서 공간의 구성비율이 사랑채가 커지는 쪽으로 변화해 갔다. 이는 세대단위의 생활에서 남성공간이 따로 분리되면서 만들어진 결과이고, 집에 따라서는 사랑에 속하는 별채를 건축하는 예들도 나타났다.

사대부가는 일반서민들의 주거에 비하면 지역적 특성이 눈에 띄게 나타나지 않는 것처럼 보인다. 이는 일단 우리 한옥의 외관에서 기와지붕이 차지하는 이미지가 매우 강하기 때문이다. 멀리서 한옥을 바라보면 용마루에서 까만 기왓골이 가지런히 내려오는 모습이 비슷비슷한 느낌을 준다. 하지만 실제로 집의 내부를 살펴보면 같은 평면을 가진 집은 없다. 집을 구성하고 있는 요소가 같더라도 그들의 연결과 크기 어딘가에 차이점이 있다. 집주인이 집을 경영하는 의도와 목수의 솜씨가 문중의 사상과 이념이 담긴 집을 만들어내기 때

경북 영천 매산종택

하회마을 전경

봉화 닭실마을 권충재가옥 사당

문이다.

이렇게 큰 집을 지닌 사대부들은 유교문화가 점점 토착화되면서 지방에 씨족마을을 형성해 갔다. 장자를 중심으로 가계와 제사가 계승되는 종법제(宗法制)의 수용으로 친손과 외손이 한 마을에 거주하던 조선전기까지의 규범은 사라지고, 부계(父系)만을 중심으로하는 씨족문화권을 이뤄 보존해 갔던 것이다. 이러한 과정을 가장 잘 보여주는 곳으로 양동마을을 꼽을 수 있다. 월성 손씨와 여강 이씨 양대가문의 직계손들이 이어온 마을은 여러 성들이 혼재되어 있던 곳이다. 사위로 마을에 입향한 손씨와 이씨 가문에 걸출한 인물이 배출되면서 이들을 입향조로 하여 후손들이 마을을 지켜온 전형적인 씨족마을이다. 마을의 입지와 종가를 중심으로 한 주거의 배치에는 풍수의 영향이 크게 미쳤다. 임진왜란을 지나면서 더욱 수가 늘어나고 결집이 단단해진 씨족들은 전국의 명당을 찾아 마을을 형성하고, 문중의 세력을 보여줄 수 있는 서원, 정자, 재실 등의 건축에 힘을 기울였다.

이에 반해 서민들의 주거양식은 지역적인 차이가 분명하게 나타났던 것으로 생각된다. 그들은 주변에서 가장 편안하게 구할 수 있는 재료로 빠른 시간 내에 집을 짓는 것이 1차적인 목적이었기 때문이다. 논농사를 짓지 않는 곳에서는 볏짚을 구하기 힘들어 억새나 나무껍질 등으로 지붕을 이었고, 나무가 많이 나는 산간지역에서는 집의 벽과 지붕 모두를 나무로 짓기도 하였다.

남북으로 길고 사계절이 뚜렷한 한반도에서 자연적인 기후조건 또한 집의 형식을 결정하는 중요한 요인이 되었다. 눈이 많이 내리는 곳, 바람이 많은 바닷가, 겨울이 긴 북쪽지방, 이러한 것들이 각 지방마다의 특성을 지닌 집들을 만들어냈다. 서민들의 집은 그들이 오랜 시간 동안 생활해 오면서 그들에게 맞춤형으로 개선·발전된 것이기 때문에 자연과 생업 환경에 가장 적합한 모습으로 보아야 한다. 그래서 사대부의 주거와는 달리 남부형, 중부형, 북부형 등의 구분도 어느 정도 가능한 것이다. 그러나 집이라고 하는 것이 지도상에 선을 긋듯이 지역 나눔이 정확히 되는 것이 아니라 주변지역과의 인적·물적 교류 관계들이 상호에게 영향을 주는 더 중요한 원인이 되기도 한다. 결국 서민주거의 지역성이라는 것은 자연적인 조건과 인문사회적인 배경이 복합적으로 형성해 놓은 주거사에서 가장 자연스러운 모습으로 볼 수 있다.

아산 외암리 마을 초가집

전남 고성 강골마을의 초가집

임진왜란과 병자호란을 겪으면서 신분계층 및 사회구조의 변화는 주거문화에 있어서도 새로운 유형을 만들어 냈다. 농업기술의 발달로 인한 부농계층의 증가, 상공업 자영업자의 부축적 등은 대규모 주택을 짓는 경제적 밑거름이 되었다. 현재 남아 있는 조선후기주택들은 모두 이들에 의해 건축되었다. 이들에 의해 지어진 집들은 이전 사대부들의 주거에 비해 훨씬 실용적이고, 개방적인 형식을 취하고 있다. 사회의 요구와 문물의 발달은 근대화로 가는 길을 모든 문화에 걸쳐 진행되었던 것이다.



## 4. 근현대

### 1) 개항기와 일제강점기

봉건사회의 몰락과 함께 개화파의 등장은 갑신정변, 동학혁명 등으로 이어지면서 사회 곳곳의 변혁을 가져오게 되었다. 하지만 근대국가로서 완성되기에는 너무 약했던 조선은 개항을 앞세워 거세게 밀어닥친 서양 열강들의 요구를 거부하기에는 역부족이었다. 그들과의 강제적인 수교는 근대문물의 수용을 받아들일 준비도 되어 있지 않은 상황에서 우리의 선택이 무시된 채 이루어졌다. 주거문화에 있어서도 이 땅을 긴 시간 동안 지켜온 우리의 것과는 전혀 이질적인 건물들이 여기저기에 세워지기 시작했다. 물론 이러한 건물들은 그들의 외교공간이나 지금까지 우리에게는 없었던 상업, 교육, 숙박 등 공공을 목적으로 하는 것들이었다. 건축의 외관 뿐만 아니라 재료, 규모, 설비에 이르기까지 모든 것들이 우리의 것과는 전혀 다른 형식으로 외국인들이 그들의 나라에서 행하던 건축행위를 고스란히 조선에 옮겨 놓은 모습이었다. 하지만 일부 선교를 목적으로 하는 종교단체에서는 성당이나 교회의 건축에 있어 한옥의 양식을 도입하는 예들도 있었다. 그들은 조선인들을 설득하여 신도를 확보하려는 차원에서 우리에게 익숙한 한옥을 접목시키게 된 것이다. 강화도의 한옥성당 같은 예가 아직도 잘 보존되어 사용되고 있는데, 시대와 사회가 만들어낸 또 하나의 건축 형식이다.

서양인들의 국내 출입에 비하면 일본인들의 왕래와 거주는 엄청난 양으로 늘어나 일부 지역에서는 일본인들의 거리가 만들어지기도 하였다. 그들은 처음에는 그들 양식대로 집을 주어 기거하기 시작했지만 기후의 특성이 다른 이 땅에서 그대로 생활하기는 힘들어졌다. 결국 한국의 추운 겨울을 나기 위한 변형주택들이 생기고, 그러한 형식은 조선인들의 주거문화에도 일부 영향을 미치게 되었다.

일제강점기를 거치면서 일본인들에 의해 모든 문화정책들이 움직였지만 그 안에서도 한국인 건축가들의 활동과 노력도 적지 않은 부분을 차지한다. 주로 도심을 중심으로 일어나기 시작한 새로운 주거형식들은 한옥의 외형을 가지면서도 불편한 동선을 과감히 줄이고, 위생공간을 개선하여 근대화의 주류를 잘 반영한 예들로 해석된다. '건강주택안', '개량주택안', '문화주택' 등의 이름으로 선을 보인 한국인들에 의해 설계된 집들은 서구의 생활을 갈망하던 상류층에게는 선망의 대상이 되었다. 또한 개량한옥의 이미지와는 전혀 다른 철근콘크리트건물로 지어진 2층의 양옥들도 극소수 지어지면서 생활방식 자체의 변화를 가져왔다. 온돌 대신에 벽난로가 난방을 하고, 사생활공간과 공동생활공간을 확실히 나누고 모든 가구와 바닥을 입식으로 바꾸면서 또 다른 하나의 주거문화를 만들어 냈다.

사회의 변혁은 도시의 팽창을 가져왔다. 서울로 밀려드는 사람들의 거주공간을 위해 일본은 '도시형 한옥' 또는 '개량한옥'이라고 불리는 형식의 주택을 지을 수 있는 시장을 한국인들에게 일부 허가하였다. 이들은 해방 후로도 이어지는 집장사들의 원조인 셈이다. 서울의 중심에 있던 대규모 주택을 소규모로 분할하여 서울 경기지방 양식을 모방한 작은 한옥군들이 생겨나게 된 것이다. 작은 규모의 필지 안에 그나마 우리의 전통방식으로 집을 지어 생활하면서 그동안 익숙해져 있던 주거문화를 이어갈 수 있었다는 것이 도시형 한옥의 가장 큰 특징이다. 가족대대로 집안의 경제적 규모와 거주자의 구성에 따라 맞춤형으로 지어져 오던 한옥이 전문 생산자에 의해 일괄적으로 건축되고, 일부분은 생략된 형식으로 나타난 이 시대가 만들어낸 또 하나의 주거유형으로 보아야 할 것이다.

하지만 문화주택이나 개량한옥도 도심으로 유입해 들어오는 인구를 수용하기에는 절대수가 부족한 형편에 직면했다. 이는 서울뿐만 아니라 공업도시로 급성장하는 지방의 소규모 도시에서도 절실하게 다가왔다. 이에 일본은 심각한 주택난을 해결하기 위한 방법으로 대량주택단지의 계획과 건설에 들어갔다. 이를 위해 1941년 "조선주택영단"을 설립하고 4년에 걸쳐 2만 호의 영단주택을 짓기로 했다. 다섯 가지 표준안을 가지고 건축된 영단주택은 한옥의 모습은 전혀 보이지 않고, 단지 내에는 근린생활시설까지 갖추면서 한국주거사의 근대화를 앞당기는 전환점을 마련했다. 하지만 이는 일본의 식민지정책의 일환이었고, 새로운 생활양식이 전래 전통문화의 맥을 끊는 자연스런 과정을 목격하는 현장이었다.

서양의 근대건축물들은 우리의 주거문화에 이렇다할 영향을 주지 못한 반면 일본의 세력은 다양한 형식의 주택을 선보이며, 반타의적인 힘으로 변화의 바람을 가져왔다. 이 중에는 한국의 건축을 기본으로 개선·발전된 사례들도 있고, 우리의 생활양식에서 벗어나 걸러지지 못하고 바로 정착된 것들도 나타난다. 주거문화라고 하는 것이 시대의 반영임을 생각할 때 피해갈 수 없었던 결과로 보아야 할 것이다.

이 시대에 지어진 주택 중 대표적인 것들은 다음과 같다. 함양의 허삼둘가옥(1918년 건축), 서울 성북동 이재준가(1900년대 건축), 서울 운니동 이준저

택(1912년 건축), 서울 경운동 민씨가(1930년대 건축) 등을 들 수 있다. 이외에도 이 시대에 지어진 다수의 건물들이 남아 있으나, 보존과 활용의 문제가 완전히 답을 구하지는 못한 상황이다.

### 2) 현대 -해방이후부터 지금까지-

해방을 맞이하고 미처 새로운 경제도약의 밑그림도 그려지기 전에 발발한 한국전쟁은 최악의 주거환경을 만들어냈다. 전쟁이 만들어낸 폐허 속에서 그나마 살아갈 길을 찾고자 수많은 사람들이 무작정 도시로 몰려왔고, 이들이 확보한 최소의 주거공간은 불량주거지역이 되면서 사회문제로까지 번져나갔다. '달동네'라고 불리던 이 곳은 국유지를 무단으로 점거하여 판자집을 짓느라 산비탈을 깎는 등 자연훼손까지 발생하고, 한편으로는 수도와 전기 등의 공급을 받는 것조차 힘들어 생활수준은 극도로 열악했었다.

정부는 이를 해결할 수 있는 방법은 주택의 건설밖에 없다는 판단을 하고, 불량지구정비 및 대규모 단지의 개발과 건설에 돌입했다. 서울의 중심부에는 아파트가 들어서기 시작했고, 변두리에는 대규모 주택단지들이 다양한 형식으로 선을 보였다. 이 때부터 도심의 주거문화는 아파트에 의해 점령당했던 것이다. 강북에 이어 강남의 개발, 그리고 신도시 모든 곳이 아파트 일색으로 변해갔다. 물론 단지의 규모에 따라 부대시설들이 함께 들어서고 녹지공간의 확보도 법적으로 규정되어 있지만 콘크리트 속에 갇혀서라도 도시를 떠나지 못하도록 하는 전반적인 사회의 불균형이 문제로 지적되고 있다.

아파트문화가 주거문화를 대변하게 되고, 도시 빈민층에게는 내집 마련의 숙제가 영원히 풀릴 것 같지 않은 시점에서 다시 전통의 재해석에 대한 관심이 높아지고 있다는 것은 앞으로의 우리 주거문화에 새로운 장이 열릴 수 있음을 의미한다. 실제로 도시를 떠나 귀농을 실천하는 사람들의 이야기가 들리고, 작고 불편하지만 한옥에서의 생활을 찾아가는 이들이 나타나면서 아파트에서의 주문화 자체도 변화하고 있다. 우리 조상들은 그들 각자가 건축가이고 어떠한 어려운 상황에서도 새로운 아이디어를 만들어내는 디자이너들이다. 우리가 그들에게서 배워야 할 것은 지금처럼 고층의 아파트를 올리는 기술보다 더 정교한 자연에 적응하는 삶 그 자체의 모습이다. 그들의 반이라도 우리가 그것을 흉내낼 수 있다면 지금처럼 공해에 찌든 우리의 생활을 이겨낼 수 있을 것이다. 자연을 떠난 인간은 이미 생명을 잃어버리기 시작하는 것이다. 요즘 들어 이러한 이슈들은 그 어느 때보다도 더욱 세간의 관심거리이자 우리에게 너무도 밀접하게 다가와 우리의 진정한 삶이 어떠한 방향으로 가야 하는 것인가를 새삼 일깨우고 있다.

## ▩ 참고문헌


강영환, 『새로쓴 한국 주거문화의 역사』, 기문당, 2002.

김광언, 『한국의 주거민속지』, 민음사, 1988.

김동욱, 『한국건축의 역사』, 기문당, 1997.

김봉건, 『앎과 삶의 공간』, 이상건축, 1999.

김홍식, 『한국의 민가』, 한길사, 1992.

신영훈, 『한국의 살림집』, 열화당, 1983.

이융조 외 4인, 『우리의 선사문화(1)』, 지식산업사, 1994.

장보웅, 『한국의 민가연구』, 보진재, 1981.

주남철, 『한국의 전통민가』, 아르케, 1999.

홍형옥, 『韓國住居史』, 민음사, 1991.

# XI. 세시풍속과 민속신앙

## 1. 세시풍속

### 1) 세시풍속의 개념과 성격

세시풍속이란 음력 정월부터 섣달까지 같은 시기에 반복되는 주기전승의 례이다. 생활문화 가운데 의례생활에 포함되는 세시풍속은 전통적인 의미로 말하면 '세시의례'라고 해야 한다. 그래서 세시풍속을 종전에는 영어로 'Annual Customs'라고도 썼지만 요즘은 의례로서의 성격을 드러내고자 'Annual Cyclical Rites', 또는 'Calandaric Rituals', 'Seasonal and Calandaric Rituals' 등으로 쓴다.

우리 나라와 중국에서는 세시풍속을 세시·세사, 또는 시령·월령 등이라고 하여 시계성을 강조했으며, 일본에서는 연중행사라고 한다. 그런데 연중

---

**김명자** | 안동대학교 민속학과 교수, 문화재청 문화재위원, 한국민속학회 부회장, 한일종교연구포럼 운영위원. 저서로 『되는 집안은 장맛도 달다』, 『한국세시풍속 I』, 『연아 연아 올라라』, 『동국세시기』(편저)를 비롯하여, 『한국민속학개론』, 『한국의 산촌민속 I, II』, 『한국의 점복』, 『한국의 가정신앙 I, II』(이상 공저) 외 다수가 있다.

행사라는 용어는 연중의 행사들을 포괄할 수가 있어 세시풍속을 뜻하는 용어로는 적합하지 않다.

전통사회에서 세시풍속은 대체로 농경의례의 성격을 내포했다. 예부터 세시풍속이 행해지는 세시명절, 또는 그에 버금가는 날이면 일을 쉬고 각별하게 보냈다. 명절은 생활의 마디로서, 긴장에서 이완을 하는 때였으며, 다음을 위한 충전의 기회였다. 그래서 세시풍속은 인간의 생존력에 활력을 불어넣어 주는 통과의례적인 의미도 지닌 의례였다.

세시풍속은 1년을 주기로 하지만 1년 주기가 아니더라도 포함시키는 예가 있다. 격년 주기로 지내는 장승제, 5년이나 10년 주기로 지내는 별신제를 비롯하여 윤달의 행사는 세시풍속에 포함시킨다.

우리 나라에서는 현재의 일상력인 태양력을 사용하기 전까지 음력인 시헌력(時憲曆)을 써왔다. 이는 조선조 효종 4년(1653)에 채택되었는데, 약 250년 간 사용하다가 1896년 양력 1월 1일(음력으로는 1895년 11월 17일)부터 태양력을 쓰게 되었다. 우리가 흔히 음력이라고 하는 것은 원래 태음태양력(Lunisolar Calendar)을 말한다. 즉 순전한 음력이 아니라 태양력을 가미한 역법이다. 음력에서 윤달은 3년에 한 번, 또는 5년에 두 번 든다. 또한 윤달이 드는 달은 정해진 것이 아니라 그 때마다 달라진다. 1년은 12개월이 정상이지만, 윤달이 드는 해에는 같은 달이 반복되어 일년이 13개월이 된다. 그러나 윤달은 역법에 따른 현상이기 때문에, 13개월이라고 하더라도 1년이라는 단위 속에 포함된다. 따라서 윤달에 행해지는 관습도 세시풍속에 포함한다.

음력을 기준으로 한 우리의 계절은 정월을 시작으로 3개월 단위로 춘하추동을 구분하는데 계절을 나타내는 24절기와 우리의 기후는 맞지 않는다. 이는 24절기가 애초 중국 주나라 때 화북의 기상상태를 기준으로 했기 때문이다. 이 글에서는 굳이 계절을 나누지 않고 각 달의 세시풍속을 순차로 소개한다.

## 2) 정월에 집중되어 있는 세시풍속

세시풍속은 정월에 집중되어 있다. 초하루, 설날의 차례로부터 각종 세시놀이에 이르기까지 다양한 세시풍속이 정월에 행해진다.

정월 초하루는 원단(元旦)·세수(歲首)·연수(年首)라고도 하며 일반적으로 설 또는 설날이라고 한다. 설날 아침에는 세찬을 차려 차례를 지낸다. 차례를 마치면 세배를 한다. 세배는 웃어른에게뿐 아니라 부부지간, 형제지간에도 하는 것이 원칙이다. 세배를 할 때 덕담이 오가는데 먼저 어른이 손아래 사람에게 "올해는 좋은 일이 있다지", "시험에 꼭 합격한다지" 하는 식으로 소망사항을 선언적으로 말한다.

설날의 명절식은 떡국이다. 떡국은 차례상에 오르고 한 그릇을 먹으면 나이 한 살 더 먹은 것으로 나이를 먹는 척도가 되기도 한다.

정초에는 복조리를 장만하여 복이 들어와 담기기를 기원한다. 또한 토정비결을 통해 한 해 신수를 알아보며, 무당을 찾아가 그 해 운을 점쳐본다. 설날 밤에는 야광귀라는 귀신이 집에 찾아와 신발을 신어 보고 맞으면 신고간다 하여 신발을 감춰놓고 잔다. 정월 열엿새 귀신날에 행하는 지역도 있다. 이날 밤에 신을 잃은 사람에게는 불행이 닥쳐온다고 믿기 때문이다.

설날부터 열이튿날까지 12일 동안 일진을 정하는데 이를 정초 십이지일(正初十二支日)이라 한다. 정초 십이지일을 털날과 털 없는 날로 나눈다. 털 없는 날은 용날과 뱀날이며 그 밖의 날들은 모두 털있는 날이다. 설날이 털날이면 오곡이 무르익어 풍년이 들고 무모일이면 흉년이 든다고 한다. 이는 털과 작물의 성장을 관련시키는 주술적인 사고의 표출이다. 예전에 첫 간지일에는 여러 가지 금기가 있었다.

첫 쥐날에는 바느질을 하지 않고, 첫 소날에는 연장을 만지지 않으며, 첫 호랑이날에는 외출을 삼간다. 첫 토끼날에는 여자가 남의 집에 일찍 출입하지 않으며 첫 용날에는 칼질을 삼간다. 첫 뱀날에는 머리를 자르지 않고 일을 하지 않는다. 첫 말날에는 고사를 지내거나 장을 담그며 첫 양날에 어촌에서는 출어를 삼간다. 첫 원숭이날에 전남 지방에서는 이 날 귀신이 나온다고 여자들은 아침에 부엌에 들어가지 않고 남자가 먼저 들어가서 네 귀퉁이를 빗자루로 쓸며 수선을 피운다. 첫 닭날에는 바느질을 하면 손이 닭발처럼 흉하게 된다 하여 꺼리고 첫 개날에는 일을 하면 작물이 한창 자랄 때 개가 텃밭을 망쳐놓는다고 하여 일을 삼간다. 첫 돼지날에 바느질을 하면 손가락이 아리다 하며 머리를 빗으면 풍기(風氣)가 생긴다 하여 금한다.

그 해에 삼재가 든 사람은 액막이를 한다. 삼재는 9년마다 드는데 뱀・닭・소해에 태어난 사람은 돼지・쥐・소해에 삼재가 들고 원숭이・쥐・용해에 태어난 사람은 호랑이・토끼・용해에 삼재가 든다. 또 돼지・토끼・양해에 출생한 사람은 뱀・말・양해에 삼재가 들고 호랑이・말・개해에 태어난 사람은 원숭이・닭・개해에 각각 삼재가 든다. 삼재는 3년간 머물기 때문에 이 기간에는 각별히 조심해야 한다. 그 예방으로 매 세 마리를 그려서 집의 벽에 붙이거나 홍수매기라는 액막이 굿을 하는 경우도 있다. 입춘날에는 '입춘대길 건양다경'(立春大吉 健陽多慶)과 같은 글귀를 써서 대문・벽 등에 붙이고 보리뿌리점을 본다. 보리뿌리를 뽑아보아 뿌리가 세 가닥 이상이면 풍년, 두 가닥이면 평년작, 한가닥이면 흉년이라 여긴다.

제웅직성이 들면 대보름 전날밤에 제웅이라는 짚인형을 만들어 머리나 뱃속에 액년이 든 사람의 생년월일시를 적은 종이와 쌀・돈 등을 넣어 삼거리나 사거리에 버려 액을 예방한다. 직성이란 사람의 운명을 맡은 9종의 별로서 이 가운데 제웅직성이 들면 불길하다. 제웅직성은 9년마다 드는데 남자는 10세 여자는 11세 때 처음으로 든다.

보름 명절 가운데서도 정월 보름은 가장 큰 명절이어서 대보름이라고 한다. 대보름 명절은 열나흗날 저녁부터 시작된다. 이 날 저녁에 오곡밥(찰밥이라고도 함)과 묵은 나물을 해먹는다. 대보름날의 찰밥에 대해서는 『삼국유사』 신라 소지왕 '사금갑조'에 기록되어 있다. 백가반(百家飯)이라 하여 오곡밥은 여러 집의 밥을 먹어야 좋다고 한다. 이는 복이 담긴 음식이어서 그만큼 복을 많이 얻고자 하는데다 풍요를 기원한다는 뜻이 있다.

대보름날 아침에 부럼을 깨고 귀밝이술을 마시며 더위를 판다. 주부들은 새벽에 용알을 뜨러 우물로 달려간다. 이 때 뜬 물을 용알이라 한다. 열나흗날에는 볏가릿대를 세운다. 볏가릿대의 맨 꼭대기에는, 각종 곡물을 담은 주머니를 매단다. 영남과 호남에서는 대보름날 첫시간 자정에 동제를 지낸다. 또 대보름날 저녁에는 달이 솟을 때 소원을 빈다. 달을 보고 그 해 농사의 풍흉을 점치는데 달의 사방이 두터우면 풍년, 얇으면 흉년, 차이가 없으면 평년작이라 한다.

설날부터 놀이를 즐기지만 대보름에 절정을 이룬다. 정월 열엿새는 귀신날이라하여 대문에서 목화씨나 고추씨를 태워 귀신을 쫓고 체를 걸어 귀신을 예방한다. 또는 신발을 감추기도 한다.

이처럼 정월 명절은 유난히 길어 대보름 전후까지 이어진다. 이 무렵은 농한기로서 한가할 때다. 하지만 정월에 세시풍속이 집중되어 있는 까닭은 농한기여서만은 아니다. 정월은 한 해의 시작이라는 중요한 시기이기 때문이다. 정초는 우주의 시작과도 같아 모든 만물이 생성되기 이전의 특별기간, 신성기간이다. 이 신성기간에는 신성력으로 무엇이든 소망하는 것을 이룰 수 있다고 믿는다. 그래서 온갖 민속행사가 행해진다. 정월에는 풍농을 예축하는 행사가 집중되어 있다. 특히 대보름을 전후하여 풍농기원의 놀이가 많이 행해지는데 이는 대보름의 만월이 풍요를 상징하기 때문이다.

정월의 무수한 세시풍속은 다달이 행해지는 세시풍속의 내용이 망라되어 있다. 다음 달부터 행해지는 세시풍속은 그 때의 상황에 적절하게 분배되었다고 볼 수 있다. 물론 다달이 행해지는 세시풍속 자체의 독자성이 있겠으나,

정초에 세시풍속을 통해 획득한 생존력도 시간이 지날수록 퇴색되므로 회복시킨다는 의미도 포함되어 있다.

### 3) 각 달의 세시풍속

2월 초하루를 영등날이라 한다. 농사를 본격적으로 준비하는 때여서 머슴날이라고도 한다. 바람신인 '영등할매'가 내려오기 때문에 장독대에 정화수를 떠놓고 그 해 농사가 잘 되기를 빌며, 머슴날이어서 1년간 농사를 할 일꾼들을 위해 술과 음식을 대접하고 마을잔치를 벌인다. 대보름날 세웠던 볏가릿대를 2월 초하루에 털어낸다. 이 날 노래기를 막는 풍속이 있다. '향랑각씨 천리속거', '노낙각시 천리속거'라는 글귀를 써서 벽에 붙여둔다. 향낭이나 노낙은 노래기를 대접하여 일컫는 것이다. 초엿샛날에는 달과 별의 거리를 통해 농점을 쳐보는 좀생이점도 있다.

3월에는 초사흘, 삼짇날이 절일이다. 이 무렵이면 날씨가 온화하여 꽃이 피기 시작한다. 삼짇날에는 처음으로 본 나비의 색깔을 보고 점을 친다. 이 날 색깔이 있는 나비를 먼저 보면 길조이고 흰나비를 먼저 보면 부모 상을 당한다 하여 꺼린다. 산과 들에 꽃이 피고 풀이 돋아나므로 여성들은 진달래 화전을 만들어 먹으며 화전놀이를 즐긴다.

4월 초파일, 부처님 오신 날은 불가의 명절이자 민가의 명절이다. 이 날 절에 찾아가 재를 올리고 등불을 밝혀 석가탄신을 기념한다. 집 안에도 온갖 모양의 등을 달아 가족의 평안과 수복을 빈다. 원래 연등은 기농행사(祈農行事)로서 고조선에 이어 신라시대에도 동짓날이나 대보름에 행해졌으나 불교국인 고려시대에 와서 2월 보름 영등을 하다가 후에 초파일 행사로 굳어졌다. 특히 고려시대 연등회는 팔관회와 더불어 거국적인 세시풍속이었다. 이것은 외적으로 불교법회였지만 그 내용은 전통적으로 전해오는 축제였다. 민속신앙과 불교가 융합된 모습의 전형이 연등회와 팔관회였다.

음력 5월 초닷새 단오는 여름을 대표하는 명절이다. 우리 나라에서는 예부터 홀수를 양수로 쳐서 길(吉)하게 여겼다. 삼짇날, 단오, 칠석, 중구가 모두 양수가 겹치는 날이다. 그 중에서도 단오는 양(陽)이 가장 왕성한 날이어서 큰 명절로 삼았다. 단오의 다른 명칭으로 수리, 천중절, 중오절, 단양, 수릿날이라 한다. 수리는 고(高), 상(上), 신(神)을 뜻하는 옛말로 신의 날, 최고의 날이라는 뜻이다. 천중절(天中節)이란 바로 그러한 뜻이다.

단오에는 농사의 풍작을 기원하는 제사를 지내며 창포 삶은 물에 머리를 감는다. 궁궁이풀을 머리에 꽂고 다니며 벽사를 한다. 단오날 수리취떡, 쑥떡을 해 먹으며 정오에는 쑥을 뜯어다 말린다. 양이 가장 센날 낮의 햇볕이 극치일 때 뜯은 쑥은 약효도 그만큼 좋다. 창포뿌리로 비녀를 만들어 꼽는데 비녀가운데에 수(壽)자나 복(福)자를 써서 수복을 빈다. "단오선물은 부채요, 동지선물은 책력"이란 말이 있듯이 조선시대 궁중에서는 단오 때에 왕이 신하에게 부채를, 동지에는 책력을 선물했다. 단오날 대추의 풍요를 위해 대추나무를 시집보낸다. 바쁜 여름철이지만, 단오는 워낙 큰 명절이어서 놀이판도 크게 벌어졌다. 굿판, 놀이판, 난장 등이 며칠에 걸쳐 베풀어지는 강릉단오제는 오늘날 단오세시를 대표한다.

6월에는 복날과 유두가 절일이다. 신라 때부터 전해오는 유두는 동류수두목욕(東流水頭沐浴)의 약자로서 동류수에 머리를 감고 궂은 일을 털어 버리는 날이다. 동류수에 머리를 감는 까닭은 동방이 청(靑)으로 양기가 왕성한 방향이기 때문이다. 이 날 약수로 머리를 감으면 부스럼을 앓지 않고 더위도 먹지 않는다고 한다. 또 유두나 복날에는 논과 밭에서 용제를 지낸다. 특히 복날에는 물가를 찾아 복대림을 한다. 이 날 흔히 보신탕으로 일컬어지는 개장국이나 삼계탕을 시식하며 더위에 잃은 기력을 회복한다.

7월에는 말복, 또는 중복과 말복이 함께 든다. 늦은 더위가 한창 기승을 부릴 때인데 초복 때와 마찬가지로 복대림을 한다. 칠석과 백중이 이 달의 절일이다. 칠석은 견우와 직녀가 은하수를 사이에 두고 오작교를 건너 1년에 한 번 만난다는 날로 으레 비오는 날로 전해져 온다. 이 날 여자들은 장독대에 정화수를 떠놓고 바느질 솜씨가 좋게 해달라고 빈다. 이를 걸교(乞巧)라고 한다. 글 공부를 하는 소년들은 두 별을 보고 시를 짓는다. 부인들은 밤에 칠성단에 음식을 차려놓고 집안의 평안과 자손들의 명복을 비는 칠성제를 지낸다.

백중 무렵이면 호미씻이라는 말이 있을 만큼 농사일이 한 시름 놓을 때다. 백중 역시 불가의 명절이자 민가의 명절이다. 승려들은 절에서 재를 올리고 농부들은 여름농사를 마치고 발을 씻는 날이라 하여 명절로 여긴다. 백중장이 크게 서고 씨름판이 크게 벌어지기도 한다. 영남지역에서는 이 무렵 "풋구먹는다"든가 '꼼비기' 등과 같은 마을 잔치를 벌여 흐드러지게 논다. 호남에서는 이를 '장원례', '길꼬냉이'라고 한다.

8월 보름 추석은 이미 고대국가 때부터 있던 연중 최대의 명절이다. 『삼국사기』 신라 유리왕조에 한가위 이야기가 나오고 『수서(隋書)』 신라전에도 8월 보름에 국왕이 관리의 하례를 받고 풍악을 울리며 궁술을 겨루어 마포로 상을 주었다는 남자들의 무예기록이 있다.

추석날 아침에는 햇곡으로 빚은 송편과 각종 음식을 차려놓고 조상 차례를 지낸다. 차례를 마치면 성묘를 한다. 산소의 벌초는 추석 전에 미리 해 둔다. 한가위는 보름명절 가운데서도 수확기의 명절로서 뜻이 깊어 각종 민속놀이가 행해진다.

9월에는 초아흐레 중구(중양절) 명절이 있다. 고려시대에는 9대 속절[명절]의 하나였던 중구에 차례를 지내기도 한다. 영남 북부의 경우 추석에 햅쌀이 나지 않아 차례를 지내지 못하므로 중구차례를 지냈다. 중구는 양수인 9가 겹친 날로 역시 길일이다. 국화의 계절인 9월의 시절식은 국화전이며 국화주를 담그기도 한다.

10월은 상달, 곧 으뜸의 달이다. 하늘이 높고 맑으며 날씨도 선선하여 생활하기 가장 좋은 시기이다. 10월의 첫 말날에는 팥시루떡을 쪄 외양간에 놓고 고사를 지낸다. 상달에 각 가정에서는 주부에 의해 간단히 고사를 지내거나 무당을 불러 크게 재수굿을 한다. 또 성주단지를 비롯한 가정의 여러 신주단지의 곡물을 갈고 천신제를 지내기도 한다. 이 달에는 문중마다 시제를 지낸다. 4대조까지는 집에서 차례와 기제사로 받들지만 5대조부터는 산소로 옮겨 1년에 한번 문중이 함께 모신다.

동짓달의 명절로는 동지가 있다. 동지는 아세(亞歲), 곧 작은 설이라 하는데 이는 고대역법에서 동지를 새해의 첫날로 했던 유습 때문이다. 이 날 팥죽 한 그릇을 먹으면 나이 한 살 먹는다고 한 것에서도 동지를 설로 여겼다는 흔적이 보인다. 팥죽을 쑤면 대문, 마당 등 곳곳에 뿌려 액을 막는다. 붉은 색은 벽사의 기능이 있어 액을 막을 수 있다고 믿기 때문이다. 동지는 밤이 가장 길고 낮이 가장 짧은 날로서 태양운행의 '시발점'이므로 이 날은 설날과 상통하는 점이 있다. 조선시대에는 동짓날 왕이 신하들에게 책력을 선물했다.

섣달에는 납일과 제석(除夕)을 절일과 흡사하게 생각한다. 동지로부터 세 번째 미일을 납일이라고 하는데 조선시대에 궁중에서는 납향(臘享)이라 하여 이 날 종묘와 사직에 산돼지와 산토끼를 올리고 크게 제사를 지냈다. 이 날 내린 눈을 받아두었다가 녹은 뒤 그 물을 김장독에 넣으면 맛이 변하지 않고 의류와 책에 바르면 좀을 막을 수 있으며 눈을 씻으면 안질을 막을 수 있다고 한다. 한약을 달일 때에도 쓴다.

섣달 그믐날을 제석이라고 한다. 이 날 묵은세배(구세배)를 하고 저녁에는 가묘에 세말을 고하는 사당제를 지내며 집안 곳곳에 불을 밝혀 두고 밤을 지키는 수세(守歲)를 한다. 그믐날 밤에 잠을 자면 눈썹이 센다고 한다. 자정 무렵이면 마당에 불을 피운 뒤 청죽을 태운다. 청죽마디가 탈 때마다 '탁탁' 요란스러운 소리를 내어 이를 '폭죽'이라고 한다. 이렇게 하면 묵은 해에 집 안에 있던 잡귀들이 놀라서 달아나고 신성한 새해를 맞이할 수 있다고 한다. 또한 묵은 것을 소각시키는 의미가 있다. 그믐날의 세시는 한 해를 보내는 송년 의례인 것이다.

『동국세시기』에는, 윤달에 혼례를 하고 수의(壽衣)를 지으면 좋다는 기록이 있다. 노인들은 불공을 드리고 성돌이를 하며 극락세계에 가기를 기원했다. 요즘도 노인이 있는 가정에서는 윤달에 수의를 지어 둔다. 또 윤달에는 부정이나 액이 없다고 믿어 묘이장, 집수리, 이사 등 평소 각별히 조심해야 하는 일들을 마음놓고 한다. 윤달에 마을의 평안과 풍요를 위해 마을제사인 장승제를 지내기도 한다. 윤달이 드는 해는 질병이 떠돌고 재앙이 심하다고 하여 그 예방으로 장승을 세워 액을 막는다는 것이다.

이처럼 윤달은 평소 어렵게 생각하는 일들을 거리낌 없이 할 수 있는 달인가 하면, 질병과 재앙이 있는 궂은 달이라는, 상반된 인식도 있다. 곧 윤달은 꺼리지 않는 달인 반면 꺼리는 달이라는 양면성을 지닌다. 그러나 이 양면성은, 윤달이 '비일상적인 달'로서 궁극적으로 '신성한 달'이라는 의미로 집약된다.

### 4) 세시풍속의 전승과 변화

세시풍속이 행해지는 명절은 일상의 날과 구별되는 각별한 날이다. 명절에는 이제까지의 긴장을 풀고 이완을 한다. 이완은 다음을 위한 충전이다. 세시명절은 대체로 다달이 있어, 1개월 간격으로 긴장과 이완의 순리를 반복하므로서 주기적으로 다음 생활의 활력과 삶의 탄력을 부여했다. 하지만 오늘날 의례성은 퇴색했다. 게다가 오늘날 세시명절은 설날과 추석이 법정공휴일로 지정되어 2대 명절로 축소되어 있다. 이 때의 세시풍속 역시 차례와 성묘 정도가 보편적이다. 그리고 언론매체에서 명절을 상기시키고, 민속촌이나 박물관 등지에서 세시놀이를 재현하여 세시풍속의 명맥을 유지하는 정도이다.

전통사회에서 일상생활의 주기는 농경의 주기와 거의 맞물려 있었으며, 세시풍속의 주기와도 깊게 관련되어 있었다. 그러나 산업사회에서는 농사를 사시절(四時節) 할 수 있으며 농경이 주생업이 아니다. 그러다 보니 세시풍속도 퇴색되어 갔다. 그러나 이는 외적으로 드러난 양상일 뿐 세시풍속의 변화와 지속의 양상을 찾아볼 수 있다. 요즘 생활풍속 가운데에는 우리가 미처 점검하지 못했을 뿐 세시풍속이 새로운 양상으로 바뀌면서 새 시대에 적응된 것이 꽤 있다.

삼짇날에는 화전놀이 대신 마을 사람들이 모여 관광여행을 한다. 초·중·고생들은 봄소풍을 간다. 가을소풍은, 9월 중양절에 산이나 들에 나가 화전(花煎)을 해 먹으며 즐겼던 세시의 연장으로 볼 수 있다. 단오는 지역에 따라서 크고 작게 기억된다. 강릉에서는 강릉단오제가 며칠에 걸쳐 행해진다. 특히 강릉단오제는 중요무형문화재(제13호)일 뿐 아니라 2005년에는 유네스코에 세계무형문화유산으로 등재되었을 만큼 국제적인 축제가 되었다. 다른 지역에서도 단오명절에는 절식으로 쑥떡을 즐겨먹는다. 피서여행은 바캉스라는 프랑스말로 더욱 익숙해져 자칫 서양풍속의 도입으로 생각할 수 있으나 실은 우리에게도 이에 해당되는 세시가 있었다. 유두와 복날에 물맞이를 하며 더위를 식히던 세시는 바로 요즘의 바캉스와 같은 맥락으로 볼 수 있다. 음력 칠월 중순 무렵에 하는 '풋구'는 시기가 광복절 무렵으로 바뀌어 지속되기도 한다.

요즘도 동짓날 팥죽을 쑤는 가정이 있지만, 이러한 세시는 사찰로 옮겨졌다. 동짓날이면 절에서 팥죽을 쑤어 신도는 물론 그 날 절을 찾는 사람들에게 공양한다. 입춘날에 부적을 신도들에게 전하는 풍속 역시 벌써 정착되었다.

세시놀이는 다른 세시풍속보다 그 활동무대가 광범위하다. 애초 세시놀이였던 씨름대회와 연날리기, 윷놀이 등이 최근에는 시공의 제한없이 행해진다.

민속신앙의례면서 세시풍속이기도 한 동제가 '지역축제'로 활성화되는 것도 변화・전승되고 있는 한 모습이다.

전통적으로 세시풍속이라 하면 음력을 기준으로, 역사성과 전통성을 바탕으로 한 것이다. 그런데 크리스마스는 태양력을 기준으로 하고 있지만 역사성과 사람들의 정서를 감안하여 세시풍속의 범주에 포함시키기도 한다. 크리스마스는 동지 무렵이라는 점에서 이들을 조화시켜 재조명하는 방안을 모색해 볼 수도 있다.

요즘 설날이나 추석과 같은 명절이면 '민족대이동'이 벌어진다. 이제는 민족대이동 자체가 하나의 '세시풍속'이 되어 가고 있을 정도이다. 곧 설날이나 추석의 민족대이동은 전통사회에서 이들 명절에 세시행사가 베풀어지듯 주기적으로 반복되는 것이다.

세시풍속은 당대 사람들의 생활리듬인 동시에 생활양식으로 시대를 반영한다. 따라서 오늘날 주기적으로 행해지는 풍속이 세시로 정착할 가능성도 있다. 근래 '발렌타인 데이'를 비롯하여 온갖 '데이 시리즈'가 일부 청소년 사이에서 유행하고 있다. 데이 시리즈야말로 자본주의의 소비문화와 직결되며 주기성을 지닌 세시와도 만날 수 있다. 그러나 일정한 기준없이 오늘날 행해지는 '온갖 풍속도'를 세시풍속에 포함시킨다면 세시의 정체성 자체가 모호해질 수 있다. '데이 시리즈'의 경우 좀더 시간을 두고 조심스레 지켜볼 일이다.

근래 전통 세시풍속을 자원으로 현대화, 체험문화화, 문화콘텐츠화 등의 변용이 자연스럽게 이루어지고 있다. 이는 세시풍속이 화석화된 과거의 문화가 아니라 오늘날도 생명력을 지니고 문화창조에 작용하는, 살아 있는 문화라는 점을 보여 주는 실예라 하겠다.

## 2. 민속놀이

### 1) 민속놀이의 성격

민속놀이는 민간에서 발생하여 민간에 전해 내려오고 있는 놀이를 말한다. 우리의 민속놀이는 세시놀이를 기반으로 하고 있다. 세시풍속이 그렇듯이 민속놀이는 대체로 특정 시기에 집중적으로 벌어지는 계절성을 지니며, 때로는 특정 지역을 바탕으로 전승되고 그 내용도 지역성에 따라 차이를 보이기도 한다.

세시풍속은 농경신성의례로서 새로운 계절적인 변화의 한 시점이 풍요와 번영을 다짐하는 계기가 되는 데 그 뜻을 둔다. 그러므로 민속놀이아말로 애초 신성의례였다. 그러나 시간의 깊이에 따라 신성성은 퇴색되고 오락성이 강조되었다.

민속놀이는 대체로 세시풍속의 일환으로 행해지던 세시놀이가 중심이었다. 그러던 것이 시기를 초월하고 놀이방식도 다양해지게 되었다. 따라서 세시놀이는 민속놀이의 특징을 극명하게 드러내는 놀이라 할 수 있다. 세시놀이는 놀이꾼의 규모에서는 집단놀이가 되고, 놀이의 목적에서는 풍농과 풍어의 기원과 마을공동체의 번영을 기원하는 놀이이다. 상대놀이처럼 편을 갈라 노는 경쟁원리가 작용하기도 하지만, 함께 어울려 노는 대동성(大同性)이 특히 강화되기도 한다.

세시놀이는 특정한 세시를 배경으로 이루어지기 때문에 세시가 갖는 생업력의 의미를 강하게 부각시킨다. 이를테면, '강강술래'의 경우 고대 농경의 수확의례와 관련이 있는 기풍(祈豊) 놀이라 할 수 있다. 또 거북놀이는 예축(豫祝)의례 및 수확의례와 관련이 있고, '고싸움놀이'는 남성과 여성의 경쟁원리를 유추하여 그 결과를 한 해 농사를 점치는 점풍(占豊)놀이라 하겠다.

세시놀이는 특정 세시마다 이루어지는 놀이를 말한다. 설을 중심으로 하는 정월놀이, 1월 15일을 전후로 하는 대보름놀이를 비롯하여 특정한 세시마다 이루어지는 놀이가 모두 이에 속한다. 3월 삼짇날 화전놀이를 비롯하여 사월 초파일놀이, 수릿날놀이(단오놀이), 백중놀이, 한가위놀이 역시 마찬가지이다. 이 가운데 대보름놀이가 가장 많은 비율을 차지한다. 그것은 생업력의 측면에서 볼 때 이해가 가능하다. 대보름은 한 해의 시작을 뜻하는 첫 보름인 동시에 농사를 준비하는 시점이기도 하다. 따라서 그 해 농사의 풍흉 여부가 지대한 관심거리가 되고, 그 어느 세시보다 예축과 점풍행위가 실제적인 의미를 띤다. 대보름이 어느 보름보다 강조되고, 큰 세시로 인식되는 것도 이런 까닭에서이다.





## 2) 몇 가지 세시놀이

세시놀이로 가장 보편적인 것으로는 남녀노소 누구나 실내외에서 즐길 수 있는 정월놀이인 윷놀이를 들 수 있다. 윷놀이가 요즘은 세시놀이로서 '닫힌 놀이'가 아니라, 전천후 즐기는 '열린놀이'가 되었다. 놀이의 방법이나 윷의 종류도 많으나, 가장 널리 행해지는 놀이방법은 29개의 윷판을 놓고 말 4개가 돌아오게 하는 것이다.

윷짝(윷가락)의 종류는 크게 장작윷과 밤윷으로 나눌 수 있으며 그 밖에 콩윷도 있다.  윷의 각 사위 이름인 도, 개, 걸, 모, 윷은 각기 돼지, 개, 양, 소, 말 등의 가축을 뜻한다고 한다.

정초에 여자들은 널뛰기를 하고 남자들은 연날리기를 즐긴다. 널뛰기는 추위를 잊게 하는 활기넘치는 놀이인데 정초에 널을 뛰지 않으면 발에 좀[무좀]이 생긴다는 말도 있다. 연날리기는 섣달 그믐 무렵에도 하지만, 본격적으로 연을 날리는 때는 정초부터 보름까지이다. 특히 정월 대보름 이후에 날리는 연은 액연(厄鳶)이라 대보름까지의 놀이로 되어 있다. 대보름이 되면 연을 멀리 날려 보내는데, 이 때에는 연 꼬리에 '송액', '송액영복(送厄迎福)' 등의 글자를 쓴다. 연놀이 방법도 다양하며 연줄을 질기게 하기 위해 연줄에 부레풀을 먹이고 사금파리 조각이나 유리조각들을 잘게 부숴서 바르기도 하는데, 이를 "갬치먹인다"고 한다. 우리 나라에서 날리는 연은 직사각형의 방패연인데, 연면(鳶面)에 붙이는 색종이 또는 칠하는 색깔과 표시의 모양에 따라 구별하므로 연의 종류는 다양하다. 근래에는 창작연이라 하여 온갖 형태의 연을 만들지만, 방패연처럼 재주를 부리기는 어렵고 그냥 공중에 높이 띄워놓고 그 모양을 보며 즐긴다.

지신밟기는 새해 초에 1년간의 제액초복을 위해 대지의 신에게 올리는 의례이다. 정월 초이틀부터 대보름 전후까지 사이에 하는 것이 통례인데, 지신패가 구성되어 며칠에 걸쳐 마을굿을 한다. 이 지신패는 풍물패로서 지신밟기를 풍물, 풍장 또는 풍장굿, 풍물굿이라고도 한다. 지신밟기는 기본적으로 마을의 지신을 대상으로 하는 의례지만, 그 절차가 다양하여 마을의 우물, 당(堂) 등에서도 풍물을 치며 마을굿을 벌인다. 또 마을굿에 이어 각 가정을 돌며 지신을 밟아 주기 때문에 집안의 지신을 비롯하여 성주, 조왕 등 각 가정신(家庭神)을 대상으로 의례를 행한다. 지신밟기는 오늘날 놀이로서의 성격이 두드러지지만 애초에는 마을의 안위와 풍요를 기원하는 마을 공동의례였다.

불놀이는 대보름을 대표하는 놀이다. 열나흘날 또는 대보름날 저녁에 아이들은 불을 붙인 나무를 깡통에 담아, 돌리며 논다. 이를 흔히 '망우리 돌리기'라고 한다. 망우리는 망월, 곧 보름달을 일컫는다. 깡통이 돌아가면 마치 밝은 달이 돌아가는 것처럼 장관을 이룬다. 또 논둑과 밭둑에 불을 놓으면서 쥐불놀이를 한다. 이렇게 쥐불을 놓다가 다른 동네 아이들이나 청장년들과 만나게 되면 횃불싸움이 벌어진다.

줄다리기는 정월 대보름과 한가위에도 즐긴다. 고싸움은 줄다리기의 한

파생형이다. 줄다리기는 우리 나라의 중부 이남에서 성행하는데, 그 규모나 시기, 방법에 따라서 여러 가지 형태가 있다. 이 놀이는 우리 나라뿐 아니라 세계적인 분포를 보인다.

줄다리기를 할 때 사용하는 줄은 짚으로 만든다. 이 줄은 농경신인 용으로 비유된다. 그래서 놀이에서 이긴 편은 그 해에 풍농을 이룰 수 있다고 믿는다. 줄다리기 시합은 암줄과 숫줄의 대결과 결합 등으로 승부를 가리므로 이를 음양의 조화로 보기도 한다. 음양의 조화는 곧 남녀의 결합으로, 이는 생산과 연결된다. 고싸움은 줄다리기의 한 파생형으로, 줄 머리 부분의 둥근 고를 맞대어 상대방을 깔고 누르면 이기는 것이다. 이것이 끝나면 두 고를 연결해서 본격적인 줄다리기를 한다.

석전(石戰)도 대보름놀이로 행해진다. 돌싸움, 팔매싸움, 편싸움이라고도 하는 석전의 기록은 『수서(隋書)』 고구려전을 비롯하여 고려와 조선에 이르기까지 여러 문헌에서 나타난다. 석전은 내〔川〕를 가운데 두고 벌이는데, 고구려에서는 왕이 찬 물 속에 직접 들어가서 참여했다는 것으로 보아 애초 풍농을 기원하는 신성한 종교제의로서의 성격이 강했던 것으로 보기도 한다. 그 후 놀이로서의 성격이 강해졌으며, 실제 전투에 참가하는 석투군(石投軍)이 생겨나기도 했다.

석전은 원래 정초에 했으나 고려와 조선시대에는 5월 단오 때로 옮겨졌다. 『세종실록』에는 양녕대군을 비롯한 대군들이 단오 때 석전구경을 나섰는데 직접 참가해서 싸움을 지휘하고 많은 부상자를 내어 물의를 일으켰다는 기록도 있다.

그네뛰기와 씨름은 단오놀이로 많이 놀았다. 그네줄은 마을 어귀나 동네 마당에 있는 큰 느티나무나 버드나무 등에 맨다. 대체로 단오 며칠 전에 매어 단오날 실컷 뛰고 줄을 그대로 두거나 단오가 지난 후 끊어 버린다. 그네뛰기에는 한 사람이 뛰는 외그네뛰기와 한 그네에 두 사람이 함께 마주 서서 뛰는 쌍그네뛰기〔맞그네뛰기〕가 있다. 여자들이 단오날 곱게 차려입고 그네를 뛰는 모습은, 흡사 한 폭의 그림같아서 반선녀(半仙女)라고 한다.

씨름은 고구려 고분벽화에도 등장할 만큼 대단히 오랜 놀이다. 단오날이면 남자들은 씨름을 하면서 무더위를 열기로 식힌다. 백중과 추석에 크게 씨름판을 벌이기도 한다. 같은 마을사람들끼리 겨루거나 이웃마을 사람들과 겨루기도 한다. 씨름의 종류는 왼씨름, 오른씨름, 띠씨름 등 여러 가지가 있었는데, 요즘은 왼씨름으로 통일되었다.

강강술래는 한가위에 여자들이 즐기는 대표적인 세시놀이이다. 농경국가에서 보름의 만월은 풍요를 상징한다. 강강술래와 같이 원무(圓舞)가 포함되어 있는 놀이는 보름달의 형상을 상징하여 보름명절 놀이로 극치를 이룬다. 추석날 추석빔으로 곱게 단장한 여자들이 손에 손을 잡고 원무를 그리며 노는 모습은 한 폭의 그림과 같다. 강강술래에는 여러 가지 놀이방식이 포함되어 있는데, 원무는 대보름의 성격을 두드러지게 드러낸다. 강강술래가 주로 전라도 지역에서 즐기는 놀이인 반면, 경상도에서는 이와 같은 맥락의 놀이로 월월이청청과 놋다리밟기가 있다. 이 밖에도 이와 유사한 놀이로서, 의성의 '기와밟기'와 군위지방의 '지애밟기', 영양의 '등다리밟기' 등이 있다. 명칭이 다소 다르기는 해도, 놀이형태는 매우 비슷하다.

소놀이와 거북놀이 역시 한가위에 노는 대표적인 놀이이다. 소놀이는 멍석을 쓰고 소 모양으로 가장하여 집집마다 찾아다니며 놀아주고, 음식을 나누어 먹는 풍년기원놀이다. 거북놀이는 소 대신 거북으로 가장하여 노는 놀이이다. 소는 농경의 주체로서 생구(生口)라 할 정도로 가족의 일원이었다. 십장생의 하나인 거북은 수신(水神), 나아가서는 농경신의 기능을 한다. 따라서 이들 놀이는 농경의례의 성격을 지닌다.

### 3) 놀이판의 의미

놀이를 하려면 노는 사람이 있어야 하고 놀 수 있는 공간이 필요하다. 특히 놀이판은 인간이 만드는 '특별한 공간'이며 시간을 필요로 하는 것이기도 하다. 그래서 놀이에서 '판'은 무엇보다 중요하다. 놀이판은 일상적인 공간과는 구별되는 장소이다. 무당의 굿판이 신성영역이듯이 놀이판 역시 신성영역인 것이다.

성속(聖俗)의 개념으로 볼 때 일상적인 것이 세속(현실계)이라면 비일상적인 것은 신성(비현실계)에 해당된다. 놀이판은 공간적으로 일상적인 공간과 구별하여 성화(聖化)될 뿐 아니라 시간 역시 일상적인 시간과 구별한다. '밤'이라는 시간에 놀이판이 벌어지는 것은 바로 비일상적인 시간, 곧 신성한 시간이기 때문이다. 강강술래나 놋다리밟기, 줄다리기가 벌어지는 시간은 보름달이 떠 있는 밤이다. 이들 놀이가 벌어지는 '밤' 은 바로 성화된 시간이다.

놀이판은 이렇듯 세속과는 구별된 신성하다는 특징을 지닌다. 따라서 '판'에서 일어나는 사건은 비일상적인, 바로 신성한 사건이다. 일상적인 세상살이의 공간을 '삶의 판'이라 하지 않는 것은 바로 판이 지닌 이러한 특이성 때문이다.

놀이판의 이러한 성격은 '난장판'이라는 용어로 대체할 수 있다. 난장판은 사전적으로 '여러 사람이 뒤섞여 마구 떠들어내는 판'이라는, 다소 부정적인 어휘이기는 하다. 그러나 '여러 사람', '뒤섞여 마구 떠들어대는 판'이라는 말에 난장판이 지닌 원래의 의미를 찾을 수 있다. 모든 세시놀이가 그러하듯 놀이판은 난장판으로 절정을 이룬다. 그것이 비록 겨루는 놀이이든 함께 즐기는 놀이이든 간에 놀이의 마지막에는 난장판에 도달한다. 그러므로 '판'이라는 접두사가 붙는 어휘들은 일상적 삶을 벗어난 공간이며, 시간인 동시에 시원적(始原的)으로 제의의 판에서 비롯된다고 하겠다. 놀이꾼들이 뒤섞여 떠들어대는 판은 자아망각이라는 비일상적 상황이다. 이를테면 고대 제천의례에서 보여 주는 기록들은 바로 난장판을 말한다.

무당이 굿을 하는 것을 '일하다, 공사하다, 놀다'라고 하는데, 이 가운데 '놀다'라는 어휘는 세시놀이의 성격과 밀접한 관련이 있다. 또 무당 자신의 신력을 강화하기 위해 하는 봄맞이굿, 단풍맞이굿 등의 신굿을 할 때 '놀려드린다'고 하는데, 이 역시 '놀다'라는 의미와 같다. 이는 자신이 섬기는 신을 '놀게 한다'는 뜻이다. 따라서 노는 것은 단순한 유희가 아니라 신과 하나가 되어 노는 사건에 해당한다. 이러한 정황이 곧 난장판이다.

이렇게 보면 놀이판의 성격은 난장판에서 그 특성을 극명하게 찾을 수 있다. 이는 비일상적 시·공간에서 이루어지는 동시에 비일상적인 사건이 전개되는 판이다. 그러면서 신과 하나가 되어 신을 놀게 해주고, 신의 뜻을 얻기도 한다. 이러한 놀이의 세계는 성속(聖俗)의 이원론으로 보면 성(聖)의 세계이며, 원초적인 카오스(chaos)의 세계이다. 여기서 벌어지는 놀이 역시 그와 같은 성스러운 행위이며, 신성한 사건에 해당한다.

판은 일상적 공간과는 구별되는, 신성한 시·공간이다. 이는 존재의 근원에 해당하는 카오스의 상황이다. 따라서 놀이판에 참여한 놀이꾼은 일상적인 코스모스(cosmos)에서 벗어나 카오스의 상황으로 들어간 것이 된다. 놀이판의 규칙은 신성불가침한 것이기 때문에, 놀이꾼은 이를 깨뜨리거나 무시해서는 안 된다. 일정한 금기를 지켜야 한다.

이렇듯 금기를 감내하면서 놀이판에 참여하여 노는 까닭은 무엇일까? 비록 그 놀이가 겨루는 놀이일지라도 단순히 승부를 가리기 위해 노는 것은 아니다. 신화가 인간의 존재 문제에 초점을 맞추는 것처럼, 세시놀이 역시 존재 문제에 귀결되고 초점이 모아진다. 놀이판과 놀이는 공간과 시간을 초월한 비현실계에서의 판이며, 놀이이다. 놀이판에 뛰어든 것은 비현실계에 전이(轉移)되었음을 뜻한다. 여기서 벌어지는 사건은 일상적인 현실계의 그것과는 구별된다. 그런데 우리 인간이 사는 현실계는 한계가 있다. 그것은 현실계가 지닌 시간성과 공간성의 한계 때문이다. 현실에서 인간존재가 영원하지 못한 것도 바로 이 때문이다. 그러나 비현실계인 놀이판에서는 놀이를 통해서 현실계의 한계를 극복하고 존재지속을 위한 원초적인 힘을 얻을 수 있다. 이것은 바로 놀이판이 갖는 근원적인 의미이다.

## 3. 민속신앙

### 1) 민속신앙의 개념과 특징





민속신앙은 민간층에서 전승되는 자연적인 종교를 말한다. 자연적이란 인위적이란 말과 대칭되는 용어로서 흔히 말하는 제도종교가 인위적인 종교라면 민속신앙은 자연적 종교가 된다. 민속신앙을 민간신앙, 민속종교라고도 하며 영어로는 Folk Religion 또는 Folk Belief라고 한다.

기존에는 종교개념을 지극히 좁은 의미로 설정하여 교조, 교리, 의례, 교단, 신도 등이 체계적인 형식을 갖춘 것을 기준으로 했으므로 민속신앙은 종교의 범주에서 이탈될 수밖에 없었다. 사실상 민속신앙은 의례가 중심으로, 위의 요소를 체계적으로 갖추고 있지 못하다. 그러나 오늘날에는 종교개념을 넓은 의미로 해석하고, 정의의 기준도 달라지고 있다. 인위적인 종교와 자연적인 종교로 구분하는 것도 이미 기존의 정의 기준을 어느 정도 해체한 것이라 할 수 있다.

민속신앙의 종류는 다양하여 세시풍속이라고도 하는 계절제를 비롯하여 가정신앙, 마을신앙, 무속신앙, 점복신앙, 예조, 풍수신앙, 독경신앙, 영웅신앙, 자연물신앙, 사귀신앙, 금기, 주부(呪符, 부적), 주술, 민간의료 등을 포함시키기도 한다. 이렇게 민속신앙의 종류가 다양하지만 이들을 삶의 층위를 기준으로 구분하면, 크게 가정단위의 개별적인 신앙과 마을단위의 공동체 신앙으로 나누어 볼 수 있다. 이 글에서는 가정신앙과 마을신앙으로 나누어 간략하게 살펴보기로 한다.

## 2) 가정신앙

가정신(家庭神)은 흔히 가신(家神)이라고 하며, 이는 집 안을 지켜 주는 신, 곧 집 안의 수호신을 말한다. 집 안의 곳곳에 자리잡고 있으면서 집 안의 모든 일을 보살펴준다고 믿고 그 신들에게 제의를 올리며 평안을 비는 것이 가정신앙이다. 그런데 가정에 존재하는 가정신들뿐 아니라 가정단위로 행하는 민속신앙의례, 예컨대 객구물리기〔객귀물리기〕, 삼잡기, 뱅이, 그리고 가정단위로 산이나 서낭당에 빌기, 풍수, 점복, 가정굿 등도 가정신앙에 포함된다. 또한 생업을 위한 인삼고사 역시 가정신앙의 범주에서 행해지는 것이다. 그러나 이 글에서는 지면의 한계상 가정에 존재하는 가정신을 대상으로 한다.

가정신앙의례는 대체로 설, 추석, 동지 등 세시명절을 비롯하여 햇곡을 수확한 후 10월 상달과 같이 일정한 시기에 정기적으로 제를 지내지만 필요에 따라서 비정기적으로 지내기도 한다. 가뭄이나 홍수가 심할 때 또는 집 안에 언짢은 일이 생겼을 때 가정신에게 제를 지내 평안을 기원한다. 제의는 전문 사제자인 무당이 집전하거나 주부가 직접 비손하는 경우도 있다. 특히 10월 천신제 때에는 신주단지에 들었던 곡물을 갈아넣는데 이 속에 넣었던 곡물은 집 밖으로 내보내지 않고 가족들만 먹는다. 그 곡물은 복이 담긴 신성물로 여겨 이를 내보내는 것은 복을 내보내는 의미가 있기 때문이다.

가정신은 다양하게 존재한다. 가정에 따라 다소 차이가 있을 수 있겠으나 가정의 으뜸신으로 성주신을 꼽는다. 성주는 집 안의 길흉화복을 관장한다.

집 안의 으뜸신답게 그 자리도 그 집의 중심이 되는 곳이다. 대개 마루의 대들보 밑이나 상기둥의 윗부분과 같은 집안의 중심부가 성주신의 자리다. 성주신을 상징하는 신체(神體)는 백지(한지)를 접어서 실타래로 묶어 신의 자리에 붙인다. 성주독도 있어 이 안에는 쌀 또는 나락[낟알]과 같은 곡물을 담는다. 성주는 가옥을 신축했거나 이사를 했을 때에는 새로 매는 등 가옥과 밀접하게 관련을 맺고 있어 가옥신이라고도 한다. 물론 가옥신의 기능도 하겠으나, 성주는 집안의 어른인 대주(大主, 호주)로서의 역할이 중심을 이룬다. 그래서 대주가 의관을 갖추고 직접 의례를 행하며 주부는 보조자가 된다. 대주가 사망하면 성주를 내보내고 다음에 대주가 될 사람을 위해 성주를 다시 맨다. 새로운 호주가 가정의 질서 체계에 적응하듯 새 성주 역시 그러한 질서체계를 이어받는 것이다.

조상신은 후손을 보살펴 주는 신으로 자리는 안방의 윗목 벽 밑인데 단지나 버들고리에 곡물 또는 옷감을 넣어 신체를 상정하거나 신체가 없이 '건궁'으로 모시기도 한다. 조상신이 제석신(帝釋神), 세존단지 등 불교적인 명칭으로 불려지기도 하여 여기서 종교혼합(Syncretism)을 볼 수 있다. 원래 제석신은 불교의 상상의 산인 수미산 꼭대기에 있다는 최고신이며, 세존은 석가세존을 뜻한다. 세존단지는 석가를 상징하는 세존과 가정신의 신체가 합해진 말이니, 그야말로 불교와 우리 민속신앙이 중층을 이루고 있음이 나타난다. 이 밖에 제석신이 아이를 관장하는 삼신으로 인식되는 예도 있다.

부엌에는 조왕신이 자리잡고 있다. 그 자리는  부뚜막으로 삼신과 더불어 육아를 담당한다. 간혹 재산신으로도 여긴다. 조왕신의 신체는 조왕중발이라는 사기종지로서, 매일 아침 정화수를 떠 올리기도 하지만, 신체가 없는 건궁조왕도 흔하다. 부엌은 원래 신성한 곳이다. 『삼국사기』 권14 고구려 본기 제2대 대무신왕조에는 큰 솥이 불을 때기 전에 열이 나서 밥이 되었다는, 일종의 주술적인 힘을 가진 성물임을 뜻하는 내용이 있다. 부엌에 있는 제일 큰 솥을 조왕솥이라 한다.

자녀의 출생, 육아, 성장 등을 관장하는 신은 삼신으로 그 자리는 안방 아랫목이다. 신체는 삼신자루라 하여 한지로 만든 자루 속에 쌀을 넣어 아랫목 높직이 달아 매 놓는다. 또는 쌀을 바가지나 동이에 담고, 시렁을 만들어 거기에 얹어놓기도 한다. 삼신의 점지를 받아 아이가 태어나면 7살 때까지 보호를 받는다. 그 후부터의 수명은 칠성신이 관장한다. 삼신은 유달리 깨끗한 신이라고 생각하여 평소 의례를 행할 때에 정화수만을 올리고 주부가 출산시에는 쌀밥과 미역국, 정화수를 올린다.

삼신은 그 가계의 여자조상이 좌정한 것이라고 믿기도 한다. 작고하신 시어머니 또는 시할머니가 삼신으로 모셔지고 있다. 만일 시어머니가 삼신일 경우, 이를 모셨던 며느리가 자고하면 먼저 모셨던 삼신(시어머니)은 나가고 작고한 며느리가 삼신으로 좌정하게 된다. 삼신은 아이갖기를 빌며 모시는 것이 보통이지만, 아이가 있더라도 섬기는 경우가 있다. 현몽이나 점괘에 따라 모신다. 이는 다른 가정신에도 해당된다.

집터를 맡아 보며 집안의 액운을 걷어 주고 재복을 주는 신은 터주이며 지신이라고도 하는데, 가정에 따라서는 터줏대감, 또는 터대감이라고 한다. 터주를 상징하는 신체는 집의 뒷뜰 장독대 옆에 터주가리를 만들어 신체로 모신다. 터주가리는 옹기단지에 쌀 또는 벼를 담고 뚜껑을 덮은 다음, 짚으로 원뿔형을 만들어 덮은 것이다.

광이나 곳간과 같은 은밀한 곳에 있으면서 재복을 준다는 가정신은 업신이다. 업신은 업, 업왕신, 업왕, 업위신이라고도 하지만, 민간에서는 업이라는 말과 함께 지킴이, 지킴, 집지킴이, 집지킴 등으로 불린다. 지킴이란 말이 넓은 의미에서는 집을 지켜 주는 모든 가정신을 말하며, 마을을 지켜 주는 신을 마을 지킴이라고도 한다. 하지만 민간에서는 대체로 집 안에서 위하는 가정신인 업신을 지킴이라고 한다. 다른 가정신과 달리 업신은 대체로 동물이 그 대상이라는 점에서 색다르다. 업신의 대상은 동물이지만 신체를 달리 봉안하기도 한다. 업신의 대상으로 구렁이, 족제비, 두꺼비 그리고 인업이 있다. 인업은 사람에게 붙어다니면서 그 사람에게 복을 주는 신으로, 그 형상은 그 사람과 같다고 한다. 그래서 인업과 인업을 달고 있는 사람과는 별개의 존재인데도 그 사람 자신이 인업으로 인식되기도 한다. 업이 그 집을 나가면 패가망신한다든가 또는 커다란 변화가 생긴다고 한다. 업신은 대체로 건궁업으로 모시지만 간혹 터주가리와 같은 형태의 업가리로 신체를 갖추거나 또는 다른 형태도 있다. 업신에 대한 의례 역시 다른 가정신과 마찬가지지만 특히 가족의 눈에 띄었을 때에는 단독으로 의례를 행하기도 한다. 업신이 눈에 띄는 것을 예사롭게 생각하지 않기 때문이다.

경북 안동지역에서 집중적으로 섬기는 용단지는 용을 모시는 가정신앙의 한 형태이다. 꺼칠용과 안용이라 하여 용단지 두 개를 위하기도 하는데 꺼칠용 단지에는 벼나락〔벼낟알〕 또는 겉보리 나락을 담아 두며 안용에는 쌀을 담아둔다. 이 용단지는 농경신이며 업신의 성격도 지니고 있다. 제주도에서 섬기는 안칠성과 밧칠성은 구렁이업 계통으로 본토의 업신에 해당된다. 호남에서는 주로 터주신으로 여기지만, 장독신의 성격도 지닌 철륭을 섬기며 충남에서는 왕신단지라는 사나운 가정신을 모시기도 한다.

이 밖에도 물을 마르지 않게 하는 우물신, 소와 말을 지켜 주는 우마신도 있다. 또 대문에는 문신(門神)이 있어 액살이 접근하는 것을 막아 주며, 변소에는 사나운 측간신이 있어 살(煞)을 걷어준다. 반면 늘 조심해야 한다. 사실상 예전의 재래식 변소는 깊고 어두워 다소 위험했다. 당연히 조심해야 하는데, 그것을 신관념에 반영시킨 것은 우리 조상의 지혜였다.

가정신은 생업과 관련된 직능신〔기능신〕이기 때문에 필요에 따라 생성되기도 하고 사라지기도 한다. 인삼농사를 하는 경북 풍기지역에서는 생업과 관련된 인삼신을 상정하여 인삼고사를 지내기도 한다. 직능신으로서의 모습을 보여 주는 예라 할 수 있다. 생업에 따라 생업신은 다양해질 수 있다.

### 3) 마을신앙

마을신앙은 마을에서 수호하는 신을 마을의 신당에 모셔놓고 제액초복을 위해 해마다 마을공동체 단위로 의례를 행하며 신앙하는 것이다. 그 동안 동신신앙(洞神信仰)이라는 용어를 사용했으나 근래 마을신앙이라는 용어가 학계에서 통용되고 있다. 그래서 동제(洞祭) 역시 그 내용에 따라서 마을굿이라고 한다.

마을신당에 모셔져 있는 마을신은 하나의 신일 수도 있지만, 여러 신일 경우도 있다. 여러 신일 경우는 주로 무당에 의해서 당굿이 행해지는 지역에 해당되는데, 주신(主神)을 중심으로 여러 신들이 모셔져 있다. 예를 들어 서낭당 안에 주신인 서낭신을 중심으로 그 밖에 지신, 산신, 장군신 등의 신상이 함께 봉안되어 있다. 유가식 동제를 행하는 마을신당에도 마을신이 둘이나 셋이 모셔져 있는 경우가 있고 전통적인 방식대로 상·중·하당의 삼당체제를 갖추고 있는 경우가 있다.

우리의 전통적인 마을은 산을 등지고 남향에 자리잡고 있는데 마을 뒷산 중턱에 산신을 모신 산신당이 있고, 마을로 들어오는 동구길 옆에 서낭신을 모신 서낭당이 있으며, 그 옆에 장승이나 솟대가 있는 것이 마을신앙의 일반적인 형태다. 그러나 요즘은 이 삼당을 모두 갖추고 있는 경우가 드물다.

마을신당은 신앙하는 마을신에 따라 성격과 명칭이 결정되기 때문에 마을신의 종류와 일치하는데, 지역적인 특징을 보이기도 한다. 국수당과 산신당, 서낭당은 전국적으로 분포되어 있는 마을신당이다. 특히 중부지역에는 이 세 종류의 마을신당이 한 마을에 복합되어 있다. 마을의 뒤쪽 높은 산정에 국수당이 있고, 그 산중턱에 산신당이 있으며, 마을로 들어오는 동구에 서낭당,

그 옆에 장승과 솟대가 함께 있는 예가 많았다.

호남지역에는 당산(堂山)이라는 마을신당이 집중적으로 분포되어 있다. 당산은 산신을 신앙하는 산신당의 변형형태로 볼 수 있다. 영남 동해안지역에는 골매기당, 서해안지역은 임장군당〔임경업장군〕, 제주도는 본향당, 서울과 경기도는 부군당이 집중되어 있다. 골매기당은 그 골〔곡=谷〕 마을을 수호해주는 터신과 방어신을 신앙하고, 임장군당은 풍어 전설에 기반을 둔 어업시조신앙으로, 부군당은 지역수호와 풍요신앙으로, 본향당은 근원상징신앙으로 각기 그 성격을 드러낸다.

동제의 시기는 다소 차이를 보여, 음력 정월 초이틀이나 사흘에 동제를 지내는 마을이 있고, 대보름이나 음력 10월에 지내는 지역도 있다. 군왕(君王)이나 장군 등 인신을 마을신으로 모신 곳에서는 그 해당 인물의 탄신일이나 기일에 제를 올리므로, 시기가 다를 수 있다.

동제의 명칭은 산고사, 동고사, 별신굿, 장승제, 용궁맞이, 풍어굿, 배서낭굿 등 그 지역의 생태적인 조건에 따라 다양하다. 제의 방법은 마을사람이 제관이 되어 행해지는 당제와 무당과 같은 전문적인 사제자가 주관하는 당굿 형태가 있다. 중부지역의 도당굿, 서해안의 풍어제는 무당이 주재하고, 그 밖에 제주도의 당굿 역시 전문적인 사제자인 심방이 주재한다. 내륙에서는 주로 마을의 안녕과 풍농을 기원하는 풍농제를, 어촌에서는 마을의 안녕과 풍어를 기원하는 풍어제를 지낸다. 마을굿 가운데서 가장 화려한 당굿인 별신굿만 하더라도 풍어제의로서의 별신굿과 풍농제로서의 별신굿이 각기 있다.

당제는 초헌과 아헌, 종헌의 삼헌과 독축으로 유가의 제례에 준한다. 당굿은 재래의 무속제의인데, 당굿으로 동제를 올리는 경우에도 먼저 당제사부터 지내 유가식과 무속이 복합된 이중제의의 형식을 취한다. 농촌에서는 풍년기원과 재해의 방지, 어촌에서는 풍어의 기원과 해상사고의 방지에 주 목적이 있다. 도시와 그 주변지역에서는 화재와 질병 없이 마을 전체가 평안하여 마을사람들이 잘 살 수 있도록 빈다. 또 생업과 관련하여, 시장주변의 주민들은 상업이 잘 되기 위해서 동제를 지내기도 한다.

유교식 동제의 경우 동제를 앞두고는 제관과 관련자들이 온갖 금기를 지키며 부정을 가린다. 제의 역시 제관을 비롯한 당사자들만 참석한다. 오늘날에는 당제도 많이 세속화되어 예전과 달리 참여자들을 폭넓게 하는 경우도 있다. 장승제의 경우는 외부인의 참관이 허락되기도 한다. 반면 무당이 주재하는 당굿이나 별신굿은 열린 제의로서 마을 주민 모두가 참석하여 한바탕 축제판이 벌어진다.

### 4) 민속신앙의 의미와 기능

민속신앙은 생존의 기본요건인 풍요와 건강을 획득하려는 데에 그 목적이 있다. 이와 같은 목적은 질병에서 건강으로, 빈곤을 풍요로 바꾸어 순환시키려는 것이므로 민속신앙은 어느 것이나 순환에 의해 그와 같은 목적을 달성하려는 공통성을 지니고 있다. 여기서 말하는 순환이란 각기 상반된 양극적(兩極的) 상황, 곧 빈곤과 풍요, 질병과 건강이 서로 바뀌어 빈곤에서 풍요로 질병에서 건강으로 바뀐다는 의미이다.  이렇게 순환하는 것은 현실의 불행을 그 반대인 행운으로 바꾸려는 것이다. 따라서 민속신앙은 질병과 빈곤이라는 불행한 현실을, 건강하고 풍요로운 행복한 상황의 새로운 현실로 바꾸어 놓으려는 현실의 재생적 의미를 지닌다.

현실 안에 있는 인간의 수명은 유한하며 인간의 생존에 필요한 건강과 모든 물질은 시간이 지나면서 점차 소모된다. 이렇게 현실 안에서 소모되어 가는 인간의 생존에 필요한 모든 '존재'를 신앙을 통해 유지·지속시키려 하는 것이 민속신앙을 섬기는 사람들의 의식이다. 인간은 모든 존재의 근원을, 세속적인 현실계가 아닌 비현실계 신성으로 보고, 그 신성으로 가서 생존에 필요한 새로운 존재를 획득해 다시 현실로 돌아와 일상생활을 한다. 그러나 새롭게 획득한 존재도 시간이 지나면 소모되고 낡아버려 다시 새로운 존재를 획득해야 한다. 민속신앙은 이렇듯 현실의 폐기와 재생이라는 양면성을 갖게 되는데, 이러한 재생적 순환은 바로 존재를 재생시키는 의미가 있다. 또한 존재의 재생은 존재의 영구지속을 의미한다. 이처럼 민속신앙은 자기 존재의 지속을 궁극적인 목적으로 하고 있다. 김태곤 교수는 이와 같이 순환을 통해 존재를 지속시키고자 하는 사고를 원본사고(Arche-Pattern)라고 명명했다. 민속신앙이 민중들에게 뿌리깊은 종교적 기반을 갖게 된 것은 바로 순환에 의해 존재지속이 이루어질 수 있다는 믿음, 곧 원본사고가 큰 구실을 했다고 볼 수 있다.

존재지속의 심성적 기반이 되는 민속신앙은 민중의 살아 있는 종교로서 정신적 불안의 해소, 생활적 희망의 부여, 역사의식과 심적 유대의 강화 등의 기능을 해왔다. 특히 민속신앙에서 민족의 신, 마을의 신, 가정의 신을 모시고 존경하여 집단의식을 가지는 것은 사회협동체제의 유지에 크게 이바지한다.

우리 민족은 오랫동안 민속신앙을 기반으로 일상생활을 영위하였다. 농촌, 어촌, 산촌 등지에서는 산신당이나 서낭당 등의 동신당(마을신당)이 주민들의 정신적 귀의처로 불교의 사찰이나 기독교의 교회와 같은 성격을 지닌다. 민속신앙은 종교인 동시에 생활수단으로 알고, 이에 의존하여 살아온 것이다. 마을에는 마을을 수호해 주는 마을신이 있어 마을 사람들을 보살펴 주고, 집안에는 온갖 가정신이 자리하여 집 안을 보살펴주며 일상생활을 함께 하고 있다. 민중의 종교욕구를 받쳐주는 것이 곧 민속신앙이었다.

민속신앙이 현대에도 민중의 살아 있는 기층종교로 자리잡고 있는 데에는 여러 가지 요인이 있겠으나, 한국의 역사를 통하여 한국인의 생활기반을 이루어 왔기 때문이다. 위기가 오거나 소망이 있을 때에는 민속신앙에 의지하여 지극정성으로 의례를 행하면서 어려움을 극복하고자 했다. 가령 무당굿의 경우 무당은 무가를 통해 인간의 모든 문제를 풀어 준다. 무당과 참석자가 함께 울고 웃으며 맺힌 마음을 푸는 것은 대단히 효과적인 치유방식이다. 가정굿이라도 그 가정의 가족만 참석하는 것이 아니라 이웃이 참석하여 희로애락을 공유하기도 한다. 마을굿은 새삼 말할 필요도 없다. 요즘도 별신굿이 벌어지면 인근의 모든 사람들이 참여하여 한바탕 '축제판'을 벌인다. 그 동안 생업에 지쳐 쌓였던 피로의 '독'이 모두 빠져 나가는 순간이다.

이렇게 민속신앙은 정적인 믿음으로 소망을 이루게 할 뿐 아니라 역동적인 힘을 발산시켜 앞날을 밝고 힘차게 해주는 구실도 하는 것이다.

## ■ 참고문헌


김명자,「업神의 성격과 다른 가택신과의 친연성」『한국민속학보』 제7호, 한국민속학회, 1996.

_____,「세시풍속의 기능과 그 변화」『민속연구』 제2집, 안동대 민속학연구소, 1992.

_____,「세시풍속의 순환체계」, 김태곤 외,『한국문화의 원본사고』, 1997.

_____,「세시풍속의 전승과 현대화방안 모색」『민속연구』 제13집 안동대민속학연구소 편, 민속원, 2004.

_____,『한국세시풍속Ⅰ』, 민속원, 2005.

_____,「도시생활과 세시풍속」『한국민속학』 42호, 한국민속학회, 2005.

김명자 외,『한국의 가정신앙(상,하)』, 민속원, 2005.

김태곤,『한국민간신앙연구』, 집문당, 1983.

_____,『동신당』, 대원사, 1992.

문화체육부 편,『한국의 지역축제』, 1996.

이은성,『역법의 원리분석』, 정음사, 1985.

장주근,『한국의 세시풍속』, 형설출판사, 1984.

최운식·김명자 등,『한국민속학개론』, 민속원, 1998.

# XII. 토착종교와 무속신앙

오늘날의 한국은 여러 종교가 공존하는 다종교 사회이다. 나아가 헌법이 '종교의 자유'를 표방하여 다종교 상황을 뒷받침하고 있는 종교다원주의(religious pluralism) 사회이기도 하다. 그래서 한국에서는 여러 종교가 신앙되고 있지만, 이 중에서 역사가 가장 오랜 것은 토착종교(土着宗敎)이다.

한국의 토착종교는 특정인에 의해 창출된 것이 아니라, 원시시대에 자연발생적으로 시작된 종교다. 이것은 체계화된 교리도, 문자화된 경전도 없다. 또 교단이라고 부를 수 있는 조직도 없으며, 공동체나 사회집단 자체가 종교집단이다. 즉 제도종교(制度宗敎, institutional religion) 이전의 확산종교(擴散宗敎, diffused religion)일 따름이다. 그렇지만 이것은 불교를 비롯한 세계종교가 수용되기 전까지 한국의 지배적 종교전통이었다. 삶의 위기를 이를 통해 극복하고자 했으며, 정치권력의 정당성의 근거를 여기서 찾고자 했다.

그러나 불교를 비롯한 세계종교가 수용되면서 토착종교는 상당한 변화를 일으켰다. 이들 종교의 영향으로 신앙 내용이나 의례 절차가 변하였다. 또 외

**서영대** | 인하대학교 사학과 교수. 한국무속학회 회장. 논저로 『고구려의 사상과 문화』, 『성황당과 성황제』, 「한국 무속사의 시대구분」 외 다수가 있다.

래종교가 한국의 지배적 종교로 자리를 잡아감에 따라 토착종교는 기층사회로 침전(沈澱)되기 시작했고, 오늘날에는 민속종교로서 겨우 그 명맥을 유지하고 있다. 그렇지만 다른 한편으로 토착종교는 밖에서 들어오는 외래종교들에 영향을 미쳤고, 그 성격의 일단을 규정했다. 한국의 불교, 한국의 유교, 한국의 기독교가 나름대로 특징을 가지는 것은 바로 이러한 이유 때문이다.

따라서 토착종교는 한국종교의 출발은 물론이고 한국종교사의 전체적인 흐름을 파악하기 위해서도 반드시 구명되어야 할 주제다. 나아가 한국문화의 바탕을 이해하기 위해서도 소홀히할 수 없는 문제다.





## 1. 전통종교의 명칭

불교나 유교와 같은 외래종교가 한국의 지배적 종교가 되면서, 토착종교는 비판과 배척의 대상이 되었다. 그러므로 전통시대에는 토착종교에 대한 객관적 접근이나 학문적 탐구가 없었다고 해도 과언이 아니다.

이러한 상황은 20세기에 접어들면서 변하기 시작한다. 한국은 19세기 후반부터 제국주의 열강의 침략에 노출되며, 마침내 일제에 의해 주권을 상실하였다. 그래서 한국에서는 국권 회복을 위한 다양한 민족운동이 전개되었다. 이 중 하나가 민족정신의 고취였으며, 민족정신 고취의 일환이 바로 한국문화의 우수성과 독자성의 강조였다. 한국은 우수하고 독자적인 문화를 가진 민족이므로 독립하는 것이 당연하다는 것이다. 이때 한국문화의 독자성을 뒷받침하는 논거의 하나가 바로 한국의 토착종교 전통이다. 한국에는 일찍부터 다른 지역(특히 중국)과 구별되는 고유종교가 있었고, 이것을 토대로 한국의 독자적인 문화가 발전해 왔다고 주장되었다. 여기서 한국의 토착종교에 대한 연구가 본격화된다.

당시 이러한 주장을 펴는 학자들은 한국의 토착종교를 하나의 조직화된 종교전통으로 파악했다. 그래서 이것을 신교(神敎)・선교(仙敎)・수두교・부루교 등 다양한 이름으로 불렀다.

한국의 토착종교 연구는 이렇게 해서 시작되었으며, 토착종교 문제를 한국문화의 기층 내지 근간 이해의 일환으로 접근한다는 민족주의적 입장은 현재까지 이어지고 있다. 그렇지만 1970년대 이후부터 역사학, 민속학, 종교학 등 다양한 학문 분야가 연구에 동참한 결과, 토착종교 연구는 질과 양에서 많은 성장을 이루었다. 그 결과 기존 학설들이 계속 수정되고 있다. 예컨대 오늘날에는 한국의 토착종교를 불교나 기독교와 같은 하나의 조직화된 종교전통으로 보지 않는 것이 일반적이다. 일상생활이나 생산활동의 일부로서, 사회와 문화의 여러 부면에 침투해 있는 확산종교로 본다는 것이다. 그리고 샤머니즘(shamanism)・토테미즘(totemism) 등과 같은 다양한 종교 요소들이 어우러진 복합체로 이해하고 있다. 그래서 불필요한 오해를 없애기 위해 신교나 선교 대신, 토착종교(신앙)・고유종교(신앙)・전통종교(신앙) 등 보다 일반적인 명칭으로 부르고 있다.

## 2. 한국 무속의 세 측면

한국의 토착적 종교전통을 이해하기 위해서는 먼저 그것의 현재적 형태인 민속종교를 살펴보는 것이 좋다. 과거의 토착종교의 모습은 사료가 부족하여 전체상을 그려내기 어려운 데 비해, 현재의 민속종교는 현지조사를 통해 전체상을 그려내기가 비교적 용이하기 때문이다.

현재 한국의 민속종교에는 여러 종교적 요소들이 포함되어 있다. 그렇지만 현대의 민속종교를 대표하는 것은 샤머니즘, 즉 무속이다. 그래서 여기서는 무속을 중심으로 한국의 민속종교에 대해 이야기해 보고자 한다.

흔히 종교는 이론적 측면〔교리〕·행위적 측면〔의례〕·사회적 측면〔종교조직〕으로 이루어져 있다. 무속도 하나의 종교현상으로서, 비록 체계화·조직화의 정도는 다르지만, 이들 세 측면을 모두 가지고 있다. 그러므로 한국의 무속도 세 측면으로 나누어 설명하는 것이 편리하다.

### 1) 이론적 측면

무속의 이론적 측면으로는 신(神) 관념이 있는데, 이것은 다음과 같이 정리할 수 있다.

① 다신교(多神敎). 무속에서는 하나의 신만을 신봉하는 것이 아니라, 여러 신들이 있어 인간의 길흉화복에 영향을 미친다고 믿는다. 기왕의 한 조사에 의하면, 한국 무신(巫神)의 종류는 273종에 달한다고 한다. 그러나 여기에 그치지 않고 무신의 종류는 계속 늘어나는 추세다. 인천상륙작전의 영웅인 맥아더(MacArthur, 1880~1964)가 무신으로 모셔지는가 하면, 자동차에 관계하는 차대감, 암에 영향을 미치는 암대감도 등장했다. 이러한 경향은 앞으로도 계속될 가능성이 크다.

② 기원적으로는 자연신과 인간기원신(人間起源神)으로 나누어 볼 수 있다. 자연신이란 자연 그 자체를 신격화한 것 내지 자연의 성현(聖顯, hierophany)으로, 천신·산신·수신·석신(石神) 등을 들 수 있다. 한편 인간기원신이란 한 때 인간이었다가 사후에 신으로 좌정한 것으로, 왕신·장군신·조상신 등이 그것이다. 그런데 여기서 주목되는 사실은 생전에 인격이나 업적이 훌륭한 인물이 신으로 숭배되는 것이 아니라는 점이다. 그 대신 유명하긴 하지만 비명횡사나 억울한 죽음을 당한 인물

들이 신으로 받들어진다. 고려왕조를 지키려다 처형당한 최영(1316~1388)·반청운동(反淸運動)을 전개하다가 억울한 죽음을 당한 임경업(1594~1646)·일본 낭인들에게 시해된 명성황후(1851~1895) 등이 바로 그들이다. 그러니까 적어도 인간기원신의 경우, 파워(power)의 크기와 원한의 정도는 서로 비례한다고도 할 수 있다. 그렇다고 그들이 원령으로서 인간들에게 재앙을 주는 신은 아니다.

③ 한국의 무속에는 창조신 관념도 없으며, 전지전능한 신도 없다. 그 대신 각각의 신에게는 고유의 영역이 있어, 그 범위 내에서 인간의 길흉화복에 영향을 준다. 이러한 신들을 기능신(機能神, function god)이라 한다. 물론 신들에 따라 영향을 미치는 범위에 넓고 좁음은 있다. 예컨대 삼신은 아기의 출산과 양육에만 관계한다. 이에 비해 산신은 촌락의 수호신으로서, 촌락의 안위(安危) 전반에 관계한다고 믿어진다. 그래서 농경의 풍요, 질병퇴치, 강우 등을 산신에게 기원한다. 그렇지만 산신을 전지전능한 신이라 할 수는 없다.

④ 신들이 자신의 기능을 발휘하는 것은 주로 인간의 생존과 관련된 부분으로 풍요와 다산, 건강과 안전 같은 부분들이다. 그 대신 인간의 가치나 이상과 관련되는 신은 적다. 예컨대 학문의 신이라든지, 음악의 신이라든지, 사랑의 신과 같은 것은 없다. 이런 이유에서 무속은 저급한 종교 내지 미신으로 여겨졌고, 심한 경우 배척의 대상이 되어 왔다. 그러나 세계종교들이 현재의 길흉화복에 직접적인 해답을 제공하지 못하고 있기 때문에, 배척과 탄압에도 불구하고 무속은 오늘날까지 명맥을 유지하고 있는 것이다.

⑤ 선신(善神)과 악신(惡神)의 구분이 분명하지 않다. 물론 인간에게 오로지 재앙만을 가져다주는 신도 없는 것은 아니지만, 대부분의 신들은 어떻게 모시는가에 따라 선신도 될 수 있고 악신도 될 수 있다. 한국의

유령 가운데 가장 무서운 것이 처녀귀신(손각씨)인데, 이 유령도 해원(解冤)을 하면 더 이상 인간들에게 해를 끼치지 않는다는 사실도 한 예일 것이다.

⑥ 신들의 서열에 대해서는 논란이 있다. 한국의 신들 사이에는 최고신을 정점으로 한 위계질서가 있다는 견해가 있는가 하면, 자신이 맡은 영역을 담당할 뿐 위계질서는 없다는 견해도 있다. 그러나 고대에는 신계(神界)의 정점에 천신이 있었던 사실은 확실하다. 한국고대의 건국신화를 보면, 대부분의 국가에서는 자신들의 시조 왕을 천신의 아들이나 자손이라 했다. 건국신화란 정치권력의 정당성을 주장하기 위한 것이고 천신이 최고신(supreme being)이 아니라면, 천신에서 정치권력의 원천을 구하지는 않았을 것이다. 또 〈임신서기석(壬申誓記石)〉 같은 고대의 금석문에 의하면, 중요한 결정이나 맹서는 천신 앞에서 행해진다는 사실도 이런 사고를 뒷받침한다. 그렇지만 논란이 있는 점으로 미루어, 위계가 있다고 하더라도 분명하지 않은 것이 사실인 것 같다. 최고신 관념이나 신들의 위계질서에 대한 관념이 있다가 점차 희미해졌다면, 이것은 한국 토착종교사의 이해를 위해 반드시 구명되어야 할 문제다.





## 2) 행위적 측면

종교의 행위적 측면을 대표하는 것이 의례다. 그러므로 여기서도 의례를 중심으로 무속의 행위적 측면에 대해 살펴보고자 한다. 이론적 측면이 체계화되어 있지 않은 종교일수록 의례의 중요성은 크다. 이 점에 있어서는 한국의 무속도 예외가 아니며, 목적 달성을 위해 다양한 의례가 거행된다.

무속의례는 다양하지만, 몇 가지 유형으로 분류할 수 있다. 우선 규모에 따라 분류하면 ① 비손과 치성(致誠), ② 고사(告祀)와 푸닥거리, ③ 굿이 있다. 비손과 치성이 가장 간단한 의례라면, 고사(家神에게 가정의 평안을 기원하는 의례)와 푸닥거리(질병과 같은 재앙을 물리치기 위한 의례)는 중간 정도가 되며, 굿은 무격과 악사(樂士)가 여러 명 동원되며 절차도 복잡한 가장 큰 의례이다.

또 누구를 위한 의례냐에 따라서도 분류할 수 있는데, ① 가족이나 개인을 위한 의례(治病儀禮, 死靈祭 등), ② 촌락이나 지역공동체를 위한 의례(마을굿), ③ 무격 자신을 위한 의례(내림굿, 진적)가 그것이다.

인간의 의식적인 행위가 모두 그러한 것처럼, 의례 역시 목적을 가진 행위다. 무속의 경우, 의례의 목적은 재앙을 물리치고 길복(吉福)을 받기 위한 것으로, 굉장히 현세이익적인 것이다. 물론 사자(死者)의 천도(薦度)를 목적으로 한 사령제가 있지만, 이것 역시 현세의 안정된 삶을 위한 것이다. 사자가 타계(他界)로 가지 못하고 현세를 떠돌면 인간에게 재앙을 가져다줄 뿐이므로, 타계로 확실히 보내야 한다는 믿음에 기초한 것이 사령제이기 때문이다. 따라서 현세를 무의미하고 덧없는 것으로 보고 내세에서의 구원을 찾으려는 현세부정적 종교들과는 달리, 무속은 기복의례를 중심으로 한 현세긍정적 종교라고 할 수 있다.

무속의례의 또 다른 특징은 의례의 분위기다. 의례에는 장중하고 엄숙한 분위기에서 진행되는 것이 있는가 하면, 음악과 춤이 난무하는 격정적·축제적 분위기에서 거행되는 것이 있다. 전자를 엄숙형, 후자를 축제형이라 한다면, 무속의례는 축제형에 속한다. 신령을 맞이하여 가무로써 즐겁게 해드리는 것이 바로 무속의례이기 때문이다.

### 3) 사회적 측면

무속에는 제도화된 교단조직은 없다. 그러나 무속에도 분명 성직자가 있고 신도가 있다. 무속의 성직자는 무격(巫覡)이다. 사전적 의미로는 무는 여성, 격은 남성이다. 그러나 무당·만신(많은 신을 모신다는 의미)·단골, 또 남자의 경우 박수·화랭이로 부르는 것이 일반적이다. 그리고 최근 무당이란 말에는 천시하는 의미가 담겨져 있다고 하여 무속인이란 표현을 쓰기도 하지만, 여기서는 무격이란 호칭을 사용하겠다.

한국의 무격은 신령의 세계와 인간의 세계를 연결하는 중계자라는 점에서는 같지만, 입무(入巫) 과정의 차이에 따라 강신무와 세습무로 나눌 수 있다.

강신무란 스스로의 선택에 의한 것이 아니라, 신령의 선택에 의해 무격이 된 사람들이다. 신령의 소명은 보통 병리현상으로 나타나며, 이것을 신병(神病)이라 한다. 신령의 부름이 확인되면, 신령을 정식으로 받아들이는 절차인 '내림굿'을 한다. 이때 받은 신을 '몸주'라 하며, 내림굿을 해 준 무격을 '신어머니', '신아버지'라고 한다. 내림굿을 했다고 완전한 무격이 되는 것은 아니다. 상당 기간 신어머니나 신아버지를 따라다니면서 의례의 절차나 방법 등을 학습한다. 영적 능력은 신령으로부터 받지만, 재주와 기술은 선배로부터 배워야 한다. 강신체험을 통해 입문한 무격들은 의례의 과정에서도 신령과 직접 접촉한다. 신령에 빙의되고 신령과의 합일이 이루어진다는 것이다. 빙의상태의 무격은 인간이 아니라 신령으로 취급된다. 그래서 무격의 말은 신령의 말씀으로, 신의 약속이고 예언이 된다.

한편 세습무란 무격이 되는 특정 가계에 속한 사람이 가업(家業)을 이어받아 무격으로 활동하는 무격이다. 이들은 어린 시절부터 춤과 노래 등 가무 등 필요한 재주들을 익혀 무업(巫業)에 종사한다. 그러나 강신무와는 달리, 입무 과정에서 강신체험은 없으며, 의례의 과정에서도 신령과 일체화되는 일은 없다. 그 대신 가무에 뛰어난 기량을 발휘하여 신령을 즐겁게 함으로써 의례의 목적을 달성하고자 할 따름이다. 그러니까 강신무는 신령의 입장을 인간에게 전달한다면, 세습무는 인간의 소망을 신령에게 전달한다는 것이다.

강신무와 세습무는 분포도 다르다. 한강을 경계로, 그 이북에는 강신무가, 이남에는 세습무가 지배적이었다. 그러나 오늘날에는 세습무가 급격히 감소되고 있다. 무격을 천시하는 사회적 풍조 때문에 자손들이 무업을 계승해 나가려 하지 않기 때문이다. 그 대신 한강이남 지역에서는 강신무가 크게 증가하고 있다. 그래서 강신무와 세습무의 분포권이 다르다는 것은 점차 옛말이 되어가고 있다.

이렇듯 강신무와 세습무 사이에는 차이가 있기 때문에 양자는 기원부터가 다르며, 별개라는 인식이 있다. 그러나 양자의 신 관념이나 의례 절차, 그리고 무구(巫具) 등에는 공통점이 많다. 따라서 강신무와 세습무는 같은 계통이며, 하나에서 다른 하나가 분화되었다고 보는 것이 옳을 것 같다.

그렇다고 할 때 강신무와 세습무 중, 어느 것이 먼저인가라는 점이 문제가 된다. 이 문제에 대해서도 논란은 있지만, 강신무 선행설이 우세하다. 직업의 세습이란 후대에 와서 이루어진다는 점도 있지만, 강신무가 북아시아의 샤먼과 유사점이 많다는 사실이 유력한 근거다. 강신무와 샤먼은 다 같이 신병체험을 통해 입무하며, 의례의 과정에서 신과의 합일이 이루어진다는 점에서 공통분모가 크다. 그런데 북아시아 지역이 샤머니즘의 원향(原鄕)이며 샤머니즘의 고형(古形)을 많이 간직하고 있다. 이러한 북아시아의 샤먼과 유사점이 많다는 사실은 강신무가 세습무에 선행했음을 반영하는 것이다.



## 3. 토착종교의 역사적 전개

과학과 이성이 지배하는 현대에도 한국에서는 무격들이 여전히 성업 중이다. 사회적 계층이나 연령을 막론하고 무격을 찾고 있다(기독교 목사가 자신의 단골이란 무녀도 있다). 그래서 무격을 비롯한 토착종교 계통의 종교직능자의 숫자도 계속 증가하고 있는 듯하다. 뿐만 아니라 무격들은 전통예술의 기능보

유자로 평가받고 있으며, 그 중에는 무형문화재로 지정되어 국가 차원의 지원을 받는 사람도 있다.

그러나 무속을 비롯한 토착종교는 주로 개인이나 가족 차원에서만 기능을 발휘할 뿐, 국가나 사회 차원에서는 역할이 거의 없다고 해도 과언이 아니다. 이에 비해 과거에는 국가나 사회에 대해 일정한 기능과 역할을 가진 때도 있었다. 그래서 여기서는 기능과 역할을 중심으로 한국 토착종교의 역사를 개관해 보도록 하겠다.

한국의 토착종교가 언제부터 역사의 무대에 등장했는지는 알 수 없다. 유럽의 경우, 중기구석기시대 유적에서 종교의 흔적이 발견되는 점으로 미루어 한국에서도 구석기시대부터 토착종교가 존재했을 가능성은 있지만, 이를 뒷받침할 만한 증거가 없다. 그러나 신석기시대부터 종교의 존재를 짐작하게 하는 자료들이 등장한다. 예컨대 토제(土製) 또는 골제(骨製)의 인형들이 그것인데, 이것들은 신상(神像)으로 추측되고 있다(그림 1). 또 청동기시대에는 관련 자료가 더욱 증가하여, 신상뿐만 아니라 의례에 사용된 의기(儀器)들도 다수 발견되고 있다. 원반형 동기(圓盤形銅器) 같은 것이 그것인데(그림 2), 이것은 오늘날 무구로 사용되는 명도(明圖, 神靈이 깃들어 있는 거울)와 흡사하다(그림 3). 따라서 한국에서 토착적 종교전통은 늦어도 신석기시대부터는 존재했으며, 청동기시대에는 더욱 발전했다고 할 수 있다.

이후 전개되는 한국 토착종교의 역사는 크게 세 시기로 나누어 볼 수 있다. 여기서 시대구분의 기준으로 사용한 것은 토착종교의 기능인데, 토착종교의 기능으로는 다음과 같은 세 가지를 들 수 있다. 즉 국가나 사회전체에 대한 기능(정치적 기능), 지역집단이나 단위사회에 대한 기능(사회적 기능), 개인이나 가족에 대한 기능(개인적 기능)이 그것이다. 그런데 이러한 기능들은 시대에 따라 모두 발휘되기도 하고, 두 가지만 존재하기도 하며, 한 가지만 유지되기도 한다. 그래서 몇 가지 기능이 발휘되느냐를 기준으로 토착종교의

**그림 1** 토제 인형(1. 함북 웅기 서포항, 2. 함북 청진 농포리)

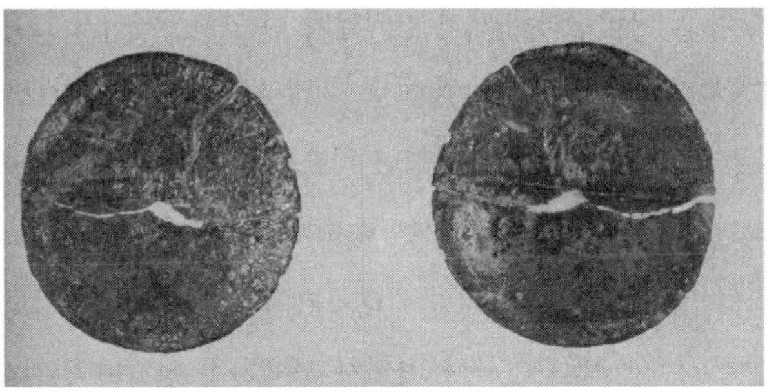

**그림 2** 나진 초도 원반형 청동기

**그림 3** 칠성명도



전개과정을 세 단계로 나누어 보았다.

### 1) 제1단계

정치적·사회적·개인적 기능을 모두 발휘하던 시기로, 신석기시대부터 삼국시대까지이다. 이 시기에서 주목되는 점은 토착종교가 국가와 사회 전체를 이끌어가는 중요한 이데올로기로 기능했다는 사실이다.

이러한 사실을 뒷받침하는 근거로는,

첫째, 고대국가들의 건국신화를 들 수 있다. 한국 고대국가의 건국신화에는 고조선의 단군 신화, 부여의 동명 신화와 해모수 신화, 고구려의 주몽 신화, 신라의 혁거세·탈해·알지 신화, 가야의 수로 신화 및 뇌질청예(惱窒青裔)·뇌질주일(惱窒朱日) 신화가 있다. 그런데 이들 신화가 모두 그런 것은 아니지만, 대부분의 신화에서 건국의 시조는 천신의 직계 자손이다. 또 천신을 제사하는 제천행사가 국가적 차원에서 거행되었다. 이러한 사실들은 고대국가의 왕자들이 최고신인 천신의 자손임을 내세워 정치권력을 정당화하려고 했음을 보여주는 것이다.

둘째, 고대국가 왕자(王者)들이 국가 최고의 사제자(司祭者)였다는 점을 들 수 있다. 물론 시대에 따라 국왕의 사제자적 역할의 비중에는 차이가 있다. 즉 초기 단계에는 사제자적 성격이 부각되었지만, 후대로 가면서 사제자로서의 역할 보다 정치·군사적 지도자로서의 역할이 강조되었다. 철기시대 이후 지배층의 무덤에서 의기의 비중이 줄어든 대신, 무기의 비중이 늘어나는 것도 이러한 사실을 반영한다. 그러나 국왕에 대한 기대치가 종교적 측면에서 정치·군사적인 측면으로 옮겨간 이후에도, 국왕에게서 사제자적 성격이 완전히 없어진 것은 아니었다. 신라 제9대 벌휴왕(184~195)이나 제27대 선덕여왕(632~641)의 경우, 왕의 예언 능력이 뛰어난 점이 특기되고 있는 것도 이러한 맥락에서 이해될 수 있다. 따라서 고대사회에서는 초자연적 세계와 교통할 수 있는 능력이 왕권의 정당성을 뒷받침하는 중요한 논리였던 것이다.

셋째, 무격을 비롯한 토착종교의 종교직능자(宗教職能者: religious specialist)들이 국가 조직의 일원으로 참여했다든지, 국왕의 측근에서 국정을 보좌했다는 사실을 들 수 있다.

그러나 불교가 수용되면서 토착종교의 지위는 위협을 받게 된다. 그래서 불교와 갈등을 일으키기도 했지만, 신라의 반도통일을 전후하여 결국 불교에게 지배적 종교라는 자리를 넘겨주게 된다. 토착종교가 기층사회로 침전하기 시작하는 것도 이 때부터다.

## 2) 제2단계

정치적 기능은 상실했지만, 사회적·개인적 기능은 유지하던 시기로, 7세기 통일신라시대부터 조선 중기인 16세기까지이다.

이 시기에는 국왕이 사제자적 성격에서 탈피했으며, 무격과 같은 토착종교의 종교직능자들이 국가조직에서 뿐만 아니라 국가의례에서도 배제된다. 다시 말해서 토착종교가 국가나 전체 사회를 이끌어가는 정치적 기능을 상실했다. 그렇지만 이 시기에도 토착종교의 사회적 기능은 유지되고 있었다.

첫째, 지역민의 정체성을 확인시켜주고, 지역사회의 통합과 결속을 뒷받침했다. 이 시기의 기록을 보면, 지역마다 독특한 신앙대상이 있었다. 경주의 두두리(豆豆里) 신앙·영해(寧海)의 팔령신(八鈴神) 신앙·울진의 계변신(戒邊神) 신앙·삼척의 오금잠(烏金簪) 신앙이 그것이다. 그리고 이에 대한 의례는 지역민들로 구성된 사신향도(祀神香徒)들이 주관했다. 이 때 지역신에 대한 의례가 지역 주민의 소속감을 높여주면서 지역사회의 통합에 이바지했을 것임은 충분히 짐작할 수 있다.

둘째, 지역의 토착세력인 향리들의 권위를 뒷받침했다. 이 시기 지방사회는 향리들에 의해 통솔되고 있었다. 그런데 이들 향리들은 지방사회 단위의 의례의 지도자인 동시에 중요한 후원자이기도 했다. 근래 알려진 전북 순창의 〈성황당현판〉에 의하면, 순창의 성황제 때도 향리 다섯 명이 번갈아 자신의 집에 신당을 설치하여 성황신 부부를 모셨다. 이처럼 지역민의 대다수가 참가하는 지역의례를 이끌고 감으로써 향리들은 자신의 지위를 지역민들에게 각인시킬 수 있었을 것이고, 나아가 자신들의 권위를 높이는 데 좋은 기회로 삼았을 것이라 짐작된다.

그러나 12세기부터는 토착종교에 대한 배척의 움직임이 일어나기 시작한다. 그리고 배척은 고려 말 유교이념으로 무장한 신흥사대부 계층의 집권, 그리고 이들을 중심으로 한 유교국가 조선왕조의 건국으로 강도를 더해간다.

토착종교를 배척하고 탄압하는 방법에는 두 가지가 있다. 직접적인 방법과 간접적인 방법이 있는데, 직접적 방법이란 무격에게 직접 제재를 가하는 것으로, 무격을 처벌하거나 도성 밖으로 쫓아내는 것이다.

또 간접적 방법이란 무격의 활동을 직접적으로 제한한 것은 아니지만, 무격들에게 상당한 부담을 줌으로써 무속 배척에 일익을 담당한 것이다. 이러한 방법으로는 무녀들을 국립의료기관인 동서활인서(東西活人署)에 배속시켜 환자를 돌보게 한다든가(굿을 통한 치료가 아니라 간호를 하도록 함), 무격들로부터 각종 무세(巫稅)를 징수하는 것 등이 있었다. 이러한 과정을 통해 무격은 사회적으로 점차 천시되기 시작했고, 마침내 무속 자체가 사회적 기능마저 상실할 운명에 처하게 되었다.





### 3) 제3단계

사회적 기능마저 상실하고, 개인적 기능만으로 명맥을 유지하던 시기로, 16세기 사림파의 집권에서부터 지금까지에 해당한다.

사림파란 고려 말에 고려왕조의 존속을 위해 노력하다가, 조선왕조의 건국과 더불어 낙향한 세력들이다. 그러나 그들은 향촌사회를 기반으로 꾸준히 성장하여, 마침내 16세기에는 조선왕조의 새로운 집권세력으로 부상한다.

그런데 이들은 집권 초기부터 토착종교의 말살에 박차를 가한다. 이러한 예로는 먼저 귀신에 대한 논의를 본격화한 점을 들 수 있다. 이들의 논의는 귀신을 음양이기(陰陽二氣)의 운동 내지 천지의 조화 작용으로 보는 성리학의 귀신관에서 출발한다. 그래서 이를 바탕으로 영원히 소멸되지 않는 귀신의 존재를 부정했고, 나아가 귀신이 인간의 길흉화복에 영향을 미칠 수 없다고 하였다. 이러한 논의의 목적은 토착종교의 존립 근거를 없애는 데 있었다. 즉 토착종교를 부정하는 논리적 근거를 마련하는 것이 논의의 목적이었던 것이다.

둘째, 무속 말살정책을 건의하고 추진하였다. 이들은 무격을 국립의료기관인 동서활인서로 배속하는 것을 중지하자고 건의하는 한편, 무세 징수의 중단을 요청하였다. 얼핏 생각하면 이것은 토착종교를 옹호하고 보호하는 주장처럼 보이기도 한다. 동서활인서 배속을 중지하고 무세를 징수하지 않는다는 것이 그만큼 무격들의 부담을 덜어주는 것이 될 수 있기 때문이다. 그러나 이들의 논리는 결코 그러한 것이 아니었다. 즉 국가에서 무격에게 의무를 지워주는 것은 이들을 하나의 직업으로 인정한다는 의미이므로, 무격을 불법화하기 위해서는 동서활인서 배속이나 무세 징수를 중단해야 한다는 것이 핵심논리였던 것이다.

셋째, 관리로 부임하면, 관권이 미치는 범위 안에서 토착종교를 금지하고 탄압하였다. 중앙관서의 관리로 부임해서는 소속 관청의 신당들을 없앴으며, 지방관으로 나가는 지방의 토착종교적 전통을 근절시키는 데 온 힘을 쏟았다.

그 결과 사림파의 집권을 계기로 토착종교의 사회적 기능은 사라지고 만다. 촌락의 동제가 무격이 배제된 유교식 동제로 변모하는 것도 그 결과의 하나라고 생각된다.

그러나 무속의 개인적 기능은 사림파의 집권에도 불구하고 그대로 유지되었다. 그것은 조선왕조의 지도이념인 성리학의 한계 때문이다. 성리학은 우주의 원리를 설명하는 고도의 철학이지만, 인간으로서 최대의 관심사인 길흉화복 문제나 사후세계 문제에 대해서는 해답을 제시하지 못한다. 예컨대 성리학에서는 인간을 기가 모여서 된 것이며, 죽으면 그 기도 흩어져 천지자연의 기로 돌아간다고 한다. 즉 자아라는 실체가 없어지는 것이다. 죽음을 종말로 생각하고 싶지 않은 인간들에게 성리학의 논리는 무언가 부족한 감이 있다. 더구나 기가 흩어져 자아라는 실체가 없어진다면, 제사를 지낼 이유가 없어진다. 왜냐하면 제사를 흠향할 대상이 없어지기 때문이다. 그럼에도 불구하고 성리학은 제사를 강조하는데, 이는 자기모순이 아닐 수 없다. 이와 같은 성리학의 한계는 토착종교가 존속할 수 있는 토대가 되었다.

또 조선왕조 정책의 모순 때문이기도 하다. 조선왕조는 토착종교 금압의 일환으로 무격들의 도성 내의 거주를 제한하고, 도성 밖으로 축출했다. 그러나 이러한 규정은 도성 밖에서의 무업을 인정하는 꼴이 되었다.

뿐만 아니라 중앙관청 및 지방관청 재정의 상당 부분을 무세로 충당한 점도 문제였다. 따라서 무세를 징수하지 않을 경우, 이들 관청의 운영이 어려워지게 된다. 나아가 무세에 대해 지방관의 재량이 상당히 주어진 점도 문제다. 왜냐하면 지방관들은 무세의 유혹을 벗어날 수 없었고, 그래서 무격 탄압에 적극적으로 나설 수가 없었다.

무속을 비롯한 토착종교는 현세를 무의미하고 덧없는 것으로 보지 않고, 현세에서 잘 먹고 잘 사는 것을 추구하는 현세긍정의 종교다. 그리고 도덕적 가치보다 실존적 가치를 중시하는 생존의 종교다. 이러한 성격 때문에 토착종교를 기복적이며, 저차원의 종교로 간주하기 쉽다. 그러나 대다수의 사람들에게 있어서 필요한 것은 내세의 구원이나 고매한 이상의 실현이 아니라, 현세에서 부딪치는 어려움을 해결하는 것이다. 따라서 유한한 인간으로서는 현세에서 부딪치는 어려움을 극복하는 데 도움이 될 수 있는 무언가를 필요로 한다. 이러한 측면에서는 토착종교를 능가하는 종교가 없다. 때문에 토착종교는 고매한 이상을 추구하는 어떤 종교가 들어오더라도 생존의 종교로서 자신의 영역을 유지하는 것이다. 탄압과 배척의 고삐를 늦추지 않던 조선왕조에서도, 과학과 이성을 전가(傳家)의 보도(寶刀)처럼 휘두르는 현대에도 토착종교가 생존할 수 있는 것은 바로 이러한 이유 때문이다.

## ▩ 참고문헌


김원룡, 「한국선사시대의 신상에 대하여」, 『한국고고학연구』, 일지사, 1987.

김태곤, 『한국무속연구』, 집문당, 1981.

남풍현, 「순창 성황당 현판의 판독과 해석」『성황당과 성황제』, 한국종교사연구회편, 민속원, 1998.

류동식, 『한국무교의 구조와 역사』, 연세대 출판부, 1983.

림학성, 「조선시대의 무세제도와 그 실태」『역사민속학』 3, 이론과 실천, 1993.

서영대, 「한국 무속사의 시대구분」『한국무속학』 10, 한국무속학회, 2005.

서영대, 「한국 토착종교사 연구의 회고와 전망」『한국사론』 28, 국사편찬위원회, 1998.

이건무, 「한국 청동의기의 연구」『한국고고학보』 28, 한국고고학회, 1992.

이태진, 「사림파의 유향소 복립운동」『한국사회사연구』, 지식산업사, 1986.

한국종교사연구회 편, 『성황당과 성황제』, 민속원, 1998.

# XIII. 풍수지리

## 1. '터' 문화와 풍수사상



### 1) 터문화의 변천

인간이 살아가는 데에 적절한 환경조건이 이루어진 곳을 찾아가 살고자 하는 노력은 본능적인 것이며, 그 과정에서 체득한 '터'의 문화는 숱한 인류의 체험으로 획득된 경험과학인 것이다. 실로 모든 문화는 '터잡기'에서부터 시작한다고 하여도 과언이 아닐 것이다.

처음 구석기인(舊石器人)들은 삶의 터전으로 동굴(洞窟)을 선택하였다. 생존조건이 열악했던 구석기인들의 경우 사실상 동굴은 여러 터전 가운데 하나의 선택이었다기보다는, 어쩔 수 없이 동굴에 갇혀 살 수밖에 없었다고 보는 것이 타당할 것이다.

---

**김기덕** | 건국대학교 문과대학 문화콘텐츠학과 교수. 경기대학교 국제대학원 풍수지리학과 외래강사. 문화재청 문화재 전문위원. 인문콘텐츠학회 회장. 논저로 『고려시대 봉작제 연구』, 『생활풍수』, 『영상역사학』, 『한국인의 역사의식』 등이 있다.

이처럼 동굴을 터전으로 삼았던 것은 비록 당시 구석기인들로서는 어쩔 수 없는 것이었지만, 여러 동굴 중 과연 어떠한 자연환경에 놓여 있는 동굴에 살았는가 하는 점은 당시 구석기인들의 터전선택의 의미가 있었다고 할 수 있다. 현재 발견되고 있는 것들을 보면, 산이 감싸 주고 있는 안쪽 산기슭에 위치한다는 것을 알 수 있다. 같은 동굴이라도 주변의 산들이 감싸주고 있지 못하거나, 산의 안쪽[배쪽]이 아니라 바깥쪽[등쪽]인 경우 결코 바람을 제대로 막아 주지 못하며 안온한 상태를 유지시켜 주지 못하기 때문이다.

구석기시대에서 신석기시대로 오면서 인간의 생산능력은 발전하였다. 이미 후기구석기시대부터 공주 석장리유적에서 보듯이 동굴을 탈피한 터잡기가 시도되기도 하였는데, 신석기시대로 오면 삶의 터전이 물가로 완전히 전환되었다. 신석기인들은 어로(漁撈)를 주로 했던 수변생활자(水邊生活者)들이었기 때문이다.

신석기인들은 점차 어로와 함께 농경을 하면서부터 물가에 '움집[竪穴住居]'을 짓고 살았다. 땅을 파서 바닥을 다진 뒤에 나뭇가지나 갈대 등으로 지붕을 엮은 것이 움집이다. 물가는 동굴에 비해 바람의 영향과 추위를 피하기가 어려웠다. 땅을 파고 들어간 움집은 이러한 바람과 추위의 영향을 막고자 한 주거형식이었다. 그런데 신석기인들이 물가 중에서도 어떠한 곳을 선택하여 움집을 짓고 살았는가 하는 점은 역시 당시 신석기인들의 터잡기의 측면을 잘 보여 준다고 할 수 있다.

이 움집들은 대개 큰 강이나 바닷가의 낮은 언덕에 있는 것이 대부분이나 암사동, 미사리유적과 같이 강이나 바닷가의 모래땅에서 발견되기도 한다. 이 지역들은 대부분 산이 안아주고 물이 모여 감도는 곳이다. 어로행위를 할 경우, 아무 물가에서나 고기가 잡히는 것은 아니다. 물이 감싸 안아야 고기가 오는 것이며, 물의 흐름이 배(背)하는 곳은 수초(水草)도 제대로 자라지 못하고 고기도 번식하지 못하는 것이다.

이후 신석기시대에서 청동기시대로 접어들면 사람들은 주로 강(江)을 따라 펼쳐진 평야를 앞에 둔 언덕진 곳, 즉 나지막한 구릉지대에 흙과 냇돌로 다져 조성된 토성(土城) 부근에서 읍락(邑落)을 이루며 살았다. 터의 선택이 물가에서 낮은 구릉지로 바뀐 것이다. 청동기시대의 주거형태는 여전히 움집이었다. 그러나 모양과 구조, 크기 등은 많이 바뀌었다. 우선 바닥모양은 원형 대신 직사각형이 일반적이었고 규모도 커졌다.

이상과 같은 신석기시대 '물가움집'에서 청동기시대 '구릉지움집'으로의 변화는 주된 생산양식이 어로에서 농경으로 바뀐 점, 그리고 방어에 유리한 지역을 선택한 점 등이 크게 작용한 것이다. 그런데 여러 구릉지 가운데 특히 어떠한 구릉지를 선택하였는가 하는 점은 역시 당시 청동기인들의 터잡기 측면을 반영하는 것이다. 부여 송국리유적이나 울산 검단리유적을 보면 주위에 산이 감싸고 앞에 물이 감도는 곳을 선택하고 있다. 대부분 다른 청동기 유적지도 비슷하다. 그것은 '구릉지움집'의 과제는 역시 바람을 피해야 하고 물을 쉽게 얻을 수 있어야 하는 곳이기 때문이었다.

그 후 철기문화가 보다 보편화되면서 삼국시대(三國時代)에 접어들면 고상가옥이 일반화되고 삶의 터전도 구릉지에서 산밑으로 이동하고 있다. 철기문화의 영향으로 점차 생활공간이 확대되면서 기존의 움집으로는 감당할 수가 없게 되었다. 움집은 원칙적으로 잠을 자는 공간으로는 가능한 주거조건이나 활동공간으로서는 부족한 점이 많았다. 앞에서 언급한 것처럼 '구릉지움집'은 예전 '물가움집'에 비해 크기와 깊이에서 많은 변화가 있었으나, 보다 확대되는 철기시대의 생활공간을 수용할 수는 없었을 것이다. 따라서 생활공간을 확대시키면서도 바람을 막을 수 있고 또한 보다 많은 인구를 수용할 수 있는 주거지를 적극 찾아야 했다. 아마도 철기시대 산밑으로 이동한 시점에서 보다 적극적인 삶의 터전잡기가 시도되었다고 할 수 있다.

그런데 산밑이라는 곳도 과연 어떠한 자연조건의 산밑을 선택했는가 하는 점은 역시 당시 철기시대인의 터잡기 측면이 고려되었다고 할 수 있다. 그것은 산을 뒤로 하고 주위가 역시 산으로 보호되면서 앞에는 물이 감아도는 지역〔背山臨水〕을 선택할 수밖에 없었을 것이다. 특히 우리 나라처럼 70% 이상이 산악(山岳)으로 이루어진 자연환경 속에서는 보다 적극적인 터잡기를 시도하였을 때 결국 도달할 수밖에 없는 것이 바로 산밑이 된다. 그리고 이것은 현대에 들어와서 아파트라는 새로운 주거형식이 출현하기 전까지는 최근까지도 지속적으로 유지될 만큼 합리적으로 도출된 삶의 지혜였다고 할 수 있다.





### 2) 풍수사상의 형성과 자생풍수

선사인들에게 자연은 온통 경외(敬畏)의 대상이었다. 그 결과 선사인들은 자신들의 생활과 관련이 깊은 것을 중심으로 하여 거의 모든 자연물을 숭배의 대상으로 삼았다.

그러나 청동기, 철기시대를 거치면서 사람들은 자연을 숭배의 대상으로만 삼던 태도에서 벗어나 차차 자연을 이해하려고 노력하였다. 그것은 지혜의 발달과정으로서 자연의 의지(意志)를 이해하고 그것에 순응하는 과정이었다고 할 수 있다. 청동기시대에 본격화되는 암각화(岩刻畵)에 등장하는 대상물들도 숭배의 측면보다는 자연을 이해하고 순응·적응해 가는 과정으로 이해할 수 있다.

자연의 의지를 이해하고 그것에 순응하는 과정은 먼저 땅의 이해에서 시작되었을 것이다. 땅은 보다 현실적이며 사람들과 밀착되었기 때문이다. 그리고 땅의 이해는 하늘의 이해도 발견하게 하였을 것이다. 땅의 의지와 하늘의 의지를 파악한 후 사람과의 관계성을 정리하면 사람이 어떻게 살아가야 하는가 하는 삶의 근본원리를 깨우칠 수 있다. 이러한 하늘-땅-사람〔天地人〕의 합일적(合一的) 삶의 지혜가 바로 토속적(土俗的) 자연관이라고 할 수 있다.

최치원의 난랑비문(鸞郎碑文)에 나오는 '풍류도(風流道)'와 그것을 실천하여 명산대천(名山大川)을 찾아 노니는 것을 좋아했던 화랑(花郎)은 바로 이러한 토속적 자연관의 실체를 잘 보여 주고 있다.

이처럼 자연의 의지이해와 순응과정은 하늘-땅-사람의 합일적 삶의 지혜를 가져왔다. 그리고 그러한 이해체계에는 무엇보다 안정된 터문화의 밑받침이 있었다. 이와 같은 삶의 지혜와 터문화의 경험적 축적은 풍수적 사고체계를 출현시켰다. 이러한 우리나름의 '터'사상이 발전하다가 본격적으로 풍수사상으로 발전한 시기나, 또는 중국의 체계화된 풍수지리설이 도입된 시기와 우리 풍수사상과의 결합방식 등은 현재 명확히 구명되지 못하고 있다.

그러나 분명한 것은 어느 나라나 자기 지역의 지형조건에 맞는 터문화와 풍수사상이 발진되었다는 점이다. 지구싱의 지형조건은 크게 ① 판구조체(板構造體) ② 선구조체(線構造體) ③ 입체구조체(立體構造體)의 산맥 형성원리를 갖고 있다. 예를 들어 중국은 서남부의 입체구조체에 의한 산맥구조와 양자강과 황하를 잇는 평원지대의 판구조체에 의한 지형구조를 갖고 있다. 그것은 한반도처럼 선구조체에 의한 산맥구조와는 많은 차이가 있다. 일본의 지표형성은 대개가 화산폭발에 의한 화산산맥이 대부분인 까닭에, 나라지역이나 교토지역 등의 일부 선구조체 지형을 제외하고는 대부분 입체구조체와 판구조체 지형질서를 갖고 있다. 여기에서는 참고로 판구조체 지형질서 형성원리를 그림으로 제시해 둔다.

따라서 각 지역은 지형질서에 맞는 터문화와 풍수이론을 발전시켰다. 그것이 각 나라의 자생풍수(自生風水)가 된다. 예를 들어 일본은 일찍부터 무덤풍수는 생략하고 주거지 위주의 풍수를 구성법(九星法) 논리에 바탕을 두고 발전해 왔다. 중국의 경우는 평원지역의 경우 방위(方位)중심의 이기론(理氣論) 풍수가 발전하여, 형기론(形氣論) 위주의 한반도 풍수이론과는 차이가 있다.

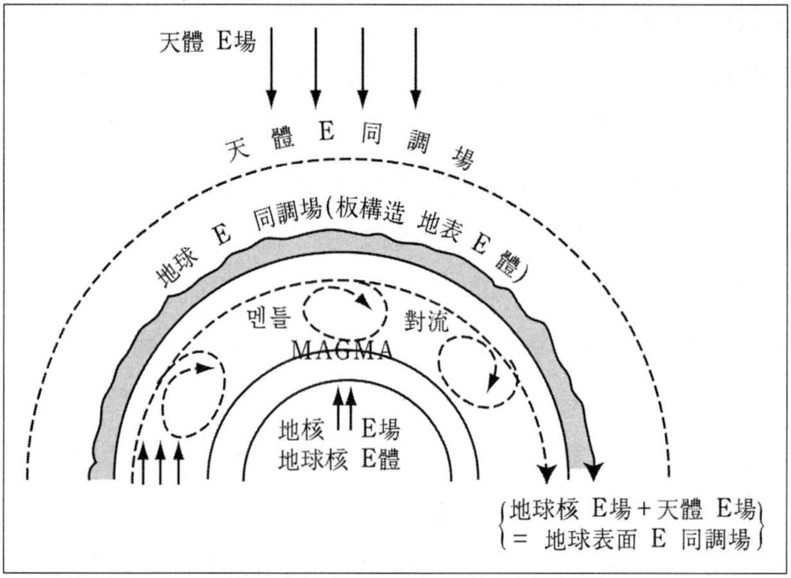


지구표면의 판구조체 형성원리





현재 전세계적으로는 방위론 위주의 중국풍수가 풍미하여, 음택(陰宅)이나 양택(陽宅)이론의 주류는 팔괘(八卦)방위론 중심의 동서사택이론(東西舍宅理論)이 널리 퍼져 있는 실정이다. 그러나 이는 평원지역에서 전개된 천체(天體) 에너지 중심의 이론으로서, 산맥구조 위주인 한반도의 경우에는 절대 비합리적이며 사용불가능한 것이다.

이처럼 풍수지리학의 원리응용은 지역에 따라 그리고 지형환경에 따라 다양할 수밖에 없는 것이며, 특히 한반도에서의 선구조체 지형질서는 다른 어느 나라보다 독특하고 자생적이며 독자적인 풍수원리 이론을 발전시켜 응용해 왔다고 할 수 있다.

## 2. 풍수의 기본이해

### 1) 산의 기본질서

풍수는 산(山)의 흐름을 먼저 이해해야 한다. 여기에는 크게 분벽(分擘), 요도(橈棹), 지각(支脚)의 개념이 있다. 분벽이란 용맥(龍脈)이 두 개로 나뉘어 변역(變易)하는 것을 말한다. 다음 그림을 보면 용맥이 내려오다가 둘로

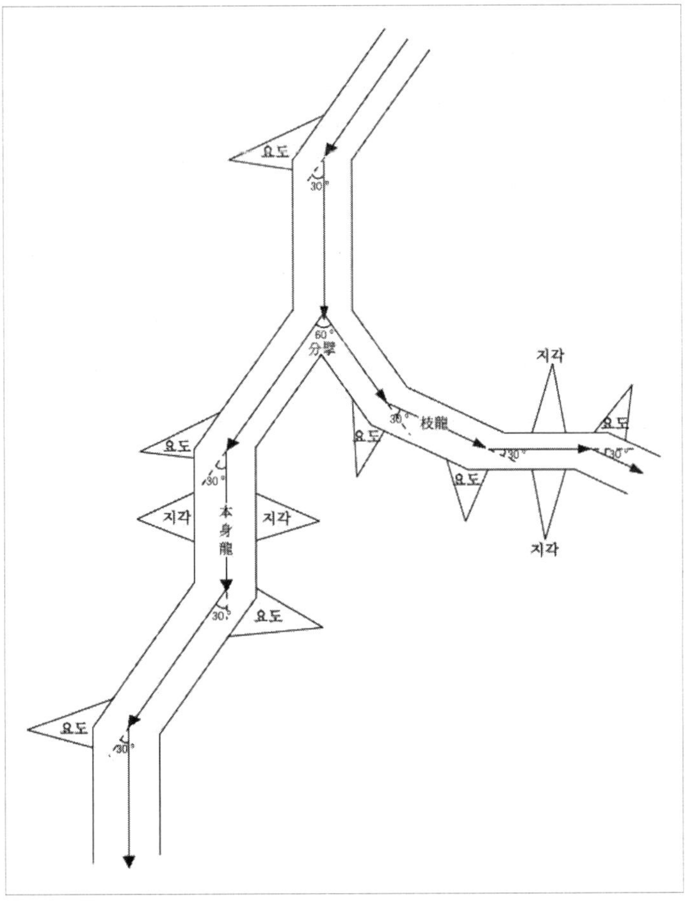


요도, 지각, 분벽

변화하고 있다. 이 중 보다 중심적인 용맥을 본신룡(本身龍), 다른 하나를 지룡(枝龍)이라고 한다. 여기에서 분벽의 각도는 '$\theta = \angle 30° \times n$'의 논리를 따른다. 즉 60도, 90도, 120도, 180도 분벽이 있다.

요도는 진행하는 용맥에 반(反)에너지를 공급하여 용맥의 진행각도를 변위(變位)시키는 가지이다. 진행하던 용맥은 방향을 바꾸려고 할 때에는 반드시 변화지점에서 요도가 나가게 되어 있다. 여기에서 중요한 것은 반드시 요도에 의한 용맥의 변화는 30도라는 점이다. 예를 들어 임자룡(壬子龍)이 요도에 의해 계축룡(癸丑龍)으로 바뀌며, 다시 요도를 만나 한 번 더 방향을 바꾸면 간인룡(艮寅龍)으로 되는 것이다.

지각이란 진행하는 용맥을 지탱해 주는 가지를 말한다. 요도와 다른 점은 용맥의 방향을 바꾸어 주는 것이 아니라, 난지 용맥을 지탱하여 균형만을 삽아 주는 것이다.

이러한 산의 변화에서 알 수 있듯이 모든 변화각도는 정상적인 용맥인 경우, 전부 '$\theta = \angle 30° \times n$'의 논리가 적용되고 있다는 것을 확인할 수 있다. 따라서 흔히 풍수에서 용맥의 변화를 위해 사용되는 패철(佩鐵)은 바로 이러한 30도 변화논리를 측정하려고 한 것이 가장 큰 목적이라고 할 수 있다.




### 2) 사신사(四神砂)의 이해

사신사란 후현무(後玄武), 전주작(前朱雀), 좌청룡(左青龍), 우백호(右白虎)를 말한다. 집터나 묘터를 사방에서 보호해 주는 산들이다. 이 중 가장 중심이 되는 것은 현무로서 흔히 주산(主山) 또는 진산(鎭山)이라고도 한다. 주산은 그것이 온 산을 중심으로 거슬러 올라가면서 마치 친족구조의 조상용어를 그대로 사용하여 태조산(太祖山), 중조산(中祖山), 소조산(小祖山)을 구분한다. 이는 혈통을 중시하는 인간관계처럼, 주산의 혈통을 살펴보기 위한 것이다.

앞산인 주작은 흔히 안산(案山)이라고도 한다. 안산 너머에도 역시 많은 산이 더 있을 수 있다. 이 중 안산 뒤의 산을 조산(朝山), 다시 그 너머에 있는 산을 조산(照山)이라고 한다. 이 역시 앞산의 역량과 작용을 좀더 자세히 보고자 설정한 것이다. 안산을 위시하여 앞산의 역할은 강한 힘으로 내려오는가를 살피는 주산과는 달리, 얼마나 혈장(穴場)을 향해 잘 경배하듯이 있는가라는 점을 중시한다. 한편 옆에서 보호해 주는 좌청룡과 우백호는 역시 혈장을 얼마나 잘 보호·응축해 주는가라는 점을 중시한다. 보호하려면 무엇보다 그 모양이 안을 감싸듯이 있어야 한다. 그것이 보호·응축해 주는 자세이다. 흔히 등을 돌렸다는 표현을 한다. 그것은 안을 감싼 것이 아니라 거꾸로 등을 보인 것이다. 두 팔을 벌려 혈장을 감싸 안은 듯이 해야 진정 보호하는 것이다. 반갑고 더욱 애정이 가면 두 팔이 더욱 조여진다. 그래서 좌청룡과 우백호도 서로 교차하듯이 지나가는 것을 더욱 좋게 본다. 그것을 관쇄(關鎖)했다고 한다.

풍수이론의 현실적용과 기본적인 해석을 〈사신사의 기본개념〉과 〈사신사의 인사해석〉이라는 그림으로 제시하여 보았다. 여기에는 원칙적으로 주산과 안산의 균형과 조화, 청룡과 백호의 균형과 조화를 중시하여 해석한다. 이것은 본래 아주 자연스러운 것이다. 음전하가 있으면 양전하가 있고, 왼팔이 있으면 오른팔이, 왼쪽 뇌가 있으면 오른쪽 뇌가, 남자가 있으면 여자가, 돈이 있으면 명예가, 장남이 있으면 차남이 있듯, 세상은 서로 상대적인 원리가 있고 그 각각은 자신의 논리와 작용이 있다. 흡사 청룡과 백호를 남자와 여자로 배정하는 것은 왼쪽 뇌와 오른쪽 뇌의 역할을 언급하는 것과 같다.

문제는 그러한 풍수적 적용이 시대에 따라 변화하거나 풍수가의 수준에 따라 얼마든지 잘못될 수 있다는 점이다. 그 적용은 결국 당대의 인간들이 하는 것이기 때문이다. 따라서 풍수적 해석이 시대에 따라 또는 민족에 따라 또는 풍수가에 따라 다소 다를 수도 있다. 더더욱 정치적인 해석이나 시대풍조

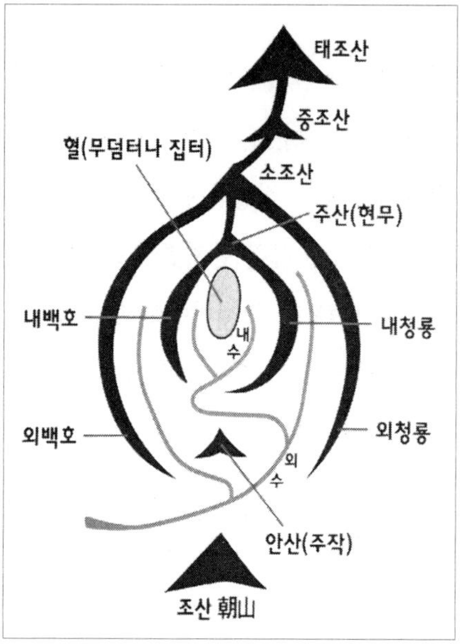

사신사의 기본개념

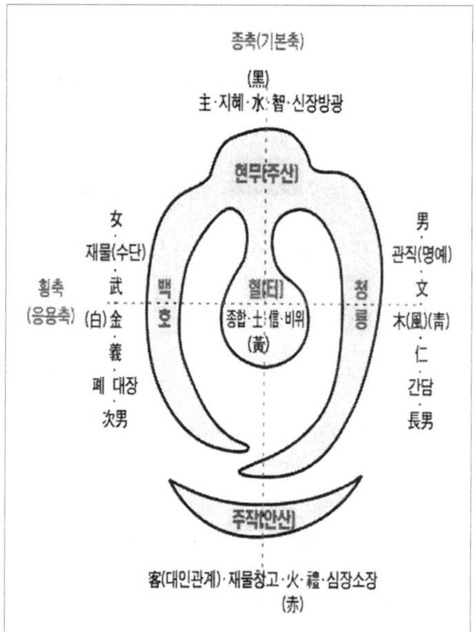

사신사의 인사해석



에 영합하여 왜곡될 수도 있다. 여기에서 풍수의 인사(人事) 적용에서 때로 사회적 물의를 자아내기도 하는 것이다.

## 3. 수도풍수

### 1) 고려 수도 개경의 풍수적 입지조건

개경의 주산은 송악산이다. 『산경표』에 따르면 개경의 산세는 임진북예성남정맥에 속한다. 개경을 중심으로 주변 산세를 살펴보면, 위로는 대흥산성이 있는 성거산과 천마산으로 연결된다. 송악산은 한눈에 보아도 힘찬 기상이 솟아오르는 모습으로 기운이 뭉친 주산으로서 손색이 없다. 좌청룡은 자남산을 내청룡으로, 부흥산과 덕양봉을 외청룡으로 하고 있다. 우백호는 오공산이다. 청룡은 내청룡과 외청룡이 있지만, 백호는 하나뿐이다. 그러나 실제 청룡은 높지 않고 약한 반면 상대적으로 백호는 더 높고 역량이 크다. 그리고 전주작은 주작현, 안산은 용수산이 된다.

내청룡과 내백호 그리고 주산과 주작으로 이루어진 범위를 내국(內局)이라 한다. 그리고 외청룡과 외백호 그리고 주산과 안산으로 이루어진 범위를 외국(外局)이라 한다. 개경의 경우 내국은 자남산·오공산·주작현으로 형성되고, 외국은 우백호인 오공산을 공유하면서 부흥산과 덕암봉·오공산·용수산으로 형성되어 있다. 내국과 외국 이중으로 둘러싼 안에 중앙 만월대(滿月臺) 터가 부소명당(扶蘇明堂) 또는 송악명당(松嶽明堂)이라고 하는 곳이다.

〈표〉 개경과 한양의 사신사

| 구분 | 현무 | 내청룡 | 외청룡 | 우백호 | 주작 | 안산 | 조산 | 조산 |
|---|---|---|---|---|---|---|---|---|
| 개경 | 송악산 | 자남산 | 부흥산 | 오공산 | 주작현 | 용수산 | 진봉산 | 덕적산 |
| 한양 | 북악산 | 창덕궁맥 | 타락산 | 인왕산 | 황토현 | 남산 | 관악산 | 수리산 |

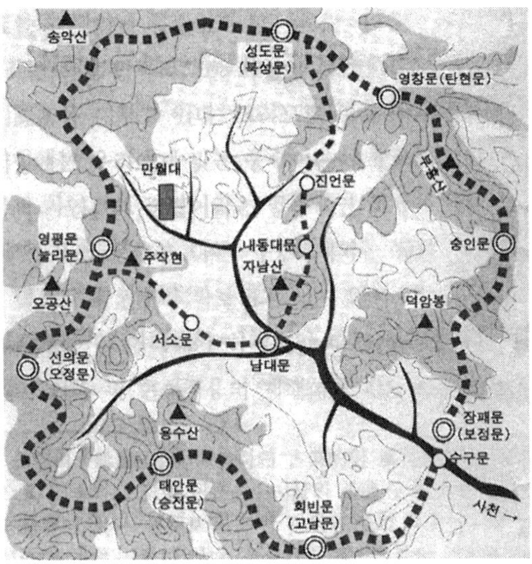


개경의 풍수

개경의 물흐름은 세 갈래의 물줄기로 구성되는데, 만월대의 내국에서 모아지는 한 줄기와 자남산 동쪽의 선죽교를 지나는 한줄기 그리고 오공산의 남쪽에서 동으로 흐르는 물줄기이다. 이 세 줄기는 내성(內城)의 남대문 밖에서 합수하여 동남방의 수구문을 통해 성 밖으로 흘러나가 사천에 합류하여 임진강으로 흘러들어가는 서출동류(西出東流)의 흐름을 가지고 있다.

그러나 개경의 국면이 좁은 까닭에, 자연지세상 산에서 내려오는 물이 모두 중앙으로 모이기 때문에 여름철 강우기에는 물의 흐름이 거칠고 급격하여 순조롭지 못한 결점이 있다. 이 때문에 흔히 개경은 수덕(水德)이 부족하다고 표현되어 왔다. 이러한 물의 결점은 있으나, 개경은 사신사가 모두 잘 갖추어진 지형을 택했다는 점, 그리고 사신사로 둘러싸인 분지지형을 중시하여 이에 따라 성곽이 건설되었다는 점, 또한 각산이 주요 건축물의 입지조건이 된다는 점에서 개경은 풍수적 관점과 도시설계가 잘 맞물린 곳이라 할 수 있다.



### 2) 조선의 수도 한양의 풍수적 입지조건

개경에 도읍을 정한 뒤 11대 문종대(재위 1046~1083)에 오면 지리도참사상(地理圖讖思想)이 나타난다. 풍수에서 어느 지역의 땅이 과연 지기(地氣)가 쇠했는가 아닌가 하는 것은 참 판별하기 어려운 문제이다. 더욱이 한 개인의 묘터나 집터가 아닌 한 나라의 도읍인 경우에는 풍수적 요소 외에 정치적 측면 그리고 인적·물적 교류라는 시대적 조건이 첨가된다. 고려 중후기에 전개된 이궁(離宮)·별궁(別宮)건설과 관련된 천도론이 얼마나 빈번하게 제기되었는가 하는 것은 그림 〈고려 중후기 천도후보지〉를 보면 잘 알 수 있다.

① 병악(鉼岳) 지역에 장원정(長源亭) 창건: 문종 10년(1056)
② 남경(南京) 지역에 신궁(新宮) 창건: 문종 22년(1068)

③ 서경(西京) 지역에 좌우궁궐(左右宮闕) 창건: 문종 35년(1081)

④ 남경 지역에 궁궐 창건 및 남경 경영: 숙종 9년(1104)

⑤ 서경 지역에 용언궁(龍堰宮) 창건: 예종 11년(1116)

⑥ 서경 임원역지(林原驛地)에 신궁(新宮) 창건과 서경천도(西京遷都) 시도: 인종 7년(1129)

⑦ 연기궁(延基宮)으로서의 수덕궁(壽德宮) 창건: 의종 11년(1157)

⑧ 백주(白州) 지역에 별궁 창건: 의종 12년(1158)

⑨ 삼소(三蘇: 白岳山 · 白馬山 · 箕達山) 지역에 연기궁궐(延基宮闕) 창건: 명종 4년(1174)

⑩ 백악(白岳) 지역에 신궐(新闕) 창건: 고종 4년(1217)

⑪ 고양주(古楊州: 南京) 지역에 궁궐 창건: 고종 21년(1234)

⑫ 강화(江華) 지역에 이궁 창건: 고종 46년(1259)

⑬ 강화 지역에 삼랑성(三郎城) 가궐(假闕) 창건: 원종 5년(1264)

⑭ 강화 지역에 신니동(神泥洞) 가궐 창건: 원종 5년(1264)

⑮ 남경(南京: 漢陽) 지역 천도논의(遷都論議): 공민왕 5~9년(1356~1360)

⑯ 백악(白岳) 지역에 신궁 창건: 공민왕 9년(1360)

⑰ 강화천도(江華遷都) 시도: 공민왕 11~12년(1362~1363)

⑱ 서경(平壤) 천도 논의: 공민왕 16년(1367)

⑲ 충주(忠州) 지역 이도(移都) 논의: 공민왕 18년(1369)

⑳ 철원(鐵原) 지역 천도 논의: 우왕 3년(1377)

㉑ 연주(漣州) 지역 천도 논의: 우왕 3년(1377)

㉒ 백악(白岳) 천도 논의: 우왕 4년(1378)

㉓ 북소(北蘇) 지역 천도 논의: 우왕 4년(1378)

㉔ 좌소(左蘇) 지역 천도 논의: 우왕 4년~5년(1378~1379)

㉕ 회암(檜岩) 지역 천도 논의: 우왕 5년(1379)

㉖ 한양(漢陽) 천도: 우왕 8년(1382)

㉗ 漢陽 천도: 공양왕 2년(1390)

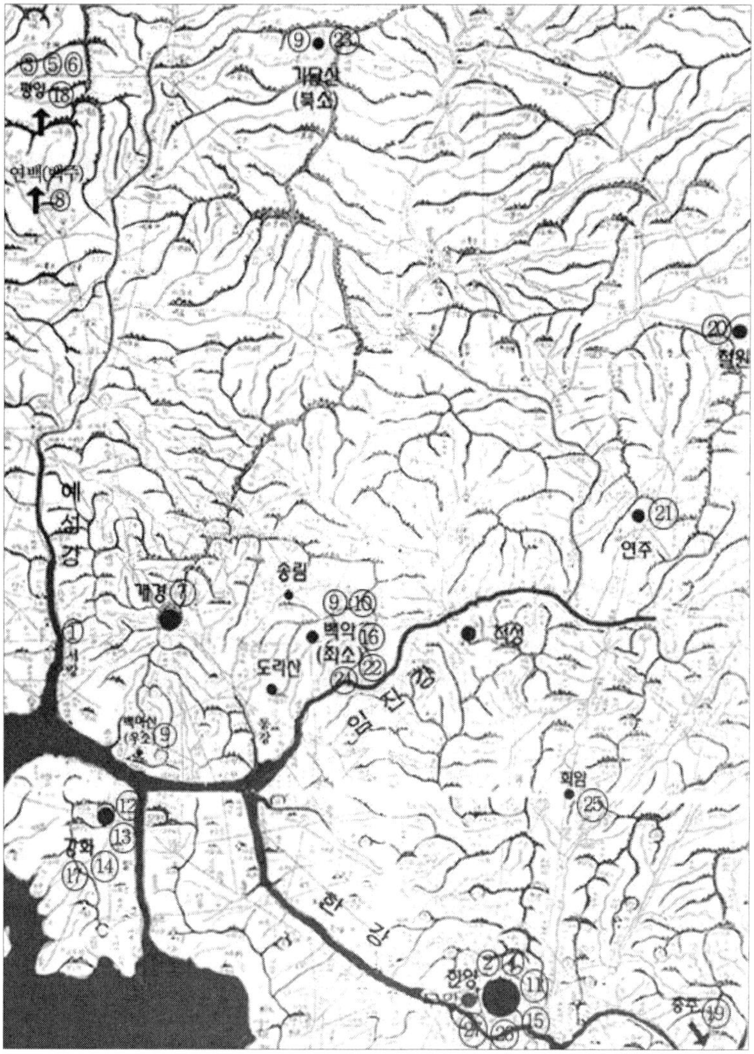


고려 중후기 천도 후보지

고려 중후기에 전개된 천도론은 다음과 같이 정리할 수 있다.

첫째, 대부분은 이궁과 별궁 건설 뒤 일시적으로 머무는 이어(移御) 수준이었으며, 실제 천도 시도는 ⑥⑮⑰ 정도였다고 할 수 있다. 이 중 ⑥은 저

유명한 묘청의 반란으로 이어진 천도 시도이며, ⑮⑰은 천도 계획을 시도했으나 무산된 경우이다. 그리고 고려말에 나타난 ㉖㉗의 경우가 역시 실질적인 천도 시도였다고 할 수 있다.

둘째, 이러한 빈번한 천도 시도는 풍수사상에 침윤된 측면을 반영하는 것이나, 여기에는 국왕 중심의 정치적 의도가 강하게 반영되어 나타난 결과라는 측면, 즉 정치적 목적을 위해 풍수지리설이 이용된 점을 고려해야 한다는 점이다.

셋째, 이러한 천도 시도에는 크게 보아 개경 중심에서 국토의 재계획안, 즉 국토의 균형발전적 측면이 반영되어 있다는 점이다. 특히 조운의 발전과 관련하여 결국 남경 즉 한양으로 귀결되는 양상에 주목할 필요가 있을 것이다.

넷째, 이러한 시도가 결국 조선의 건국과 함께 한양 천도로 귀결된 점을 주목할 필요가 있다. 한양은 풍수지리적 측면에서 개경보다 더 뛰어난 조건을 갖춘 그야말로 풍수적 교과서라고 할 만한 곳이다. 여기에 옛 고려의 근거지에서 탈피한다는 정치적 조건에다 해로(海路) 외에 강과 육로를 통한 접근 또한 한반도에서 가장 용이하다는 점에서, 새로운 국가 조선에 한층 적합한 수도였다고 할 수 있다.



## 4. 마을풍수와 무덤풍수

### 1) 마을풍수

한국의 풍수적 흐름은 크게 보아 고려시대 도읍풍수 위주에서 조선시대 묘지풍수 위주로 전개되었다고 할 수 있다. 그런데 어느 시대이든 간에 마을풍수는 철저하게 반영되어 있었다. 즉 항상 마을의 입지는 배산임수(背山臨

水)를 위주로 하는 사신사(四神砂)를 중시하여 선정되었다. 이 점을 잘 보여 주는 것이 전국 어느 마을에나 반영되어 있는 비보풍수(裨補風水)의 전통을 들 수 있다.

비보조산의 사례(순흥 古邑)

비보풍수란 풍수적 사신사의 조건이나 물의 흐름에 결점이 있을 경우, 다양한 방식으로 그 결점을 보완하는 방법을 말한다. 자주 사용되고 있는 방법으로는 다음과 같은 것이 있다. 먼저 산의 능선이 뻗어 가다가 갑자기 움푹 꺼진 곳 즉 고개가 형성되는 곳은 바람의 속도가 주변보다 몇 배 빨라지기 때문에 살풍(殺風)의 통로가 된다. 이런 살풍을 막기 위해 고갯마루에 나무(당산나무), 돌무더기, 돌탑, 서낭당, 장승 등을 세우는 것도 비보의 사례라고 할 수 있다.

풍수에서 가장 중요시하는 것 중의 하나가 물이 빠져 나가는 수구(水口)를 겹겹으로 막아주는 것이라고 할 수 있다. 그러나 이러한 조건이 갖추어지지 않을 경우, 벌어진 사이를 다양한 방식으로 막아 주고 있다. 이를 수구막이라고 하는데, 흔히 당산나무나 돌탑, 나무 숲 등이 사용되고 있다.

이 밖에 마을의 사신사 중에서 약한 산줄기가 있을 경우, 그 곳을 보완해 주어야 하는 것은 필수적인 것이다. 청룡이나 백호가 약할 경우, 선돌 및 정자(모정), 나무(숲) 등으로 보완하며, 안산이 약할 경우에도 조산(造山) 등으로 보완하고 있다. 또한 연못의 조성이나 남근석(男根石)을 세우는 것도 크게 보면 비보풍수의 범주에 넣어 이해할 수 있다.

한편 마을풍수의 전통에서 오늘날과 비교하여 기억되어야 할 것은 배산임수 위주의 지세향(地勢向)의 원칙이었다는 점이다. 이 점은 오늘날 마을 및 주거지 건설에서 지세를 무시하고 남향(南向) 위주의 원칙만이 관철되고 있는 경향과 비교하여 기억될 필요가 있을 것이다. 즉 남향이라는 방향(方向)도 중시했지만, 그것도 지세향에 맞을 경우에 선호했다는 점이다. 즉 고창 김성수 생가의 사례처럼, 배산임수의 지세적 조건에 맞추어 마을 및 주택이 북향이 나오면 북향으로 자리잡고 살았다는 점이다. 이 점은 오늘날 지세를 무시하고 오로지 남향만을 선호하는 주거형태에 반성을 촉구한다고 할 수 있다.

### 2) 무덤풍수

오늘날 풍수하면 무덤풍수를 연상한다. 그것은 조선시대에 워낙 무덤풍수가 성행했기 때문이다. 조선시대 왕릉 조성과 관련된 무덤풍수는 왕만이 아니라, 왕비, 후궁, 대비, 왕자, 공주, 부마 등 왕족 전체로 확대하면, 왕족과 관련된 무덤풍수만 해도 대단히 사례가 많다. 여기에 중요 인물과 가문의 무덤풍수가 더해지고, 아울러 서민에 이르기까지 무덤풍수는 대단히 유행하였다. 조선시대 활발히 전개된 묘지와 관련된 산송(山訟)이 그것을 잘 말해주고 있다.

무덤풍수의 요체는 동기감응(同氣感應)이다. 풍수사상에서는 조상과 자손이 동일한 에너지장으로 형성되어 있을 뿐만 아니라, 조상과 그 자손은 유전인자가 동일하여 체질적으로 동일한 에너지 인자(因子)를 가지고 있어 라디오나 무선전파의 주파수를 맞추어 놓은 것처럼 선천적으로 동조회로(同調回路)가 형성되어 있다고 본다. 이러한 조상과 자손은 동일한 에너지 인자이기 때문에 그 에너지의 파장은 동일 특성으로서, 조상 시신의 보존상태에 따라 조상과 자손 간에는 자손의 정신적 · 육체적 생명 활동력을 증진시키는 동조현상과 또는 자손의 생명 활동력을 위축시키는 간섭현상을 갖고 오게 된다.

모든 생명체는 형체는 변하지만 에너지는 하나의 존재로서 영원히 불멸한

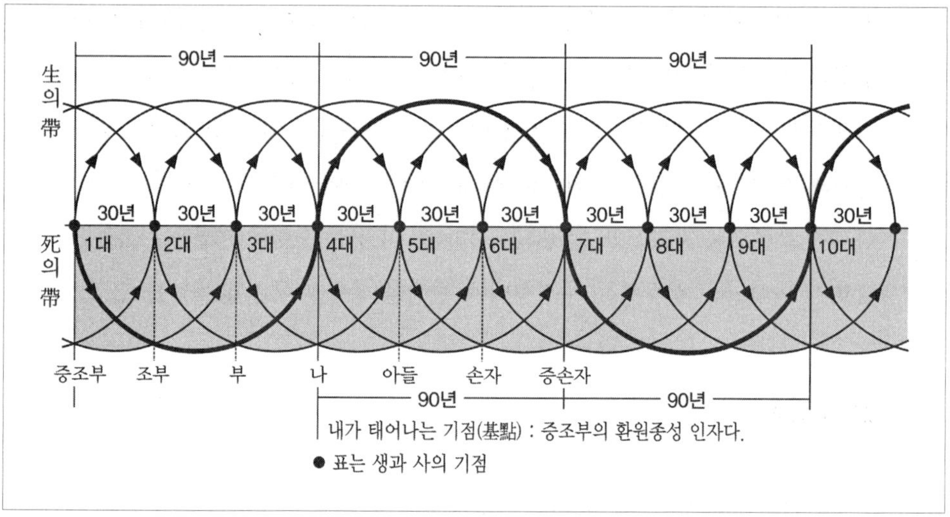


인간의 생(生)의 대와 사(死)의 대의 관계



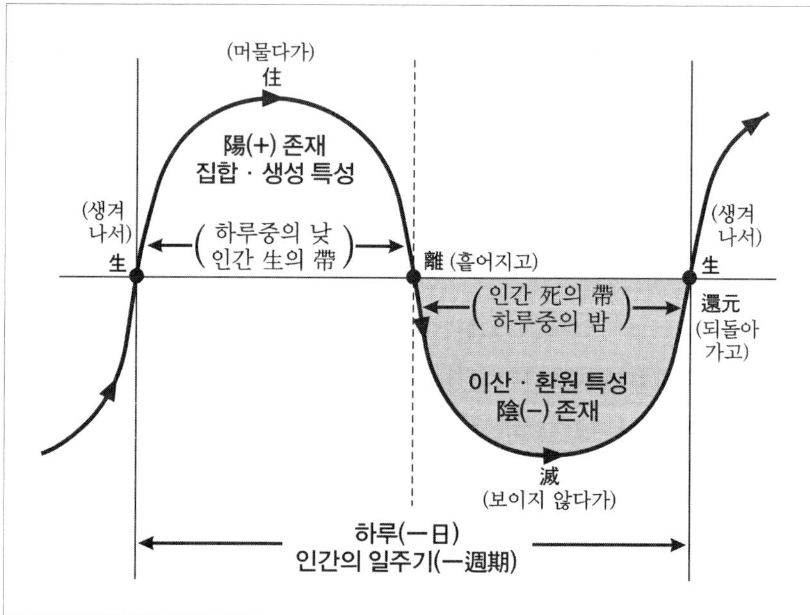


존재의 커브 현상

다는 에너지불멸의 법칙을 따르고 있다는 것은 물리학의 상식이라고 할 수 있다. 인간 역시 그 형체는 생(生)과 멸(滅)을 연속하는 자연의 법칙에 따라 그 존재커브를 바꾸어갈 뿐, 원소에너지는 다시 다른 모습의 개체존재로서 생(生)의 대를 맞게 되는 것이다. 인간이 죽으면 물질원소 에너지의 이산(離散)과 환원(還元)의 법칙에 의해 부모와 조상에너지가 환원되는 곳은 바로 동일 유전인자를 가진 자손들이 되는 것이다. 이 때 조상 시신의 보존상태에 따라 제대로 환원되면서 후손에게 동조에너지를 발생시키는 것을 명당발복(明堂發福)이라고 하며, 물 또는 바람에 의해 제대로 환원되지 못하고 산화되거나 썩게 되면 후손에게 간섭에너지를 발생시키는데 이를 흉지(凶地) 또는 망지(亡地)에 의한 피해라고 한다.

이와 같은 동기감응에 입각한 무덤풍수가 특히 조선시대에 유행하는 것은 조선시대 친족구조의 변화와 밀접한 관련이 있다고 생각한다. 즉 조선 중기 이후부터 남성 직계 위주의 친족구조가 형성되는데, 이러한 직계 위주의 친족구조와 풍수의 동기감응은 정확히 일치하게 된다. 이에 정자와 주자도 풍수에 관심을 갖게 되는 이유이며, 성리학에서 4대 봉사(奉祀) 역시 풍수적 원리와 그대로 들어맞는다는 것을 알 수 있다. 즉 그림 9.에서 보듯이 동기감응에 입각한 풍수적 발응은 기본적으로 4대의 범주(고조부 또는 증조부와 나, 나와 증손자 또는 고손자)에서 환원에너지를 발생시키기 때문이다.

이러한 무덤풍수의 유행은 현실적으로 여러 사회문제를 발생시킨 것도 사실이고, 정감록 등 사회문제로까지 확대되어 나타나기도 하였다. 그러나 일제시대 일본이 풍수사상을 미신이라고 배척하면서도 실제로는 지기의 집합처마다 쇠말뚝을 박는다거나, 주요 맥을 끊고 도로를 개설하는 예에서 알 수 있듯이, 실제로는 한국의 풍수적 지기를 말살시키고자 노력하였다. 따라서 무덤풍수와 관련된 논의도 보다 학문적 관점에서 옥석을 가릴 필요가 있다고 생각한다.

## 5. 풍수의 과제

### 1) 매장과 화장의 문제

매장(埋葬)이든 화장(火葬)이든 그것은 모두 죽은 자의 처리방식이다. 그러나 그것은 단순히 시신(屍身)의 처리방식만을 의미하는 것은 아니다. 만약 시신을 처리하는 방식에 불과한 것이라면 그것은 결코 '문화'가 아니며, 쓰레기 처리방식에 불과할 것이다. 죽은 자를 대상으로 하지만, 과연 '죽음'이란 무엇인가 하는 살아 있는 자의 '인식'이 있는 것이고, 삶과 죽음을 연결하는 '의례'가 있는 하나의 문화인 것이다.

그러므로 매장과 화장의 문제는 삶과 죽음의 천착에서부터 시작해야 한다. 그리고 그와 결부된 삶의 문화와 죽음의 문화를 들여다 보아야 한다. 어떠한 인류의 위대한 문화도 '죽음'을 배제한 문화는 없다고 보아야 한다. 주지하듯이 장례문화는 죽음을 생각하고 죽은 자를 대상으로 하는 죽음의 문화이다. 그에 반해 살아 있는 자의 생활문화는 삶의 문화이다. 무엇보다 죽음의 문화는 삶의 문화와 대칭되면서, 서로를 이어 주고 근거가 되어 주는 소중한 문화라는 점을 인식해야 한다.

앞에서 언급했듯이, 모든 생명들은 집합(삶)과 환원(죽음)의 과정으로 되어 있다. 모든 생명체는 원소핵의 집합체이다. 생명체가 죽으면 집합된 것이 이산·괴멸되어 원래의 왔던 제자리로 다시 돌아간다. 그것이 환원과정이다. 그러므로 환원이란 집합되어 인간의 몸을 구성하기 이전의 원래 원소로 회귀하는 것을 말한다. 시신을 땅에 매장하면, 정상적인 경우 통상 200~300년이 경과하면 깨끗하게 원래의 원소로 돌아간다. 이처럼 매장이란 죽은 인간의 몸을 땅에 묻음으로써 서서히 환원되는 과정이다. 그에 반해 화장은 시신을 태우고 또 태워서 급속히 환원시키는 방식이다. 그러므로 결론적으로만 보면,

매장과 화장의 본질은 결국 같다고 할 수 있으며, 따라서 장례방식에서 매장의 방식도 있을 수 있는 것이며 화장의 방식도 있을 수 있는 것이다. 결국 본래의 온 곳으로 되돌아가는 환원이라는 목표가 같기 때문이다.

이처럼 우주 자연의 입장에서는 매장과 화장의 본질이 같은 것이지만, 인간의 가치개념이 개입되면 달라진다. 인간은 자신들의 보다 나은 삶을 위해 부모와 조상의 시신이 환원되는 과정의 생명에너지를 동조·흡수하여, 정신적·육체적으로 생명활동력을 개선·상승시키고자 했다. 그것이 바로 풍수지리의 요체인 것이다.

그러나 인간의 가치개념마저도 끊고자 한 불교적 가치관에서 추구하는 최고의 방법은 일체의 인연마저도 끊어 버리고 즉시 환원되는 것이다. 더욱이 원칙적으로 동기감응하는 후손을 두지 않은 상황에서, 매장을 통한 후손과의 교류는 어차피 무의미한 일이다. 따라서 화장방식은 고대부터 있어 왔지만, 본격적인 성행은 불교의 영향권 속에서 이루어졌다.

특히 우리 나라의 경우는 일찍부터 풍수지리와 관련하여 매장을 선호해 온 전통이 있었다. 국토의 70%가 산악지대이며 대부분의 산이 지기(地氣)가 융기되어 형성됨으로써 어떤 나라보다도 생기(生氣)에너지를 많이 획득할 수 있는 곳이기 때문이다.

풍수지리와 관련하여 매장을 하든, 아니면 그저 자연스런 방식이기에 매장하여 왔든지, 지금 현재의 국토상황은 이제 많은 사람이 지속적으로 매장을 하기에는 국토면적에 한계가 왔다. 따라서 이미 우리 나라의 경우에도 전통적인 매장보다 화장이 더 선호되고 있다. 이제 전통적인 매장 방식과 함께 화장 방식이 함께 추구될 수밖에 없을 것이다. 그러나 이 시점에서 중요한 것은 매장은 문제가 있으니 전부 화장으로 가자는 단순한 양자택일의 이분법이 아니다. 무엇보다 매장과 화장의 본질은 무엇인지, 그 속에는 어떠한 의식과 문화가 있었는가? 이와 같은 점을 먼저 천착할 수 있어야 한다. 그러한 문제의식과 함께 진행되어야 매장도 살고 화장도 산다. 그래야 그것들은 전부 '문화'가 되며, 우리 '삶의 문화'까지도 풍요롭게 하는 '죽음의 문화'가 될 수 있는 것이다.

매장이나 화장과 관련하여 현실적으로 가장 강조되어야 할 것은 환경파괴의 측면이라고 생각한다. 매장이든 화장이든, 그리고 장례문화가 아닌 인류의 어떠한 종류의 문화이건, 자연을 파괴해서는 안 된다. 개인묘지의 경우 현행 법령은 9평을 초과하지 못하도록 되어 있다. 이러한 최소면적 지정과 함께, 위치선정이나 부대시설 등과 관련하여 자연파괴적 요소가 있다면 강력히 규제되어야 할 것이다. 자연을 파괴하는 어떠한 문화도 절대로 영속하지 못하는 것이다.

자연파괴 중에 가장 대표적인 것은 석재(石材)채취이다. 이 점은 호화분묘의 경우만이 아니라 일반묘지의 경우에도, 그리고 화장과 관련된 납골당이나 납골탑의 경우에도 마찬가지이다. 석재사용의 가장 큰 문제점은 그것을 생산하기 위해서는 원칙적으로 산의 중심부를 파괴해야 한다는 점이다. 그야말로 양질의 석재는 산을 절단내야 캐낼 수 있는 것이다. 이보다 더한 환경파괴는 없다. 그러므로 묘지에서 그것이 호화이건 아니건 석재사용을 원칙적으로 금지해야 한다.

그런데 석재사용의 문제점은 현재의 화장 방식에서 더욱 크게 나타나고 있다. 납골당·납골묘·납골탑 할 것 없이 지나치게 석재를 많이 쓰고 있다는 점이다. 특히 납골탑은 가장 문제가 심각하다고 할 수 있다. 지금 우리의 문화유산을 둘러보라. 1000년 넘게 유지되는 유물은 결국 석탑처럼 돌로 만든 문화재이다. 돌은 원칙적으로 그 수명이 다른 재료와 비교할 수 없이 영구적이다. 현재의 유행하고 있는 납골탑이 500년, 1000년 뒤에 취하고 있을 모습을 상상해 보라. 자랑스런 문화재가 아니라 천하의 꼴불견 중의 꼴불견일 것이다.

아름다운 환원이 있어야 아름다운 삶이 있다. 아름다운 환원은 올바른 장례문화가 서야 한다. 장례문화가 서야 죽음의 문화가 바로 선다. 죽음의 문화가 서야 삶의 문화도 제대로 세울 수 있다. 이처럼 삶과 죽음의 문화가 균형을 이룬다면, 인류의 문화는 건강하고 아름답게 나아갈 수 있을 것이다. 그러므로 장례문화 논쟁은 죽은 시체의 처리방식 논의가 아니라, 새 문화창조의 모색과정인 것이다.

만약 삶의 문화와 죽음의 문화를 같이 들여다 보지 않고 오직 삶의 문화만을 중시한다면, 우리 사회는 결국 천박한 반(反)문화에 빠질 것이다. 그러한 사고에서는 죽음이란 빨리 잊어버려야 하는 것으로 정리된다. 부모를 포함해서 망자의 죽음은 다른 그럴 듯한 이유가 덧붙여지기는 하겠지만, 결국 쓰레기처리하듯 빨리 처리하고서 잊고 싶은 것이다. 현재의 화장추진운동에서 이러한 경향을 부추기고 오히려 조장하며 합리화해 주는 측면도 반성되어야 할 것이다.

### 2) 풍수의 현재적 재정립 과제

오늘날 풍수지리학의 과제는 과연 그것이 정식학문으로 복권(復權)될 수 있는가 하는 점이다. 좁은 국토이지만 온천지에 풍수를 연구한다는 자칭 풍수학인(風水學人)들은 널려 있다. 아직 정식 대학교 커리큐럼에서 풍수과목은 거의 설강되어 있지 않으나, 대학교의 평생교육원이나 다양한 사회강좌 그리고 동호인 강좌 등을 통해 풍수학습은 널리 이루어지고 있다.

화려한 납골탑 현황

흔히 풍수지리를 연구하는 사람들은 저마다 자기 이론이 맞다고 하면서 남과의 대화를 무시하거나 회피하고 있다. 사실 현상황에서는 풍수학인들이 서로 학문의 발전을 위해 대화하기도 쉽지 않다. 서로의 의견이 교환되려면 학설의 옳고그름을 판별할 수 있는 최소한의 기준이 있어야 한다. 현재의 한국의 풍수지리학은 각각의 논리검증가능성조차 확보하고 있지 못한 실정이다.

이러한 현실에 비해 풍수의 수요와 요청은 적지 않은 상황이다. 그것은 무엇보다 우리의 역사 전개과정에서 실제 풍수가 정치 및 사상에 작용한 사실이 너무 분명하기 때문이다. 특히 역대 수도의 입지나 마을의 형성에 적용된 측면과 묘지풍수에 보이는 일부의 관심은 여전히 지속적인 상황이다. 따라서 오늘의 한국풍수학은 전통풍수이론의 올바른 현대적 재정립이라는 학문적·실천적 과제를 절실히 안고 있다고 할 수 있다. 학문의 기본전제조건은 나의 논리를 남도 알아야 한다. 그러한 점에서 현재적 관점에서 보면 원칙적으로 전통풍수논리는 암호(暗號)일 뿐이다. 따라서 현대인이 알아듣고, 공감할 수 있는 검증가능한 논리로 설명할 수 있는 것이 무엇보다 시급한 풍수적 재정립의 과제라고 할 수 있다.

땅(산)만큼 물질적 존재가 없다. 모든 물질은 존재질서와 움직임의 법칙을 갖고 있다. 『청오경』을 위시한 풍수의 고전서들은 산의 질서를 나름대로 설명해 왔다. 그러나 풍수의 고전서들도 학설에 따라 서로 많이 다르고 어떤 것은 너무 생략되어 이해에 도움을 주지 못한다. 따라서 오늘날의 풍수학은 다른 학문분야의 성과까지 활용하여 지금의 우리가 알아들을 수 있는 보다 합리적인 언어로 산의 질서를 재정립해 주어야 한다. 특히 한국·일본·중국은 산이 형성된 조건이 다르며, 그에 따라 산의 질서가 달리 설명되어야 한다. 그것이 진정한 자생풍수일 것이다.

아울러 현대의 풍수사상이 무덤풍수에 국한되지 않고 전통적인 마을풍수 및 주거지 풍수에도 반영되면서 종합적인 국토종합계획에도 반영되어, 전통적인 지형인식이 오늘날의 도시계획에도 반영될 필요가 있다고 생각한다.

## 참고문헌

김기덕, 「한국의 매장문화와 화장문화」『역사민속학』 16, 한국역사민속학회, 2003.

_____, 「고려시대 개경과 서경의 풍수지리와 천도론」『한국사연구』 127, 한국사연구회, 2004.

_____, 「한국의 토속적 자연관-터문화를 중심으로」『한국사상사학』 23, 한국사상사학회, 2004.

김두규, 『조선풍수학인의 생애와 논쟁』, 궁리, 2000.

무라야마 지쥰, 최길성역, 『조선의 풍수』, 민음사, 1990.

박시익, 『한국의 풍수지리와 건축』, 일빛, 1999.

윤천근, 『풍수의 철학』, 너름터, 2001.

이몽일, 『한국풍수사상사연구』, 일일사, 1991.

이병도, 『고려시대의 연구』 ,1980 재판, 아세아문화사, 1946.

최원석, 『한국의 풍수와 비보』, 민속원, 2004.

최창조, 『한국의 풍수사상』, 민음사, 1984.

_____, 『좋은 땅이란 어디를 말함인가-한국풍수의 이론과 실제』, 서해문집, 1992.

황영웅, 『풍수원리강론』, 동국비전, 2002.

# XIV. 민속문학

## 1. 구비문학이란 무엇인가



구비문학(口碑文學)은 입을 통해 구술되는 말로 된 문학이다. 문자를 통해 기록물로 전달되는 문학을 기록문학(記錄文學)이라 한다면, 구비문학은 표현 수단이 문자가 아닌 말로써 이루어지고 전승되는 구술문학이다. 구비문학을 구전문학(口傳文學), 구승문예(口承文藝)라 하는 까닭도 여기에 있다. 그러나 구비문학은 단순히 구술(口述)되는 것만이 아니라 일정한 틀을 갖고 전승하며 생명력을 지닌다는 점에서 '마치 비석에 새긴 것처럼 전해진다'는 뜻으로 구비문학(oral literature)이라 통칭한다.

구비문학은 문학을 생산하고 향유하는 주된 계층이 민간 또는 민중이라는 점에서 민간문학(民間文學)이라 하고, 민속학의 영역 중 한 부분인 '언어전승' 영역〔口碑物〕에 속하기 때문에 민속문학(民俗文學, folk literature)이라고도 한다. 또 오랫동안 입에서 입으로 전달되면서 누적되어 온다는 점에서 적층문학

**장장식** | 국립민속박물관 학예연구관. 문학박사. 논저로 『한국의 풍수설화 연구』, 『한국 민속학 개론』(공저), 『몽골에 가면 초원의 향기가 난다』 등 다수가 있다.

(積層文學)이라 하고, 전승하는 과정에서 첨삭과 변용될 수 있는 유동성을 지닌다는 점에서 표박문학(漂迫文學)이라 한다.

이 이칭(異稱)들은 구비문학의 성격과 관련된 여러 측면을 강조한 이름이며, 이를 통해 구비문학의 일반적 성격을 엿볼 수 있다.

첫째, 입을 통해 구술, 구연되고 입으로써 전승된다.

둘째, 구전하면서 변화하고, 유동하면서 정제(整齊)된다.

셋째, 현장성이 강조되며, '판'에서 이루어지는 문학이다.

넷째, 민간에 의해 생산되고 향유되며, 민간의 진솔한 의식을 담아낸다.

다섯째, 살아 있는 보편적인 민족공동의 문학이며, 민족문화의 원류를 이룬다.





## 2. 구비문학의 갈래

구비문학(口碑文學)에는 신화, 전설, 민담을 포괄하는 설화(說話)를 비롯하여, 민요, 무가(巫歌), 판소리, 민속극, 속담, 수수께끼, 속신어 등이 있다. 구비문학이 문학의 한 양상이라는 점에서 구비문학의 갈래 역시 문학일반의 특성을 지니고 있고, 가공되지 않은 민족문학의 본디 모습을 잘 드러낸다.

### 1) 설 화

설화(說話)는 흔히 고담(古談), 옛이야기 등으로 불리며, 전승자가 어떤 태도를 갖느냐, 증거물이 있느냐, 주인공이 누구인가, 어떤 성격의 이야기인가, 전승범위가 어느 정도인가 등에 따라 세 가지로 하위갈래를 나눈다. 신화(myth)와 전설(legend), 민담(folktale)이 바로 설화의 하위갈래들인데, 이들을 정확하게 구분하기는 다소 어려움이 있다.

### (1) 전승자의 태도와 증거물

이야기의 전승자가 신성하고 진실된 것으로 보는 것이 신화(神話)이고, 신성하지는 않으나 실제로 일어났던 일이라고 믿는 이야기가 전설(傳說)이다. 이와는 달리 신성과 사실과는 관계없이 오로지 흥미만을 위주로 한 이야기가 민담(民譚)이다. 증거물에서 볼 때 신화는 매우 포괄적인 증거물을 내세운다. 개벽신화(開闢神話)는 천지가 증거물이며, 「단군신화」는 '고조선'을, 「수로신화」는 '구지봉'을 내세운다. 전설은 신화보다 좀더 개별적인 특정증거물을 제시한다. 사악한 부자를 징벌한다는 「장자못전설」은 특정 연못을 내세우고(강릉의 경우 '경포'를, 대백시의 경우 '황지'를 증거물로 한다), 부모가 날개달린 아기장수를 살해한다는 「아기장수전설」은 '용마바위'를 증거물로 한다. 이와는 달리 「바보 이야기」, 「원님을 이긴 어린아이」 따위의 민담은 특별한 증거물을 필요로 하지 않는다.

### (2) 주인공

설화는 서사물이기 때문에 반드시 주인공이 등장한다. 이 때 주인공의 성격에 따라 설화의 성격이 구분된다. 신화는 신(神)이나 신성한 인물을 주인공으로 한다. 「해모수신화」에서는 하늘신의 아들인 해모수가 등장하고, 「주몽신화」에서는 신성한 인물 주몽이 등장한다. 전설은 시대와 세계(世界)의 제약을 받는 역사적 인물을 자주 등장시키며, 때로는 주인공이 지닌 비범한 능력과는 달리 비극적 결말을 맺고 좌절하기 일쑤이다. 뛰어난 능력에 비해 불행하게 좌절하는 임경업(「임경업전설」)이나 신립(「신립전설」) 등이 그 예이다. 이와는 달리 민담은 일상적인 인간뿐만 아니라 바보까지 주인공으로 내세워 아무리 큰 어려움이라도 극복하고 있다. 심지어는 전설의 주인공보다 더 뛰어난 일을 이루기도 한다. 「원님을 이긴 어린아이」에서는 '부당한 문제(겨울철에 딸기 구하기, 수탉이 낳은 알 구해오기 등)로 아버지를 괴롭히는 원님을 아이가 해결'하고 있으며, 「바보 이야기」에서는 먼 여행을 통해 높은 신분의 여자(공주 등)와 결혼까지 한다.

### (3) 전승의 범위

이야기가 어느 범위에서 전승되고 있느냐 하는 것도 설화의 하위갈래들이 지닌 특징 중의 하나이다. 신화는 넓게는 민족적인 범위에서 전승되고 좁게는 씨족범위에서 전승된다. 「단군신화」는 한민족 전체라는 범위에서 전승되는 이야기이며, 「봉씨시조전설」은 '연못에 떠다니는 석함(石函)에서 얻은 아이를 시조로 삼는' 봉(奉)씨 가문 내에서 진실성을 가지고 전승된다. 또 「장자못전설」의 하나인 「황지전설」은 '태백시'라는 지역을 중심으로 지역문화적 유대감을 바탕으로 가지고 전승된다. 이와는 달리 민담은 지역과 민족을 제한하지 않고 자유롭게 전승된다.

### (4) 세계관

문학작품은 나름대로의 내적 질서와 함께 세계관을 담고 있다. 설화 역시 미적 관념과 결부된 세계관을 지니고 있는데, 신화, 전설, 민담은 각기 다른 세계관을 보여 주고 있다. 신화는 신적 능력을 지닌 주인공이 탁월한 능력을 발휘하여 과업을 이룸으로써 결국 숭고성(崇高性)을 보여 준다. 전설은 예기치 않은 사태에 직면하여 좌절하는 비범한 주인공을 통해 비극성(悲劇性)과 운명론적 세계관을 드러낸다. 민담은 숭고성이나 비극성과는 달리 직면하는 문제를 우연히 해결하거나 초월자의 도움을 받아 해결함으로써 '행복한 결말'을 통해 낙천성을 강하게 나타낸다.

## 2) 민 요

민요는 구비물 가운데 장단과 가락을 좇아 구연되는 구비문학이다. 노래라는 점에서 판소리, 무가, 잡가, 시조와 같은 범주다. 그러나 판소리는 광대라는 전문소리꾼이 부르고, 무가는 종교적 전문가인 무당이 부르며, 잡가와 시조는 전문적 예능인인 가객(歌客)이 부른다는 점에서 누구나 부를 수 있는 민요와는 다르다. 판소리와 무가, 잡가 등이 전문적인 성격을 띤 반면 민요는 비전문적인 노래라 할 수 있다.

민요는 문학이라는 점에서 설화와는 통하고, 노래이기에 설화와는 다른 구비율문(口碑律文)이다. 설화가 특정인에 의해 생산되고 전승되는 것이 아닌 것처럼 민요 역시 그렇다. 민중들의 생활을 떠나 존재할 수 없는 구비문학의 한 갈래이다. 민요는 생활의 필요성에 따라 생성되고 존속되기 때문에 생업의 형태나 조건에 따라 민요의 종류도 달라진다. 예컨대 바다에서 해산물을 채취하는 잠녀(潛女)들은 그들의 생업과 관련된 민요를 부르며, 논이 적은 편인 강원도 산간지방의 사람들은 모심기나 논매기에 관한 노래보다는 주로 산과 밭에 관련된 민요를 부른다.

### (1) 민요의 기능과 갈래

민요를 이해하는 데 가장 중요한 것은 사설(辭說)이다. 그러나 사설은 기능과 창곡 및 창자와 관련시켜 종합적으로 파악되어야 한다. 그럴 때 민요의 온전한 모습을 알 수 있다.

민요의 갈래를 따질 때에도 어떤 목적으로 부르는가와 같은 기능과 누가, 어떤 방식으로 부르는가 하는 창자, 가창방식 등이 반영되어야 한다. 이 가운데 어떤 목적으로 부르는가 하는 생활상의 기능에 따라 민요를 나눌 때, 대체로 노동요(勞動謠), 의식요(儀式謠), 유희요(遊戲謠)로 갈라진다.

노동요는 생산현장에서 일을 하면서 부르는 노래이다. 노동의 고됨과 지루함을 잊고 일을 효과적으로 하기 위해서 부르는 노래이다. 그러므로 일의 가짓수만큼이나 노동요의 가짓수도 많아진다. 「모내기소리」, 「보리타작소리」, 「그물당기는소리」, 「나무베는소리」, 「길쌈노래」, 「풀무질하는소리」 등과 같은 여러 생업 현장에서 부르는 노래가 노동요의 대표적인 예이다.

의식요는 통과의례나 세시의례와 같은 특별의례를 거행할 때에 부르는 민요이다. 주로 비전문가인 민중에 의해서 의례가 주도되고, 그럴 때 부르는 민요이다. 그러므로 승려나 무당이 주도하여 진행되는 의례(법회, 굿 등) 때 불려지는 노래와는 다르다.

의식요는 초자연적인 힘에 의해 소망이 이루어지기를 기원하는 노래에서부터 출생에서 죽음에 이르는 과정에서 부르는 노래와 재앙과 우환을 물리치는 노래까지 다양하다. 이들을 각각 기원의식요, 통과의식요, 벽사의식요라 세분한다.

안녕을 기원하는 의식요에는 「지신밟는소리」, 「굴부르는소리」 등이 있다. 특히 「굴부르는소리」는 충남 서산의 부녀자들이 정월 보름에 높은 언덕에 올라 굴, 조개, 미역 등의 해산물을 많이 채취하게 해달라고 기원하며 부르는 소리이다.

통과의식요 중에는 결혼 때의 「가마메는소리」, 회갑잔치 때의 「수연요(壽宴謠)」와 장례를 치룰 때에 부르는 「상여소리」, 「달구소리」 등 다양한 소리가 있다. 벽사의식요는 쫓아야 할 대상(귀신, 역질, 재앙)에 따라 다양하며, 「귀신쫓는소리」, 「학질떼는소리」, 「급살막는소리」 등을 꼽을 수 있다.

유희요는 놀이로서 부르는 노래와 함께 놀이하면서 부르는 민요이다. 그러므로 놀이의 주체가 누구냐에 따라 세분된다. 놀이의 주체를 기준으로 할 때, 아동들이 놀 때 부르는 「술래잡기소리」, 「잠자리잡는소리」와 같은 '아동유희요'가 있고, 성인여성들이 집단놀이를 할 때 부르는 「강강술래」, 「놋다리밟기노래」 같은 것이 있다. 이러한 방식 외에도 놀이의 내용이 무엇인가, 곧 기능에 따라 동작유희요, 도구요희요, 언어유희요, 놀림유희요, 자연물상대유희요, 조형유희요, 가창유희요 등으로 세분하기도 한다.

### ⑵ 민요의 가창방식

민요는 어떻게 부르는가가 매우 중요하다. 이른바 가창방식(歌唱方式)인데, 혼자 부르기도 하고 여럿이 함께 부르기도 한다. 또 여럿이 부르되 선후창(先後唱)으로 하기도 한다. 이 가운데 가장 보편적인 방식은 선후창 방식이다. 선후창의 선창자는 반드시 한 사람이며, 후창은 여럿이 함께 한다. 대체로 선창자는 사설을 맡아 메기고 후창자는 후렴을 받기 때문에 선창자는 목청이 좋아야 하는 것은 물론이고 사설을 즉흥적으로 만들 수 있는 능력을 가져야 한다.

교창(交唱)은 창자들이 두 패로 나뉘어 번갈아서 부르는 방식이고, 복창(復唱)은 선창자의 소리를 그대로 받아 부르는 가창방식이다. 복창은 「도리깨질하는소리」, 「노젓는소리」처럼 제주도에서 많이 활용되고 있다. 제창(齊唱)은 모두 다같이 노래하는 가창방식이나 선창자가 특정 사설을 선택하여 노래를 시작하면 곧이어 나머지 사람들이 함께 받는 것으로 진행된다. 독창(獨唱)은 홀로 부르는 가창방식이나 상황에 따라서 선후창이나 제창으로 불리기도 한다.

## 3) 무 가

무가(巫歌)는 무당이 벌이는 굿에서 신을 향해 부르는 노래이다. 이른바 굿의 상관물이며, 신성성과 주술성을 바탕으로 하는 노래이다. '무당'이라는 전문인에 의해 전승되며, 판소리처럼 특정 사제(師弟) 관계를 통해 전승된다.

무가에는 전문적인 내용과 어려운 어휘가 많아 일반인이 이해하기에는 쉽지 않으나 무가의 향유층이 곧 민중이라는 점에서 다른 민속문학과 함께 한다. 굿판에 관심을 갖고 참여한 민중이 무시될 수 없기 때문에 무가에는 오락성을 무시할 수 없다. 특히 강신무의 경우보다 세습무의 무가에는 오락성이 강하게 나타난다.

무가는 서사(敍事), 서정(抒情), 전술(傳述)의 세 가지 양식으로 전승되고 있어 이를 각각 서사무가, 서정무가, 전술무가라 한다. 어떤 이는 희곡양식을 보태 네 가지로 분류하나 무가 전편에 두루 나타나는 희곡양식은 없고, 부분적으로 끼어 있는 사례가 있어 이를 하나의 양식으로 보는 것은 다소 무리가 있다.

서사무가는 개성을 가진 주인공을 중심으로 벌어지는 일정한 사건을 서술한 무가이다. 우주개벽과 인간출현 등 모든 존재의 근원을 밝히려는 내용으로 집약된다. 제주도의 「초감제」, 함경도의 「창세가」 등은 우주의 근원을 서술하는 무가이며, 강원도, 경상도의 「시준굿」은 인간의 근원을 서술하는 무가이고, 전국적으로 분포하는 「성주굿」은 가옥의 근원을 서술한 무가이다. 서사무가는 한편의 소설이나 드라마를 보는 듯한 서사구조와 긴 스토리를 가졌기 때문에 어느 무가보다 민중의 사랑을 많이 받아왔다. 이 때문에 서사무가가 판소리 형성에 영향을 주었다는 주장도 나온 바 있다. 이는 서사무가가 서사문학상 차지하는 비중이 매우 크다는 것을 뜻한다.

서정무가는 일관된 스토리가 없으며, 주로 신을 즐겁게 하기 위해서 불려지는 서정성이 짙은 무가이다. 서정무가는 서사무가가 끝나거나 공수가 끝난 뒤에 불려진다. 서울굿 「창부거리」에서 불려지는 「창부타령」은 민요로도 널리 알려져 있으며, 서울굿의 「대감거리」에서 불리는 「대감타령」, 강릉단오굿의 「등노래」, 「꽃노래」는 대표적인 서정무가이다.

전술무가 역시 일관된 스토리가 없이 과거와 현재의 사실, 미래에 있기를 원하는 사실을 평면적으로 서술하여 신에게 전달시켜 알리는 것을 목적으로 하는 무가이다. 특히 신에게 전달하여 알리려는 '사실의 전달적 서술'이 강조된 양식이다. 전술무가가 현존무가의 대부분을 차지하는 것은 굿 자체가 '신에 대한 인간의 기원과 욕망 달성의 꿈'을 지닌 의례라는 점에서 당연한 일이 아닌가 한다. 각 지역에 전승되는 무가의 말미에 따르는 「덕담」, 「축원」, 「공수」 등이 전술무가의 대표적인 것들이다.

### 4) 판소리

1993년 상영된 영화 임권택 감독의 『서편제』에는 떠돌이 소리꾼이 마을 유지의 초청을 받아 사람들에게 둘러싸여 소리를 하는 장면이 나온다. 소리꾼은 부채를 들고 서서 소리를 하고, 젊은이는 돗자리를 깔고 앉아 북을 치는 장면이다. 이것이 바로 가장 독창적이라 평가받는 우리의 문학이며 음악이라 할 판소리를 가창하는 장면이다.

판소리는 기본적으로 소리꾼인 창자(唱者)와 북 반주자인 고수(鼓手) 두 사람이 공연한다. 고수는 앉은 채로 북을 치고, 창자는 주로 서서 북 반주에 맞춰 소리한다. 소리꾼인 광대(廣大)는 창(唱)과 아니리와 발림으로 이야기를 엮어나가는데, 이 때 북 반주자의 반주와 추임새는 소리꾼을 이끄는 역할을 하기도 한다. 흔히 '일고수(一鼓手) 이명창(二名唱)'이라는 하는 까닭도 여기에 있다. 고수가 광대의 소리에 따라 장단을 치면서 박(拍)을 가늠하게 하고 추임새로 극적 상대자 구실을 하는 한편 소리의 맺고 푸른 것을 알아서 북의 통과 가죽을 가려 치면서 얼마나 창자를 잘 이끌어내느냐에 따라 광대의 기량이 제대로 발휘될 수 있고 감정을 표출해 낼 수 있기 때문이다.

물론 판소리에서 가장 중요한 역할을 하는 이는 소리꾼인 광대이다. 일찍이 신재효는 소리꾼이 갖추어야 할 네 가지를 '인물치레, 사설치레, 득음(得

音), 너름새'로 제시한 바 있다. 연희의 주체인 광대는 우선 인물이 잘 나야 하고(인물치례), 사설의 내용이 예술성을 갖추어야 하며(辭說치레), 이를 훌륭한 소리로써 표현할 수 있는 능력이 있어야 하고(득음), 뛰어난 연기력을 갖추어야(너름새) 한다는 것이다. 그러므로 네 가지 요건을 제대로 갖춘 광대만이 진정한 소리꾼이 될 수 있는 것이다. 그야말로 종합예술의 성격을 극명하게 드러낸 법례가 아닐 수 없다.

판소리는 판의 소리라는 점에서 다른 예술과는 다르다. 우선 여러 형태의 민속예술을 한 자리에서 벌이는 '판놀음'처럼 '판에서 벌이는 소리'라는 뜻을 갖고 있다. 이와는 달리 판소리의 '판'을 악조(樂調)를 의미하는 것으로 해석하면 판소리는 '판을 짜서 부르는 소리', 곧 '판창(板唱)'을 뜻하기도 한다. 또 '각색 판놀이가 벌어지고 있는 많은 사람이 모인 곳'이라는 '판'에서 부르는 소리라는 설명도 가능하다. 어느 설명이건 간에 판소리의 여러 특징을 두루 드러내는 것이라 할 수 있다.

판소리는 노래이기 때문에 가창자의 소리가 매우 중요하나 '아니리'와 '너름새', '추임새'도 또한 중요하다. 아니리는 서사내용을 말로 전하는 것이며, 너름새는 몸짓으로 전달하는 것이다. 추임새는 소리판의 흥과 조화를 이끌어내기 위하여 고수나 청중들이 소리하는 중간중간에 삽입하는 '좋지', '얼씨구', '흥' 따위의 소리를 가리킨다. 이처럼 판소리의 진정한 맛은 아니리와 너름새, 추임새가 적절한 조화를 이룰 때 느낄 수 있는 현장연행예술이다.

### (1) 판소리의 흐름

판소리가 언제 형성되었는지 정확히 알 수 없다. 그러나 문학적・음악적으로 일정 수준을 지닌 예술로 평가된 것은 유진한(柳振漢, 1711~1791)이 쓴 『한시춘향가(漢詩春香歌)』에서이다. 그는 1753년 호남지방을 여행하면서 직접 판소리 「춘향가」를 듣고 칠언시 200구를 남겼다. 시 내용으로 보아 판소리는 18세기 당시 호남민중들에게 널리 알려진 서민예술이 아닌가 하며, 숙종 말에서 영정조 시대에 형성된 것으로 보인다.

판소리는 순조대에서 고종대에 이르면서 전성기를 맞는다. 송만재(宋晩載)의 관우희(觀優戱), 신위(申緯)의 관극시(觀劇詩), 이건찬의 부심청가(賦沈淸歌) 등 이 시기에 해당하는 문헌들에 판소리의 현황을 알 수 있는 글들이 더러 남아 있다. 특히 동리(桐里) 신재효(申在孝, 1812~1884)는 당시 소리꾼들의 후원자 역할을 하면서 판소리를 중흥시키는 데 이바지했다. 이 때의 활약하던 소리꾼으로 송흥록(宋興祿, 1800~1864?), 모흥갑(牟興甲, 1803~?), 권사인 등을 들 수 있으며, 이들에 의해 판소리는 한층 정제된 예술로 승화되었다.

개화 이후 판소리는 위축된 면이 있었으나 송만갑(宋萬甲), 정정렬(丁貞烈) 등에 의해 전승되고, 1960년대 이후 박동진(朴東鎭), 박초월(朴初月) 등의 전통문화를 보존·전승하려는 노력에 힘입어 새로운 부흥기를 맞아 오늘에 이르고 있다.



#### (2) 판소리의 유파

판소리는 민간에서 형성된 예술로 고도의 예술성과 기법을 자랑하는 예술이다. 한 명의 창자가 고수와 함께 판을 이끌어가고, 오직 목청과 부채만으로 모든 상황을 묘사해 간다. 따라서 사설의 내용과 장면에 맞는 타입이 생길 수밖에 없는데, 이를 유파(流派)라 한다. 특히 판소리는 특정 지역을 바탕으로 전승되었기 때문에 전승지역에 따라 지역적 특성과 전승계보에 따른 전승적 차이로 달리하며 이를 각각의 특성으로 한다. 판소리 유파에는 크게 동편제(東便制), 서편제(西便制), 중고제(中高制)가 있다.

동편제는 남원, 운봉, 구례, 순창, 순천, 하동 등 즉 경상도 서남쪽과 전라도 동쪽지역에 전승되어 오는 유파를 가리키며, 흔히 '지리산 바람처럼 웅건하다'는 평을 받는다. 순조 때의 명창 송흥록(宋興祿)의 소리제를 이은 유파가 주를 이룬다. 이 유파는 비교적 우조(羽調)를 많이 쓰며 발성을 무겁게 하고, 소리의 꼬리를 짧게 끊는 것이 큰 특징이다.

서편제는 보성, 광주, 나주, 영광, 함평 등 전라도 서쪽지역에 전승되어 오는 유파로, '해남 관머리바람처럼 부드럽다'는 평가를 받는다. 철종 때의 명창 박유전(朴裕全)의 소리제를 주축으로 하는 유파가 주를 이룬다. 이 유파는 비교적 계면조(界面調)를 많이 쓰고 발성을 가볍게 하며, 소리의 꼬리를 길게 늘이는 것이 특징이다.

중고제는 경기도, 충청도 지역을 중심으로 전승되어 오는 유파이며, 순조 때의 명창 김성옥(金成玉)의 소리제를 이은 유파가 주를 이룬다. 이 유파는 비교적 동편제 소리에 가깝지만 소리 성음이 분명하고 화평한 발성을 하는 것이 하나의 특징이다.




### (3) 판소리의 주요 작품들

판소리는 하나의 독립된 줄거리로 이루어진다. 이를 마당이라 부르는데, 원래는 열두 마당이 있었다. 1810년경 씌어진 것으로 알려진 송만재(宋晩載)의 『관우희(觀優戲)』에는 『춘향가』, 『화용도타령(華容道打令)』, 『박타령』, 『강릉매화타령(江陵梅花打令)』, 『변강쇠타령』, 『왈자타령(曰字打令)』, 『심청가(沈淸歌)』, 『배비장타령(裵裨將打令)』, 『옹고집타령(壅固執打令)』, 『가짜신선타령』, 『토끼타령』, 『장끼타령』 등이 등장한다. 그러나 판소리 열두 마당은 조선조 후기에 하나씩 사라져 조선 말기에 활동하던 명창을 마지막으로 『춘향가』, 『심청가』, 『흥보가(興甫歌)』, 『수궁가』, 『적벽가(赤壁歌)』 등 다섯 마당만 남고 나머지는 모두 전승이 끊어졌다.

『춘향가』는 양반 자제 이몽룡과 퇴기 월매의 딸 춘향과의 사랑을 그린 작품이며, 『심청가』는 맹인의 딸 심청이가 희생을 하여 마침내 부친의 눈을 뜨게 한다는 내용이다. 『흥보가』는 무능하고 착한 흥부와 탐욕스러운 형 놀부와의 갈등을 그린 작품이며, 『수궁가』는 병든 용왕을 구하기 위해 토끼의 간을 구한다는 내용이고, 『적벽가』는 중국의 소설 『삼국지연의(三國志演義)』에 등장하는 적벽대전(赤壁大戰)을 그린 작품이다. 이들 판소리는 소설로 만들어져 널리 읽혀지기도 했는데, 『춘향가』는 『춘향전(春香傳)』으로, 『심청가』는 『춘향전(春香傳)』 등으로 소설화하여 민중의 깊은 사랑을 받았다.

### 5) 민속극

민속극(民俗劇)은 가장한 배우가 일정한 사건을 대화와 몸짓을 통해 극적으로 표현하는 전통적인 무대예술을 가리킨다. 민속극은 민중의 생활을 바탕으로 발생되고 민중공동에 의해 전승해 왔기 때문에 구비문학의 특성인 민중성, 전승성, 해학성 등이 강하게 나타난다. 이러한 민속극은 크게 가면극(假面劇)과 인형극(人形劇), 남사당패놀음의 세 종류로 나누기도 하고, 가면무(假面舞)와 가면극과 인형극으로 나누기도 한다. 이 글에서는 가면극과 인형극을 중심으로 설명하고자 한다.

#### (1) 가면극

가면극은 가면(假面)인 탈을 쓰고 노는 민속극이다. 춤과 몸짓, 대화를 통해 극적 내용을 표현하며, 탈을 쓰고 노는 연희자를 광대(廣大)라 부른다. 고려시대의 가요인 「쌍화점」에 '죠고맛감 삿기 광대'라는 구절이 나오는 것으로 보아 오래 전부터 광대가 활동해 온 것으로 보인다.

가면은 우리말로 '탈', '탈바가지'라 하는데, 재앙과 악귀를 쫓으려는 상징이기도 하며, 신을 대리하는 상징물로도 쓰인다. 이런 점에서 탈을 쓰고 노는 가면극은 나례(儺禮), 제사의례와 같은 종교적 목적에서 비롯된 것이라 하겠다.

현존하는 가면극은 여러 종류가 있다. 이 분류는 연구자에 따라 차이가 있으나 기원과 발상을 기준으로 할 때, 농경의례와 관련된 탈춤, 무속과 관련된 탈춤, 서낭제탈놀이, 산대도감계통극 등 네 유형으로 나눌 수 있다.

농경의례와 관련된 탈춤은 제주도의 「입춘굿」, 경기도 양주의 「소놀이굿」 등과 전국의 여러 곳에서 행해지는 풍물패의 잡색놀이 등이다. 무속 관련 탈춤은 제주도 영감놀이의 「탈놀음굿」과 동해안별신굿의 한 종목으로 벌어지는 「범탈굿」 등이다. 서낭제탈놀이로는 안동 하회마을에서 전승되는 「하회별신굿탈놀이」와 강릉단오제에서 행해지는 「관노가면극」 등이다. 산대도감계통극으로는 해서지방의 탈춤을 비롯하여 「북청사자놀음」, 영남지방의 오광대와 야유(野遊) 등이 있다.





### ⑵ 인형극

인형극은 무대 위에 인형을 등장시켜 이를 조정하며 극적 내용을 표현하는 전통극이다. 인형극은 일명 「꼭두각시놀음」이라 하며, 주로 경기, 충청, 전라, 경상 등 중남부일대에서 남사당패에 의해 많이 공연되었다.

남사당패는 풍물, 버나(대접돌리기), 살판(땅재주), 어름(줄타기), 덧뵈기(탈놀이), 덜미(인형극)와 같은 여섯 종목의 놀이를 연희하며 유랑하는 남성 예인 집단인데, 이들은 인형극을 '덜미'라 부른다. 인형의 목덜미를 잡고 노는 데서 비롯되었다. 이들은 여섯 종목을 가지고 마을이나 시장, 파시(波市)를 찾아가 공연을 하고 한편으로 마을공동체의 공적인 행사에 초청되어 공연을 벌이기도 했다.

「꼭두각시놀음」은 구전성을 기본하기 때문에 채록본(採錄本)마다 일부 내용이 다소 다르다. 보통 7~10막으로 구성되었으며, 채록본 중 최고(最古)인 『김재철본(金在喆本)』은 8막으로 이루어져 있다. 그러나 주인공 일가의 파탄과 구원이라는 일관된 줄거리를 유지하며, 파계승의 풍자와 양반계급의 저항 및 서민의 갈등의식을 드러내고 있다. 이는 가면극의 주제와도 상통한다.

등장인물 역시 채록본에 따라 다르고, 특히 주인공 꼭두각시의 이름이 박첨지, 홍동지 등으로 불리기도 한다. 이 때문에 주인공의 이름을 따서 「박첨지놀음」, 「홍동지놀음」이라고도 한다.

### 6) 속담, 수수께끼, 속신어

일상생활에서 자주 쓰는 말들이 있다. '세 살 적 버릇이 여든까지 간다(㉠)'와 '이 세상을 한꺼번에 덮어 버리는 것은?(㉡)' 또는 '문지방에 앉으면 곡식이 거꾸로 핀다(㉢)'와 같은 말들이다. 이들은 입에서 입으로 전해지는 짧은 문장인데, ㉠을 속담이라고 하고, ㉡을 수수께끼라 하며, ㉢을 속신어(俗信語)라 한다. 각각 다른 쓰임새를 지니지만 이들은 입에서 입으로 전승되는 기본적인 특징을 갖고 있다.

이 언어표현물들은 우리 민족의 문화토양 위에서 긴 역사적 전통을 가지고 형성된 생명력 있는 구비단문(口碑短文)이다. 전형적인 구비문학의 특성을 지닌 이들은, 신앙적 관습과 풍습, 언중(言衆)들의 언어생활, 사고의식, 인간관계 등에 합리적·논리적인 측면의 독자적 체계를 담고 있다. 구비문학이라는 측면에서 우리 민족전체가 공유하는 언어예술의 하나이며, 오랫동안 축적된 삶의 지혜가 담겨 있다.

#### (1) 속담

속담(俗談)은 삶의 지혜와 교훈을 비유적, 상징적으로 간결하게 압축해 놓은 관용적 단문이다. 속담을 속언(俗諺), 이언(俚諺)이라고도 하는데, 이 말 자체에 '세상에 떠돌아다니는 속된 말이나 이야기'라는 뜻이 담겨 있다. 그러나 속담은 '속된 말'이라기보다는 인생의 교훈과 경계가 될 내용이 대부분이라는 점에서 사전적 의미가 무용하다. 아마도 속담을 주로 사용하고 전승시키는 주체가 민중이었기 때문에 생긴 말이며, 그 뜻을 '민간에서 쓰이는 말' 정도로 쓴 것이 아닌가 한다.

'속담'이란 말이 처음 등장하는 것은 조선 중기의 『어우야담(於于野譚)』과 같은 책이지만 실제로 쓰인 속담은 『삼국유사』에 등장하는 '내 일 바빠 한댁〔大家〕 방아'라는 말이다. 이 때가 삼국시대이니 당시에 이미 상당수의 속담이 일반화되어 쓰인 것으로 보인다.

속담은 간결한 표현과 비유적 표현, 관용적 표현을 특성으로 한다. 이를 통해 쉽게 기억하여 말하게 하고, 분명하게 뜻을 담아 쉽게 전달하게 한다. 여러 사람의 공감을 받아야만 널리 쓰일 수 있기 때문에 속담에는 삶의 경험과 지혜가 축적되어 있다. '제 버릇 개주나'와 같은 일부 속담이 다소 점잖지 못한 것은 속담의 주된 사용자가 민중이기 때문이다.




⑵ 수수께끼

수수께끼는 어떤 사물을 바로 말하지 아니하고 빗대어 말하는 언어표현이며, 말놀이로써 쓰인다. 수수께끼라는 말은 지방마다 달라 '수수꺼끼, 수지적기, 시끼저름, 두리치기, 수때치기' 등 다양한 이름으로 쓰인다. 그만큼 수수께끼가 민중의 사랑을 받았다는 뜻도 된다.

수수께끼라는 말은 미(謎)를 뜻하는 접두어 '수지'에 '겨루다(競爭)'를 뜻하는 '겨꾸기'가 합한 말로 추측된다. 이를테면 '수지겨꾸기'에서 '수수꺼끼'가 되고 다시 '수수께끼'로 바뀐 것이 아닌가 한다.

수수께끼는 화자와 청자 양자 사이에서 행해지며, 질문과 답변 형식으로 구연된다. 이는 현장성이 매우 강하다는 것을 뜻한다. 질문형식은 단순한 묘사와 함께 은유적으로 표현되고 고의적인 오도성(誤導性)을 띤다는 것도 하나의 특징이다. 이는 질문을 곧바로 이해하고 정답을 바로 말할 경우 놀이성이 그만큼 낮아지기 때문인 것으로 해석된다.

우리 나라의 가장 오래된 수수께끼는 『삼국유사』의 「사금갑조(射琴匣條)」에 실려 있다. "열어 보면 두 사람이 죽고, 열어 보지 않으면 한 사람이 죽는다(開見二人死 不開一人死)"는 것은 일종의 수수께끼인데, 이는 까마귀가 전한 편지에 적힌 글이다. 일관(日官)은 이를 "두 사람이란 서민을 뜻하고 한 사람이란 임금을 뜻한다"고 풀었고, 결국 암살자로부터 왕을 지켰다는 이야기이다. 이런 점으로 보아 수수께끼는 매우 오랜 역사를 갖고 인간과 함께 한 것이라 하겠다.

(3) 속신어

속신어(俗信語)는 민간에서 행하는 신앙적 관습을 짧은 어절이나 문장으로 표현한 것이다. 이들은 민중의 생활을 규제하기도 하고, 긍정적인 전망을 갖게도 한다. 예견된 부정적 결과를 피하도록 행위를 금지하거나 드러난 현상을 통해 결과를 예측하기도 하고, 긍정적 결과를 위해 적극적으로 행하기도 한다. 이들 언어 표현이 바로 금기어(禁忌語), 예조어(豫兆語), 주술어(呪術語)이다.

속신어는 기본적으로 '조건절(X)과 결과절(Y)'의 두 구문으로 구성된다. 그리고 결과절(Y)의 긍정적 결과와 부정적 결과에 따라 '+'와 '−'로 구분할 수 있다. 이를테면 "문지방에 앉으면(X), 곡식이 거꾸로 핀다(Y)."는 "X−Y"로 표현되고, "대보름에 부럼을 깨면(X), 부스럼이 생기지 않는다."는 "X+Y"로 표현된다.

금기어는 '일정한 사물에 접근·접촉의 금지나 그 행위를 기피하도록 하는 언어 진술'이다. 예를 들어 "화로를 보고 '불 좋다'고 하면, 욕을 먹는다"는 속신은, 결과절의 부정적 결과 때문에 조건절의 행위를 금지하도록 하는 금기에 해당한다. 예조어는 드러난 현상을 보고 그 결과를 예측하는 것인데, 결과절이 긍정적일 때에는 길조어(吉兆語)라 하고, 부정적일 때에는 흉조어(凶兆語)라 한다. 예컨대 "까치가 울면, 손님이 온다"와 "노루가 동네를 향해 울면, 초상이 난다"는 속신은, '손님이 온다'라는 좋은 일을 예시하는 길조어이고, '초상이 난다'라는 나쁜 일을 나타내는 흉조어가 된다.

주술어는 어떤 목적을 이루기 위해 적극적인 행위를 하도록 하는 언어진술이다. 민속에서 출산할 때 난산이 예견되면 "잉어비늘을 왼발에 붙이면 순산(順産)한다"고 한다. 이 경우, '순산'이라는 목적을 달성하기 위해 '잉어비늘을 왼발에 붙이는' 행위를 하도록 하는데, 이것이 곧 주술어가 된다.

## ▩ 참고문헌

김태곤 등, 『한국구비문학개론』, 민속원, 1995.

이복규, 『설공찬전-주석과 관련자료』, 시인사, 1997.

장덕순 등, 『구비문학개설』, 일조각, 1981.

전경욱, 『한국가면극 그 역사와 원리』, 열화당, 1998.

정병욱, 『한국의 판소리』, 집문당, 1981.

정병헌, 『판소리문학론』, 새문사, 1993.

최동현, 『판소리연구』, 문학아카데미사, 1991.

최래옥 등, 『한국민속학』, 새문사, 1988.

_____, 「민간속신어에 보이는 한국인의 자연관」『비교민속학』 21, 비교민속학회, 2001.

최운식, 『한국 고소설 연구』, 계명문화사, 1995.

황패강, 『조신왕조소설연구』, 한국연구원, 1978.

# XV. 조선후기 회화

## 1. 찬란한 위업을 남긴 조선 후기의 회화



우리 미술사를 통틀어서 조선 후기만큼 매력적인 시기는 없을 것이다. 그 어느 때보다 창조적 문화역량을 한껏 발휘하였기 때문이다. 조선 후기 미술의 발전은 건축, 도자기, 목칠과 금속공예, 불교미술, 민예나 민속미술 등에 이르기까지 다방면에 걸쳐 풍성하였지만, 무엇보다 회화가 백미이다. 경제성장을 토대로 한 봉건사회 해체기 내지 근대로의 이행기라는 커다란 사회변동 속에서 다른 분야보다 당대 사람들의 의식변화와 미적 이상, 삶의 정취와 시대 향기, 예술성을 구체적이고 생동감 넘치게 발산하고 있기 때문이다.

한국미술사에서 조선 후기 회화의 찬란한 업적은, 먼저 조선풍의 고전적 전형을 완성한 점에 있다. 우리의 땅과 삶을 담는 그릇으로서 민족적 형식을 이룩한 것이다. 조선의 산천과 생활상을 직접 대상으로 한 진경산수나 풍속화

**이태호** | 명지대학교 미술사학과 교수, 박물관장, 문화재 위원. 논저로 『조선후기 회화의 사실정신』, 『미술로 본 한국의 에로티시즘』, 『풍속화』, 『조선미술사기행』, 『고구려고분벽화』(공저), 『한국미술사의 새로운 지평을 찾아서』(공저), 『한국의 마애불』(공저) 등이 있다.

가 본격적으로 발전하였고, 아울러서 사실묘사를 중시한 초상화와 동물화, 생활장식 그림인 민화, 중국 도상을 소화한 남종산수화(南宗山水畵)와 도석(道釋)·고사인물화(高士人物畵), 그리고 불교회화까지 민족회화로서 조선적 형식을 다져내었다.

다음으로 위대한 업적은 조선풍의 독창성을 이끌어내었다는 데 있다. 중국 회화에 대한 감화에서 벗어나 조선의 화가가 조선을 그리는 양식이 확립된 것이다. 진경산수(眞景山水)나 풍속화는 물론이려니와 심지어 당시 회화발전에 한몫을 한 『고씨역대명인화보(顧氏歷代名人畵譜)』, 『개자원화전(芥子園畵傳)』 등 중국 화보를 수용하여 자주적 화풍으로 재창조해 내었다. 그만큼 문화적 주체성에 대한 확신과 긍지를 다진 것이다. 이는 단순히 시류에 따르는 데 그치지 않고, 당대 화가들의 개성미가 적극적으로 표출되면서 이룩되었다. 다시 말해서 봉건적 계급구조가 이완되면서 일정하게나마 개인적 자아실현의 길이 열리고, 자유의지에 따라 천부적 예술성과 창조성을 발산한 작가들이 많이 배출된 것이다.

조선풍과 개성적 독창성을 가능케 한 조선 후기의 회화사상은 사실주의(寫實主義) 정신이다. 경제적 주도권을 장악한 계층 사이에서는 자신들의 이상을 구현한 현실에 애정을 쏟으려는 풍조와 함께 주체적 문예의식이 싹텄다. 그래서 옛것을 본받기보다 새롭게 창작되는 당대 문예를 긍정적으로 바라보게 된다. 또한 사대부 사회에서도 국정에서 소외된 세력이 성장하면서 현실비판적 성향이 부상되었다. 이와 더불어 사실묘사력의 발전이 두드러졌다. 세심한 대상 관찰을 통한 '실득(實得)'(윤두서)으로부터, 살아있는 그림을 위해 현장 사생을 시도한 '즉물사진(卽物寫眞)'(조영석)으로, 사실주의적 창작방식을 강조한 주장과 형상 묘사를 완벽하게 구현한 '곡진물태(曲盡物態)'(김홍도 그림에 대한 강세황의 평)의 경지에 이르기까지, 후기의 그림을 통해서 직접 확인할 수 있다. 나아가 당시 소개되기 시작한 서양화에 대하여도 입체감이나 원근법

공재 윤두서 〈나물캐는여인〉

공재 윤두서의 자화상

등 사실적 묘사기법의 장점을 수용하려는 태도로 접근하였다.

## 2. 사회 변동기 화가의 신분과 사회적 갈등

조선 후기가 변동기였던 만큼 창작자인 화가는 신분상으로 사회적 갈등의 부침이 컸다. 그것을 극복하는 가운데 미술사적 업적이 달성된 것이다. 그리고 현실의식과 예술관의 변모에 따른 후기 회화의 예술적 완성과 쇠퇴를 엿볼 수 있다. 특히 화가들의 위상 변화와 예술의지는 신분상승 욕구나 사회에 대한 저항으로 드러나며 전체적으로는 근대를 지향하고 있다.

주지하다시피 유교적인 조선사회의 회화로 장식적인 실용화나 기록화, 종교화도 있지만, 감상을 위한 그림〔畵〕은 시(詩)·서(書)·악(樂)과 함께 정치·경제·문화를 주도한 지배층의 이념이 실린 필수교양에 해당되었다. 왕공 사대부들도 풍류와 수신덕목인 시·서·화를 빌려 미적 이상을 구현하는 가운데 특출한 화가가 되기도 하였다. 그처럼 회화는 유교적 인간상을 기르는 데 도움이 되는 영역이면서도, 정통학문의 정진에 방해요인이 되거나 화원(畵員)의 일로 천시하는 경향이 함께 존재하였다. 그래서 일반 사대부층의 경우, 그림 그리는 일을 회피하거나 내색하지 않으려는 태도를 취하기도 하였다. 한편 궁중의 실용화나 종교화, 사대부의 교양을 충족시킬 회화가 요구된 탓에 국가기관으로 도화서(圖畵署)를 두고 엄격하게 화원을 양성하였다. 따라서 조선시대의 화가는 사대부층에서 배출된 선비화가와 직업적인 화원으로 구분되는 셈이다.

조선시대의 회화는 이들 양자의 교류와 보완을 통해서 발전하였다. 왕의 초상화 제작시 선비화가를 감독으로 발탁하여 품위를 높였듯이, 선비화가는 화론과 격론에, 화원은 묘사기량에 초점을 맞추었을 것이다. 그런데 화원은 중인기술직에 해당되어 반상의 구분 속에서 인간적 갈등을 겪을 수밖에 없었다. 군왕의 초상화나 궁중그림을 제작한 공로로 양반직 벼슬을 제수받기도 했고, 교양인으로서 손색이 없으면서도 제대로 대접을 못 받는 처지였기 때문이다. 화원들의 신분상승 욕구는 초기부터 분출될 수밖에 없었다.

우선 15세기 노비 출신인 이상좌(李上佐)나 염장 출신인 최경(崔涇), 19세기 지물포 점원이었던 장승업(張承業) 등 서민이나 천민층에서 화원이 된 사례가 있다. 또 화원이 되면 일정하게 신분이 안정되었기에 의관·역관·율사·악사 등과 마찬가지로 세습적인 대물림이나 혼인을 통해 명문가를 형성하기도 하였다. 그러나 화원으로 출세하여 군직이나 동반직 벼슬에 오르더라도 본인으로 그칠 뿐이었다. 호적의 '연(連)'을 '연(蓮)'으로 위조하여 아들을 생원진사시에 응시시켰다가 발각된 15세기 배련(裵連)의 사건은 그러한 정황을 반증한다.

갈등의 양상은 그 정도로 그치지 않았다. 어용화사(御用畵師)로 동반직을 제수받게 될 경우 사대부 관료의 반발이 일었다. 당상관으로 승급시에는 더욱 물의를 빚었는데, 성종 때의 최경과 안귀생(安貴生)이 그런 경우를 당했다. 영조 때는 양반 출신인 정선(鄭敾)의 승진에 대해서도 화가로 입신한 인물이라 하여 이의가 제기되기도 하였다.

화원들의 신분상승 욕구는 사회적 제약을 극복하고자 하는 당연한 인간적 속성일 터이다. 그것이 창작의지로 표출된 사례를 보면, 대체로 술의 힘을 빌리거나 범인과 다른 독특한 개성으로 드러난다. 조선시대 화가 중에서 기행(奇行)과 술로 인한 일화를 많이 남긴 이로 세 사람이 꼽힌다. 그 하나가 17세기의 김명국(金明國)이고, 18세기의 최북(崔北)과 19세기의 장승업이 나머지 두 사람이다. 이들이 남긴 일화는 자신들의 그림을 필요로 하고 좋아하던 사대부들과의 갈등이 외화된 것이다. 여기에는 임진왜란 이후의 격변기에 나타나는 근대적 인간으로의 꿈틀거림이 들어 있다. 시대가 내려올수록 상류층에 대한 저항의 의지가 강하다.

거친 필치로 '화원풍의 누습을 벗은'(윤두서, 『기졸(記拙)』) 김명국에 대한 일화는 17세기가 아직 봉건적 틀이 강고한 때였으므로 대부분 술과 관련되어 있다. 양반사회에 대한 반항이라고 해석될 만한 김명국의 행적들은 술을 빌려서야 가능했음을 말해주는 것이다. 그는 만년에 아호를 '취옹(醉翁)'이라 쓰기도 했으며 '주광(酒狂)'이라는 별명을 얻었을 정도이다. 최북의 경우 대갓집 하인이 자기보고 직장(直長)이라고 부르자 '직장을 지낸 적이 없으니 기왕이면 최 정승이라 부르라'고 했다는 것이나, 어느 재상집에서 그림을 펼쳐 보이는데, 그 자제들이 그림을 모른다고 하는 소리에 '그럼 다른 것은 아니냐'고 다그쳤다는 일화들이 전한다. 그의 괴팍한 기행에는 역시 현실에 대한 불만이 불거져 있다. 또 장승업은 자기 집에 그림을 얻으러 오는 양반들이 고개를 숙이고 들어오도록 대문의 높이를 낮추었다고 한다.

화원들의 신분상승 욕구는 후기에 오면 당당한 교양인으로서 사대부층과 교유하면서 풍류를 즐기려는 의식으로 변화되어 나타난다. 그 대표적인 사례가 김홍도(金弘道)의 화단 활동이다. 김홍도는 시·서·악을 즐겼고, 그 용모조차 헌칠하고 신선 같다는 평을 들을 정도였다. 선비화가인 강세황(姜世晃)이나 사대부 학자 등과의 밀접한 교유, 중인인 강희언(姜熙彦)·정란(鄭瀾)과 사대부풍속인 '진솔회(眞率會)'(1781)를 갖고 〈단원도(檀園圖)〉(1784)를 제작한 일, 정조의 은총으로 동반직인 안기찰방과 연풍현감에 올랐으나 연풍현감에서 해임된 일화, 말년에 매화음(梅花飮)을 즐긴 생활태도 등은 나이가 들수록 상류문화를 지향한 세계관의 변화를 보여준다. 특히 연풍현감 해직의 이유가 "중매나 일삼고 관리들에게 노비와 가축을 상납케 하고, 사냥에 군정을 강제로 동원시킨 일"(『일성록(日省錄)』)로 인한 것이었음은 당시의 사대부 관료 행태와 별반 다를 바 없다 또한 '그림값으로 3천 냥을 받자 2천 냥으로 매화를 구하고 8백냥으로 술을 사다가 친구를 모아 매화음을 즐긴 일'(조희룡, 『호산외사(壺山外史)』)은 풍류를 즐긴 김홍도의 말년 생활상 그대로이다. 또 아호(雜號) '단원'을 명나라 선비화가인 이유방(李流芳)에서 따온 것이나, 60대 이후에 별호로 신선이 사는 땅이라는 '단구(丹邱)'나 도연명의 '권농(勸農)' 등을 사용한 것 역시 마찬가지이다. 이는 30~40대의 풍속화와 진경산수에 현실감이 넘쳤던 김홍도의 회화가 50대 이후 당송시의(唐宋詩意)적 산수인물도 등 관념화로 흐른 경향과 맞닿아 있다. 이처럼 김홍도가 추구한 풍류는 오히려 회화성을 무르익게 하는 쪽으로 작용하였다. 결국 김홍도의 세계관은 근대적 진보성보다는 상류층을 좇았지만, 중인신분으로서 겪었던 사회적 갈등과 인간적 고뇌를 예술적 깊이로 이끌어낸 것이다.

조선 후기 화원들이 사회적 위상을 확인하려 애쓴 흔적은 중인 지식인들과의 교유에서도 확인된다. 최북·김홍도·이인문(李寅文) 등이 여항문학(閭

巷文學)의 대표적 모임인 천수경(天壽慶)의 옥계시사(玉溪詩社)에 참여하였고, 그 옥계 시인 가운데에서 임득명(林得明) 같은 화가가 배출되기도 하였다. 그리고 19세기의 전기(田琦)·김수철(金秀哲)·유숙(劉淑)·이한철(李漢喆) 등처럼 김정희(金正喜) 문하에 들락거리면서 사대부적 교양을 익히려는 화원이나 중인층화가들의 노력은 지속되었다. 이는 조선 후기 회화가 커다란 성과를 이루었음에도 불구하고 봉건성에서 일탈하지 못한 한계로 지적할 수 있겠다.

화원 출신 작가들과 함께 사대부층 선비화가의 위상 변화도 적지 않았다. 특히 18세기가 배출한 윤두서(尹斗緒)·정선(鄭敾)·조영석(趙榮祏)·심사정(沈師正)·이인상(李麟祥)·강세황(姜世晃) 등의 경우는 그 이전 사대부 관료나 학자의 여기적 수준을 넘어 표현기량도 화원 못지않았다. 이들 대부분이 사대부적 자존심을 지키며 전업화가로 성장하게 된 것이다. 그 계기는 역시 정치적 소외와 무관하지 않다. 노론 정권 아래에서 윤두서는 남인으로, 강세황은 관료에 오르는 60대 이전까지 재야인사로 지냈다. 노론계이면서도 정선과 조영석은 과거를 거치지 않아서, 심사정은 할아버지의 과거시험 부정으로 인하여, 이인상은 서출의 후손이었기 때문에 관료사회의 중심과는 거리가 있었다. 이러한 처지에서 선비화가들은 그림 그리는 일을 정치적 도피 수단으로 삼으면서 사대부적 식견을 바탕으로 예술적 진보를 이루어낸 것이다. 누구보

겸재 정선 〈금강전도〉

겸재정선 〈박연폭도〉

박연폭포 실경

단원 김홍도 〈옥순봉도〉

옥순봉 실경

다 앞서 민중의 삶을 자신의 회화세계로 끌어들인 윤두서와 조영석은 풍속화의 선구로서, 정선은 진경산수를 완성한 대가로서, 심사정·이인상·강세황은 중국의 남종화풍을 조선적으로 소화해낸 장본인으로서, 제각각 미술사적 주요 위치를 차지하고 있다.

또한 이들 18세기 선비화가는 지식인으로서 화원보다 먼저 현실인식에 눈뜨고 사실주의적 방향을 제시하였다. 김두량(金斗樑)과 강희언이 윤두서를 공부하여 김홍도에게 전수해 주었고, 김홍도는 어려서부터 강세황 아래서 그림공부를 하였다. 정선의 진경산수화풍은 김응환(金應煥)·이인문·김홍도 등 화원에게 이어졌고, 심사정의 화풍 역시 최북·이인문·김홍도 등에게 영향을 미쳤다. 그래서 후기 화단은 정선파와 심사정파에서 김홍도파, 김정희 일파에 이르기까지 직접적인 사승(師承)관계를 통한 화파 형성으로 점철되어 있다.

조선 후기 회화를 풍성하게 하고 진보시킨 데는 창작자의 노고가 컸지만 그림을 감상할 수 있는 계층의 역할도 무시할 수 없었다. 영조와 정조의 서화 기량은 수준급이었고 김광국(金光國)·김광수(金光遂) 등 감식안 높은 수장가가 배출되었으며, 윤두서·남태응(南泰膺)·이하곤(李夏坤)·강세황·이긍익(李肯翊)·남공철(南公轍)·정약용(丁若鏞)·서유구(徐有榘)·김정희·박규수(朴珪壽) 등 문인학자들의 서화비평이 어느 때보다 활발하였다.

이와 함께 후기 화단에서 주목되는 것은 향수층의 증가이다. 그림이 거래되는 사례가 많았고, 그림으로 먹고산다는 의미로 '호생관(毫生館)'이라는 아호를 쓴 최북, 윤두서의 그림을 많이 사들였다는 수표교의 중인 출신 최씨(남태응, 『청죽화사(聽竹畵史)』), 김홍도를 후원해준 염상 김한태(金漢泰; 김홍도가 영원재에서 그린 나비그림에 오세창이 쓴 화제) 등의 일화는 새로운 향수층의 발생을 시사한다. 궁중과 사대부의 전유물이나 다름없던 회화가 환전되고, 부를 축적한 서민층에까지 확대된 것이다. 또 교양을 갖추려는 부민층의 성장은 화단구조의 근대적 변화를 예고하는 것이다.

진경산수나 풍속화의 사실주의적 경향이 대중의 인기를 끌고 평범하고 친숙한 소재로 이루어졌음은 그러한 변화와 무관하지 않을 것이다. 특히 여속(女俗)이나 남녀의 애정, 기방풍정 등을 즐겨 다룬 신윤복(申潤福)류의 풍속화나 춘화첩(春畵帖)의 유행은 새로운 향수층의 취향과 연계시켜 생각할 수 있다. 또한 섬세하고 화사한 채색의 동물화와 화조화를 비롯해서 장식용 민화의 유행과 소박하면서도 해학적인 형식미에는 바로 그들의 생활감정이 담긴 것으로 파악된다.

이상의 정황 속에서 위업을 달성한 조선 후기 회화는 봉건왕조의 5백 년 문예전통을 집약한 것이다. 또 근대의 문을 두드리는 사회상에 따라 한 시대 양식으로 부상하여 발전하고 퇴조하였다. 즉 조선풍의 독창성과 사실주의 창작방식은 17세기에 새롭게 그 기운이 일었고, 18세기에 완성을 보게 된다. 18세기 회화가 봉건문화의 틀 속에서 번영한 만큼 19세기에는 시대적 갈등이 심화되고 지배체제가 흔들리면서 형식화로 치닫는다.

## 3. 18세기의 회화 동향 - 진경산수와 풍속화

18세기는 문예부흥기라고 일컬어지듯이 회화뿐만이 아니라 역사·지리 등 국학과 실학·애정소설·사설시조 등의 문학, 서예, 판소리에 이르기까지 주체적 학문과 예술이 진흥되었다. 양대 전란(壬辰 1592, 丙子 1636)의 상처를 씻고 당쟁의 진정책으로 말미암은 정치·사회·경제적 변동의 바탕 위에 이룩된 것이다. 그것은 왕조 중심의 권력기반을 재확립해가는 과정에 편승한 것이지만, 신분질서의 해체, 자본주의 맹아론의 제기 등 근대를 향한 자체적

변혁의 움직임을 배태한 준비단계의 양상으로 평가된다. 그러니까 18세기 회화는 정치 경제적인 여건의 호전에 따른 지배권력층의 상승국면을 타고 사대부 지식인층 문화의 활성화가 뒷받침된 것이다. 조선 후기를 대표하는 진경산수화와 풍속화, 나아가 당대의 제반 회화 동향은 조선시대 봉건문화의 꽃을 만개하게 한 하나의 매듭을 지어낸 것이다.

진경산수와 풍속화의 발달은 조선시대 회화사에서 그 이전과 이후의 시기를 구분하는 단서가 된다. 예컨대 중국 산수화 형식에 의존하여 관념성 짙게 절개되던 조선 회화에 진경산수가 출현함은 미술계의 새로운 변화 그 자체이다. 이는 동시기 풍속화의 발달과 마찬가지이다. 그만큼 진경산수나 풍속화는 다른 유형의 회화와 달리 주제의식과 표현형식에서 후기의 시대정신에 맞는 예술의지를 담고 있다.

먼저 진경산수화는 정선의 활동시기인 18세기 초·중반 영조년간에 가장 널리 유행하였다. 이때는 청조가 들어선 가운데 명나라의 법통을 유지하려는 주자학적 종본주의(宗本主義) 혹은 조선 중화사상의 입장을 취한 서인-노론계의 권력 장악이 이루어진 후이다. 이런 변화와 성리학적 원론에 대한 심취는 진경산수의 발전과 연계된다. 즉 선계(仙界)다운 절경을 담은 18세기 진경산수의 배경에는 조선 선비들의 기행 탐승하는 풍류적 성향 및 이이(李珥)의 석담구곡(石潭九曲), 송시열(宋時烈)의 화양구곡(華陽九曲), 김수증(金壽增)의 곡운구곡(谷雲九曲) 등 주자(朱子)의 무이구곡(武夷九曲)을 본받아 그것을 조선 산천에서 실현하고자 한 이상주의적 은일사상이 깔려 있기 때문이다. 정선이 당시 노론 정권의 핵심인 김창집(金昌集)의 후원으로 출세한 사실은 그러한 배경과도 맞아떨어진다. 이에 비하여 당시 정치에서 소외된 남인계 실학파의 비판적 지식인들은 생산력과 관계 깊은 경제지리적인 지도학에 관심을 두었다. 근대적 지도학 발달의 바탕이 되는 윤두서의 〈동국여지지도(東國輿地之圖)〉와 정상기(鄭尙驥)의 〈동국지도〉는 그 산물이다. 이처럼 18세기에는 지배계층의 국토를 보는 시각에 차이가 난다. 그런 관계가 동시대에 제기된 가운데 진경산수의 질적 발전과 유행을 가져왔던 것이다.

진경산수에 이은 김홍도·김득신(金得臣)·신윤복의 풍속화는 18세기 후반~19세기 초 절정에 이른다. 조선 회화에서 풍속화적 요소는 이전의 궁중행사나 사대부층의 시회를 담아온 기록화에서도 찾아지는데, 후기 풍속도의 발전은 17~18세기 기록화의 형식 변화를 통해 엿볼 수 있다. 엄격했던 궁중이나 사대부 행사의 기록화에 행사와 무관한 구경꾼이나 민중의 생활상이 등장하기 시작한 것이다. 나아가 18세기 후반 김홍도·신윤복의 풍속화가 독립된 회화 장르로 정착되는 것은 18세기 전반 윤두서나 조영석 등의 사대부 지식인들로부터 출발한다. 여기에는 이전에 볼 수 없었던 혁신적 시각이 담겨 있다. 신분질서의 이완 속에서 직접생산자인 민(民)의 성장을 의미하는, 즉 사회변화를 시사하는 것이다.

그러나 당대에 속된 삶을 표현한 그림이라는 의미로 '속화(俗畵)'라고 불렸듯이, 풍속화는 사대부층의 애민의식, 곧 내려다보는 시각에서 비롯되었다. 이는 주로 서민층의 삶을 다룬 김홍도의 인기와 달리, 도시의 시정풍물이나 기방등 사대부층의 생활상을 적나라하게 드러낸 신윤복이 도화서에서 쫓겨났다고 전해오는 일화에서도 엿볼 수 있다. 또 풍속화는 조선 후기의 시대상을 다른 어느 회화 유형보다 구체적으로 읽을 수 있는 문화사료이다. 변혁기의 생활상과 미의식의 민감한 변화가 뚜렷이 드러나기 때문이다. 예컨대 김홍도에서 신윤복으로 풍속도의 내용 및 형식의 변화는 18세기 중엽과 후반의 사회변화를 반영하고 있다. 특히 신윤복의 여성과 기방풍속을 중심으로 한 주제와 화사하고 섬세한 표현기법은 당시 새롭게 형성되는 도회문화의 단면을 포착한 것이다. 이는 근대적 시민계급의 예술로 발전할 가능성에 근접한 것인데, 신윤복류의 사실주의 경향은 그 이후 근대회화로의 발전이 저지되고 19세기의 풍속화는 오히려 형식화와 함께 중국식 경직도(耕織圖)류의 농경도로 퇴행하고 말았다.

진경산수나 풍속화, 여타의 회화영역에서 큰 성장을 보인 영조와 정조년간은 전후반기로 구분할 수 있을 만큼 약간 다른 발전과정을 보여준다. 전반부는 숙종(재위 1674~1720) 말기에서 영조(재위 1724~76)년간까지, 후반부는 영조 말 정조(재위 1776~1800)년간에서 영·정조 문화의 여파가 어느 정도 지속된 것으로 보이는 순조(재위 1800~34)년간 초기 1810년대까지이다.

전반기는 정선의 출현과 함께 이루어진 진경산수화의 정립과 유행이 대변한다. 그리고 선비화가인 공재(恭齋) 윤두서(尹斗緖: 1668~1715), 관아재(觀我齋) 조영석(趙榮祏: 1686~1761) 등이 중기의 전통화풍을 따르면서도 남종화풍과 풍속화의 선구로 등장하였고, 현재(玄齋) 심사정(沈師正: 1707~1769), 능호관(凌壺觀) 이인상(李麟祥: 1710~60), 표암(豹菴) 강세황(姜世晃: 1713~1791) 등 윤두서나 조영석보다 한 세대 정도 후배 화가들 사이에서는 중국 원·명체의 남종문인화가 본격적으로 수용되었다. 남종화풍이 조선적 감성으로 정착되는데는 정선에 공감하여 활발해진 기행사경이 작용하였다. 한편 사대부 그림과 화원 그림을 구분하기 위해 설정된 남종화 이념의 수용은 조선 후기 선비화가들 사이에 문예의 계급인식을 일깨운 반면, 보수성으로 기울게 한 요인이 되었다.

또한 이 시기 화단에서 표현기량의 성장은 도화서 출신 화가 남리(南里) 김두량(金斗樑: 1696~1763), 화재(和齋) 변상벽(卞相璧: 18세기) 등의 완벽한 묘사력을 바탕으로 한 사생정신의 동물화와 초상화에서 나타난다. 이 외에 중국의 명현이나 풍류객을 담은 고사인물도, 신선도 계통의 도석인물화도 궁중기록화나 실용화, 불교 회화와 더불어 후기에 조선풍의 형식미를 구축한 영역으로 손꼽을 수 있다.

이러한 18세기 전반부 회화는 정조년간까지 장수한 작가들에 의해서 후반부로 이어진다. 그 가운데서도 다리 역할을 한 인물이 강세황이다. 그는 영조년간에 화가로, 특히 비평가로 활동하였는데, 당대 화단에 새롭게 떠오른 진경산수나 풍속화, 남종화 등 회화의 현실감각과 사의(寫意)정신을 진작시킨 인물이다. 강세황의 화론적 뒷받침에 힘입어 대성한 작가가 바로 김홍도이다.

단원 김홍도 〈우물가〉

김홍도는 18세기의 후반부를 풍미하면서 산수화·풍속화·고사인물도·도석인물화·화조·영모화·사군자 등을 두루 섭렵하였고, 타고난 예술가 자질과 자유자재의 표현력으로 사실상 후기 회화를 집약한 화가이다. 그 이전에 찾아볼 수 없는 천재성이 돋보이며 후기 문화를 융성케 한 전형적 작가상이다. 김홍도의 회화는 현장을 정확한 시각으로 그려낸 풍속화와 진경산수, 그리고 완숙한 경지의 다른 회화 유형까지 정조년간의 시대적 미의식을 대표하는 것이다. 김홍도와 함께 정조와 순조년간에 활동하며 동참한 작가로는 산수화에 고송류수관도인(古松流水館道人) 이인문(李寅文: 1745~1821), 풍속화에 혜원(蕙園) 신윤복(18세기 후반~19세기 초), 그리고 그의 화풍을 따른 김득신(金得臣)·김석신(金碩臣)·엄치욱(嚴致郁) 등의 화원들이 있고, 개성이 뚜렷한 선비화가로 지우재(之又齋) 정수영(鄭遂榮: 1743~1831), 학산(鶴山) 윤제홍(尹濟弘: 1764~?) 등을 떠올릴 수 있다. 이들은 김홍도에 못지않은 화격으로 나름의 회화세계를 형성하여 18세기~19세기 초의 화단을 살찌웠다.

이와 같이 18세기는 전후반의 미의식과 예술 성향에 차이가 난다. 전반기

혜원 신윤복 〈聽琴賞蓮〉

에는 새로운 시각의 부상으로 다양성이 파급되었는데, 그 가운데 정선의 진경산수화가 단연 우뚝하였다. 후반기에는 전반기의 다양한 회화를 고루 섭렵하며 질적 발전을 이룩한 김홍도에 의해 주도되면서 현실감을 반영한 풍속화가 자리를 잡았다. 또한 영조년간 정선의 진경산수는 우리 산천의 특성에 주목한 직선적 엄격성과 대상 해석의 변형이 감명깊게 이루어졌다. 반면에 풍속화 중심의 정조년간 김홍도 회화는 현장감에 충실한 시각의 친근감과 완숙함이 돋보인다. 사선식 화면구성이나 필묵법과 담채의 세련미가 그것이다.

이러한 변화는 전반부의 양식적인 엄격성이 후반부에 점차 유연해지면서 절정에 다다른 것이다. 영·정조년간은 다같이 문화적으로 상승기이지만 전반부는 권력 재편과정에서 숙종 때까지 심화된 당쟁의 불을 끄기 위해 실시한 영조의 탕평책으로 유발된 경직성이 반영된 듯싶다. 이를 계승한 정조년간에는 보다 진전된 상공업의 발달로 정계와 지식인 사회는 물론 신흥 교양층에까지 확대된 문화・예술 활동이 성숙된 것이다. 학문과 문예감각이 뛰어났던 정조의 개인적 역량도 언급할 만하다. 덧붙여서 18세기 회화의 구획은 당대에 새로운 학문으로 등장한 실학(實學)의 경향과도 합치한다. 즉 진경산수가 유행한 18세기 전반은 농경 중흥을 기반으로 한 실사구시(實事求是)의 이익(李瀷: 1681~1763)의 실학으로, 풍속화가 유행한 후반부는 상공경제적 이용후생의 박지원(朴趾源: 1737~1805)・박제가(朴齊家: 1750~1815)의 북학파 계열로 대별되는 것이다.

## 4. 19세기의 회화 동향 - 화단의 보수화와 사실주의의 퇴조

순조년간 이후 일시 안정되었던 18세기의 정치적 균형이 깨지면서 말기에 이를수록 봉건적 모순은 극대화된다. 주지하다시피 19세기는 본격적으로 봉건사회가 해체되는 시기이다. 즉 조선시대를 지탱한 유교적 신분제가 와해되면서 근대로 향하는 변혁기이다. 커다란 역사의 분수령인 셈이다. 권력의 상층부는 세도정치를 펴면서 체제유지에 급급하였고, 18세기 이후 경제력 상승과 신분질서의 혼란에 편승한 농・공・상의 부민층, 치부한 하급관리나 중인 잡직・아전이속 등의 계층상승 욕구로 성리학을 기저로 한 체제경영이 심각한 지경에 와 있었다. 삼정(三政)의 문란과 더불어 사회 전반에 부패상이 만연되고 민중수탈이 심화되면서 봉건적 계급갈등과 대립은 민란 형태의 항쟁으로 폭발하였다.

이런 시대상황에서 19세기 문예는 양반 사대부 문화의 보수화와 변혁을 갈망하는 민중의식의 고양에 따른 민중문화의 기운이 복합되어 있다. 먼저 민중문화의 성장은 생활공예, 무속화나 민화, 민불, 탈, 옹기, 마을공동체의 중심 조형물인 장승과 솟대 등에서 찾아볼 수 있다. 그런데 이들에서 민중의 생활정서와 전통적 민중미술의 조형성이 읽혀지기는 하지만, 근대성의 기준으로 삼기에는 무속적인 성격이 강하다. 전체적으로 당대의 변혁의지를 실현할 만한 문화적 대안이 미비했던 점과 같이한다. 우리 근대미술사의 출발 시기와 미술의 근대성을 파악하는 데 있어서 봉착하는 문제이기도 하다. 아무튼 18~19세기 민중의식의 성장은 자신들의 어법으로 시대정서를 유감없이 표출한 민중문화와 예술의 발달과 연결된다. 그래서 거기에는 민요나 구비문학, 연희 등과 마찬가지로 변혁의 주체로서 역사 전면에 부상한 민중의 생활감정과 변혁기의 시대적 역동성이 꾸밈없이 담겨 있는 것이다.

이러한 동향에 비하여 지배층의 몰락 속에서 형성된 19세기의 회화는 초라하기 그지없다. 18세기를 답습한 산수·인물·초상·화조 등 감상화는 물론 기록화나 불화에 이르기까지 수요층의 증가가 있었으나, 18세기 회화와 상당한 차이가 있다. 자신감 넘치는 기량과 탁월한 미의식과 현실감에서 그러하다. 퇴락된 양상은 회화뿐만 아니라 도자기·공예·불교미술·조각·건축 등 전체미술 분야의 공통된 흐름이다.

그럼에도 불구하고 사대부층의 이념을 표방한 남종문인화풍의 위력은 오히려 강세를 보였다. 문기(文氣)와 사의(寫意), 서권기(書卷氣)와 문자향(文字香)을 내세운 추사(秋史) 김정희(金正喜: 1786~1856) 일파의 형성이 그 전형적인 예이다. 이들의 회화는 풍류와 사색의 선비적 아취를 담으려 한 데서 알 수 있듯이 간일하고 담백하며 조용한 화풍이다.

김정희는 자신의 탁월한 감수성과 개성미를 예술성으로 극대화해내었다. 그러나 남종화의 관념성 강조는 19세기 지배층이 문화적 정체성을 화인하고 유지하려는 데서 나온 것으로 해석된다. 또 그것은 개성주의나 사의적 형식미의 새로운 사조를 제시한 듯하나, 중국 지향의 사대주의적 양상을 띠고 있다. 이는 김정희 문하의 진도 출신 선비화가 허련(許鍊: 1809~92)을 통해 잘 드러난다. 김정희의 사랑을 받으면서 서화가로 성장한 허련이 이름과 자(字)를 중국 남종화의 창시자인 왕유(王維)를 따라 '유(維)'와 '마힐(摩詰)'이라 한 점, 아호를 원나라 선비화가 황공망(黃公望)의 '대치(大癡)'(큰 바보)를 따라 '소치(小癡)'라 한 점, 진도의 화실 이름을 역시 원나라 선비화가 예찬(倪瓚)의 아호를 따라 '운림산방(雲林山房)'이라 한 점만으로도 알 수 있다.

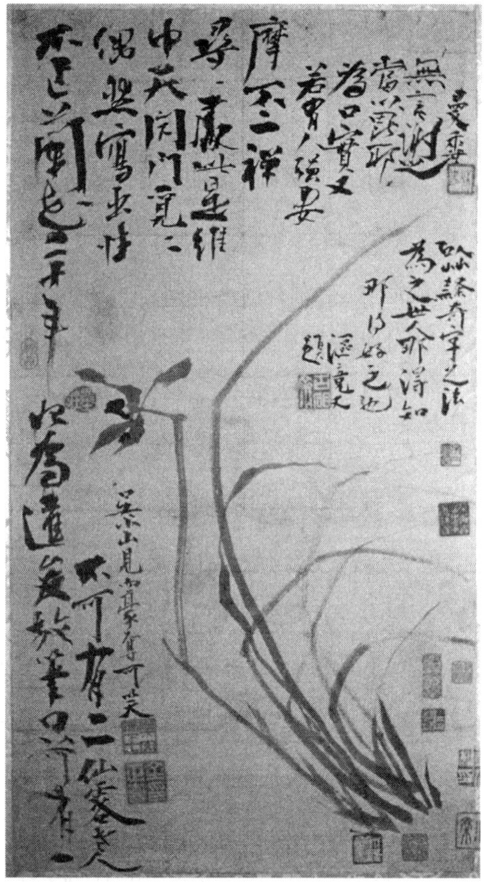

추사 김정희 〈묵난도〉

그 한 연원은 북학파에서도 찾아진다. 박제가나 박지원 등에서 김정희까지, 그들이 중국에서 만난 문인 서화가는 남종화풍을 토대로 한 개성주의 화파와 실증주의적 고증학파였다. 근대화를 앞당기기 위해 청조의 선진문명을 수용하자는 주장과는 별도로 문예는 보수적 측면으로 기운 것이다. 그리하여 18세기에 이룬 국풍의 진경산수나 풍속화의 성과를 계승하기보다 중국적 사대주의를 부추기는 결과를 낳았다.

그런데 남종화풍의 관념적 형식은 성호 이익이나 다산 정약용에서 박규수 등 개화파에 이르기까지 '못된 화가'들이 '뜻만 앞세워 형사를 무시한다(畵意不畵形)'라는 당대의 비판이 없지 않았으나, 봉건사회의 몰락과는 운명을 달리하였다. 오히려 남종화의 맥은 다른 어떤 전통미술의 영역보다 끈질기게 20

세기로 전승되었다. 봉건적 모순을 내재한 채 곧바로 식민화한 우리 근대사의 특수성이 빚어낸 결과이다.

한편 그런대로 격조를 유지한 19세기 진경산수화나 풍속화도 남종화의 위세에 밀렸다. 김홍도 화풍이 계승은 되었지만 그 진의가 약해졌고, 변화된 현실을 담을 새로운 시각이나 창조성을 강구하지 못한 채 형식적 퇴조로 치닫는다. 18세기와 비교해서 봉건왕조의 말기라는 사회적 여건이 그 문화에 봉사해온 화가들의 참신한 감각을 일깨우지 못한 것이다. 이는 19세기 회화의 성격을 규명하는 단서이기도 하다.

19세기 진경산수화와 풍속화는 18세기를 답습하는 형식화 경향을 띠면서도 양적으로는 늘어났다. 경제력 상승에 따라 사대부층은 물론 일정하게 부를 축적한 하급관리·향리·이속·부민층에 이르기까지 그림의 향수층이 넓어졌음을 의미한다. 19세기 회화는 창작과 소비관계의 증진에도 불구하고 그 내용과 형식에서 근대성과 거리가 먼 모순을 지니고 있다. 낡은 형식에 안주하려 했던 19세기 문화의 진취적이지 못한 성격을 반영하는 것이다. 또 풍속화나 진경산수가 근대적 사실주의로 변모하지 못한 데는 그 회화 장르 자체가 지닌 봉건적 성격도 작용하였다. 그런 데다 격동기의 사대부나 새로 부상한 향수층의 안목과 미의식이 18세기에 못 미친 때문이기도 하다.

이처럼 19세기 회화는 18세기와 달리 변혁기의 갈등을 승화시켜내지는 못하였지만, 미흡하나마 회화 수준을 유지하고 시대성향을 읽을 수 있는 작품은 나왔다. 회화적 수준은 김홍도의 화법을 계승한 것이었다. 김홍도의 영향은 이재관(李在寬)·조정규(趙廷奎)·유운홍(劉運弘)·이한철(李漢喆)·유숙(劉淑)·백은배(白殷培) 등부터 '단원'과 '혜원'의 아호를 따라 '오원(吾園)'이라 지은 장승업에 이르기까지 19세기를 풍미한다. 그러나 이들은 우리 회화사에서 차지하는 김홍도 회화의 고전적 가치를 재확인시키는 역할로 그치고 말았다.

화원에 비하여 19세기 선비화가나 중인 출신 화가들은 18세기보다 한층 뒤져있다. 조희룡(趙熙龍)·전기(田琦)·허련 등 김정희 일파를 포함한 19세기 선비화가들은, 풍속화를 개척하고 진경산수를 토대로 남종화를 조선풍으로 소화하고 화론을 통해 화원화가들의 자질을 계발시킨 18세기의 분위기와는 사뭇 달랐던 것이다. 앞서 거론했듯이 신분적 위상이 크게 흔들리는 변혁기에 보수성에만 집착한 데 따른 결과이다. 이런 풍조 속에서 북상(北山) 김수철(金秀哲), 석창(石窓) 홍세섭(洪世燮: 1832~84) 등 간일하게 맑은 먹과 담채를 구사하는 독특한 감각의 작가들이 배출되었다.

또한 여기적(餘技的) 수준으로 장기를 내세우며 개성미를 풍기려 한 화가들도 있었다. 남계우(南啓宇)의 섬세한 채색풍 나비그림, 홍선대원군 이하응(李昰應)의 묵란도, 석연(石然) 양기훈(楊基薰)의 노안도(蘆雁圖), 몽인(夢人) 정학교(丁學教)의 괴석도(怪石圖), 운미(芸楣) 민영익(閔泳翊)의 난초와 대나무 그림 등이 그 사례이다.

이상 19세기 회화에서 근대로의 분수령에는 구한말 장승업이 자리하고 있다. 비록 그 주제의식은 현실감이나 시대정신과 거리가 있는 복고풍에 머물렀지만, 뛰어난 표현기량으로 묘사력을 진척시켰다. 그의 회화사적 위상은 조선 후기 회화를 20세기 초 조석진(趙錫晋)과 안중식(安中植)을 통하여 근현대 회화로 연결시키는 교량이라는 점이다.

근대사가 시작되는 구한말 회화의 특징은 서울 중심에서 탈피하여 그림의 수요 증가에 따라 각 지역의 특성을 바탕으로 한 지역화단의 형성에 있다. 전라도 지역을 중심으로 한 허련 일파나 평양의 양기훈과 김윤보(金允補) 등의 활약은 낡은 회화형식에 머물러 있지만, 나름대로 중앙문화에서 벗어나려 한 미술계의 새로운 움직임으로 볼 수 있다. 이는 민화에 지역적 개성이 두드러지는점과 함께 당시 안성의 방짜유기, 해주나 고창의 도자기, 강화나 평양의 반닫이, 충무 장, 나주 소반 등 지역경제와 특성에 기초한 민간공예의 융성과도 같이하는 것이다.

또한 제국주의의 침략에 맞서 민족적 항거가 지속된 19세기 말~20세기 초의 시대상황에 부응한 회화 경향도 없지 않았다. 우리 근대사의 특수성을 감안할 때 근대미술의 출발로서 무엇보다 중요하면서도 아직 정리되지 않은 상태이고, 회화적 수준이 떨어져 관심에서 멀어진 채이지만 김준근(金俊根)과 김윤보의 풍속도, 채용신(蔡龍臣)의 항일지사 초상화와 기록적 성격의 그림, 이도영(李道榮)의 신문삽화 등이 있다. 이들에게서 당시 사회현실의 풍자나 민족애가 담긴 근대적 경향성을 읽을 수 있다. 이 외에도 위정척사파로서 한계를 갖지만 항일 의병장들의 절개있는 서화도 따져보아야 할 과제이다. 국권회복이 급선무였던 당대의 민족현실과 관련지어서 말이다.





## 5. 재창조할 민족회화의 전범은 18세기에서

지금까지 살펴본 바와 같이, 18세기에 이룩된 우리 회화의 고전적 전형은 19세기에 오면서 흐트러졌다. 그러나 근대회화로의 변모를 전혀 예견할 수 없는 것은 아니었다. 18세기의 성과를 토대로 한 회화 수준의 유지나 시민계급으로 성장할 문화적 향수층의 새로운 생활감정과 취미, 보수성과 봉건성에 대한 비판적 시각의 형성, 지역특성을 살린 지역화단과 공예문화의 융성, 반외세 투쟁에 나선 항일지사들의 서화기풍 등 한계가 있지만 그나마 근대성을 이끌어낼만한 자산을 갖고 있었던 것이다. 그러나 제국주의 침략으로 말미암아 자주적 발전이 저지되고, 식민지를 경험하며 그 성과와 한계를 명확히 진단하면서 올곧게 계승하지 못하였음은 주지의 사실이다. 특히 18세기 회화의 사실주의 정신이 근대적 성과로 전승되지 못한 아쉬움은 크다. 오히려 봉건적 보수성이 강한 서화가이며 화론가로서 독창성이 결여된 김정희와 그 일파가 일제 강점기 이후 과대포장되어 지금에 이르고 있다. 이는 식민지 지배 강화를 위해 기존의 보수 세력을 이용하는 제국주의의 정치적 의도와 맞물려 있는 것이다.

한편 20세기 이후 우리의 현대 사실주의는 서구 조형론에 밀려 조선 후기 회화와 정상적으로 조응하지 못하였다. 서양 회화를 배운 작가들은 전통형식을 무시하고 배척한 채 서구의 것에 대한 충분한 검증없이 신사조를 뒤쫓기에 급급하였고, 전통회화는 왜색조에 물들거나 현대감을 실어내는 데 역부족이었다. 우리의 근현대회화사가 남긴 뼈저린 교훈이다.

이처럼 조선 후기부터 순탄치 않았던 근현대회화사의 흐름을 보면, 우리가 모색해야 할 민족회화의 방향은 자명해진다. 조선 후기, 그것도 18세기 회화의 견실한 창조정신과 현실감, 그리고 예술성이 재창조의 핵심일 것이다. 18세기 회화가 지닌 예술적 매력과 우리 시대와의 근친성을 고려할 때, 그리고 조선풍의 주체의식과 개성적 독창성으로 우리식 사실주의의 한 전범을 이루었음을 볼 때 그러하다.

또 19세기 이래 근현대가 그런 18세기 회화의 민족정서와 시대정신을 방치해온 탓으로, 더욱이 식민화한 문화가치의 혼돈 속에서 그 역사적 유산에 쌓인 먼지를 털어내는 일은 민족회화의 자주성 회복을 위해 무엇보다 중요하다. 그리고 근현대미술에 대한 반성과 함께 18세기 회화의 형식미에 대한 재검토는 우리 시대의 민족회화를 튼실하게 세우는 데 더없이 소중한 일일 것이다.

## 참고문헌


이태호, 『조선후기 회화의 사실정신』, 학고재, 1996.

_____, 「조선후기 회화경향과 실학-인물성동론 · 실사구시 · 법고창신을 중심으로」『세계화시대의 실학과 문화예술』, 경기문화재단, 2004.

_____, 『조선후기 그림의 기와 세』, 학고재, 2005.

# XVI. 전통음악

한국의 음악은 다른 분야와 달리 실질적 개념을 정의하기 쉽지 않다. 고유한 음악과 외래음악이 혼재되어 있는 상황에서, 전통적으로 전승되어 온 음악만을 한국음악으로 정의하기 어렵고, 대중음악이나 소위 클래식음악에 해당하는 음악들도 한국적 정서를 담아서 한국의 작곡가에 의해 작곡된 음악이면 한국음악의 범주에 넣을 수 있다. 하지만 전통음악을 제외한 이들 음악들은 대부분 20세기를 거치면서 새롭게 한국 땅에 정착한 음악들이기 때문에 양식적으로 보면 외래음악들에 해당한다. 한편 고유의 음악이라고 할 수 있는 것들은 국악이라는 이름으로 명명되어 왔지만 최근에는 국악이 전통음악과 새로 창작된 국악곡들로 분화되고 소위 창작국악이 전통음악보다 활발하게 연주되는 상황이 생겨나면서 '국악=전통음악=고유한 우리의 음악'이라는 등식도 허물어지고 있다. 아울러 한국음악이라고 하면 민족적 개념보다는 국가적 개념이 우선시되면서 북한지역의 음악들을 범주에 포함시키기 어려운 점도



---

**전지영** | 서울대학교와 이화여자대학교 강사. 〈나라음악큰잔치〉 추진위원. 〈올해의 예술상〉 운영위원. 음악평론가. 저서로 『갇힌 존재의 예술, 열린 예술』, 『우리 앞의 화용도』, 『근대성의 침략과 20세기 한국의 음악』이 있고, 번역서로 『중국음악의 역사』 등이 있다.

있다. 북한과 연변 및 해외 동포들이 보존하고 있는 음악들은 우리 민족의 음악일 수는 있지만 대한민국의 음악이라고 간주하기는 어렵기 때문이다.

우리의 고유한 양식이 분명하게 살아있고 그러면서도 외래음악이 새롭게 정착하여 다양한 음악문화를 만들어내고 있는 이런 복잡한 상황은 음악이라는 분야가 다른 분야와 달리 현대 한국사회의 다양한 모순, 전통과 근대성의 마찰, 현대라는 불확실한 개념에서의 민족적 특수성의 의미 등을 내재하고 있는 특수한 장르임을 말해 주고 있다. 하지만 통상 외국인들에게 통용되는 한국문화는 우리의 고유한 가치를 상징하기 때문에 한국의 음악 역시 우리의 고유한 음악을 지칭하는 것으로 사용된다. 따라서 한국에서의 복잡한 음악적 상황에도 불구하고 한국문화의 범주 안에서 논의되는 음악은 소위 '국악'의 범주에 해당하는 것일 수밖에 없는 것이다.



여기에는 크게 전통적으로 내려온 음악(전통음악)과 새로 만들어진 음악(구체적으로는 국악의 범주에서 창작음악)까지 포괄된다. 이들 음악은 우리의 고유한 문화적 가치를 상징하는 것으로 간주되고 있고, 이 시대 한국사회의 다양한 음악적 용광로 속에서도 우리의 자생적이고 고유한 음악으로 향유되고 창작되는 것들이다.

## 1. 전통음악과 창작음악

### 1) 전통음악

전통음악을 분류하는 방식은 다양하지만 크게 궁중음악과 민간음악, 그리고 종교음악으로 나눌 수 있다. 궁중음악은 말 그대로 궁중에서 연주되던 음악이며, 민간음악은 궁중 밖에서 연주되고 향유되던 음악이다. 이와 별도로 종교음악은 종교의례에 사용된 음악을 지칭한다.

궁중음악은 궁중의 의식과 연례(宴禮)에서 연행되던 음악인데, 여기서 주의할 점은 궁중에서 연주된 모든 음악이 궁중음악에 해당하는 것은 아니라는 것이다. 과거에는 백성들의 민풍(民風)을 조사하기 위해 왕실에서도 농요(農謠)를 들은 적이 있고 조선후기에는 판소리도 궁중에서 연행된 적이 있지만, 이런 경우는 그 음악들이 궁중에서 연주된 연속성이 없기 때문에 궁중음악에 포함될 수 없다.

오늘날 전승되고 있는 궁중음악은 당악계통과 향악계통으로 나눌 수 있는데, 당악계통은 고려시대에 송나라에서 유입된 중국의 속악이 조선시대를 거치면서 궁중음악으로 정착된 경우이다. 〈보허자〉와 〈낙양춘〉이 여기에 해당한다. 그런데 〈보허자〉와 〈낙양춘〉 외에 조선시대에 창작된 곡 중에서 중국계 음악의 양식으로 연주되거나 당악기와 향악기가 함께 편성되어 연주된 음악이 있는데 〈여민락〉 계열의 음악이 대표적이다. 여기에는 〈여민락만〉, 〈본령〉, 〈해령〉 등이 있다. 이들 당악계통의 음악은 당피리가 주선율을 이끈다. 향악계통의 음악으로는 〈수제천〉으로 잘 알려진 〈정읍〉, 그리고 〈동동〉과 같은 음악이 있다. 향악계통의 음악은 향피리가 주선율을 이끈다. 이밖에 왕실의장대의 행진음악이라고 할 수 있는 〈대취타〉도 궁중음악에 포함된다. 궁중음악은 장중한 선율과 중후한 표현력으로 과거 왕실의 무게감을 느끼게 한다.

민간음악은 궁중 밖에서 연행된 음악이지만 여기에는 음악을 향유한 계급·계층, 음악을 연주하는 이들의 성격에 따라서 다양한 양상이 존재한다. 크게 풍류음악, 예능음악, 기층음악으로 나눌 수 있다.

먼저 풍류음악은 조선후기 경제적으로 여유를 가진 식자층이 향유하던 음악이며, 기악곡으로는 〈영산회상〉, 〈보허사〉, 〈여민락〉, 성악곡으로는 〈가곡〉과 〈시조〉가 대표적이다. 〈영산회상〉은 〈현악영산회상〉, 〈관악영산회상〉, 〈평조회상〉이 있는데, 통상 〈영산회상〉이라고 하면 〈현악영산회상〉을 가리킨다. 〈현악영산회상〉은 〈상영산(上靈山)〉·〈중영산(中靈山)〉·〈세영산(細靈山)〉·〈가락더리〉·〈삼현도드리〉·〈하현도드리〉·〈염불도드리〉·〈타령〉·〈군악〉 등 9곡의 소곡으로 이루어진 모음곡이며, 경우에 따라서 여기에 〈계면가락도드리〉·〈양청도드리〉·〈우조가락도드리〉로 이루어진 〈뒷풍류〉(통상 〈천년만세〉라고 한다)까지 포함시키기도 한다. 〈보허사〉는 궁중음악 〈보허자〉가 조선후기에 민간의 풍류곡으로 정착된 것이며, 현악기 위주의 편성으로 연주한다. 〈여민락〉 역시 궁중음악 〈여민락〉이 조선후기에 민간에 정착한 것이며, 궁중음악인 〈여민락만〉, 〈본령〉, 〈해령〉과는 뿌리는 같지만 별개의 과정을 거쳐 전승되어온 음악이다.

〈가곡〉은 시조시(時調詩)를 노래하는 성악곡이며, 모두 27곡으로 이루어진다. 27곡은 우조(羽調)와 계면조(界面調)로 나뉘며, 남창과 여창의 구별이 있다. 반주악기는 거문고·가야금·대금·단소·세피리·장구·해금 등으로 편성된다. 각각의 악곡은 각각의 노랫말과 선율적 특징을 가지며, 대략 조선중기부터 연행되기 시작했다. 〈가곡〉은 처음에는 〈삭대엽〉이라고 지칭되었지만, 조선후기 들어서 〈삭대엽〉이 다양하게 변주되면서 거대한 모음곡을 이루었고, 수많은 옛 악보에 기보되어 오늘날 가장 풍부하게 기록이 전하는 전통음악 중 하나가 되었다. 이 가곡은 성악곡이면서도 반주음악만으로도 훌륭한 악상을 이루어, 반주음악이 기악곡으로 독립해서 연주되기도 한다. 오늘날 전하는 조선후기의 시조문학작품들을 싣고 있는 가집들, 즉 〈청구영언〉, 〈해동가요〉, 〈가곡원류〉 등은 모두 〈가곡〉의 노랫말을 담은 것이었으며, 대부분의 고시조들은 모두 가곡의 노랫말로 연행되었다고 생각하면 될 것이다. 한편 시조시를 노래하는 성악곡으로는 〈가곡〉 외에 〈시조〉가 있는데, 이것은 흔히 〈시조창〉이라고 부르는 것을 말한다. 이것은 가곡에 비해 단순한 음악이며, 가곡보다 후대에 생겨났다. 반주 역시 관현을 갖추지 않아도 되며 때로는 손장단만 있어도 무방하다. 같은 노랫말이 〈가곡〉으로도 불리고 〈시조〉로도 불리기도 하지만, 양자는 음악의 형식, 리듬, 반주형태 등에서 차이가 있다.

이와 같은 풍류음악은 비교적 경제적으로 여유 있는 계층에서 향유되었고 느리고 유장한 선율과 부드러운 악상으로 높은 예술성을 지닌다.

예능음악으로는 산조와 시나위, 잡가, 산타령, 판소리 등을 들 수 있다. 이들 음악은 전문적인 음악훈련을 받은 이들이 오랜 학습을 통해서 습득하고 연행하게 되는 음악이다. 또한 풍류음악에 비해 비교적 향유계층이 넓었으며, 특히 조선 후기에 집중적으로 발달했다. 산조는 남도음악에 기반한 기악독주곡이며 통상 장구반주가 따른다. 형식은 엄격하지만 정해진 틀 안에서의 선율 진행은 비교적 자유로운 편이다. 산조라는 말 자체가 자유로운 음악이라는 의미를 지닌다. 산조에서는 장단이 악장의 개념까지 가지고 있으며, 보통 '진양 ―중모리―중중모리―자진모리'의 구조를 가진다. 기본적으로 모든 악기에는 산조가 있을 수 있는데, 연주하는 악기에 따라서 〈가야금산조〉, 〈거문고산조〉, 〈대금산조〉, 〈해금산조〉, 〈아쟁산조〉 등이 있으며 각각의 산조에는 세부적인 다양한 유파가 존재한다. 예컨대 〈가야금산조〉에는 〈김죽파류 가야금산조〉, 〈성금연류 가야금산조〉, 〈최옥삼류 가야금산조〉, 〈김병호류 가야금산조〉, 〈강태홍류 가야금산조〉 등의 유파가 전승되고 있다. 이처럼 대부분 산조는 유명 명인들의 가락을 중심으로 짜여진 산조라는 의미로 유파의 이름이 붙여져서 전승되고 있다. 특히 산조는 20세기 이후에 생겨난 음악인 만큼 엄격함과 자유로움이 결합되어 있고 국악기의 속성과 매력을 최대한 표출시키기 때문에 대단히 높은 예술성을 지닌다.

산조가 남도음악에 기반한 독주곡이라면 시나위는 합주곡이다. 주로 무속음악에 뿌리를 두고 있으며, 역시 산조처럼 장단의 짜임은 정해져 있지만 선율진행은 산조보다는 좀 더 자유로운 편이다. 각각의 악기가 합주를 하면서도 엄격한 틀에 얽매이지는 않고, 선율이 강한 호소력을 지니고 있기 때문에 대단히 쉽게 몰입되는 음악이기도 하다.

잡가는 조선후기 도시발달과 궤를 같이 하는 음악이다. 특히 서울의 상업 발달 및 도시확장에 따라 주로 사대문 밖에서 발달한 음악이 오늘날 경기잡가이며, 민요와 달리 전문적 훈련을 받은 이들의 노래이다. 잡가를 서민의 음악이라고 하는 통설이 있지만 이는 전적으로 옳은 말은 아니며, 잡가는 오히려 전문예술음악에 해당하는 것이었기 때문에 그 음악을 향유하기 위해 기꺼이 대가를 지불할 수 있는 이들이 즐길 수 있는 음악이었다. 오늘날 잡가는 경기잡가 외에 서도잡가와 남도잡가가 있으며, 경기잡가는 20세기 이후 12곡으로 정착되었다.

산타령은 서서 노래하는 입창(立唱)의 형태로 연행되며, 이 때문에 흔히 선소리 산타령이라고 부른다. 여기에는 경기산타령과 서도산타령이 있는데 기본적인 틀은 같으며 〈놀량〉·〈앞산타령〉·〈뒷산타령〉·〈자진산타령〉으로 구성된다. 이 산타령은 조선시대 사당패소리에 연원을 두고 있으며 역시 조선후기 한강변의 상업지구에서 발달한 음악이다. 전문적인 산타령패가 있어서 집단으로 연행했던 전문가집단의 음악이었다.

예능음악 중에서 가장 중요한 것은 판소리일 것이다. 판소리는 창자(唱者, 즉 소리꾼)와 고수의 호흡이 중요하다. 소리꾼의 소리와 고수의 북반주, 그리고 청중들의 추임새는 판소리 공연의 가장 중요한 요소이다. 판소리에는 노래로 하는 '소리' 외에 말로 상황전달을 하는 '아니리'가 있으며, 창자는 소리와 아니리를 섞어가며 연행을 하고, 여기에 몸짓이 곁들여지는데 이것을 너름새 혹은 발림이라고 한다(너름새가 발림보다 좀 더 폭넓은 의미로 쓰인다). 오늘날 판소리는 〈심청가〉, 〈춘향가〉, 〈수궁가〉, 〈흥보가〉, 〈적벽가〉의 다섯 바탕이 전승되고 있으며, 이 외에 다양한 창작 판소리들이 계속해서 등장하고 있다. 판소리에는 지역적·시대적 차이에 의해 동편제, 서편제, 중고제가 있지만 오늘날에는 이런 구분이 명확하지 않으며 많은 경우 혼재되어 있다. 판소리 음악에 쓰이는 악조로는 가장 중요한 것이 계면조인데, 이것은 흔히 남도소리를 지칭하는 '육자배기토리'로 되어 있다. 그리고 판소리의 우조는 남도의 논매기소리에서 주로 볼 수 있는 것인데, 이것은 계명창을 하면 '솔-라-도-레-미'의 음계로 읽힌다. 판소리에 사용되는 장단은 산조에 사용되는 장단과 거의 같은데, 가장 예술성이 높은 음악을 만들어내는 장단은 진양조이며, 그 밖에 중모리, 중중모리, 자진모리, 휘모리, 엇모리 등이 쓰인다. 판소리는 각 부분의 내용에 따라 극적 상황에 맞게 선율이 짜여지고 장단이 붙여지게 되는데, 이를 '이면에 맞게 소리한다'라고 한다.

이와 같은 예능음악은 주로 조선후기 상업적·경제적·도시적 발달과 궤를 같이 하면서 발달한 음악들이며, 전문음악인들이 오랜 훈련을 거쳐서 연행되는 음악들이다. 따라서 풍류음악보다 낮은 계층에서 향유되었다고 해서 이들 음악의 예술성은 낮게 보아서는 안 되며, 오히려 특히 판소리와 산조의 경우 가장 높은 예술성을 지니는 음악으로 간주된다.

민간음악 중에서는 이와 같은 전문음악인들의 음악이 아닌, 비전문가의 기층음악이 존재한다. 민요와 풍물이 대표적이다. 민요와 풍물은 강한 지역적 특색을 보이며, 민중들의 삶 속에서 존재하던 음악들이었다. 즉 음악과 삶이 분리된 채 감상을 위한 음악으로 존재했던 것이 아니라 음악의 연행과 삶의 과정이 유기적으로 결합되어 있었다는 것이다.

민요는 통속민요와 향토민요(또는 토속민요)가 있는데, 통속민요는 〈창부타령〉이나 〈육자배기〉처럼 특정 지역의 범위를 벗어나 전국적으로 유행하게 된 노래들이며, 향토민요는 민중들의 삶과 생활 속에서 중요한 기능을 담당하던 노래들이다. 보통 민요라고 하면 통속민요를 떠올리지만, 진정한 의미의 민요는 향토민요라고 할 수 있다. 이들 민요는 지역적 특징을 강하게 가지고 있는데, 통상 지역적 특징을 지칭하는 말로 '토리'라는 용어를 사용한다. 민요는 백두대간을 뼈대로 하여 백두대간 이동(以東)지역과 이서(以西)지역으로 나눌 수 있으며, 백두대간 이서지역은 호남, 경기, 서도지역(황해, 평안)으로 구분된다. 그리하여 백두대간 이동지역은 메나리토리, 호남지역은 육자배기토리, 경기지역은 경토리, 서도지역은 수심가토리로 지역권이 나누어진다. 보통 경기민요, 남도민요, 서도민요로 부르는 것은 주로 대표적인 통속민요를 지칭할 때 사용되지만, 보다 세부적인 음악적 특징을 지칭할 때는 경토리, 육자배기토리, 수심가토리, 메나리토리 등의 용어를 사용한다. 이들 지역의 주요한 음계를 나열하면 다음과 같다[1].

• 경토리

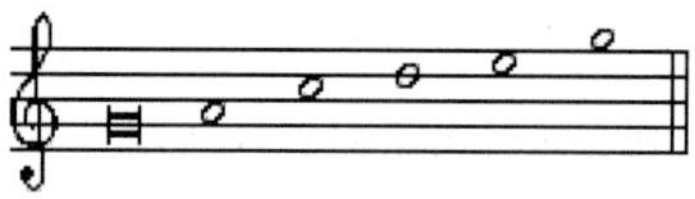

(도라지타령, 늴니리야, 노랫가락 등)

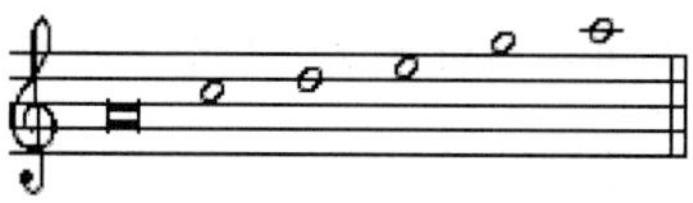

(경복궁타령, 베틀가, 한강수타령 등)

(아리랑, 풍년가 등)

• 육자배기토리

(진도아리랑, 농부가 등)

• 메나리토리

(정선아리랑, 한 오백년)

1) 악보는 김영운의 〈사이버국악교실〉에서 빌어왔다.

• 수심가토리

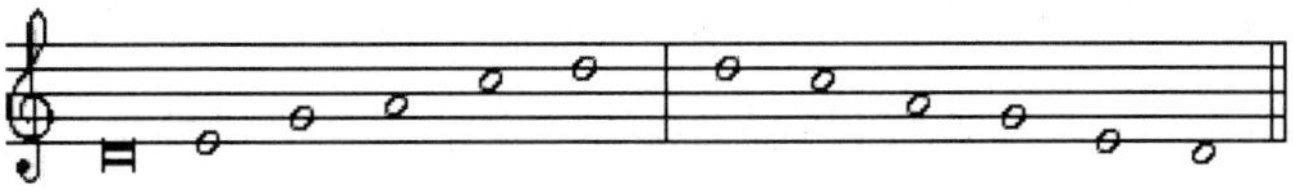

(수심가, 산염불 등)

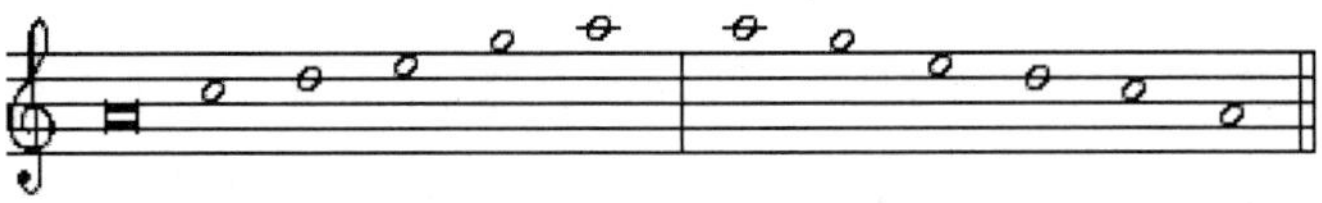

(난봉가, 몽금포타령 등)

민요 외에 풍물 역시 지역적 특징을 보이는데, 대개 경기농악·영동농악·호남우도농악·호남좌도농악·경남농악·경북농악으로 구분한다. 풍물이라는 용어와 농악이라는 용어는 그 타당성 여부가 논쟁의 대상이 되고 있으며, 지역에 따라 가락, 복식, 편성 등의 차이를 보인다. 흔히 웃다리농악으로 불리는 경기농악은 안성, 평택 등을 중심으로 하며, 가락이 분명하고 평택농악이 중요무형문화재로 지정되어 있다. 강릉, 삼척을 중심으로 한 영동농악은 빠른 가락이 많고 비교적 단조로운 편이며, 강릉농악이 중요무형문화재로 지정되어 있다. 호남지역에서도 서쪽 평야지역에서 발달한 호남우도농악은 느린 가락이 많고 리듬의 변화가 많으며, 이리농악이 중요무형문화재로 지정되어 있다. 호남지역에서도 동쪽 내륙지역에서 발달한 호남좌도농악은 음악과 춤사위에 있어서 짜임새가 정연하며, 임실필봉농악이 중요무형문화재로 지정되어 있다. 진주, 삼천포 등지를 중심으로 한 경남농악은 자진가락이 많고 씩씩하고 활기차며, 진주농악이 중요무형문화재로 지정되어 있다. 김천, 영주 등지의 경북농악은 소박하고 꿋꿋한 특징을 보인다.

궁중음악 및 민간음악과 별도로 종교음악을 설정한 것은 이것이 종교적 의례와 관련된 음악이며, 궁중과 민간이라는 공간적 개념으로 규정하기 어려운 면이 있기 때문이다. 종교음악에는 유교음악, 불교음악, 무교음악이 존재한다. 유교음악에는 왕실에서 연행된 문묘제례악과 종묘제례악이 있으며, 문묘제례악은 공자에 대해, 종묘제례악은 조선왕조의 역대 임금에 대해 제향할 때 사용된다. 지금도 석전제와 종묘대제가 연행될 때 사용되며, 평소에도 무대공연의 레퍼토리로 사용되고 있다. 불교음악은 범패가 대표적이지만, 절에서 아침·저녁으로 연행하는 예불문과 염불까지도 불교음악의 범주에 포함된다. 오늘날 범패는 주로 영산재에서 볼 수 있으며, 지금은 매년 단오날 봉원사에서 축소된 형태로 영산재가 연행되고 있다. 무교음악은 흔히 말하는 무속음악을 지칭하는데, 이는 음악적으로 민요와 유사한 지역적 특징을 지닌다. 서울과 한강이북의 경기지역은 경토리의 음악적 특징을 보이며, 한강이남 및 소백산맥 이서(以西)지역은 시나위권으로 분류되고 육자배기토리의 음악적 특징을 보인다. 경상도와 강원도 동해안 지역은 메나리토리의 특징을 보이고, 황해도와 평안도 지역은 수심가토리의 특징을 보인다.

이와 같은 전통음악은 상당수가 20세기 이후 제대로 전승이 되지 못하거나 축소되는 과정을 밟았지만, 전통문화의 근간을 이루면서도 민족적 정체성을 담고 있는 민족문화의 정수(精髓)를 이루는 것들이다. 흔히 전통음악은 시대적 적응에 실패했기 때문에 그 현대적 의미를 상실했다고 말하기 쉽지만, 전통음악은 오히려 이런 이유 때문에 그것이 존재한다는 사실만으로도 이미 현대적 의미가 충분하며, 전통음악이 없이 현대 창작음악이 빛을 발하거나 민족문화가 발전해 나가기를 기대할 수는 없을 것이다. '한국문화'라는 범주에서 음악을 말할 때 전통음악을 가장 중요하게 떠올리는 것은 이 때문이다.

## 2) 창작음악

전통음악 외에 이른바 창작국악이라고 불리는 새로 창작된 음악은 대략 반세기 이상의 역사를 가지고 있다. 이 때 '창작'은 전통음악이 이루어지는 과정과는 다른 개념이다. 전통음악 역시 창작된 작품이지만 그것은 '작곡가'라는 존재의 개인적 창조행위에 의한 결과물이 아니다. 반면 창작국악에서의 '창작'은 서양의 작곡개념에 해당하는 것이며, 작곡가의 이름이 동반된, 서양 작곡개념과 작곡방식에 의한, 그러면서도 국악적 요소를 사용하거나 국악기 음색을 사용한 음악창조행위를 가리킨다.

이와 같은 창작국악은 통상 1939년 김기수의 〈황화만년지곡〉을 첫 작품으로 보며, 이후 1940~50년대는 〈세우영〉을 비롯한 김기수의 작품이 주를 이루었다. 이후 1962년 〈신국악작곡공모〉를 계기로 본격적으로 활성화되었는데, 이 공모는 당시 3공화국의 정치적 상황 및 조국근대화 추진과정과 연관을 갖는 것이었다. 1960년대에는 이 〈신국악작곡공모〉가 국악 활성화의 중요한 역할을 했으며, 이를 통해 이성천, 김용진, 이상규, 이해식, 전인평, 박일훈 등 작곡가들이 등단하면서 창작국악의 새로운 전기가 이루어지기도 했다. 한편 1964년에는 당시 국악예술학교 학생들을 중심으로 지영희에 의해 처음으로 국악관현악이 만들어졌으며, 이것이 이듬해에 서울시에 의해 흡수되어 서울시립국악관현악단으로 재탄생하면서 비로소 국악관현악이 본격화되었다. 1960년대의 〈신국악작곡공모〉와 국악관현악단 탄생은 전통을 '근대화'하는 것을 시대적 과제로 삼았던 당시의 정치적·사회적 상황과 맞물리면서 중요한 시대적 역할을 담당했지만, 전통음악과 서양음악의 이질적 양식이 기계적으로 결합되거나 소재가 한정되고 작품성이 미비했던 까닭에 주목되는 문제작은 거의 나오지 않았다. 이로 인해 1970년대에는 창작국악의 성장을 위해서 새로운 변화를 필요로 하게 되었고, 이에 따라 1974년부터는 국립국악원에서 〈한국음악창작발표회〉가 시작되어 창작의 중흥을 꾀했으며, 이는 2003년까지 계속되었다. 하지만 1970년대는 긴 정치적 암흑기와 맞물리면서 국악의 창작도 뚜렷한 활로를 찾지 못하고 기존의 전철을 되풀이하고 있었다. 그 활로는 1980년대 들어서면서 다시 모색되었는데, 1981년 5공화국의 새로운 문화정책에 의해 국악에 대한 국가적 지원이 다시 강화되었기 때문이었다. 1982년부터 1985년에 이르는 시기에 전국에 국악관현악단이 우후죽순처럼 생겨났으며 이 시기에 국악과를 설치한 대학도 크게 증가했다. 이 때 창작국악도 새롭게 활기를 띄기 시작했는데, 이건용, 백대웅, 김영동 등 작곡가들이 활동하면서 이전 시대에 비해 비교적 완성도가 높아진 작품들이 등장하기 시작했다.

1980년대 전반까지 창작국악의 주된 양상은 작곡가와 국악전공자들의 시야를 에워싼 것이었다고 할 수 있는데, 청중과 대중의 시야를 고려한 작품이 나오기 어려운 고답적 분위기가 지배하고 있었던 것이다. 그러다가 1980년대 중반을 지나면서 국악이 국악인의 것이 아니라 민족과 민중의 것이라는 생각이 가시화되었고, 이에 따라 이른바 국악의 대중화에 대한 문제의식이 본격화되었다. 물론 이런 생각은 1970년대에 국악가요라는 양식이 만들어지면서 대두되었던 것이었지만, 이것이 보다 큰 파급력을 가졌던 것은 이 시기에 등장한 새로운 흐름에 기인한 것이었다. 실내악단 〈슬기둥〉의 등장, 21현 개량 가야금의 등장, KBS FM 국악무대를 중심으로 한 대중적 음악회의 대두가 이 시기 대중화의 흐름을 대변해 주는데, 이뿐만 아니라 국악관현악에 있어서도 박범훈의 〈신모듬〉과 같이 강렬한 타악이 가미된 대중성을 지향하는 작품들이 등장하면서 변화의 모습이 두드러졌다. 이런 대중화의 흐름 외에 1980년대 중반에서 후반에 이르는 시기에는 당시 민주화운동의 추진력과 맞물리면서 사회성과 시대성을 강하게 고려한 의식적 작품들이 등장했는데, 대표적인 것이 이건용의 〈만수산드렁칡〉이나 김지하의 담시를 노래한 임진택의

〈똥바다〉를 비롯한 창작판소리 등이다. 이런 일련의 과정을 거치면서 1990년대 이후 창작국악은 1980년대의 대중성 및 의식성 지향의 토대 위에서 소재와 양식의 다변화가 이루어지면서 이전 시기와 비교할 수 없을 정도의 비약적인 양적·질적 성장을 보여주었다.

## 2. 악기

흔히 국악기라고 불리는 악기는 그 수가 대단히 많으며, 보다 중요하게 쓰이는 악기가 있는 반면 거의 쓰이지 않는 악기들도 많다. 관악기로는 가장 중요한 것이 피리와 대금이며, 그밖에 단소, 태평소, 생황, 퉁소, 나발, 나각, 훈(塤), 지(篪), 당적, 소금(小笒) 등이 있다. 대금은 정악대금과 산조대금이 있으며, 산조대금은 정악대금에 비해 길이가 짧고 취구가 넓어 음이 높고 표현력이 강하다. 피리는 향피리, 당피리, 세피리가 있으며, 향피리는 향악곡 전반에 사용되고 당피리는 당악계통에 사용되며 세피리는 가곡반주와 같은 실내악곡에 사용된다.

현악기로는 가야금, 거문고, 해금, 아쟁, 양금 등이 중요하게 사용된다. 가야금은 12현의 산조가야금과 풍류가야금(법금)이 있고, 최근에는 18현, 21현, 25현 개량가야금도 사용된다. 가야금은 가야의 가실왕이 만들었다고 전해지며 진흥왕 때 우륵에 의해 신라에 전해진 후 지금까지 전승되고 있는 유구한 역사를 지닌 악기이다. 왕산악이 만들었다고 하는 거문고는 원래 고구려의 대표적인 악기였으며, 고구려 고분벽화에서는 거문고를 연주하는 그림을 많이 볼 수 있다. 삼국통일 이후 신라를 통해 오늘날까지 전승되고 있으며, 6줄과 16개의 괘가 있고, 섬세하면서도 중후한 음색으로 전통악기 중에서도 최고의 가치를 지니는 악기로 간주되어 왔다. 해금은 중국의 얼후, 몽골의 마두금 등과 같은 계통의 악기이며, 최근에는 폭넓은 표현력으로 인해 쓰임새가 넓어지고 있으며, 특히 서양악기와 합주를 잘 소화해서 인기를 끌고 있기도 하다. 아쟁은 저음악기이다. 대아쟁은 합주에서 중후한 저음을 담당하고, 20세기 중반에 생겨난 산조아쟁은 산조나 시나위합주에 주로 사용된다. 해금과 아쟁은 현악기 중에서도 활대를 사용하는 찰현악기이며, 가야금이나 거문고와 달리 활대를 통한 지속음이 가능하기 때문에 선율은 관악기선율을 연주한다. 이 때문에 기능상으로 이들 악기는 관악을 담당하는 악기로 분류하며, 관악합주에서도 해금과 아쟁은 중요한 역할을 담당한다. 양금은 조선후기에 중국을 통해서 들어왔으며, 다른 현악기가 명주실을 사용하는 것과 달리 양금은 철사줄을 사용한다. 이 때문에 소리가 맑고 독특한 음향을 보이지만, 독주악기로는 사용되지 않는다.

관악기와 현악기 외에 다양한 타악기들이 전승되고 있다. 궁중음악에서 사용되는 타악기로는 박, 편종, 편경, 좌고, 운라 등 대단히 많은 종류가 있으며, 여러 장르의 음악에서 폭넓게 사용되는 장고를 비롯한 북 종류들이 있다.

이와 같은 국악기 중에서 상당수는 20세기 중반 이후 '악기개량'의 대상이 되었으며, 지금도 이런저런 개량의 시도들이 계속되고 있다. 이런 개량의 요구가 대두된 이유는 변화하는 음악상황에 대처하기 위해서인데, 아직까지는 전통악기의 음색과 속성을 능가하는 효과적인 개량악기는 나오지 않은 상황이다.

우리의 고유한 음악은 20세기를 거치면서 지속적인 쇠퇴의 길을 걸었다. 그것은 대중음악과 클래식음악으로 대변되는 서구의 음악에 의해 전통음악이 침식되면서 우리의 자아정체성 역시 위협을 받아온 과정이기도 하다. 하지만 그것은 우리 스스로 원해서 그렇게 된 것이 아니라 타자의 강요에 의한 것이었으며, 그러한 강요를 우리 내부에서 문제의식을 올바로 견지하지 못한 채 수용해 왔다고 할 수 있다. 전통이 극복의 대상이 아니라 '새로움'의 모태일 수밖에 없다는 것을 깨닫기까지는 많은 시간이 걸렸으며, 이제는 '우리가 꼭 전통음악을 고집해야 하는가?'라는 질문이 얼마나 어리석은 것이었는가를 깨닫게 되었다. 전통의 고집이 새로움의 배척이 아니라 새로움을 배태하기 위한 것이기 때문이다. 그런 점에서 한국문화의 정수이자 현대 한국사회의 여러 모순점을 응축하고 있는 '우리의 음악'에 대한 보다 전향적 자세가 필요할 것이다.

## ■ 참고문헌

김영운, 〈사이버국악교실〉(http://www.koreandb.net/Kmusic/)

송방송, 『한국음악통사』, 일조각, 1984.

이혜구, 「음악」『한국사』, 국사편찬위원회, 1977.

장사훈, 『최신 국악총론』, 세광음악출판사, 1991.

전지영, 『갇힌 존재의 예술, 열린 예술』, 북코리아, 2004.

전지영, 『근대성의 침략과 20세기 한국의 음악』, 북코리아, 2005.

# XVII. 해양문화

우리 역사는 육지뿐만 아니라 해양적인 관점에서 함께 살펴보고 이해해야 한다. 우리 역사가 속한 채 활동해 온 보다 큰 단위인 동아시아는 중국이 있는 대륙, 그리고 북방으로 연결되는 대륙의 일부와 한반도, 일본열도로 구성이 되어 있다. 때문에 북방과 중국에서 뻗쳐오는 대륙적 질서(유목문화, 수렵삼림문화를 공유하고 있다)와 남방에서 치고 올라가는 해양적 질서가 만나는 접합점이다. 이른바 한반도를 중심축으로 일본열도 사이에는 동해와 남해가 있고, 중국과 한반도 사이에는 황해라는 內海(inland-sea)가 있다. 그리고 한반도의 남부와 일본열도의 서부, 그리고 중국의 남부지역(양자강 이남에서 복건성 지역을 통상 남부지역으로 한다)은 이른바 동중국해(東中國海)를 매개로 연결되고 있다. 이러한 자연적 환경으로 인하여 내부적이건, 대외관계에서건 역사가 발전하는 데에 해양적인 역할이 매우 클 수밖에 없었다. 이 지역에서 명멸했던 모든 종족들과 국가들은 이 해양의 영향을 어떠한 형태로든 받은 것이다. 그

**윤명철** | 동국대학교 교수. 논저로 『동아지중해와 고대일본』, 『한민족의 해양활동과 동아지중해』, 『고구려 해양사 연구』, 『장보고의 나라』, 『역사전쟁』, 『고구려는 우리의 미래다』, 『고구려의 정신과 정책』, 『광개토태왕과 한고려의 꿈』 외 다수가 있다.

러므로 해양적인 특성을 통해서 역사상을 살펴보고 규명하는 것은 너무나 당연한 일이다.

## 1. 동아지중해의 해양환경

동아시아의 역사를 육지위주로 파악하는 경향이 있다. 동아시아는 현재 중국이 있는 대륙, 북방으로 연결되는 대륙의 일부와 이른바 우리가 살고 있는 한반도, 그리고 일본열도로 구성되어 있다. 그런데 한반도를 중심축(core)으로 하면서 한반도와 일본열도 사이에는 광대한 넓이의 동해와 비교적 폭이 좁고, 넓지 않은 남해가 있고, 중국과 한반도 사이에는 황해라는 내해(inland-sea)가 있다. 그리고 한반도의 서남부(제주도 포함)와 일본열도의 서부(규슈지역), 그리고 중국의 남부지역(양자강 이남)은 이른바 동중국해를 매개로 연결되고 있다. 이른바 '동아지중해'(EastAsian-mediterranean-sea)의 모습을 띠고 있다.

이렇게 해양을 포함한 자연지리적인 환경의 영향 때문에 역사적으로는 북방과 중국에서 뻗쳐오는 대륙적인 질서와 남방에서 올라가는 해양적 질서(해양문화, 남방문화)가 만나고 있다. 그렇지만 실제로 각 지역 간에 일어났던 교류는 주로 해양을 통해서 이루어졌다. 그러므로 주민들의 생활과 문화가 해양과 관련을 맺으면서 이루어졌고, 각 지역 간이나 나라들 간에 일어난 교섭이나 전파 과정, 그리고 그 경로 또한 마찬가지로 해양과 밀접한 관계가 있다.

다른 바다도 그러하지만 특히 황해는 좁고, 거리도 짧아(중부는 300~400km 정도) 중국과 한반도의 서부해안 전체, 그리고 만주남부의 요동지방을 하나로 연결하였으며, 해상상태도 안정되어 흡사 호수 같은 성격을 지니면서 인접한 모든 나라들이 무리 없이 공동으로 활동할 수 있는 장(場)의 역할을 하였다. 그렇기 때문에 비교적 일찍부터 인간과 문화의 교류가 빈번했고, 그 결과 비교적 공질성(共質性)을 토대로 친연성이 강한 문화권이 형성되었다. 뿐만 아니라 바다 주변의 나라들이 흥망을 되풀이하고 국제질서가 격렬하게 재편되는 과정에서 해양질서는 매우 중요하고, 의미있는 역할을 했다. 그리고 한반도는 이 지중해의 한가운데〔中核, core〕에서 모든 육지와 바다를 연결하고 있다. 그러므로 해양문화가 발달할 수밖에 없었고, 또 그것을 활용하는 정도에 따라 민족의 위치가 영향을 받았다. 그럼에도 불구하고 우리는 해양문화에 관심도 별로 없고, 과거에는 해양활동이 남달리 활발했었다는 사실을 망각하고 있다. 현재도 해양력이 약할 수밖에 없다.

그런데 해양은 육지보다는 자연환경이 더욱 불안정하고, 인간들에게 익숙하지 못했다. 해류・조류・계절풍, 해안선의 움직임, 해상상태 암초 등 자연조건에 절대적인 영향을 받는다. 그러므로 기계를 이용한 동력도 발달하지 못했고, 해도도 정교하거나 치밀하지 못했고, 해양상태를 관측하는 시스템도 부족했던 전근대사회에서 해양활동을 한다는 것은 자연에 절대적으로 의존하지 않으면 불가능했다. 그런데 자연의 흐름은 인간의 활동을 방해하기도 하지만, 때로는 육지에서는 불가능할 것 같은 일들을 할 수 있게 도움을 주기도 한다. 먼 거리를 항해하여 일정한 장소에서 일정한 장소로 이동시켜 주고, 때로는 인간의 의지와는 상관없이 인간과 문화의 이동을 가능하게 한다.

### 1) 해 류

동아시아에는 쿠로시오(黑潮)라는 필리핀 북부에서 발생한 비교적 따뜻하고 유속이 빠른 해류가 있고, 그 본류에서 갈라져 나온 여러 개의 지류들이 있다. 남중국해에서 동북방향으로 흘러들어오는 쿠로시오의 한 지류는 대만을 거쳐 제주도로 북상을 하다 양쪽으로 갈라진다. 그 한 흐름이 서해남부해안으로 부딪쳐 서해연안을 타고 올라오면서 문물과 역사의 이동로가 된다. 남해에서 대한난류는 대마도를 가운데에 두고 동수도와 서수도로 나뉜다. 서수도를 통과한 해류는 북북동으로 1노트 미만의 속력으로 흘러 동해로 올라간다. 동수도를 통과한 해류는 북동방향으로 흐르면서 일본서안을 끼고 올라간다. 한편 리만해류는 연해주의 연안을 통과해서 한반도 동안에 접근해서 남하하고, 서남쪽에서 북상해 온 대한난류와 동해의 중남부 해상에서 만나 원산의 외해와 울릉도 부근에 이르러 그 일부는 방향을 동으로 움직여 횡단하다가 올라간다. 큐슈 중부인 노토〔能登〕반도의 외해에서 대한난류(대마해류)의 주류와 합류한다. 이러한 흐름이 있기 때문에 배를 타고 한반도의 동남부를 출발하면 자연스럽게 산인〔山陰〕지방의 해안에 도착할 수 있다. 그러나 해류는 지역에 따라 조류의 영향을 받으며, 바람의 영향 또한 상당히 받는다.





### 2) 조 류

바다는 망망대해이므로 아무 곳이나 갈 수 있다고 생각하지만, 그렇지 않다. 바다에는 시기와 장소에 따라 반드시 길〔道〕이 있다. 그런데 연안항해나 근해항해를 할 때 가장 중요한 것은 항해에 안전한 물길을 신속하게 발견하고, 가장 적합한 물길을 선택하는 일이다. 그러므로 지역이나 해역마다 독특한 조류의 흐름을 아는 것은 매우 중요하며, 특히 연안 또는 근해항해를 할 경우에는 거의 절대적이다. 내해이거나 육지 사이의 해협, 리아스식 해안이 발달한 곳에서는 조류가 매우 빠르고 방향의 지역적인 편차가 심하다. 한반도의 서해안과 남해안, 대한해협, 그리고 중국의 동해안(특히 절강의 주산군도 해역) 같은 곳이다.

조류의 복잡한 움직임은 고대에 황해나 남해안에서 절대적인 영향을 끼친다. 지역과 해역마다 독특한 물길과 상황에 익숙한 집단이 해상권을 장악하고, 정치세력화한다. 선사시대와 고대에 해안 근처의 중요한 물목에 사람들이 집단으로 살았던 흔적이 있는 것은 의미심장한 일이다. 특히 한강 이남에 존재했던 삼한의 소국들과 일본열도의 소국들은 이와 관련이 깊다.

### 3) 바람

항해환경에서 바람의 영향은 매우 크다. 바다에서는 해류마저도 때로는 강한 바람 때문에 방향이 바뀌거나 역류하는 경우가 생긴다. 바람의 종류는 지역과 계절에 따라 다양하다. 바람에 따라 항로가 개설되고, 항로에 따라 모든 활동이 영향을 받았으므로 특히 일정한 방향성을 지니고 부는 계절풍은 항해에 매우 중요하다.

은나라 시대의 유물인 갑골문에는 돛〔帆〕을 나타내는 글자들이 있다. 한나라의 무제가 수군으로 남월(南越)과 동월(東越)을 정벌할 때에 계절풍을 이용하였듯이 동아시아에서는 일찍부터 바람을 항해에 활용했다. 계절풍지대이므로 봄에서 여름에 걸쳐 부는 남풍계열의 바람은 중국 남부해안과 한반도 또는 일본열도 간의 교류를 가능하게 한다. 반면에 가을에서 겨울에 걸쳐 부는 북풍계열의 바람은 한반도 북부와 중국의 중부 혹은 남부해안 간의 교류를 가능하게 한다. 또한 남풍계열의 바람은 일본열도에서 한반도로의 교류를, 북풍계열의 바람은 한반도에서 일본열도의 남부와 서부해안의 교섭을 가능하게 한다. 여름에는 바람이 거의 없는 무풍지대이나 때때로 바람이 불어오며, 그 해역에서 발생한 특별한 바람을 이용하면 항해가 가능하다.

### 4) 항해거리

근해항해를 할 경우에 선박은 육지나 높은 산을 보면서 항해하기 때문에 익숙한 지형일 경우에는 어디서나 자기위치를 확인할 수 있다. 반면에 육지에 있는 관측자는 먼 거리 바다에 있는 선박을 관측할 수가 없다.

황해(黃海)는 한국과 중국 사이의 최단거리가 불과 250km 정도에 불과하며, 중간에는 곳곳에 크고 작은 만들과 백령도 같은 섬들이 산재해 있는 내해 같은 곳이므로 반대편에 있는 사람들과 직접 또는 간접적으로 접촉할 수 있다.

한반도와 대마도까지는 직선거리가 55km 정도이다. 또 대마도의 남동쪽으로 53km 정도에는 이키섬이 있으므로 모든 지역이 간접적으로 연결된다. 그러므로 남해의 대부분은 지문항법을 활용하여 근해항해를 할 수 있었다. 아무리 항해능력이 떨어졌던 선사시대라도 징검다리식으로 하면 한반도와 일본열도는 충분히 건너다닐 수 있었을 것이다.

한편 동해는 수심이 깊고, 해안선이 비교적 단순하여 조류의 영향도 적은 반면에 배를 대기에 좋은 항구시설은 부족하다. 또한 겨울에는 파도가 3~4m로 항상 높은 편이어서 항해에 부적합하다. 특히 일본열도와 거리간격이 넓어 고대항해에 주로 이용한 지문항법을 적용할 수 있는 구간이 넓지 않다. 하지만 지중해 등 다른 대양과 비교할 때 아주 넓거나 육지 사이의 거리가 터무니없이 먼 것은 아니다.

전반적으로 보아 동아지중해는 대체적으로 거리가 짧은 내해, 지중해로서의 성격을 가지고 있기 때문에 지문항법을 활용한 근해항해를 하는 데에 큰 난관은 없었을 것이다. 최소한 자연조건을 보아서도 동아지중해에서는 통시적(通時的)으로나 범공간적(範空間的)으로 상호교류의 가능성이 높다. 인간의 의지와 무관하게 아주 오랜 과거부터 각 지역 간의 교류가 가능했었다.

## 2. 해양문화의 특성

해양활동이 우리 역사에서 어떠한 역할을 했는가를 정확하게 알기 위해서는 해양문화의 특성과 메커니즘을 이해하는 등 몇 가지 전제가 필요하다. 해양문화와 역사상을 이해하는 데 육지와 농토에 터를 잡고 정주적 성격(stability)을 가진 농경민의 인식과 생활방식으로 해석하면 무리가 뒤따른다.

해양문화의 특성을 살펴보면 몇 가지가 있다. 첫째, 그들은 자체의 세력들로 정치력을 행사하려는 호족성이나 중앙정부에 귀속되지 않은 채 독자적으로 행동하려는 무정부성을 지니고 있다. 해양세력들이 호족적 성격을 띠고, 무정부적이 되는 것은 어쩔 수 없는 해양문화의 메커니즘 속에서 파악해야 한다.

둘째, 해양문화는 모방성과 공유성이 강하다. 해양에서는 다른 지역이나 나라, 문화 간에 교류가 빈번하기 때문에 주변문화와 공통성이 비교적 많다. 정치적으로 제약이 훨씬 덜하고, 교류가 비교적 자유로운 편이다. 또한 해류, 조류, 바람, 해상조건 등이 모두에게 공통적인 것이므로 해양민들 사이에는 기술과 경험을 공유하는 일이 서로를 위해서도 필요하다.

셋째, 해양문화에서 전파하는 일과 이동하는 일은 비조직성을 띠고 있다. 배를 만들어 타고 바다를 건너려면 조선술, 항해술 등의 특별한 기술이 필요하고, 이동 규모가 소규모이고 불규칙적이어서 비조직적이다.

넷째, 해양문화는 불보존성이라는 특성을 지니고 있다. 담당자가 해양을 무대로 활동하는 해양민이거나 해안가의 지방세력인 경우가 대부분이었다. 따라서 스스로 기록을 하지 않은 경우가 많았다. 또한 남기는 유형문화가 적을뿐더러, 설사 있었다 해도 바닷속에 가라앉아 흔적을 확인하기 어렵다. 이러한 불보존성이라는 특성을 감안하지 않고, 문헌기록과 발견된 유물이 없다고 해서 해양문화가 부재했거나 발달하지 못했다는 식의 역사해석은 곤란하다. 이러한 몇 가지 전제를 충분히 이해하지 못하거나 경시할 경우에는 고대의 해양역사가 어떠했는가를 이해하는 일은 물론 문화를 해석하는 데에도 상당한 혼란을 초래한다.

이 지역에서는 해양력의 강약 여부와 정도에 따라서 집단의 성격과 국가의 위치가 결정되었다. 그런데 한반도는 삼면이 바다이고, 그 바다를 통해서 동아시아의 지역들이 상호간에 관계를 맺을 수밖에 없다면 한반도는 이러한 해양질서의 한 가운데에서 중요한 역할을 할 수밖에 없었다. 그럼에도 불구하고 해양활동이 활발하고, 이를 역사발전에 적극적·능동적으로 활용한 반도가 아니라 오히려 해양활동이 미약하고, 바다에 포위되어, 소극적이고 제한된 공간으로서의 반도라고 인식한 경향이 있었다. 따라서 독자성과 고유성이 미약한, 시대에 따라서는 대륙의 부수적인 주변부 역사로서 인식했다. 특히 모든 분야에서 중국(시대적 구분과 성격이 불분명한 개념)의 강한 영향을 받은 공간으로 인식하고 있다(필자는 적어도 문화의 교류는 '환류(還流)시스템'이라는 이론을 적용하자고 제안한 바 있다).



## 3. 동아지중해의 해양활동

### 1) 선사시대의 해양활동

동아시아의 해양근처에 살았던 사람들은 선사사대부터 해양문화가 발달하였다. 남해는 부산 근처나 울산과 대마도 등에서 약 6000년 전~7000년 전부터 한일 지역 간에 교섭한 흔적을 보여 주는 유물들이 발견되었다. 동해북부의 서포항, 황해의 단동 등 압록강 하구 및 요동반도 남단, 산동반도 북부 등에서도 역시 약 6000년 전~7000년 전의 해양관련 유적지들이 발견되었다.

남해는 해안선의 굴곡이 심하고 다도해가 많아 일찍부터 해양문화가 발달할 여건을 갖추었다. 특히 황해는 수심이 얕은데다가 중국지역과 만주지역, 한반도가 만나는 공동의 해역으로서 일종의 내해(inland-sea)이어서 바다가 매우 안정되고 교류에 매우 유리하였다.

동아지중해의 전반적인 문화형태와 해양유적지들의 분포로 보아 처음으로 해양문화를 발전시킨 사람들은 황해의 양쪽 연안에 환상형으로 포진한 동이(東夷)족이었다. 특히 황해서안, 즉 현재의 중국해안에 거주한 동이족은 해양문화를 발전시켰으며 해양을 통해서 벼농사와 고인돌문화 등을 동아시아의 여러 지역으로 전파하였다.

## 2) 고조선과 열국시대의 해양활동

고조선은 황해북부해안을 끼고 발전하였는데, 특히 요동반도와 서한만, 대동강 하구지역을 중심으로 해서 해양문화가 발달하였다. 고조선의 무덤으로 알려진 B.C. 6~7세기경의 강상(崗上)무덤과 약간 늦은 시기의 누상(樓上)무덤 등은 요동반도의 남쪽에 있다. 강상무덤은 현 대련시 감정자구 해안가에 있어 묻힌 사람이 해양호족세력이었을 가능성을 보여 준다. 그들은 현재 산동반도의 봉래지역과 요동반도 끝의 여순지역을 잇는 묘도

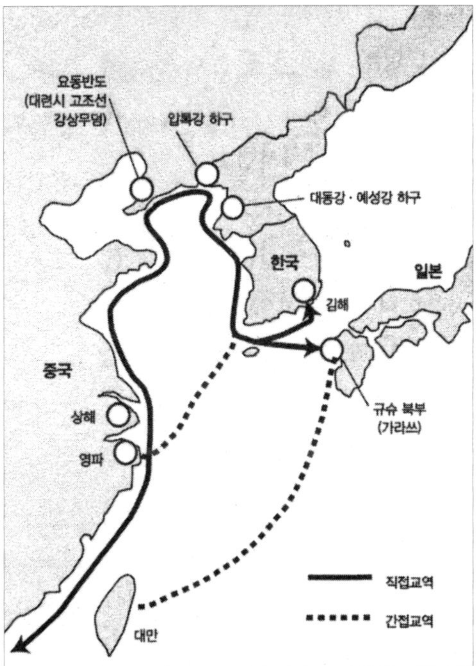

기원전후 동아지중해 교역권

(廟島)군도 등을 오고가며 활동하였으며, 또한 발해만과 서한만을 오고가는 선박들을 관리·통제하였을 것이다. 실제로 강상무덤에서는 보배조개 등이 나와 중국과 교역했음을 알려 주고 있다. 고조선은 춘추전국시대에 산동에 있었던 제(齊) 등과 교역을 하였다. 『관자(管子)』에는 조선의 명산물인 문피(文皮)가 교역품이었음을 기록하고 있다.

위만조선과 한(漢)나라 간에 벌어진 전쟁은 황해북부의 해상권을 둘러싼 역학관계의 재편을 목적으로 한 전쟁이었을 가능성이 크다. 한나라가 동방으로 진출하고 교역 등 경제권을 확대하는 일은 위만조선의 성장과 맞물리면서 양 지역 간에 갈등을 불러 일으켰다. 결국 두 나라는 전면전으로 격돌하였고, 전투는 수륙양면전으로 장기간 펼쳐졌다.

한반도 남쪽에는 삼한의 78개 소국들이 있었다. 최근에 계속해서 발견되는 고고학적 유적과 유물들 외에 『삼국지』·『후한서』 등 중국측의 기록에 의하면 그 소국들은 활발하게 해상활동을 하였다. 각 소국들 간의 교섭은 물론이고, 바다 건너의 주호(州胡, 현재의 제주도), 일본열도의 소국들 및 중국의 국가들과도 정치적·경제적으로 교섭을 벌였다. 『삼국지·한전』에는 삼한은 철을 매매하고 있었으며, 교역의 범위는 바다 건너 주호와 왜(倭)에 이르렀다고 기록하였다. 주호국은 배를 타고 왕래를 하면서 한(韓)의 국중(國中)에서 물건을 사고 팔았다. 진한(辰韓)은 생산한 철을 교역하고 철을 화폐로 사용하였다. 그런데 이 소국들은 대부분이 해안가의 큰 포구나 또는 강 하구에 있어 해양과 깊은 관련이 있음을 알 수 있다. 일종의 '나루국가'(해양폴리스)이다.

일본열도에서는 청동기문화와 철기문화에 해당하는 야요이(彌生)문화(B.C. 3세기~3세기)는 무덤양식이나 토기, 농기구, 무기 등으로 보아 한반도 남부에서 건너갔음을 알 수가 있다. 더욱이 발견되는 인골은 한반도 남부의 것과 동일하므로 주민들이 집단으로 이동하였음을 알 수 있다. 이 이동은 남해동부에서 큐슈 북부로 이어지는 통상적인 통로 외에도 한반도 해안의 각 지역, 특히 동해남부에서 출발하여 일본열도 혼슈남단지역으로 도착하는 통로를 이용해서 어루어졌다. 물론 바다를 건넌 이러한 대이동은 해양문화가 발달해야만 가능한 일이다.

### 3) 삼국시대의 해양활동

#### (1) 고구려

고조선의 뒤를 이어 건국한 고구려는 초기에는 만주지역에 동맥처럼 발달한 송화강, 압록강, 혼강 등 큰 강을 이용하여 내륙수군활동을 하였을 것이다. 전기부터 현재 압록강 하구인 서안평을 장악하여 황해북부로 진출하였다. 그 후에도 꾸준히 요동진출을 시도하여 광개토대왕시대에는 완전하게 요동만의 해안지역에 닿았다. 고구려는 황해 북부와 발해만을 활용하여 산동지역 및 화북지방과는 일찍부터 교섭하였다. 중국의 남방과 교섭한 첫 번째 경우는 현재까지 발견된 기록으로 보아 동천왕 때(233년) 양자강 하구 유역인 건강(建康, 현 남경)에 수도를 둔 오(吳)나라와 교섭한 것이다. 이 항해는 고구려와 오나라의 중간에 있었던 화북의 위(魏)나라를 피해서 먼 바다에서 근해항해를 하면서 장거리 외교를 한 것으로서 뛰어난 항해술이 아니면 불가능하다.

이후 고구려는 황해를 남북으로 오고가며 중국의 남·북조국가들과 활발한 교섭을 하였다. 뿐만 아니라 광개토태왕 이후에 백제를 공격하여 경기만을 장악한 다음에는 더욱 해양활동이 활발해졌다. 특히 태왕은 수륙양면작전을 구사하여 한강을 직공하였다. 5세기 이후에 고구려가 강성해지고 국제적 지위가 높아진 데에는 해양활동능력의 향상과 깊은 관계가 있다. 황해중부 이북과 동해중부 이북의 해상권을 완전히 장악했기 때문에 국제적으로는 분단된 중국의 남북조를 동시 등거리외교로써 역학관계를 조정했으며, 또한 문화를 수용했고, 교역을 활발하게 하였다. 한편 민족 내적으로는 백제, 신라, 가야, 왜가 중국의 북조정권과 교섭하는 것을 해상에서 차단하고 견제하였다.

뿐만 아니라 고구려는 4세기부터 일본열도에 진출하여 5세기를 거쳐 6세기 중반에 이르면 왜국과 본격적인 해양외교를 전개하였다.

결국 고구려는 대륙경영과 함께 해양활동의 확대를 통해서 군사력은 물론 외교력을 신장시키고 군사적·경제적·문화적으로 동아시아의 강국으로 발돋움하였다. 해양에 비중을 둔 고구려는 해안가는 물론이고 요동반도의 남쪽 등 섬 내부에도 해양방어체제를 구축하였다. 그러나 후기에 들어서 경기만을 신라에게 빼앗긴 다음에는 정치·외교적인 특권을 상실하고, 중국지역을 400여 년만에 통일한 수·당의 수륙양면공격을 받았다. 초기에는 계속해서 승리를 거두었지만 결국에는 수륙해양외교를 이용한 나당연합군의 결성을 허용하여 신라와 당의 남북협공과 당의 수륙양면작전을 받으면서 패배를 당하고 멸망하였다.

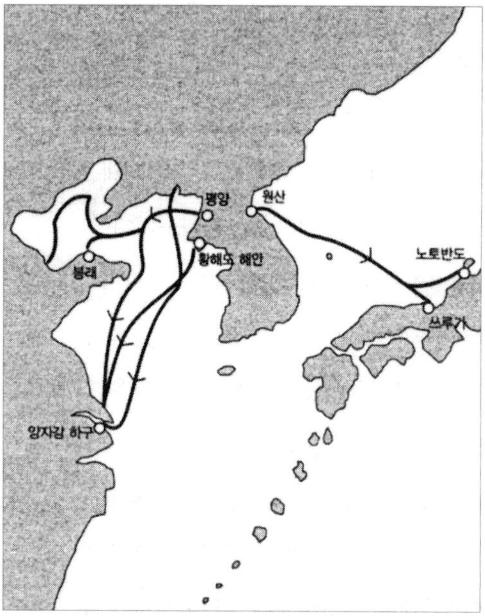


고구려 발전기의 대외 항로

고구려의 대외진출 항로는 다음과 같다.

첫째는 황해북부 연안항로이다. 대동강 하구, 압록강 하구, 요동반도 남단 등을 경유하여 묘도군도(老鐵山水道)를 따라 아래로 남항하다가 목적지에 따라서 연안으로 접근하는 것이다. 항법상 가장 안전한 손쉬운 항로이다. 다만 중간에 적대적인 세력이 있으면 사용할 수 없는 단점이 있다.

둘째는 황해북부 사단(斜斷)

항로이다. 대동강 유역에서 출항한 다음에 묘도군도를 부분적으로 활용하면서 산동반도의 해역권에 들어온 다음에 근해항해를 통해서 남조정권이 있었던 양자강 유역까지 남진해가는 항로이다.

셋째는 황해중부 사단 및 횡단항로이다. 이는 대동강 하구나 경기만을 출항하여 목적지인 중국의 남조를 향해 남으로 사단하거나 또는 북조를 향해 서쪽으로 횡단하는 항로이다.

그 외에 동해안에서 출항하는 대왜항로가 있다. 두만강하구나 함흥·원산 등의 동해북부를 출항하여 남으로 근해항해를 하다가 먼바다로 나가 원양항해를 통해서 노토(能登)반도 등 혼슈중부지역에 도착하는 항로이다. 해양환경이 거칠고 항법상 매우 어려우므로 초기에는 시용되기 어려웠다. 그러나 고구려가 남진정책을 추진하여 동해중부의 이남지방까지 차지한 다음에는 항로를 변경했다. 어디서 출항하든 연근해를 항해하다가 삼척, 동해 등 동해중부의 해상에서 먼바다로 나가 원양항해를 하면서 울릉도, 독도를 우측으로 보고 동진하여 혼슈의 중부지역인 쓰루가, 노토반도, 니이가타 등에 도착하였다. 물론 신라가 고구려의 강한 영향력 아래에 있었던 시기에는 가장 손쉬운 동해남부항로를 이용했을 것이다.

(2) 백제

백제는 초기부터 해양활동과 깊은 관련이 있었다. 비류와 온조의 정착과정도 해양과 관련이 깊다. 또한 전기 수도였던 하남 위례성(풍납토성으로 추정) 등은 일종의 하항(河港)도시였다. 경기만으로 흘러드는 한강, 임진강, 예성강 등의 하계망을 장악하면서 이른바 경기지방을 배후지로 삼았으며 바다로 진출하였다. 이러한 지정학적인 조건으로 인하여 출발부터 해양활동이 활발했으며, 국가발전의 필요에 따라 황해중부의 해상권을 강화시켜 갔다. 4세기 초에 이르러 북으로 고구려를 쳐서 오늘날의 황해도 해안지방까지 점령하였다. 이는 육지의 영토를 확대하는 목적 외에도 황해중부 이북의 해상권을 장악하고, 대중교통로의 확대 및 교역상의 이점을 확보하려는 목적도 있었다. 예성강 하구 및 황해도 지역에는 전 시대부터 중국 지역과 교섭을 주도했던 세력들과 그 문화의 흔적들이 남아 있었다. 백제의 근초고왕이 이 지역을 놓고 고구려의 고국원왕과 생존을 건 전쟁을 벌인 데는 이러한 해양적인 배경이 있었다. 이 전쟁에서 승리한 이후에 백제는 중국의 북부지역과 바다를 통하여 교섭을 활발히 하였고, 또 직접 진출한 흔적도 있다.

한편 남쪽에서는 마한을 정복하고 서해남부지역을 완전히 장악했다. 이후부터는 서해남부의 여러 섬들을 징검다리로 삼아 제주도를 영향권 아래에 넣었으며, 해상으로 일본열도에 진출하기 시작하였다. 영토를 팽창시키는 방식이나 통치방식을 해양과 관련지어 변화시켰던 것 같다.

그 후 광개토태왕과 장수대왕의 압박과 공격을 받아 경기만을 빼앗긴 후에 수도를 남으로 이전하였다. 그 결과 해양활동이 일시적으로 위축되었고, 중국의 북조정권과는 외교교섭조차 할 수 없었다. 그러나 동성왕 시대부터 국력을 회복하여 황해남부는 물론이고 남해에서도 활발하게 활동을 하였다. 탐라가 백제에 복속되기 시작했다. 특히 중국의 송·제·양·진 등 남조국가들과 활발하게 교섭을 벌여 정치적인 지위를 향상시키고 문화의 전성시대를 이루었다.

한편 일본열도로 진출하는 일은 후기로 갈수록 더욱 더 활발해져 일본에서 고대국가가 성립하고 불교 등 문화가 발달하는 데 결정적인 역할을 담당하였다. 그러나 2차 나제동맹의 승전물인 경기만을 신라에게 도로 빼앗김으로써 해양활동은 다시 위축되었다. 신라의 급속한 성장과 나·당 동맹을 허용함으로써 패망의 결정적인 요인을 제공하였다. 나·당 연합수군의 금강상륙작전으로 사비성이 함락당하고 의자왕은 항복하였다. 이후에는 왜군을 동원하는 등 국제적인 연계 속에 부흥운동을 시도하였으나 해양을 효과적으로 활용하지 못해 고구려 및 일본열도와 신속하고 긴밀한 관계를 맺지 못한 채 실패하고 말았다. 백·왜 연합군과 나·당 연합군의 최후결전은 역시 백강구(白江口) 전투 즉 해양에서 벌어졌다.

백제가 사용한 대외항로는 다음과 같다.

백제는 초기에는 내부성장에 주력했으나 곧 해외교통망의 확대에 노력을 기울였다. 경기만을 출항하여 황해중부를 횡단한 다음에 산동반도에 상륙하거나 또는 발해만으로 들어가서 화북에 상륙했다. 경기만을 빼앗긴 이후에는 금강하구에서 출항하여 화북의 북위정권과 교섭을 시도하지만 고구려의 해상통제로 인하여 실패한다. 그 후 금강하구에서 황해를 횡단하여 산동반도 해역권에 진입한 다음에 남행하여 양자강 하구로 들어가거나, 직접 황해남부를 사단항해하여 양자강하구로 들어가 남조정권과 교섭하였다.

한편 일본열도로 진출하는 항로는 시기에 따라 변천이 있었다. 초기에는 서해남부 또는 남해서부 해안을 출항하여 일단은 제주도를 우현으로 보면서 동으로 자국의 해역 내에서 연안항해 내지 근해항해를 계속하였다. 그러다가 먼바다로 나가 대마도를 왼쪽으로 보면서 남동으로 항해하다가 큐슈 서북부에 있는 고토(五島)열도를 바라보면서 큐슈의 서북부 해안에 상륙하거나 아리아케해(有明海)로 들어가 연안에 상륙하여 기쿠치강(菊池川) 등

5~6세기 백제의 대외항로

강을 타고 오늘날의 규슈 중부인 구마모토의 내륙지방으로 진입해 들어갔다. 기쿠치강 유역에 후나야마(船山) 고분 등 백제계유적과 유물이 많은 것은 그러한 해양 메커니즘 때문이다.

그런데 후기에 들어가면 강한 국력과 해양력을 바탕으로 대마도를 경유하여 직접 규슈 북부에 상륙하고, 다시 세토내해를 항해하여 당시 일본열도의 중심부인 오사카에 상륙하여 나라, 아스카 지역으로 진출한다. 해양조건을 고려하면 전라도 남부해안에서는 대마도나 규슈의 어느 지역에라도 자연스럽게 도착할 수가 있다. 현재는 물론이고 조선시대 이 지역에 표착한 선박들의 출발지를 보아서도 알 수가 있다.





### (3) 가야

가야는 변한(弁韓), 진한(辰韓) 등의 해양적 전통을 이어받아 초기부터 해양문화가 발달하였다. 특히 김해, 거제도, 고성 등은 일찍부터 해양문화와 대외교역이 이루어진 곳이었다. 가야는 한반도의 국가들 중 가장 먼저 일본열도로 진출하여 거점의 토대를 마련하였다. 일본국가가 성립되는 과정에서 유물과 건국신화 등 가야적인 요소가 많이 있는 것은 이러한 이유 때문이다. 가야가 한반도에서 멸망할 때까지 가야와 일본열도 간의 교섭은 매우 활발하게 이루어졌다. 에가미 나미오가 주장해 온 기마민족 일본열도 정복국가설이나 일본인들이 근거 없이 자의적으로 해석한 '임나일본설' 등은 가야를 비롯한 한반도의 해양문화가 매우 발달했음을 알고, 양 지역의 관계를 지중해적 질서와 성격을 토대로 이해한다면 오히려 우리에게 더 유리하게 해석할 수 있다.

가야인들이 사용한 항로는 다음과 같다.

당시 항로는 『삼국지 왜인전』 등에 기록된 대로 김해를 출발하여 대마도를 경유하고, 다시 중간에 있는 이키섬을 지나 규슈의 북부로 상륙하는 것이다. 이 항로는 한반도에서 일본열도로 가는 데 가장 많이 손쉽게 사용되어 왔다. 그런데 고대의 항해는 해류, 조류, 바람 등 자연조건의 영향을 절대적으로 받는다. 특히 대한해협은 세계적으로 해양조건이 복잡하기로 유명한 곳이다. 계절에 따라 항해방향이 달라지며, 출발항구와 도착항구가 다르다.

오늘날의 부산인 김해는 일본열도나 대마도에서 출항한 배가 도착하는 곳이지, 그 곳을 향해서 출항하는 곳은 아니다. 가을과 겨울에 북풍계열의 바람을 받아 돛을 활용할 때는 가능하지만, 바람이 약하거나 남풍계열의 바람이 부는 봄, 여름에는 김해항을 빠져나와 서쪽으로 연안항해를 하다가 거제도의 서쪽해역에서 다시 대마도를 향해 항해하는 것이 바람직하다.

### (4) 신라

신라는 한반도의 동남부에 고립되었기 때문에 해양에는 큰 관심이 없었다. 더구나 동해는 바람과 해류 등 항해조건이 안 좋은 데다가 동해안은 수심이 깊고 굴곡이 없어서 적당한 항구시설이 없었다. 때문에 초기 신라의 해양문화는 보잘 것 없었다. 오히려 바다를 건너온 왜로부터 빈번하게 침략을 당한다. 그런데 일본신화에 스사노노미코도나 천일창 등 신라인의 진출사실이 있고, 이즈모 등에서 신라계 유물이 발견된 것은 초기에 일본열도로 진출한 일이 전혀 없었던 것이 아님을 알려 주고 있다. 그 밖에 비조직적인 주민들의 진출도 있었을 것이다.

중국 지역과는 고구려, 백제 등의 도움을 받아 교섭을 하는 등 국제질서의 주변부에 위치해 있었다. 그러나 진흥대왕 때에 한강유역을 차지한 것을 계기로 외교·군사·경제적인 필요성에 의해 중국지역과 교섭을 빈번하게 하였다. 이는 결국 해양문화의 급속한 발달을 가져왔다. 후에 맺어진 당나라와의 동맹은 결국 해양을 이용한 비밀외교로서 성사된 것이다. 또한 백제공격은 당나라의 대규모 군이 황해를 건너 중부해상권을 이미 장악한 신라의 수군과 연합하여 감행된 것이다.

신라인들이 사용한 항로는 다음과 같다.

중국 지역의 수·당과 교섭하기 위하여 남양만을 출항하여 산동반도권으로 들어가는 황해중부 횡단항로가 있다. 백제와 고구려가 경기만을 출발하여 사용하던 항로와 유사하다. 또한 일본열도로의 항로는 동해남부의 울산, 감포, 영일만 등에서 출항하여 동해남부를 횡단한 다음에 혼슈 남부에 있는 이즈모나 중부의 쓰루가(敦賀) 해역으로 들어간다.

결국 삼국시대의 동아시아 질서는 단순한 육지위주의 질서, 또는 영토의 물리적인 확장이라는 관점으로 이해해서는 한계가 있다. 자연지리적으로나 정치적·경제적으로 보아 동아시아의 역사는 지중해적 성격을 토대로 이해하는 것이 바람직하다. 특히 이 시대의 한·일관계는 국가와 국가의 관계가 아니라 국가와 지역 간의 관계, 국가와 주민 간의 관계로 파악해야 한다. 또한 정치와 군사관계만이 아닌, 문화와 경제 간의 관계로서 함께 이해하여야 한다. 한반도의 각국들은 먼저 주민들의 비조직적인 대량 이주를 통해 일본열도의 각 지역에 진출하였고, 후에 정치적인 목적을 가진 채 조직적으로 진출하였다.

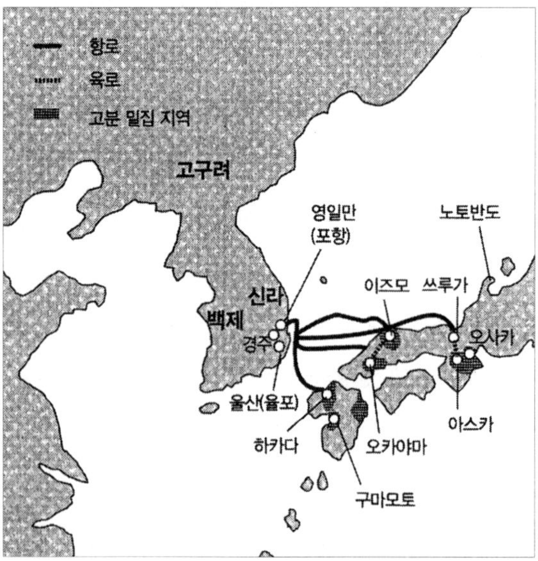

신라의 일본 항로와 진출도

자발적으로 진출한 주민

들은 마치 페니키아나 그리스 사람들이 지중해연안을 항해하면서 신천지를 발견하고 개척하는 과정과 유사했을 것이다. 먼저 상륙한 지점을 항구로 만들고, 그 곳을 거점으로 삼아 해안가에 사람들이 모이고, 그리스인들이 해양폴리스들을 건설하였듯이 소국들을 세웠다. 그 소국들이 점차 커지자 모국(母國)격인 한반도의 각국들은 경제적인 실리를 취하고, 정치적으로 활용하기 위하여 조직적으로 이주정책을 추진하였을 것이다. 그렇게 해서 일본열도의 몇 지역에서는 해양조건에 따라 친가야, 친백제, 친신라계, 친고구려계 등의 더 큰 나라들이 만들어졌고, 결국 그 국가들은 격렬하게 통합전쟁을 벌이면서 모국들과의 관계를 적절하게 활용했을 것이다.

그러다가 통합사업이 점차 완료되어가면서 정치적으로 성장하고 경제적으로 부강해지면서 모국과의 관계는 재정립되었을 것이다. 이 과정 속에서 주도세력은 독립성을 강하게 요구하면서 한반도 각국은 물론이고, 중국세력 등과 국제적으로 등거리외교를 추진하였다. 반면에 모국인 한반도의 각국들은 서로 싸움을 하다가  결국 신라가 외세의 힘을 빌어 통일을 완료하였다. 이 신질서의 정당성을 인정하지 않는 세력들은 일본열도로 대거 망명을 하였고, 일본열도의 통합세력 역시 한반도와는 지중해적 질서 속에서 형성된 모자(母子)관계를 완전히 끊고, 오히려 적대적인 관계로 변모하였다.

### 4) 통일신라의 해양활동

고구려와 백제가 망하고 남북국시대가 전개된 이후 통일신라는 삼국의 해양문화를 토대로 삼아 매우 활발했다. 초기에는 당과의 전쟁을 목적으로, 또 일본의 침입을 방비하기 위하여 해군력 증강에 힘을 썼다. 그 후 동아지중해의 바다는 군사적인 긴장이 풀리면서 외교·문화·경제적인 목적을 위한 해양활동이 활발해졌다.

신라는 통일을 이룩한 저력과 자신감 있는 해양능력을 바탕으로 국제교역을 활발히 하였다. 전기에는 주로 당나라와 산동반도의 등주항을 통해서 교역을 전개하였다. 등주(봉래시)에는 발해관과 신라관이 함께 있었다. 초기에는 신라와 당나라 간에 약간의 긴장관계가 있었다. 물론 이러한 현실 속에서도 공식적·비공식적인 교섭은 이루어졌고, 특히 교역은 비교적 활발했다. 조하주(朝霞紬)·어아주(魚牙紬)·누응령(鏤鷹鈴) 등의 고급직물과 금은 세공품 등의 수출이 늘어나고 있다. 당은 이에 답례품을 보내왔으며, 신라는 계속해서 수출을 하였다. 그런데 『삼국사기』에 보이는 대모(동남아산 붉은바다거북 등껍질)·자단(자바, 수마트라에서 생산된 나무)·침향(캄보디아, 수마트라산 향나무)·공작꼬리(인도, 아프리카, 동남아에 서식)·슬슬(에메랄드)·구수(양모로 짠 페스시아산 담요)·비취모(캄보디아산 비취조의 털) 등 '남해박래품'은 당에서 수입한 것이다.



신라는 일본과 시기에 따라서 변화는 있었지만 교역은 활발했고, 특히 민간인들은 공식적이나 비공식적으로 바다를 건너다니면서 물건들을 사고팔았다. 752년에 일본이 국가사업으로 추진한 나라(奈良)의 도다이사(東大寺)가 완공되고, 불상이 완성되었을 때에, 신라정부는 축하사절을 빌미로 왕자인 김태렴(金泰廉) 이하 700명의 대사절단을 파견하였고, 일부는 6월부터 수도인 헤이조쿄(平城京)에서 대대적인 교역활동을 하였다.

신라는 일본무역을 거의 독점하였기 때문에 당나라나 서역, 아라비아 등에서 일본으로 수입되는 물품들도 역시 신라를 거쳐야 했다. 신라는 아라비아, 페르시아 등 이슬람교권 상인들과 교역을 했다. 몇몇 문헌에는 아랍, 이슬람 상인들의 신라내왕이나 신라견문의 기술과 함께 신라로부터 수입한 상품기사도 실려 있다.

한편 당에서는 이른바 '재당 신라인'(당나라에 거주하는 신라인)들이 상업적으로, 때로는 외교사절의 역할까지 하면서 동아시아의 바다를 장악하였다.

그들은 당나라의 남방인 절강지방에서 북경을 잇는 대운하의 주변에 정착하여 운하경제를 장악하는 데 성공하였다. 운수업, 조선업, 항해업, 제염업, 숯 굽는 일 등 주로 환금성이 강한 일들을 하였다. 그리고 운하의 주변뿐만 아니라 산동성, 강소성, 절강성 등의 해안가에 신라방, 신라소, 신라촌 등 정착촌을 건설하였다. 상인들이나 사신들을 위해서 지은 신라관, 신라원 같은 건물도 있었다. 신라인들은 서역인 등 외국인들도 많이 살고 있는 국제도시인 양주에도 거주지를 이루고 있었다.

그런데 바다에는 길이 있다. 복잡하고 길며, 반드시 통과할 수밖에 없는 동아지중해의 전체항로는 본국 신라인들과 재당신라인들, 그리고 일본열도에 거주하는 일부 재일 신라인들이 장악했다. 결과적으로 '범신라인들'은 정치체제 때문에 단절된 항로를 인적 네트워크로써 유기적으로 연결하면서 바다의 항로(sea-lane)와 상권을 독점한 것이다.

재당신라인 출신인 장보고는 변화한 동아시아의 상황을 깨닫고 신라정부의 도움을 받아 청해진을 설치한 후에 황해, 남해, 동해 및 동중국해의 모든 항로를 장악하면서, 상인들과 해양민들을 하나의 시스템 속에 조직하였다. 즉 국내외적인 상황 속에서 동아지중해 서쪽(環黃海圈)의 요소요소에 포진해 있는 거점도시들을 유기적으로 연결하였고, 조직적으로 역할분담을 시키면서 군사력을 동원하여 신라정부와 국적이 다른 신라인의 민간상인조직을 연결시켰다. 그리고 본거지를 군항이며, 자유무역항(free port)으로 만든 청해진에 두어 재당신라인과 재일신라인, 본국신라인을 동시에 관리하고, 역할분담을 조정할 수 있었다. 이들이 일정한 연계성을 가지고 활발한 해상활동을 하게 함으로써 동아지중해의 해상권을 장악하였다.

9세기 전기에는 신라의 해적이 일본열도의 해안지대를 침입하였다. 장보고의 사후인 869년에는 신라의 해적선 2척이 일본의 하까다를 습격하였다. 870년에는 역시 신라해적이 풍전국(豊前國)의 공물선에 실린 견면(絹綿)을 약탈하였다. 이어 893년과 894년에도 큐슈북부와 대마도를 습격하였다. 이러한 사실들을 보면 해적을 비롯한 민간인들의 해양활동 또한 매우 활발했음을 알 수 있다.

통일신라인들이 사용한 항로는 다음과 같다.

항해범위는 전시대에 비하여 더욱 확대되고 항로도 더욱 길어졌다. 황해중부의 횡단항로는 남양만, 즉 현재의 화성군에 있었던 당은포를 출항하여 직횡단한 다음에 산동반도에 도착하였다. 주요 항구는 역시 오늘날의 봉래시인 등주였다. 반면에 민간인들은 산동반도 동쪽 끝 아래에 있는 적산포(赤山浦), 유산포(乳山浦) 등을 항구로 이용하였다. 특히 당을 출발한 항구로서 분명히 기록된 곳은 적산포인 현재의 영성(榮成)시 석도항과 그 앞에 있는 막야도(鏌鋣島)이다.

남쪽은 황해남부 사단항로가 있었다. 전남해안 출발하였는데 현재의 회진(會津)은 출발항구로 가운데 하나이다. 도착은 회하 유역의 도시와 양자강 하구 및 현재 영파인 명주항 등이다. 또 하나 동중국해 사단항로가 있다. 신라상단 및 장보고의 선단들은 명주 앞의 주산(舟山)군도를 출항하여 북상하다가 황해를 사단하여 한반도 남부로 상륙하거나, 동중국해를 직접 사단하여 제주도에 도착하거나 경유하여 신라 또는 일본까지 항해하였다. 지금도 절강성 주산군도의 보타도에는 신라상인의 전설과 함께 신라초(新羅礁)가 남아 있다. 이 동

8~9세기 범신라인들의 해상 활동로

중국해 사단항로는 통일신라시대 이전부터 강남지방의 문화나 동남아 지역의 문화가 들어올 때 사용되었을 것이다. 필자는 이 항로가 선사시대부터 사용되었을 가능성과 항로의 항선을 추적하는 뗏목탐험을 여러 차례 실천했다.

### 5) 발해의 해양활동

발해는 고구려의 해양능력을 이어받아 초기부터 관심을 기울였다. 건국 초기인 732년에 무왕은 장문휴(張文休)에게 수군과 함선을 거느리고 발해만을 건너 등주를 공격하게 하여 일시적으로 점령하였다. 요동반도와 등주를 잇는 묘도군도는 선사시대부터 매우 중요한 항로였다. 따라서 이 항로를 둘러싸고 발해는 당과 갈등을 벌였다.

일본과는 건국 초부터 시작하여 공식적인 기록만 발해가 일본에 34회, 일본이 발해에 13회 파견하는 등 빈번하게 정치·경제적 교섭이 있었다. 특히 9세기에 이르면 한 번에 100명이 넘는 사절을 파견하기도 했다. 양국 간의 교섭은 신라와 당이라는 두 강대국을 포함한 국제관계에서 이해해야 한다. 발해와 일본은 나당동맹으로 인하여 붕괴된 고구려, 백제, 왜의 기존 질서가 새로운 형태로 탄생된 것이다. 따라서 그러한 역사적 경험과 신라를 경계해야 하는 지정학적인 역학관계상 발해와 일본은 해양외교를 통해서 협조관계를 유지해야 했다. 그러나 전기를 지나면서 두 나라 간의 교섭은 거의 경제적인 목적을 띠고 이루어졌다. 심지어는 경제적 협력을 위하여 민간인들의 접촉과 교역도 상당했다. 746년에는 민간인 1100명으로 구성된 발해선단이 일본에 도착하기도 하였다. 당시 이루어진 교역의 내용과 품목을 보면 양국 간의 교역은 매우 활발했다. 발해인들이 수출한 상품들 가운데에는 담비가죽, 호랑이가죽, 발곰가죽, 꿀, 인삼, 명주, 철, 동, 다시마 등이 있었고, 심지어 대모라는 붉은바다거북의 등껍질로 만든 술잔도 있었다. 무역역조현상이 너무나

심해서 일본정부는 발해사신선이 입항하는 횟수와 숫자, 심지어는 인원 등을 제한하기도 하였다. 이러한 활발하고 능동적인 교섭은 자연환경이 험악한 동해를 건너다니는 항해술과 뛰어난 조선술 등 해양능력이 뒷받침이 없었으면 불가능한 일이었다.

당시 발해인들이 사용한 항로는 다음과 같다.

고구려와 거의 유사하였으나 영토의 중심이 보다 북쪽에 치우쳐 있으므로 조건은 더욱 나빴다. 발해인들은 북풍계열의 바람을 활용하여 동경인 용원부(두만강 하구)를 출발한 다음, 현재 나진, 선봉에 해당하는 두만강 하류에서 출항하거나, 육로로 그 북쪽에 있는 옛 염주(鹽州)인 불라디보스톡 근처의 크라스키노 항구에서 출항하여 연안 또는 근해항해를 하다가 동해북부를 사단하여 원양항해로써 혼슈중부의 니가타, 노토반도, 쓰루가 등에 도착하였다. 쓰루가에는 지금도 발해사신들이 묵었던 객관이 있었던 게히신궁(氣比神宮)이 있다. 물론 남경 남해부(토호포)인 경성 또는 함흥부근에서 출항하여 역시 동일한 항로를 사용하여 바다를 건넜다. 그러나 역시 동해항로는 매우 위험하여 항해에 어려움이 많았으며, 희생도 많이 뒤따랐다.



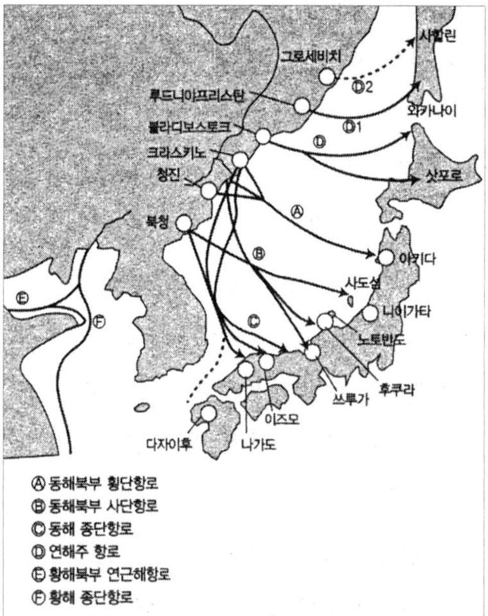


발해인들의 대외 항로

그 밖에 압록강의 하구인 박작구(현재 단동)에서 항해를 시작해서 서한만으로 빠져나가 서쪽으로 요동반도를 타고 연안항해를 한

다음에 여순인 마석진에서 묘도군도를 타고 내려가 산동반도 북부의 등주항에 도착하는 항로가 있다. 초기에는 당의 공격로로 이용되었으나 국제관계가 변하면서 점차 교섭로로 사용되었다.

### 6) 고려의 해양활동

고려를 세운 왕건은 백선(百船)장군이었고, 해군대장이라는 칭호를 받은 해양세력이었다. 후삼국시대에 활약한 인물들은 경기만 세력, 남양만 세력, 당진 등 세력, 금강하구, 영산강 하구 및 서남해안 세력 그리고 섬진강 하구 세력 등 대부분이 해상세력들이었다. 그리고 왕건은 예성강 하구와 경기만 일대의 해양세력으로서 나주 공격 등 수전을 통해서 후백제의 기선을 제압하였다. 후백제의 견훤도 절강지방의 오월국과 바다를 통한 교섭을 하였다.

고려와 송은 거란족의 나라인 요를 견제하기 위하여 정치·외교적인 교섭이 절실했고, 또 문화교류와 교역도 필요했다. 그런데 요가 북방에 있었으므로 양국은 바다를 통해서만 이루어졌다. 고려와 송이 해양을 통해서 벌인 외교 및 교역은 고려사회 및 동아시아의 질서에 상당한 영향을 끼쳤다. 이후 약 160여 년 동안 고려는 송나라에 57번, 송은 고려에 30번의 사신을 보냈다. 평균 2년에 한 번 꼴로 빈번하게 사신단이 오고 갔다. 물론 고려와 송나라의 교섭은 지리적인 특성으로 보아 해양을 매개로 하지 않으면 불가능했다. 송나라에는 고려관이 해안지대의 곳곳에 세워졌다.

고려와 송나라는 엄청난 규모의 공무역을 했다. 보통 100명~300명을 태운 사신선들은 곧 공무역선이었다. 예를 들면 송나라는 고려에 의복, 상아, 물소뿔, 옥, 술, 새〔鳥〕, 차, 칠, 악기 등을 수출하였고, 고려는 비단, 금, 은, 나전세공품, 꽃방석, 자개박이 그릇, 인삼, 소나무, 부채, 종이, 붓, 먹, 가죽 등 수 천 점을 보냈다. 1078년에는 송이 100종이 넘는 품목과 6000 건에 달하는 물건을 보냈고, 고려 역시 그에 상당하는 물건을 보냈다. 이에 소동파는 고려와 무역하는 일이 피해가 심하다고 매우 비판적이었다.

민간상인들도 활발하게 무역을 하였다. 『고려사』에 따르면 주로 현재의 복건, 광동, 절강의 상인들이 고려에 많이 왔다. 북송시대의 전기(1017~1090)에만 약 100명 이상의 송 상인들이 고려에 온 기록이 있다. 그들은 주로 동해(현재 강소성의 연운항), 해문(강소성의 양자강 하구) 등을 출발하였다. 두 나라 간에 상인들이 오고간 것을 통계해 보면, 1012~1278년의 266년간 송나라의 상인이 129회에 걸쳐 약 5000여 명이 왔다. 당시의 상황으로 보아서는 실로 엄청나 숫자이다. 오늘날의 아랍인인 서역상인들도 많이 왔다.

고려는 국제관계뿐만 아니라 내부에서도 해양이 중요한 역할을 하였다. 고려의 수도인 개경으로 이어지는 조운의 거의 대부분은 바다길을 활용한 것이다.

고려는 후기에 들어서 몽골의 침입을 받아 강화도 등에서 바다를 근거지로 항전했다. 후에 삼별초정부는 진도, 제주도 등에 세운 일종의 해양왕국이었다. 4년간 고려정부와 몽골을 대상으로 항쟁을 했다. 물론 이는 강력한 해양력을 바탕으로 삼은 것이다. 고려의 해양력은 여몽연합군이 일본열도를 침공할 때 주도적으로 선박을 건조하고 병력을 동원한 데서도 드러나고 있다. 1274년에 여몽연합군이 원정을 할 때 900척의 배를 4개월 반이라는 놀랄만큼 빠른 시간에 건조하였다. 후기에 들어서서 왜국의 침입을 받으면서 국가적으로 어려움을 겪었으나, 왜구격퇴와 대마도 정벌 등 해양력을 유감없이 발휘하였다.

고려인들이 사용한 국제항로는 다음과 같다.

전기인 북송시대에는 주로 고려의 예성강구를 출발하여 옹진(甕津)반도 지나 산동반도의 등주항이나 밀주(密州)에 도착하는 황해중부 횡단항로가 사용되었다. 그러나 북송 후기에 들어서고, 남송이 성립되면서 황해중부항로를 이용할 수가 없었으므로 자연히 황해남부항로를 사용할 수밖에 없었다. 절강성의 영파는 그 무렵 명주(明州)로서 남송 당시 최대의 무역항이었다. 고려에 온 북송의 사신 서긍(徐兢)이 쓴 『고려도경(高麗圖經)』에는 당시에 사용된 항로의 경유지와 걸리는 시간 및 해양조건과 상태까지 상세히 기록하고 있다. 그 시대 사람들은 영파〔鎭海口〕를 출항하여 주산군도의 섬들을 지난 다음에 연안항해를 통해서 현재의 상해만까지 북상한 다음에 원양으로 나가 동북상으로 사단하여 흑산도를 경유하여 예성강구의 벽란도에 도착하는 것이었다. 그 밖에 필자가 직접 표류항해한 경험에 의해 발견한 사실이지만 고려인들은 재당신라인들처럼 주산군도(보타도)를 출항하여 막바로 동중국해를 거쳐 황해남부를 사단하는 항로도 있었다. 광동이나 복건을 통해서 들어온 서역문화도 이 항로를 이용하여 고려에 들어왔다. 주로 이 항로를 이용하여 불교나 고려자기 등 문화를 교류하였고, 특히 서역과 간접교역을 할 수가 있었다. 한편 일본상인들은 김해를 통해서 고려에 들어왔으며, 현재의 오키나와인 유구국(琉球國)과의 교섭도 빈번했다.

고려시대의 대외 항로

## 7) 조선의 해양활동

조선시대에 들어와서 한국의 해양문화는 매우 미약해졌다. 초기에는 고려의 전통을 이어받아 수군을 거느리고 대마도 정벌 등을 추진하는 등 적극적이었다. 또한 조선술에도 관심을 기울여 새로운 형태의 선박을 건조하려는 시도도 있었다. 그러나 결국 해양문화는 천시되고 수군활동도 미미해졌으며 공도(空島)정책을 취하는 등 민간인들의 대외해양활동을 원천적으로 금하였다. 조선은 바다를 막고, 지중국(地中國)적 질서만을 채용하여 오로지 중국 지역과의 교섭만을 추진하였다. 그 결과 중국의 주변부로 전락하였다.

동아시아에서 해양문제가 다시 대두된 것은 임진왜란이었다. 조선이 초기의 일방적인 열세에서 벗어나 결국 승리를 이끌어낼 수 있었던 것은 거듭된 수군의 승리 덕분이다. 수군체제와 함선의 우수성을 활용한 이순신의 활약으로 강력한 일본 수군은 격파되었다. 특히 거북선은 매우 독특한 기능을 보유한 함선으로서 조선의 해양능력을 단적으로 웅변하는 선박이다. 하지만 조선은 이후에도 해양의 중요성을 인식하지 못한 채 해양문화를 발전시키는 데 게을리했다.

그 후 근대에 접어들면서 본격적으로 해양의 중요성과 역할이 거론되었으며, 해양력은 동아시아의 역학관계를 결정하는 데 상당한 역할을 하였다. 제너널 사먼호사건, 병인양요, 신미양요 등을 겪으면서 해양의 중요성을 깨달아갔으나 이미 때는 늦었다. 운요호 사건으로 불리우는 강제적인 개항, 청일전쟁, 러일전쟁, 일본의 식민지화는 해양력 및 해양질서와 깊은 관련이 있다. 제2차 세계대전이 끝나면서 동아시아는 완충지대 없이 한반도의 땅과 바다에서 양극질서가 직접 대결하는 양상을 띠었다. 첨예한 정치·군사대결 속에 바다는 막히고, 그 결과 교류와 교역의 지중해적 질서는 사라졌다. 이처럼 20세기는 유일한 연결통로인 바다가 폐쇄·단절되어 동아지중해권은 제역할을 할 수가 없게 되었다. 그러나 이제 다시 세계질서, 동아시아의 질서가 새롭게 재편되고 있다. 현재 동아시아에서 모든 지역과 국가를 전체적으로 연결하는 해양 네트워크는 우리만이 가지고 있다. 따라서 해양력을 바탕으로 중요한 해로를 장악하고, 해양조정력을 가질 경우에는 각국 간의 역학관계를 조정할 수 있을 뿐 아니라 막대한 경제적 문화적인 이익도 함께 얻을 수 있다.

해양력은 한 나라가 발전하는 데 결정적인 역할을 한다. 특히 우리 민족은 삼면이 바다로 둘러싸여 잘 활용하면 주변으로 진출할 수 있고, 교역 등 경제력을 향상시킴은 물론이며, 주변 각국들 간의 정치역학관계를 조정할 수가 있다. 반도가 자기 앞마당에서 해양력을 상실했다면 그것은 주변국들에게 포위당해 있음을 의미한다. 해양력이 약하면 바다에 포위되어 폐쇄적이 되고 해양력이 강한 주변국들에 의해 민족의 이익과 자주가 침탈당할 수가 있다. 21세기에 해양력은 동아시아의 역학관계의 기본틀과 우리 민족의 운명을 좌우할 것이다.

## ▩ 참고문헌

윤명철, 『바닷길은 문화의 고속도로였다』, 사계절출판사, 2000.

_____, 『한민족의 해양활동과 동아지중해』, 학연문화사, 2002.

_____, 『장보고시대의 해양활동과 동아지중해』, 학연문화사, 2002.

_____, 『고구려 해양사연구』, 사계절출판사, 2003.

_____, 『한국해양사』, 학연문화사, 2004.

# XVIII. 유목문화

우리 민족이 북방에서 유래했다는 것을 의심하는 사람은 없다. 그럼에도 불구하고 북방민족의 역사나 문화를 구체적으로 다룬 논저는 희귀한 편에 속한다. 이러한 현상이 나타난 가장 큰 원인은 그간 우리 학계의 풍토가 중국사 연구 일변도로 치우쳤기 때문이다. 이 결과 우리의 문화형성에 최초의 토대이자 지주가 되었던 북방기원의 문화원형조차 중국적인 시각으로 해석하고자 하는 논리적 모순까지 발생하게 되었다. 우리 나라 및 주변의 역사를 올바른 시각으로 바라보기 위해서는 북방유목제국의 역사와 문화를 살펴볼 필요가 있다.



**박원길** | 고려대학교 한국학연구소 연구교수. 저서로 『몽골고대사연구』, 『몽골의 문화와 자연지리』, 『몽골비사역주(I)』, 『북방민족의 샤마니즘과 제사습속』, 『유라시아 초원제국의 샤마니즘』, 『유라시아 초원제국의 역사와 민속』, 『유라시아 대륙에 피어났던 야망의 바람 -칭기스칸의 꿈과 길-』, 『몽골비사의 종합적 연구』 외 다수가 있다.

## 1. 초원과 문명

### 1) 북방 유라시아 초원

유라시아 대륙의 심장부에 자리잡고 있는 몽골고원은 역사지리학적으로 오르도스(Ordos) 근처의 만리장성에서 바이칼호 일대까지의 남북 1500㎞, 흥안령에서 발하시(Balkhashi)호 일대까지의 동서 3000㎞ 내에 위치한 면적 300만 ㎢의 광활한 지역을 가리킨다. 몽골고원이란 11~12세기 몽골족이 이 지역을 장악한 이후 생긴 이름이며 그 이전에는 특정한 명칭없이 막북(漠北)이라고만 했다.

이 몽골고원을 지리적으로 해부해 보면 매우 흥미로운 현상을 발견할 수 있다. 즉 이 지역은 지구상에서 유사지역을 찾아볼 수 없는 특이한 지리현상을 보이고 있다는 점이다. 오늘날 몽골국의 북쪽 국경지대에는 영구결빙대의 남방한계선이 존재하고 있다. 또 서남쪽의 알타이산맥 일대에는 건조한 사막의 북쪽 경계선이 지나가고 있다. 영구결빙대와 사막 사이의 폭은 300㎞ 이하이다. 몽골고원에서 가장 풍요로운 초원지대는 지역에 따라 약간의 차이는 있지만 이 폭 300㎞의 안쪽을 따라 동서로 길게 이어지고 있다. 흡사 벨트와도 유사한 이 초원의 띠는 흥안령 동쪽의 만주에서부터 시작되어 다뉴브강 일대의 헝가리 초원에서 끝맺고 있다.

스텝로드라는 이 초원의 띠는 실크로드와 함께 동서문명을 이어 주는 핏줄이다. 그러나 눈을 잠시라도 대륙의 심장부에 고정해 보면 오히려 이 지역이 중심이고 동쪽과 서쪽의 나라들은 가지에 불과하다는 것을 알 수 있다. 역사적으로 이 일대에서 발흥했던 흉노나 유연, 돌궐, 위구르 등 수많은 유목민족들은 모두 자기들이 세계의 중심이라고 생각했다. 그들에게 중국이나 페르시아, 유럽 등은 이동의 자유가 별로 없었던 변방지대에 불과했다. 유목민족들에게 세계의 중심부였던 몽골고원은 다양한 형태의 자연환경이 어우러진 하나의 보배였다.

바이칼호를 기점으로 북쪽 지역에는 타이가라는 원시의 삼림지대가 무한히 펼쳐져 있다. 그리고 바이칼호 남쪽으로부터 고비에 이르는 지역에는 감탄사만을 연발시키는 초원지대가 올망졸망한 산과 뒤섞여 물결치듯 동서남북으로 이어져 있다. 또 대초원의 중앙부에는 초원의 꽃을 연상시키는 듯한 항가이산맥이 만년설의 산봉우리를 가슴에 지닌 채 아름답게 솟아 있다. 항가이산맥을 경계로 동쪽으로 가면 그야말로 초원의 진수라고 할 수 있는 어마 어마한 평원지대인 메넨긴초원을 만나게 된다. 풍요의 들판이란 뜻을 지닌 이 일망무제의 초원은 남북으로 1000㎞가 넘는 폭으로 흥안령을 넘어 송화강까지 이어져 있다.

항가이산맥을 경계로 서쪽으로 가면 남북으로 거대한 사막과 호수들이 줄지어 늘어서 있는 이상야릇한 곳을 만나게 된다. 엷은 막과도 같은 이 곳을 지나면 만년설의 위용을 자랑하는 알타이산맥이 북쪽에서 동남쪽을 향해 뻗어 있다. 초원의 구릉과 같은 알타이산맥을 넘으면 동쪽의 대평원과 같은 초원지대가 그 끝을 모른 채 카자흐와 우크라이나를 거쳐 헝가리까지 이어져 있다. 항가이산맥에서 남쪽으로 가면 그 옛날 아름다운 초지였던 고비가 흙먼지만 날리는 황량한 초원의 모습으로 죽음의 사자처럼 버티고 있다. 그러나 이 곳을 지나면 또 하나의 아름답고 거대한 초원지대가 만리장성을 따라 동서로 길게 펼쳐져 있다.

유라시아 대륙의 심장부인 몽골고원은 눈으로 직접 확인하지 않을 경우 도저히 믿어지지 않는 크고 작은 3000여 개의 호수를 가슴에 지니고 있다. 초원의 눈물과도 같은 이 호수들은 그 속에 노니는 물고기들을 훤히 볼 수 있을 정도로 투명함을 자랑하고 있다. 얼음물처럼 차갑고 깨끗한 호수들은 초원을 흐르는 수많은 강의 원류이자 철새들의 낙원이다. 초원을 떠난 물은 아름

오논강

동몽골 초원

다운 초원으로 강으로 변해 곳곳을 흐르다가 마지막에 바이칼호나 태평양의 품에 안긴다. 정말 몽골고원은 삼림과 초원과 호수가 어우러진 아름다운 경관을 지니고 있다.

그러나 이 경관을 시샘이나 하듯 이 곳에 자리잡고 있는 대륙성 기후는 극과 극만을 치닫는 고약한 성격을 지니고 있다. 이로 인해 몽골고원은 봄과 가을이 생략된 채 4개월의 서늘한 여름과 8개월의 혹독한 겨울만이 반복되고 있다. 특히 8개월간 지속되는 겨울은 소꼬리도 자를 만큼 영하 −20°~−40°의 매서운 추위를 자랑한다.

## 2) 유목생활

몽골고원에는 무수한 야생동물들이 곳곳에 널려 자유롭게 풀을 뜯고 있다. 특히 동몽골 초원지대는 100만 마리 이상의 차강제르(노루의 일종)들이 서식하고 있으며 석양에 무리지어 이동하는 그들을 모습을 보면 저절로 감동이 나올 만큼 때묻지 않은 야성을 자랑하고 있다. 사람이 몹시 희귀한 몽골초원에는 대낮에도 늑대와 초식동물들이 생사를 건 추격과 도주를 곧잘 연출한다. 비 오는 날 초원에 병풍처럼 내려꽂히는 벼락이나 한 밤중에 초원을 지붕처럼 덮고 있는 무수한 별빛을 바라보면 정말 동화의 세계에 들어와 있다는 착각을 일으킨다.

초원의 사람들은 유목민이라는 명칭에서도 잘 나타나듯이 목축을 주요한 생계수단으로 삼고 있다. 양・염소・소・말・낙타 등 다섯 가축을 중심으로 이루어지는 초원의 유목은 페르시아나 유럽 등에서 행해지는 유목과는 형태는 물론 성격에서도 큰 차이를 지니고 있다. 초원의 사람들은 이 다섯 가축에서 생계에 필요한 모든 것을 스스로 해결해야 한다. 이러한 유목생활을 목가적으로 표현한 노래가 바로 칙륵가(勅勒歌)이다.

칙륵족이 사는 대초원은 음산(陰山)산맥의 아래쪽
겔(유목민의 텐트)과 같은 둥근 하늘이 온 들판을 감쌌네
푸르고 푸른 하늘, 끝없이 펼쳐진 들판
바람이 불어와 풀들이 휘날리면 그 사이로 소와 양떼가 보이네

이들이 생존하기 위해서 가장 신경을 쓰는 것이 방목에 필요한 초지이다. 한 마리의 말을 스텝지대에서 1년간 정상적으로 키우기 위해서는 약 20ha의 목초지가 필요하며 한 마리의 양은 약 12~24ha의 목초지가 필요하다. 1 ha

가 1만 ㎡임을 감안하면 유목민이 생존을 위해 필요한 초지가 얼마만큼 된다는 것을 실감할 수 있을 것이다. 사실 연평균 강수량이 140~320㎜에 불과하고 가혹한 기후조건을 지닌 몽골고원에서 유목 이외에 그 어떤 다른 유형의 경제행위도 현실적인 것이 아니다. 그러나 문제는 가혹한 겨울의 시련을 이겨낼 수 있는 겨울방목지의 확보이다. 눈이 쌓이지 않고 풀이 풍부하며 바람도 막을 수 있는 곳, 그러나 이러한 곳은 한정되어 있다. 역대 유목민족들 간의 전쟁원인을 분석해 보면 실제 겨울방목지의 확보 때문이라는 사실을 어렵지 않게 확인할 수 있다.



전쟁에서 승리한 부족은 15~20km의 땅만으로도 가축을 키울 수 있는 풍요로운 초지를 차지할 수 있다. 그러나 패배한 부족은 400km에 이르는 험난한 대장정을 벌여도 생존을 위협받는 비참한 처지에 놓인다. 유목민들에게 겨울방목지란 생존 그 자체를 결정하는 양보할 수 없는 최후의 마지노선이었다. 또 원래 유목생활이란 계절적으로 집단에서 가족단위로 또 가족단위에서 집단으로 1년 주기의 이합집산을 되풀이하는 특성을 지니고 있다. 가축을 데리고 이동하는 초원의 사람들은 만약의 사태에 대비해 어느 순간에도 즉각적

중부 초원 전경

몽골 목축 풍경



으로 이동할 수 있는 만반의 태세를 갖추지 않으면 안 된다. 따라서 그들의 삶 속에는 농경민과는 달리 조직적·역동적인 냄새가 강하게 배어 있다.

엄격한 자연조건 속에서 살아남기 위해 유목민들은 누구를 막론하고 모두 용감하고 유능해야 했다. 즉 사회자체가 풍부한 자립심을 가지도록 요구했다. 결국 이러한 자연조건, 사회분위기는 초원의 사람들에게만 찾아볼 수 있는 독특한 인간유형과 그들만의 독특한 가치관을 만들어냈다. 아마 역대 유목민족들의 역사가 몽골고원의 극단적인 기후만큼이나 매우 극적인 면을 지니고 있는 이유도 그들을 둘러싼 자연환경에서 비롯되었는지도 모른다. 몽골고원의 역사과정은 자세히 들여다보면 제로섬게임의 순환과도 같은 행로를 걷고 있다. 즉 주변의 변화에 능동적으로 대처하지 못하면 한순간에 자신이 지닌 모든 것을 잃는 정글의 법칙이 철저히 적용되는 곳임을 알 수 있다.

사실 오늘날 몽골고원이 흉노고원이나 돌궐고원이 아닌 몽골족의 고원이라는 이름으로 불려지는 것도 제로섬게임의 결과라고 할 수 있다. 정주지역인 중국이나 페르시아의 사람들이 북방문화를 아주 잔혹하고 강인한 특성을 지니고 있다고 느끼는 원인도 이러한 제로섬게임의 성격 때문일 것이다. 제로섬게임을 준수하는 북방문화권에서 가장 잘 사용되는 단어가 "신바람"과 "피눈물"이다. 신바람이란 모든 자들이 신의 뜻에 감응되어 일에 몰두한다는 뜻이다. 피눈물이란 일족이 적에게 죽음을 당할 경우 남은 자들이 자신의 얼굴을 칼로 그어 피와 눈물을 동시에 줄줄 흘리면서 복수를 다짐한다는 뜻이다. 이러한 극단적인 단어의 존재는 그만큼 몽골고원에서의 생활이 적자생존과 같다는 것을 말해 주고 있다. 또한 그 속에서 이루어지는 역사나 문화도 정체성이 아닌 격동성을 지닐 수밖에 없는 운명을 지니고 있다.

고대돌궐 비문

몽골석인상

### 3) 초원의 문화

광활한 유라시아 대륙에서 일어난 먼 옛날의 북방문화를 살펴볼 경우 두 개의 문화권이 서로 치열하게 패권다툼을 벌였다는 사실을 발견할 수 있다. 미묘한 차이는 있지만 초원의 사람들은 구석기와 신석기시대까지는 서로간에 문화의 공통성을 광범위하게 공유하고 있었다. 그런데 B.C. 2000년 무렵 리그베다의 민족으로 잘 알려진 아리안족이 초원에 문화대혁명의 회오리를 몰고 왔다.

아리안족은 실크로드를 통해 전차(戰車)와 청동검이라는 교역품만이 아니라 메소포타미아의 종교문화까지 동서문화교류라는 이름으로 전파했다. 이후 초원의 민족들은 오늘날의 울란바아타르를 경계로 동쪽은 황토 및 네모무덤(板石墓) 문화권, 서쪽은 사슴돌(deer stone)과 케렉수르(kirgisegür: 거대한 돌무지 제단) 문화권으로 나뉘었다. 이러한 취향의 차이는 부장품, 토기의 형태 및 문양, 장신구, 호신부(護身符) 등의 표현 예술품에도 그대로 반영되어 있다.

네모무덤 문화라는 역사·문화적 공동체를 이룬 주역은 동방계열의 몽골족계 유목민족이며, 사슴돌과 케렉수르 문화권을 이룬 주체는 서방계열의 돌궐족계 유목민족이다. 원래 초원의 사람들은 모두 하늘의 자손이라 칭하고 있다. 그러나 이 시기를 기점으로 서방의 돌궐족계 유목민족들은 늑대의 시조전설을 가진 하늘의 민족이 되었고, 동방의 몽골족계 유목민족들은 하늘의 빛을 아버지로 삼고 성스러운 처녀를 어머니로 가진 하늘의 민족이 되었다.

그러나 시조의 강림형태가 어찌했던 두 계열의 유목민족들에 공통된 세계관은 샤머니즘이다. 샤머니즘이란 북방초원 자체의 고유한 사상과 초원루트를 타고 들어온 페르시아의 종교사상이 서로 결합되어 만들어진 것이다. 스키타이에서 한반도에 이르는 이 문화형태는 이동성이 강한 사회에서 흔히 선호되는 극적이고 동적이며 화려한 의식들이 주를 이루고 있다는 특징을 지니고 있다. 즉 샤머니즘은 동서양의 다양한 문화 중 초원민족에 가장 어필할 수 있는 것만을 추출한 일종의 복합문화적인 성격이 강하다.

샤머니즘에서 가장 중요한 것이 고구려의 동맹이나 부여의 영고처럼 하늘의 뜻을 받드는 제천행사이다. 이러한 제천행사는 흉노의 용성대제, 선비의 요낙수제(饒樂水祭), 타브가치의 춘추대제(春秋大祭), 돌궐의 타인수제(他人水祭) 등 한반도에서 카스피해 일대에 이르는 역대 모든 북방민족들에게서 발견되고 있다. 북방민족들의 제천행사는 유목경제패턴에 따라 풀의 색깔이 바뀌는 봄과 가을 두 차례에 걸쳐 국가적 규모로 성대하게 거행되고 있다.

제천행사의 주된 기능은 두 가지이다. 하나는 말 그대로 하늘의 뜻을 받드는 제천의식이다. 두 번째는 온 국민이 한자리에 모여 국정을 논의하는 기능이다. 이 기능이 교묘한 조화를 이룰 때 북방유목제국도 최고의 전성기를 구가하고 있다. 특히 기존의 권익을 깨뜨리며 미래에의 비전을 제시하는 초원영웅이 등장할 경우 제천행사는 두 개의 기능이 모두 발휘하는 극성기를 맞는다. 이러한 제천행사는 하늘의 뜻을 받는 통치자와 그가 제시한 이념을 모두

몽골나담

가 참여해 승인하는 일종의 직접 참여민주주의의 의식과도 같다.

유라시아 대륙의 중심부는 지리적으로 동서양을 모두 바라보는 위치에 있다. 따라서 이 지역은 운명적이라 할 정도로 양쪽을 연결해 주는 가교의 역할을 수행해야만 했다. 역사에서는 이 지역이 수행한 역할을 동서문명의 십자로, 옥(玉)의 길, 실크로드(비단길), 스텝로드(초원길) 등 다양한 이름으로 부르고 있다. 그러나 동서양의 사람들은 단지 이 곳을 길로만 인식했지 이 곳에 사는 초원사람들의 꿈과 이상은 보지 못했다. 유라시아 대륙의 초원사람들은 지리적인 위치로 인하여 $+\alpha$ 즉 문화 및 경제교류의 중요성을 누구보다도 실감했던 사람들이다. 이로 인해 역대 북방 유목민족들의 전쟁은 자체적으로는 문화수용 전쟁, 외부적으로는 무역개방 전쟁이라는 색채가 매우 강하다.

거시적인 관점에서 역대 유라시아 초원민족의 일관적인 통치 시스템을 분석해 보면 교역중시와 권력분립, 그리고 모든 만물에 인성과 신성을 부여한 샤머니즘이라는 철학을 바탕으로 이룩된 시대이념을 가지고 있음이 나타난다. 다수의 합의 속에 조화와 융합을 꾀하는 이러한 초원의 통치 시스템은 소수가 권력과 정보를 독점하고 있는 정착문명의 시스템보다 훨씬 개방된 직접 민주주의의 형태라고도 할 수 있다.



## 2. 초원의 유목제국

### 1) 유목문명을 바라보는 시각

중앙아시아와 몽골의 광대한 지역을 여행한 바 있는 사람들은 말없이 느끼는 그 무엇이 있다. 즉 과거의 시간과 현재의 시간 그리고 미래의 시간이 모두 하나며 동시적이라는 느낌을 강하게 받는다는 사실이다. 이러한 느낌을 가지는 가장 큰 원인은 사람을 보기 힘들고 또 무엇인가를 기념할 만한 유적을 좀처럼 발견할 수 없기 때문일 것이다. 이로 인해 그 곳에 사는 유목민까지 풀과 물을 찾아 정처 없이 떠도는 방랑자처럼 보려는 경향까지 나타나고 있다. 그러나 초원의 사람 역시 일정한 구역을 가지고 자연의 순환주기에 맞추어 이동하며 사는 사람들이다. 또 그들 나름대로의 문화를 지니고 있다.

오늘날 울란바아타르의 근교에는 일테리쉬카간을 도와 돌궐제국을 부흥시킨 명장 톤유쿠크(Tonyuquq)의 비문이 1000년의 세월을 버티고 아직도 서 있다. 이 비문에는 당시 돌궐인들이 당했던 구구절절한 사연이 눈물겹게 기록되어 있다. 그런 그가 남긴 유명한 말이 있다.





> 성을 쌓고 사는 자는 반드시 망할 것이며
> 끊임없이 이동하는 자만이 살아 남을 것이다.

닫힌 사회는 망하고 열린 사회만이 영원하리라는 그의 말은 역사를 전공하는 사람들에게 참으로 많은 생각을 하게 해 준다. 초원의 명장 톤유쿠크의 말은 문화관의 시각을 매우 날카롭게 교정해 주고 있는 명언이 아닐까. 그의 말은 보이는 현상에 속지 말고 그 내면을 직시해야 한다는 말과 같다. 무엇이든지 정신차리지 않으면 겉으로 보이는 현상에 속고 만다. 현상을 꿰뚫는 눈길만이 속에 숨어 있는 진짜 모습을 볼 수 있다. 실제 정착문명과 이동문명의 문화인식도 이와 다를 바 없다.

북방 유목민족사는 내부적으로 늑대의 자손들과 천손(天孫)의 자손들이 벌이는 역사이자 외부적으로는 이동문명과 정착문명이 벌이는 역사라 할 수 있다. 인류가 지나온 역사를 멀리서 조망하면 눈에 확연하게 구분되는 급격한 변화의 시기가 있는데 이를 우리는 시대구분이라는 말로 표현하고 있다.

그러나 지금까지의 시대구분은 주로 중국이나 유럽을 중심으로 한 정착세

초원의 늑대

청동기시대 사슴돌

계의 사람들에 의해 된 것이지 동서문명의 십자로인 유라시아를 포함한 시대구분이 아니라는 점에서 진정한 의미의 시대구분이라고는 간주할 수 없다. 유라시아를 가운데 두고 동서지역을 한 무대에 올리면 지금까지 보이지 않았던 것들이 매우 흥미진진하게 눈에 들어오기 시작한다.

몽골제국 성립이전까지 세계의 중심은 북방과 중국이었다. 이를 바탕으로 세계사의 시대구분을 남북사적인 관점에서 유심히 살펴보면 크게 세 가지로 나뉜다. 즉 진(秦), 한(漢)과 북방의 흉노로 대표되는 고대는 중원과 초원의 이념 간에 우열을 놓고 쟁패한 시기, 위(魏), 진(晋)에서 수(隋), 당(唐)에 이르는 중세시기는 초원의 이념이 적용된 시기, 거란과 송(宋) 이후의 시기는 중원과 초원의 이념이 서로 분리되어 각자의 길로 가는 시기라고 볼 수 있다.

## 2) 역대 유목제국

### (1) 이동문명의 탄생과 남북대립(초원과 중원의 진검승부)
### — 흉노와 진 · 한제국 —

북방 유라시아에서 역사상 처음으로 성립된 유목제국이 흉노(匈奴, Hun-Na, B.C. 209~A.D. 117)이다. 흉노는 네모무덤 문화권에 속한 동방계 유목민족 계열로 B.C. 1000년 무렵 고원 동방에 위치한 최초의 원주지에서 실크로드의 동방관문에 위치한 오르도스로 이동한 뒤 동서양 및 북방의 문화를 종합한 오르도스 청동기문화를 꽃피웠다.

그리고 B.C. 3C 무렵 카라수크(Karasuk) 및 타가르(Tagar)문화를 구축하고 있었던 몽골고원 중부 및 서부에 분포한 돌궐계의 유목민족도 흡수하여 명실상부한 북방문화의 창시자가 되었다. 이러한 역사과정에서도 잘 나타나듯 흉노의 문화는 북방유목민족문화의 원형인 동시에 통합모델적인 성격이 강하다.

흉노의 성립을 전후하여 중원에서도 군현제(郡縣制)와 법치주의를 시대이념으로 삼은 진 · 한제국이 탄생했다. 따라서 이들 간에 세계사의 주도권 다툼과 같은 이념대결이 불가피했다. 이들 간의 이념다툼은 만리장성이란 용어에서도 잘 나타나듯이 공존과 상생이 아닌 우열의 다툼이었다. 양 세력 간의 전쟁은 흡사 초원과 중원의 야망이 벌이는 진검승부와 유사했다.

흉노는 B.C. 200년 중원의 통일세력인 한나라와 평성(平城)의 백등산(白登山)에서 일대회전을 벌여 대승을 거둔 뒤 한나라가 매년 정기적으로 흉노에게 물자를 공납한다는 조건의 화친조약(형제의 맹)을 맺었다. 그러나 굴욕적인 화친조약에 불만을 품고 있었던 한나라는 한무제(B.C. 141~B.C. 87) 때에 다시 흉노와 정면대결을 선언하였다. 그러나 B.C. 133년부터 B.C. 90년까지 무려 40년 간 지속된 양측의 대결은 흉노와 한제국 모두에 결정적인 타격을 입히면서 무승부로 끝맺었다. 이 전쟁의 후유증으로 말미암아 한나라는 전체 인구가 반으로 감소하는 미증유의 사태에 시달리면서 점차 권력이 외척의 수중으로 흘러 들어갔으며 흉노도 주변속부(屬部)들의 이탈과 공격에 직면하면서 결국 붕괴되었다.

흉노의 뒤를 이어 북방을 제패한 민족이 동호(東胡)의 후예인 선비(鮮卑)이다. 선비의 몽골고원 진출은 87년부터 본격화되기 시작하여 156년을 전후해서 단석괴(檀石槐)라는 걸출한 인물에 의해 흉노와 버금가는 거대 유목제국(檀石槐帝國)을 이룩하였다. 그러나 단석괴의 사후 후계자들이 그에 미치는 역량을 발휘하지 못하자 선비연합체는 붕괴되어 결국 225년을 기점으로 몇 개의 부족집단으로 분산되었다. 이후 이들은 모용부(慕容部), 토곡혼(吐谷渾), 걸복부(乞伏部), 우문부(宇文部), 단부(段部), 독발부(禿髮部)라는 이름으로 5호16국(五胡十六國)의 하나를 장식하다가 역사상에서 사라져 갔다.

### ⑵ 이동문명의 중원정복(초원과 중원의 통합)
### — 타브가치와 수·당제국 —

단석괴제국 붕괴 후 북방을 일시 제패한 민족이 1세기를 전후하여 흥안령 북단에서 발원한 타브가치(Tabgachi: 拓跋鮮卑)족이다. 이들은 선비족의 혼란을 틈타 몽골고원으로 진출한 뒤 258년 무렵에 성락(盛樂, 오늘날의 내몽골) 일대까지 남하하였고 386년에는 북위(北魏)를 건국하였다. 그리고 이후 중원의 통일에 주력한 끝에 440년 태무제(太武帝) 때에 이르러 거의 100년간 계속되어 온 5호16국시대를 마감하고 북중국을 통일했다. 비록 북위는 정복지의 통치문제를 둘러싸고 내부분열을 일으켜 534년 붕괴되었지만 그 뒤를 계승한 동위(東魏), 서위(西魏), 북주(北周), 북제(北齊), 수(隋), 당(唐)은 이들의 후계제국이며 그 지배층이 모두 타브가치족이라는 데 주목할 필요가 있다.

타브가치로부터 당제국에 이르는 시기는 초원과 중원의 통합이라는 거센 시대적 바람의 시대였다. 이 시대는 어느 면에서 북방민족의 중원정복이라고도 할 만큼 중원에 비해 북방의 우세가 눈에 뜨게 두드러진 시대적 특징을 지니고 있다. 타브가치의 후계세력은 중원정벌 이후 중원과 초원에 공통된 통치방식 즉 시대이념의 논쟁을 둘러싸고 대립을 벌이다가 결국 사상적으로는 불교와 도교, 제도적으로는 균전제와 부병제로 정착되면서 세계제국인 당(唐)을 탄생시키는 것으로 끝맺었다.

타브가치 시대이념의 최종완성자인 당 태종이 중원의 사람에게는 황제로 초원의 사람에게는 텡게리-칸(하늘의 칸, Tenggeri Khagan, 天可汗)로 자칭할 수 있었던 것도 이런 시대적 배경 때문이라고 할 수 있다. 학자들은 이 시대를 '호·한이중체제(胡·漢二重體制)'라는 독특한 공동체이론으로 설명하고 있지만 실제는 북방의 우세가 눈에 띄게 두드러진다. 즉 중국의 중세인 당제국시대는 타브가치의 중국정복과 지배라는 북방민족사적인 틀에서 고찰해야 그 성격을 보다 분명히 파악할 수 있다.

타브가치의 중원정복시기에 북방초원에서 활약한 유목제국이 유연(柔然, 402~555)이다. 이들은 308년부터 역사상에 모습을 드러낸 몽골족계의 민족으로 쿠텔부리카간(Kütelbüri Khagan, 402~410) 때에 이르러 몽골고원을 통일하고 북위와 길항하는 대세력으로 성장하였다. 유연은 전시기를 통하여 중원세력과는 치열한 공방을 주고받았지만 동방의 고구려나 서투르케스탄의 유목세력들과는 비교적 우호관계를 유지하고 있었다. 또 유연의 일부는 서방으로 이주하여 아바르(Avars)라는 이름으로 6세기 중엽부터 8세기말까지 유럽에서 맹위를 떨쳤다. 유연은 479년의 고구려와 동몽골의 유목부족인 지두우(地豆于)를 분할할 것을 모의할 정도로 동맹관계를 맺고 있었다.

그러나 유연은 4C 말~5C 초 알타이산의 서남쪽에서 발흥한 돌궐(Türk)에게 555년에 멸망당했다. 유연의 뒤를 이은 돌궐은 무칸카간(Mukhan Khagan, 553~572) 때에 이르러서는 동서로 요하(遼河)부터 카스피해까지 남북으로 바이칼호에서 장성에 이르는 대유목제국을 건설하였다.

돌궐은 발흥 초기부터 형제간에 권력을 분담하는 분권적 통치체제를 가지고 있었다. 또 돌궐은 역사적으로 제1제국(555~630)과 제2제국(682~745)으로 나뉘는데 제1제국의 역사는 내전의 연속이라고도 할 만큼 동서분열(583)과 자체 내전이 끊이지 않았다. 돌궐은 유목제국 중 가장 광대한 영토를 가지고 있었음에도 불구하고 골육상쟁의 자체분열 끝에 630년 봄 당나라에게 멸망하였다.

돌궐의 뒤를 이어 북방의 패권을 장악한 민족이 바이칼호 남단에서 발원한 위구르(回鶻)제국이다. 위구르는 745년~840년까지 북방의 지배자로 군림하면서 중원의 당제국과는 비교적 우호관계를 유지하고 있었다.

### (3) 정복왕조의 시대(초원과 중원의 결별) — 요 · 금제국 —

초원과 중원의 통합제국이었던 당제국은 개방과 다양성이라는 잡종문화의 토대에 선 제국이다. 우리는 당나라의 문화를 연상할 때 먼저 당삼채(唐三彩)라는 3색 도자기와 울긋불긋한 색상으로 화려하게 치장한 여인들을 떠올린다. 실제 당나라 초기에 중국적인 전통은 눈을 씻고 자세히 들여다보지 않으면 지나치기 쉽다. 통합제국으로서의 당나라의 위력은 신흥의 이슬람세력에 쫓긴 사산조 페르시아(Sasanian Persia, 224~651)의 왕자가 수십만 명의 백성을 이끌고 귀부할 정도로 엄청났다.

그러나 당제국은 후반에 이를수록 균전제 → 대토지소유제, 부병제 → 모병제, 조용조 → 양세법의 변천에서도 나타나듯이 초원과 중원의 통합제국으로서의 역할을 수행하는 것을 포기했다. 이러한 시대이념의 좌절을 나타내주는 것이 6개 국어를 할 줄 아는 초원의 아들 안녹산(安祿山)의 봉기(755)와 경제마피아 황소(黃巢)의 난(875~884)이다.

세계이념이 쓰러진 제국에는 곳곳에 삼국지의 시대를 연상시키는 번진(藩鎭)이라는 지방군벌들이 독버섯처럼 생겨났다. 번진이란 정부의 통제를 받지 않는 일종의 독립국가들이다. 번진의 시대를 맞아 중원은 5대(五代)라는 역사 시기에 접어들었고 북방에서는 새로운 유목제국인 거란(契丹, 907~1125)이 등장하여 각기 다른 새로운 시대이념을 모색해 나갔다. 중원은 자체혈전 끝에 군대를 한군데로 몰아주는 금군(禁軍)과 과거제도를 바탕으로 한 사대부(士大夫)의 통치(내각제도)라는 시대이념을 만들어 냈다. 이것이 송과 명나라이다.

북방의 대표주자로 자리잡은 거란은 5세기 무렵 시라무렌 강변 일대에서 발원한 몽골족계의 유목민족으로 원명은 키타이(Kitay)이며 그 뜻은 칼날이다. 거란은 정복왕조(Conquer Dynasty)의 효시라고 할만큼 초원의 전통제도를 바탕으로 새로운 시대이념을 창출했다. 거란제국의 창시자인 야율아보기는 초원민족의 전통인 샤머니즘을 시대이념의 중심으로 삼았다. 그리고 흉노 이래의 전통인 직접 참여민주주의 전통 즉 무엇을 하든 간에 다수가 모여 반드시 먼저 하늘의 뜻을 확인하는 절차를 의무화했다. 또 이를 바탕으로 민족간의 조화 및 교역의 중시를 내세웠다.

이러한 시대이념을 통해 거란은 초원민족들의 자발적인 귀부를 받으며 놀라운 속도로 몽골고원을 평정해 갔다. 당시의 몽골이나 서방사람들은 동아시아 자체를 키타이제국이라고 했다. 그들의 눈에는 거란이 바로 동아시아 지역의 대표주자로 보였던 것이다. 거란은 인류사에서 문화에는 우열이 없으며 다만 다를 뿐이라는 것을 제시한 최초의 국가이다. 내가 살기 위하여 네가 죽어야 한다는 배타적 이데올로기를 거부하고 어떤 문화든 그 나름의 논리와 까닭이 있음을 인정한 최초의 제국이다.

그러나 거란의 꿈은 동서교역로의 중심에 위치한 서하(西夏, 1032~1227)와의 경제전쟁에서 패배함과 동시에 끝났다. 거란은 강력한 군사력만이 혼혈공동체 및 경제 네트워크를 구축할 수 있다는 교훈을 뼈아프게 아로새기지 않을 수 없었다.

거란의 뒤를 이어 북방의 패권을 장악한 민족이 여진족의 금나라(1115~

1234)이다. 황금의 제국(Altan Ulus)이라는 금나라는 군정일치의 새로운 사회통합시스템인 맹안모극제(猛安謀克制, Mingkan Muke)를 앞세워 중원과 북방을 제패해 나갔다. 그러나 이 혁신시스템은 그들이 받아들인 중원의 문물 즉 과거제도에 눌려 새로운 시대이념의 동력으로 자리잡고 못했다. 그리고 그것으로 금나라도 끝이었다.

### (4) 이동문명의 세계정복(제1차 지구촌제국) — 대몽골제국 —

지구촌적인 관점에서 인류사를 바라보면 영토나 시대이념면에서 누구의 눈에도 확연히 드러날 만큼 주목받는 시대가 있다. 그 하나가 제1차 지구촌제국인 칭기즈칸의 대몽골제국이고 다른 하나가 현재 태동 중에 있는 제2차 지구촌 제국인 미합중국(United States of America)이다.

칭기즈칸 제국의 성립과정과 팽창과정을 보면 "한 사람의 꿈은 꿈이지만 만인(萬人)의 꿈은 현실"이라는 말이 실감난다. 칭기즈칸의 대몽골제국은 칭기즈칸을 따랐던 초원 및 정착지대의 각종 혼혈잡종 인간들이 모여서 만든 제국이다. 칭기즈칸이 전통적인 사회조직을 통쾌히 분쇄하고 모든 것을 새롭게 개편할 수 있었던 것은 자신을 따르는 혼혈인간들에 대한 끊임없는 설득과 타협 및 미래에의 비전제시에 있었다.

칭기즈칸이 이룩한 시대이념을 팍스-몽골리카라고 한다. 이 시대이념은 초원의 민족들이 최초 제시했던 이념의 제도적 완결판이라고 보아도 좋다. 팍스-몽골리카의 원천은 천호제(千戶制)와 케식텐(Keshigten)제를 바탕으로 한 강력한 군사력과 코릴타(Khurita)라는 철저한 참여민주주의에 있다. 천호제란 지역, 학연, 혈연 등 구성원들의 색깔과는 관계없이 개혁의 주체였던 자들을 중심으로 재편성된 혁신적인 사회모델이다. 케식텐이란 창조적 리더십과 특성화된 전문분야를 집중훈련시키는 교육・군사・행정을 통합한 일종의 간부훈련학교이다. 코릴타란 신성과 면책특권 속에 현재와 미래에 대한 토론이 행해지는 오늘날의 국회에 해당하는 대의기관이다.

칭기즈칸의 대몽골제국은 페르시아의 역사가 주바이니(Juvaini, 1226~1283)의'세계정복자사'라는 이름에서도 알 수 있듯이 발흥 초기부터 이미 세계(World)를 바라보는 기획된 제국이었다. 칭기즈칸의 등장 이후 유라시아 대륙의 동서지역은 몽골의 지배 속에서 좋든 싫든 동시대를 살아가야만 했다. 동쪽으로는 동해에서 서쪽으로는 러시아, 아나톨리아, 동지중해 연안에 이르는 지역이 몽골의 영토가 되었다. 몽골의 직접지배를 받지 않았던 서유럽, 이집트, 인도, 동남아시아, 일본도 정치·경제·문물·기술·학술·과학·사상·종교 등 다방면에서 몽골과 접촉·교류했다. 세계의 거의 모든 지역은 원하든 원하지 않든 몽골의 영향을 받아야만 했다. 바야흐로 몽골의 시대였다.

몽골군의 러시아 침공

몽골군의 전투장면

칭기즈칸은 자신의 제국을 마치 오늘날의 미국을 연상케 하는 준 독립적인 구조의 몽골연방공화국으로 만들었다. 그리고 다민족공동체에 걸맞게 각양각색의 문화권에 조화와 눈높이를 맞춘 혼혈문화의 이념을 준수했다. 또 정보의 전국민공유라는 사상을 바탕으로 의사 및 정책결정과정, 권력계승에의 민주주의를 추구했다. 팍스-몽골리카라는 잡종문화의 사회에서 중요한 것은 출신이 아니라 능력이었다. 누구나 능력만 있으면 제국의 품에 들어와 제국의 꿈을 공유할 수가 있었다. 제국의 중앙정부가 오늘날의 유엔을 연상케 할 만큼 국제혼혈조직을 가지게 된 이유도 바로 그 때문이다.

그러나 연방국가란 것은 오늘날의 미국도 그러하지만 중앙정부가 서로 간에 이해관계가 다를 수밖에 없는 지역정권들을 이끌기 위해서는 막대한 돈이 필요하다. 대몽골제국이 칭기즈칸 이래 유목제국 +α의 α를 강조하고 때에 따라 α의 역할을 수행할 수밖에 없었던 사정도 그 때문이라 할 수 있다. α란 몽골연방의 운명을 쥐고 있는 열쇠인 셈이다.

칭기즈칸과 그의 후예들이 열린사회(수평마인드)와 다민족공동체를 바탕으로 무제한 경쟁체제의 자유무역, 오늘날 달러나 유로화와 같은 단일지폐 경제권, 한 분야의 전문가를 존중한 전문계약직의 사회, 교통과 통신혁명(jamchi), 바다와 육지를 이은 물류기지의 제국, 다국어를 바탕으로 한 연회와 계약서의 제국, 종교문제가 없었던 유일의 제국, 정보・과학 인프라를 생명처럼 여긴 제국 등을 이룩한 것도 α때문이었다.

대몽골제국은 주변문명이 원하건 원하지 않건 간에 모두 하나로 통합시켰다. 지구상에 살고 있는 사람들이 어느 날 갑자기 하나의 세계 속에 모인것이다. 팍스-몽골리카는 결코 문명의 파괴모델이 아니다. 그것은 바로 세계의 모든 사상과 이념을 끌어안았던 인류통합의 모델이었다. 대몽골제국이 제시한 시대이념은 세계를 하나로 통합한 사상과 조직의 저수지로서 이후의 역사 흐름을 결정짓는 모태가 되었다. 즉 세계사의 거대한 분수령이었다.

초원의 이념에서 발원한 팍스-몽골리카의 파워는 오늘날 흔히'이동문명의 파괴력'이라는 이름으로 소개되고 있다. 이 파괴력의 강도는 오늘날 정착적 사고 대신 유목민의 이동과 같은 유연한 사고방식을 가지는 자만이 살아남을 수 있다는 유목민적 사고를 유행시킬 만큼 큰 영향을 미치고 있다.

## ■ 참고문헌

김선풍 외, 『몽골현장답사기』, 민속원, 1998.

김종래, 『유목민이야기 -바람에 새겨진 역사-』, 자우출판, 2002.

김호동, 『황하에서 천산까지』, 사계절, 1999.

박원길, 『몽골의 문화와 자연지리』, 민속원, 1999.

_____, 『유라시아대륙에 피어났던 야망의 바람 -칭기스칸의 꿈과 길-』, 민속원, 2003.

배석규, 『대몽골 시간여행 -유목제국의 세계경영사-』, 굿모닝미디어, 2004.

장장식, 『몽골 유목민의 삶과 민속』, 민속원, 2005.

장준희, 『중앙아시아 -대륙의 오아시스를 찾아서-』, 청아출판사, 2004.

정수일, 『씰크로드학』, 창작과 비평사, 2001.

_____, 『고대문명교류사』, 사계절, 2001.